LINIAN FANSHI、FANGFA
CHUANMEI YANJIU FANGFALUN

# 理念、范式、方法
## ——传媒研究方法论

欧阳宏生　等　著

四川大学出版社

责任编辑:欧风偃
责任校对:袁 捷
封面设计:墨创文化
责任印制:王 炜

**图书在版编目(CIP)数据**

理念、范式、方法：传媒研究方法论 / 欧阳宏生著.
—成都：四川大学出版社，2016.5
ISBN 978－7－5614－9516－2

Ⅰ.①理… Ⅱ.①欧… Ⅲ.①传播媒介－研究方法－
方法论 Ⅳ.①G206.2-3

中国版本图书馆 CIP 数据核字（2016）第 104642 号

| | |
|---|---|
| 书名 | **理念、范式、方法**<br>——传媒研究方法论 |
| 著者 | 欧阳宏生 等 |
| 出版 | 四川大学出版社 |
| 地址 | 成都市一环路南一段 24 号 (610065) |
| 发行 | 四川大学出版社 |
| 书号 | ISBN 978－7－5614－9516－2 |
| 印刷 | 郫县犀浦印刷厂 |
| 成品尺寸 | 185 mm×260 mm |
| 印张 | 20 |
| 字数 | 369 千字 |
| 版次 | 2016 年 9 月第 1 版 |
| 印次 | 2016 年 9 月第 1 次印刷 |
| 定价 | 42.00 元 |

◆读者邮购本书,请与本社发行科联系。
 电话:(028)85408408/(028)85401670/
 (028)85408023 邮政编码:610065
◆本社图书如有印装质量问题,请
 寄回出版社调换。
◆网址:http://www.scupress.net

# 内容提要

　　本书是我国第一部系统探讨传媒研究理念、范式与方法科学规律的学术著作。本书从传媒研究萌芽、起步、发展与自觉的四个历史阶段出发，分析了传媒理论研究的科学性、学理性、应用性、前沿性特征。并在此基础上，进一步探讨了传媒基础、应用、决策、史学四种不同理论类型，阐述了传媒研究中实证、解释、思辨、语言、叙事、符号等不同形式和手段，论述了传媒研究中的新闻传播学、政治社会文化、文学艺术、经营管理等不同的内容分析方法。该著作还着眼于传媒研究的具体环节，强调了传媒研究的选题意义、方向与标准，说明了传媒研究的学术要求与规范。

　　本书把传媒研究方法作为一门学科进行系统研究。它对于人们正确认识传媒研究中各种复杂现象，更好地把握传媒研究的基本规律以及掌握传媒研究的方法具有十分重要的意义。本书具有较高理论层次以及科学性、系统性、理论性、应用性特征，适用于传媒理论研究者，高等院校硕士、博士生等。

# 目　　录

# 绪　　论

　　人类走过 21 世纪第一个十年后，日新月异的传媒技术使得我国的传媒业迅速发展，如今传媒业与信息技术等产业已成为我国的支柱产业。新的信息传播技术使传媒形态发生了较大变化——传播手段更加多样化，传播主体趋于多元化，传媒市场空前繁荣。在快速发展的传媒行业中我们不仅要有针对性地解决一些新情况、新问题，同时也应加大基础理论研究工作，及时把握传媒发展的本质、特点及其内在规律，推动传媒业健康持续稳定地发展，进而促进传媒业与人类社会的文明进步与协调发展。

　　在过去的百年中，传媒研究领域不断拓展，成果亦不断丰富。而保证其良好发展的重要基础之一就在于学者对研究方法的不断探索。将传媒研究方法作为研究主体，改变了其仅仅作为研究手段的附属地位，有利于实现方法论的创新完善，从而带动传媒研究的发展。随着学科的发展及理论的更新完善，科学成熟的传媒研究方法促进了传媒研究及传媒实践的更新升级。要科学、客观地研究当下我国传媒研究方法，就必须对与其相关的研究主体、研究思路、研究方法、研究视野等进行历史性的审视，系统掌握其发展演进的历史与逻辑脉络。本书力求从本质论的视角审视传媒研究方法发生并发展成熟的社会机制及文化内涵，以传媒研究发生发展史为线索，全方位多角度透视当下我国传媒研究的现状，并对当下主要的传媒研究方法逐一进行分析与诠释。

## 一、传媒研究方法的意义与路径

　　研究是人类在文明发展进程中不断引导主体认知客体的活动，任何一门学科要发展成熟，一方面不仅要致力于揭示研究对象的本质，认知其活动规律；另一方面也要在研究过程中不断对自身的研究理论、研究方法、研究视野、研究历史等进行总结归纳，这样不仅能总结经验，更好地指导研究的开展，更能针对以往研究中存在的不足与缺陷进行反思与批评。文学、史学、哲学等具有悠久研究历史的学科均有相当数量的针对自己学科的研究历史、研究方法进行总结分析的研究成果。

　　在我国，传媒研究方法研究方兴未艾，查找并总结资料可以发现，当下我国学者们的传媒研究具有较强的差异性和个体性，其研究视野、研究维度及研究立足点等因人因时而异，因此研究方法亦呈现出多元性特征。从研究视角来看，这样多维分散式的研究无疑可以拓宽研究视野、丰富研究内容，但是如果一味任其肆意零散地发展，必定导致传媒研究结论的科学性受到影响。因此，在明确传媒研究方向、拓宽传媒研究视野的基础上，我们必须对传媒研究方法进行总结与反思。尤其面对当下的传媒发展环境，科技进步日新月异，探讨传媒研究的方法及规律，反思以往研究中存在的问题及缺失，已经成为必须且迫在眉睫之事。只有掌握了科学的研究方法，才能从根本上明晰传媒研究的路径，深化传媒研究的结论。

从内容上看，我国的传媒研究呈现多元化发展态势，在本学科与其他学科不断吸收、借鉴、交融的过程中，传媒研究不仅仅局限于对传统传播学、新闻学研究方法的沿用，艺术学、文化学、人类学、法学、政治学、经济学、符号学、语言学、心理学等学科的研究方法也被普遍使用于传媒研究之中，并且形成并完善了诸如广播电视文化学、广播电视心理学、认知传播学等一系列交叉学科研究体系。当然，当下我国的传媒研究中不同的研究方法使用成熟度与交叉学科的研究进度都不尽相同，如广播电视新闻学、影视文化学等学科的基础理论体系相对完善，学科研究与发展相对成熟稳定，而诸如传媒管理学、认知传播学等学科的研究就相对滞后，还需相当一段时间对其进行发展完善。本书第一章梳理了自先秦以来我国传媒研究的历史与现状，通过分析可知传媒研究方法的探讨绝非闭门造车，而是与诸多其他交叉学科的研究互相影响、互相促进的。本书对传媒研究方法的概括，绝非将视野局限于本学科领域内部，而是在观照当下我国传媒研究实践的全局基础上，进行的跨学科、全方位式研究，其间必然涉及其他学科的研究方法与内容。

## 二、传媒研究的发展现状

目前，我国学界出现了部分对我国传媒研究方法进行总结或分析的文章，这些文章大多是在梳理传媒研究历史的基础上，对某一时期的传媒研究现状进行评述或反思，其间涉及对当时传媒研究方法运用的分析，而专门对研究方法进行论述的文章较少。对于著作而言，传媒研究方法研究只能散见于某些著作的部分章节中，且在研究中多作为其他问题研究的附属产物存在，并未成为主要研究对象。因专门涉及方法论讨论的文章极度稀少，笔者在文献梳理的过程中，只能以传媒研究作为关键词进行搜索。经过分析发现当下我国传媒研究大致分为两个方向：其一主要是针对我国传媒发展史进行历史性梳理，以描述的方式勾勒某一时期的传媒发展、研究现状；其二则是针对传媒现象、传媒研究进行分析、探讨、批判等。两种方式的研究并非泾渭分明，在实际的研究实践中相互交叉渗透。传媒研究方法研究在此两种研究方式中都会有所涉及，学者们既可能对某一历史阶段的传媒研究方法进行梳理总结，也会在文章中对某一方法进行分析反思。

另外，经过对资料的整理分析后可发现，我国的传媒研究向来具有较强的时代性特征，在不同历史时期呈现出不同的研究样貌。如就研究时段而言，当下我国学者的研究对象主要是改革开放以后的传媒现象，对改革开放以前尤其是"文化大革命"前的传媒发展、传媒研究状况鲜少关注总结。从传媒研究背景而言，传媒研究与我国不同时期的政治、经济、文化背景息息相关，不同时期的政治体制、制度也会对传媒研究产生影响。如我国在1978年召开了中国共产党十一届三中全会，会议明确了"解放思想、实事求是"的思想方针，此时期对于真理标准的讨论及相关政治方针直接影响到我国传媒研究的方向，激发了学者们进行学术研究的热情，开始逐步尝试运用较为系统科学的研究方法进行传媒现象分析。后伴随时代进步，传媒实践不断变革创新，传媒研究也表现出不同特征。进入21世纪以来，学者们开始重新审视媒体的功能与性质，探讨传统媒体在新媒体环境中可能的境遇以及应对策略，与此同时，各交叉学科甚至跨学科的研究方法及路径被广泛运用于传媒研究中，不仅使传媒基础理论得到夯实与补充，而且拓展了传媒研究视野，使其作为学科的专业性、理论性、应用性都进一步增强。

改革开放以来，我国传媒实践领域发生了翻天覆地的变化，学者们也纷纷对我国的传媒研究进行反思与审视，如赵玉明主编的《中国广播电视通史》是我国第一部完整的广播电视通史，对中国广播电视发展历程进行了全面梳理和深入分析。全书史料翔实，秉持实事求是的态度，不仅全景式地展现史料，还力求准确、客观地加以总结和评价，体现了史论结合的写作初衷。此外具有代表性的成果还有徐光春的《中华人民共和国广播电视简史》、刘习良的《中国电视史》、欧阳宏生的《中国电视批评史》、郭镇之的《中国电视史》和《中外广播电视史》、赵凯等主编的《二十世纪中国社会科学·新闻学卷》、丁淦林主编的《中国新闻图史》、方汉奇主编的《中国新闻事业图史》、李秀云的《中国新闻学术史（1834—1949）》、杨海军的《中国古代商业广告史》、徐培汀的《中国新闻传播学说史》等，都是对我国的传媒现象与传媒研究进行的历史性分析。部分学术论文在进行传媒史研究的同时也对传媒研究方法进行了相应的总结与分析，如赵永福、罗弘道的《广播电视理论和业务研究的发展》[①]，杨靖、陈思劼的《中国广播电视学术研究20年》[②]，罗弘道的《改革开放十三年的广播电视理论研究工作》[③] 等。

从现时性角度来看，自2000年以来，我国传媒研究发展极为迅速，传媒研究视野与领域不断拓展，研究的基本内容也愈发深入，对研究方法的运用也逐渐成熟且多元。学者们的研究逐渐步入规模化与系统化，成果多具有较强的理论性及体系性。北京广播学院推出长达230万字的《中国应用电视学》，注重应用价值，同时也具有完整的理论体系。《中国广播电视新论》"以论为主"且"突出新论"，兼具理论传承性与创新性。《中国电视论纲》从整体角度概述了具有中国特色社会主义的电视理论，在具备科学性、宏观性、应用性、时代性的同时，具有极高的理论建

① 赵永福、罗弘道：《广播电视理论和业务研究的发展》，载《中国广播电视学刊》，2001年第7期。
② 杨靖、陈思劼：《中国广播电视学术研究20年》，载《现代传播》，1999年第5期。
③ 罗弘道：《改革开放十三年的广播电视理论研究工作》，载《中国广播电视学刊》，1992年第5期。

构价值与现实指导作用。

从学科本身来说，21世纪以来传媒研究方法不仅局限于对本学科内部方法的保守探索，而且极力借鉴与吸收相关学科的理论及方法，不断丰富传媒研究内涵。如将符号学相关理论引入传媒研究[①]，借鉴叙事学理论与方法来拓展传媒研究视野[②]，此外还有从文化学、女性主义、消费主义、全球化理论与后现代主义等视角切入进行传媒研究。这些跨学科的尝试，极大地丰富了传媒研究的内涵，拓展了研究思路，深化了理论探索。伴随着理论研究的深入，研究模式逐渐显现出来。研究模式反映了传媒研究进入到一定的成熟阶段，具有较为稳定和相对成规模的表现形态。这个阶段逐渐形成了意识形态研究、文化批评研究、艺术学研究、社会学研究等较为典型的研究模式。意识形态研究主要立足于主流文化层面和意识形态属性角度，来探讨传媒尤其是主流媒体的属性、功能与性质，进而审视和规范其实践发展。这种研究主要基于我国特定的社会背景，其历史积累也更为深厚。文化批评的介入使得传媒的媒介身份认知具有更为广阔和深刻的内涵，以强烈的批判意识和冷静的理性分析来探究传媒的文化属性，以及文化品格和文化使命，具有强烈的思辨色彩。艺术学研究则使传媒研究更加具有灵性的特征，尝试以艺术的视角来审视传媒的创作、文本呈现以及审美接受。社会学研究主要集中于传媒效果方面，常常采用实证的研究方法，依靠大量的走访调查和数据来阐释和证明论题。这也为传媒的发展提供了坚实的现实支持。

从研究要素上说，传媒研究主体专业性、组织性逐渐增强，具有高端研究实力的高校研究室、社会组织机构、政府研究机构等更加成熟。研究对象的多样性使得学者们的研究各具特色，研究方法也不尽相同，在多元化的研究实践中，研究成果颇为丰富，我国传媒研究的理论体系与学科建设不断得到创新完善。2006年3月，复旦大学新闻传播与媒介化社会研究国家哲学社会科学创新基地建立。该基地既是一个跨学科、跨部门、国际性的研究实体，也是一个与相关学术机构资源共享、与相关政府部门良性互动的开放性研究平台。中国人民大学、武汉大学、清华大学也获准设立国家"985"工程国家哲学社会科学创新基地（俗称"大基地"）。"大基地"这种跨学科、跨部门研究机构的成立在一定程度上反映出新闻传播研究的多元化趋势。2007年由《新闻大学》杂志编辑部组织的"中国新闻史研究的体例、视野和方法——中国新闻史研究现状笔谈"对于新闻研究史取得的成就给予肯定，同时也对其中存在的研究规范和方法问题进行了探讨，指出在研究体例、对象、视野、方法方面还有进一步讨论的必要。这一提议引起了学界的关注，方汉奇、宁树藩、丁淦林、吴廷俊、吴文虎、李彬、黄瑚、黄旦、张昆、程曼丽等我国新闻史研

---

[①] 如李岩的《符号学VS新闻学》《揭开电视图像的"神话"面纱——图像意义生成过程演示》《符号学视野中的广播电视新闻》，包鹏程的《解读电视新闻的符号、结构和意义》等。

[②] 如曾庆香的《新闻叙事学》，石长顺、成珊的《叙事理论与电视》，蔡骐的《电视节目的叙事艺术》等。

究者先后发表文章，展开讨论。"探讨学术、发展学术的积极性"，令《新闻大学》杂志的编辑们内心非常兴奋，并感叹"这是新闻学术发展的一个讯号"。①另外，一些新的民间学术组织、会议不断创办，并朝高规格、高层次、固定化、细分化发展，在此不作赘述。

进入 21 世纪，传播科技的发展及网络传播时代的到来，改变了传媒的结构和格局，这引起了学界的高度关注，甚至成为该阶段新闻传播学术研究中最热闹的领域。2000 年 6 月，全国新闻媒体网络传播研讨会召开。中华全国新闻工作者协会（简称中国记协）向全国新闻媒体发出创办"中国传媒网络论坛"的建议。2002 年 7 月，国家社科基金重点课题成果《网络新闻传播导论》出版，被称为是"迄今为止，有关网络新闻传播最全面最有分量的研究成果"。2004 年 5 月，"第一届中国网络传播学年会"召开。这是国内新闻传播学界首次就网络传播专题进行全方位、深入地交流，它的召开标志着学界开始对此开展制度化的研究。2005 年 7 月，系统总结中国网络媒体发展的专著《中国网络媒体的第一个十年》（彭兰）出版，标志着网络传播研究在整个新闻传播学术版图中开始占据一定地位。于此之后，针对新媒体研究的文章与专著纷纷现世。探讨当下我国传媒研究方法，就应考虑到由于时代科技变迁所产生的传媒研究变化，以此作为传媒研究方法总结、改革的一个指标。

值得一提的是，自 21 世纪以来，"批评"作为传媒学术研究的路径之一逐渐得到重视推广。传媒批评直接指向传媒作品，对其进行价值判断与品评，将传媒理论与传媒实践紧密结合在一起。欧阳宏生在《电视批评学》中提出："电视批评是以对电视节目的赏析为基础，以相关理论为指导，以各种具体的电视节目、电视现象、电视理念、电视创作者等为对象的旨在进行价值判断的一种研究活动。"② 时统宇在《电视批评理论研究》中也指出："电视批评是以电视传播内容为基础的一种价值判断和理性审视，是对影响电视运作全过程的诸要素的全面评析。"③ 虽然对媒介批评的探讨更多的是从学术研究视野及境界上进行拓展与创新，但从另一个角度说，重要的学术进步与革新总是能在无形中促进传媒研究方法的改革与完善。在进行媒介批评的过程中，学者开始尝试运用诸如语言学、符号学、叙事学、结构学等相关方法理论研究传媒现象。如学者们将传媒内容视为研究文本，对该文本进行细致的符号学分析或叙事学解读，期间，符号学的符号分析方法，以及语言学中语义、语法、语用的分析方法等就成为传媒研究中重要的方法论工具。又如传媒研究对叙事学理论及方法的借鉴，叙事学本源于西方，以形式主义批判见长，将叙事学研究方法引入传媒研究，不仅可以摆脱一直以来传媒研究单一的社会批判模式，

---

① 《新闻大学》杂志编辑部：《卷首语·重新思考》，载《新闻大学》，2007 年第 3 期。
② 欧阳宏生：《电视批评学》，四川大学出版社 2006 年版，第 4 页。
③ 时统宇：《电视批评理论研究》，中国广播电视出版社 2003 年版，第 3 页。

开辟新型的文化批判路径,也为我国传媒研究的个案分析找到了一条实用、有效的新途径。

通过梳理可以看出,我国至今专门针对传媒研究方法进行论述的文章与著作屈指可数,由此可见,至今传媒研究方法只是作为方法论存在于学术研究中,而并没有作为研究本体得到学者们的关注。当然,在某一学科的研究过程当中,研究对象是支撑整个学科研究的核心与根本,任何研究都不能脱离研究对象泛泛而谈,只有在明确研究对象的基础上,各种问题才能围绕主线有逻辑地一一进行分析。但是,在此期间研究方法贯穿始终,虽然从研究逻辑上来看,研究方法并非研究活动的起点与归宿,也并非支撑整个研究的根基,但是科学的研究方法是研究活动中发现新问题、提出新观点的工具和手段,是研究主体在进行研究思辨的过程中所运用的思维技巧。研究方法对一门学科的研究而言至关重要。

当下我国的传媒研究缺乏具有高度理论价值及应用价值的方法论总结,对传媒研究方法的归纳与概括缺乏理论性,以至于在实际的传媒研究过程中学者们自取其法,缺少强有力的方法论作为支撑,且基础理论较为薄弱。部分学者对传媒研究方法进行分析多是为了解决在具体某一时期的研究过程中出现的具体问题,更多的是考虑到时代因素或其他现实因素引起的与传统研究方式相比产生的差异性,以解决在目前研究中所面临的实际问题为重点,这就使得传媒研究方法研究很难形成全面、系统的理论框架并推动学术发展。本书既从分析的视角出发对历史上我国传媒研究方法进行评述分析,同时也从经验视角出发,在总结以往传媒研究方法的基础上,对当前我国传媒研究中所常用的研究方法进行整合归纳,力图以此推动我国传媒研究的深入发展。

## 三、本书的结构及主要内容

本书在史学研究的基础之上,对我国传媒研究方法的演进、变迁、改革的时代背景及内在规律进行分析论述,并结合当下传媒研究实践,总结归纳了学者们在研究中较为常用的传媒研究方法,对不同属性的传媒研究进行分别论述,并且对当下我国传媒学术研究的道德规范进行了具体阐释。

本书首先对我国传媒研究史进行了梳理研究,将我国的传媒研究历史主要划分为四个阶段:自唐宋时期至20世纪初,为萌芽阶段;20世纪初至1983年,为起步阶段;1983年至2000年,为发展阶段;2000年至今,为自觉阶段。各阶段传媒研究的发展均与媒介的发展密切相关,此章节的梳理分析为研究当下我国的传媒研究方法奠定了基础。

本书结合时代背景对我国传媒研究的特征进行了阐释分析。笔者认为对传媒研究的审视不能单纯依赖于历时性的经验研究,而必须在洞悉时代发展的基础上,结合相关科学及理论基础,对当下我国的传媒研究进行时代性、创新性审视。从当下传媒发展形态宏观着眼,本书对传媒研究方法的科学性、学理性、应用性及前沿性等特征进行了分析。

书中还探讨了传媒基础理论、应用理论、决策理论、史学研究等方面的相关研究问题。传媒基础理论研究是对传媒本质及其规律性进行探索性创新性认知，具有学理性、稳定性、系统性、独创性的特点。传媒基础理论研究是传媒应用理论、决策理论主要的理论依据、理论来源。本书将对传媒基础理论研究的三个层面，即传媒的本质理论研究、传媒的内部关系研究与传媒的外部关系研究进行分别论述。应用理论研究是对特定的目的或目标而进行创造性研究，是为达到预定目标而探索新方法或新途径。传媒应用理论研究直接面对传媒传播实践，从理论上及时梳理、应对并解决传媒实践中的新情况新问题，对传媒传播运行中的具体环节进行有针对性的研究。本书主要针对应用理论研究中的传媒技术理论研究、传媒业务理论研究、传媒传播环节研究、传媒构成要素研究等问题进行分析。传媒信息传播活动与政府的方针政策、发展规划、条例法规、管理制度等相互联系、相互影响，正确的决策对传媒发展起着积极的推动作用，反之就会阻碍传媒的发展。传媒决策理论研究为传媒事业管理提供了必要的理论依据和理论指导，科学的符合传媒发展实际的决策理论能促进我国传媒事业朝着健康良性的方向快速发展。本书主要针对决策理论研究中的传媒战略规划理论研究、传媒政策法规研究、传媒管理制度研究等问题进行分析。史学研究是传媒理论研究中不可缺少的重要内容。人类社会传播实践有其自身的发展规律，对其历史轨迹进行回望认知、研究总结，有利于我们了解传媒事业发展的历程，掌握传媒发展和运动的一般规律。本章将对传媒史学研究的路径与方法进行具体阐释。

在此基础上，本书对传媒手段研究方法、传媒形式研究方法进行了论述。传媒研究依赖于科学的研究方法来进行推理论证，在分析我国传媒研究史的基础上，对当下我国传媒研究现状进行审视与分析，结合众多国内外学者的研究实践，本书对当下我国传媒手段研究方法进行了整理与总结，并将当下我国传媒研究方法宏观分为形式手段研究方法和内容研究方法两大类。在相关章节中，笔者将对传媒手段研究方法进行具体论述。传媒研究方法具有跨专业、跨学科的特点，相关学科的理论成果及方法渗透进传媒研究中，对其产生影响。当下的传媒研究是多学科交融的产物，其研究方法受到诸如社会学、心理学、政治学、信息学等学科的影响。本书中重点论述了语言学、叙事学、符号学三种学科的学科研究方法，分析了这些方法如何研究与呈现自身学科的价值，并在论述中涉及其对于传媒研究的价值与意义。

传媒内容研究方法是本书研究的重点。当下我国传媒理论及实践的发展受到多种学科的影响，与新闻学、传播学、政治学、社会学、文化学、文学、艺术学、美学、经济学等学科有着千丝万缕的联系。内容生产如此，其方法亦然。在相关章节的分析中，笔者汇集了诸如新闻学、政治学、社会学、文学、经济学等多种学科的研究方法进行梳理分析，探讨传媒研究是如何借鉴并吸收相关学科的理论成果及研究方法来研究与之相互交融的内容。本书力求通过梳理，分析当下我国的传媒研究中丰富多彩的内容以及多元灵活的方法运用。此研究不仅具有较高的理论价值，还具备较强的实践指导意义。

此外，本书分析了如何进行传媒研究选题，对传媒研究中的学术道德与规范进行了阐释。伴随科技的日新月异，传媒领域每分每秒都在发生着变革，当下的传媒研究者应当具备发现热点、关注热点的能力，同时更要有做基础研究、以不变应万变的本领，这就是在强调掌握科学的传媒研究方法的重要性。本书的主要内容是关于传媒研究的相关方法的分析，旨在为我们日常的研究工作提供思路与方法上的借鉴，但不可忽视的是，当下的学术研究领域在非常活跃的态势中日渐成熟，选题与研究成果的重复率逐渐提高，这就对后续的研究提出了更高的要求。除了要注重选题与内容外，还要在学术道德与规范方面进行严格的把关，从而保证研究的真实性与原创性，在内容与结构上都能达到较高的水平。因此，笔者对当下学术研究在诚信方面应当注意的问题进行了整理，并且对具体的写作过程中应当注意的版式细节进行了概述。

## 四、本书的研究视野与学术尝试

从传媒研究的发展现状来看，我国的传媒实践发展领先于传媒学术研究，这与当下日新月异的科技发展环境、传媒改革背景等息息相关。而伴随传媒的发展变革，传媒研究视野不断拓宽，研究方向更为多元，当下的传媒研究与以往相比变得更加复杂多样，科学系统的方法论总结势在必行。以往的传媒研究多注重于评论传媒现象、丰富传媒理论，而忽视了与传媒研究活动息息相关的方法论的探讨。本书从历时的维度审视我国传媒研究史，以此分析传媒研究方法的历时性变迁规律，对曾经在传媒研究中产生重大影响作用的事件与成果进行新的挖掘与整理，结合当下我国传媒研究的内部环境与外部环境，考虑多重影响因素，进行共时性研究，力求对传媒研究方法论进行较为全面、客观的总结与分析。

由图1所呈现的研究路径可以看到，本书在充分挖掘史料的基础上，在描述的基础上进行阐释，又考虑到当下我国传媒研究的最新动态及学术成果，介绍并具体分析了当前运用于传媒研究中的跨学科理论与方法。传媒研究本身就具有交叉学科属性，其研究方法具有多学科特点，新闻学、艺术学、政治学、经济学、美学、符号学等学科的理论知识与研究方法纷纷被吸收借鉴，而相关学科的理论与方法对传媒研究而言并非粗糙的拼贴与复制，而是作为传媒研究的活水之源，实实在在地为传媒研究提供了理论支撑与方法论借鉴，同时多元方法的研究也极大促进了我国传媒研究模式的创新发展。本书力求通过对各种方法的梳理与分析，在为研究者提供方法论支撑的基础上，找到传媒研究新的学术增长点与突破点。

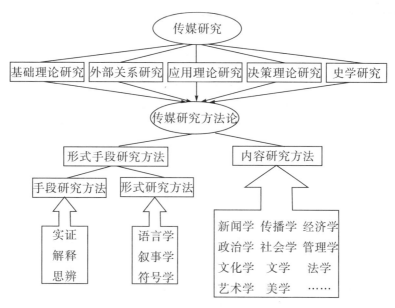

**图1 本书的研究路径**

　　本书的研究从宏观着眼，审视当下我国全景式、立体化、多元化的传媒研究实践，另外也从中观与微观的角度对研究方法进行分类，并就每一类型的研究方法进行了具体论述。当然要明确的是，当下我国传媒科技发展迅猛，信息时代的传媒变革日渐加快，包括大众传媒在内的社会科学的研究手段、研究方法都在不断更新，笔者一方面倡导多元化方法相结合，相关学科相互借鉴学习，拓宽研究视野，调动研究积极性并实现研究的创新发展。另一方面，正是由于研究方法伴随传媒实践在不断变化革新，因此本书对传媒研究方法论的探讨绝非适用于今后所有情况下的传媒研究，这也需要研究者结合不同的时代特征，继续关注相关问题的发展，这既是传媒发展的客观要求，也是传媒研究的价值内涵。

# 第一章 传媒研究的不同发展时期

在过去的百年中，传媒研究方法逐渐成熟多元，而传媒研究方法作为研究主体，突破了其仅仅作为研究手段的附属地位，有利于实现方法论的创新完善，从而带动传媒研究的发展。随着学科的发展及理论的更新完善，科学成熟的传媒研究方法促进了传媒研究及传媒实践的更新升级。要科学、客观地研究当下我国传媒研究方法，就必须对与其相关的研究主体、研究思路、研究方法、研究视野等进行历史性的审视，系统掌握其发展演进的历史与逻辑脉络。传媒研究史研究特指在社会历史发展的各个时期中，对我国传媒发展历程与内在规律进行考察、记载、思考及研究活动的研究。在传媒研究如此兴盛的今天，我们亟须系统梳理我国传媒研究的历史脉络，探讨传媒研究规律及趋势，反思传媒研究得失，在此基础上总结传媒研究方法。

我国传媒研究具有悠久的历史，从唐宋时期至今，我国的传媒研究大致可以划分为四个阶段：自唐宋时期至 20 世纪初，为萌芽阶段；20 世纪初至 1983 年，为起步阶段；1983 年至 2000 年，为发展阶段；2000 年至今，为自觉阶段。各阶段传媒研究的发展均与媒介的发展密切相关，通过对文献的梳理与归纳，不难发现我国传媒研究既有宏观概括，亦不乏微观探究，其中极具价值的观点和成果直接影响了我国传媒研究的发展。

## 第一节 传媒研究的萌芽阶段

从历史的维度审视，传媒研究经历了从低级到高级、从简单到复杂的缓慢的过程，传媒理论伴随人类对于传播的认知与利用而不断发展完善。按照当下的传媒类别进行分析，我国真正意义上的传媒研究起始于唐宋时期的邸报研究，然而在此之前，文人学者们也曾根据自身实践，对与传播相关的现象与规律进行总结与阐释。

### 一、先秦：寄托于个体实践中的传播思想

在先秦时期，诸子百家争鸣，其中不少言论已经涉及传播功能、作用、性质等问题。由于历史的局限性，先秦诸子并未能从传媒本身进行分析探讨，而是多从传播"求治"等方面分析传播对政治统治的作用。换句话说，先秦诸子的论争虽然并

未触及"传媒",但却对宏观意义上的"传播"进行了阐释,这些结论是推动后世传媒研究的基础,也是具有我国特色传媒研究的根源所在。"百家殊业,皆务于治"(《淮南子·泛论训》),虽然诸子对传媒实践的功能与作用有着大致相同的看法,但他们的具体论述却各有侧重,各成一家。儒家重"政教",墨家谈"功利",道家论"无为",法家重"监控",纵横家则更偏重于对传播的"外交"功用进行阐释。

在唐朝之前,并未出现专用于信息交流的新闻传播方式,"口授"与"书"成为先秦时期信息思想传播的主要渠道。以孔孟为代表的儒家学者将以"道"治国、从政求仕、培育君子作为其政治理想,为了将自己的理念推行于世,儒家学者周游列国,游说行教,以"仁政"为理念核心,宣传"尧、舜、禹、汤、文、武、周公之道"。孔子"删《诗》""序《书》""订《礼》""正《乐》""赞《周易》""修《春秋》",论及功用,可谓"礼行之于上,化而为风,民习之于下,变而为俗",即传播的目的主要是教化民众,使民众"道之以德""齐之以礼"。值得一提的是,孔子曾以"一言而兴邦"及"一言而丧邦"(《论语·子路》)论及言论传播的正负效应。"王言如丝,其出如纶。王言如纶,其出如綍。故大人不倡游言。"(《礼记·缁衣》)先秦时代以口语传播作为主要信息交换方式,孔子的论述指明言论传播的功效,该认识也反映出先秦诸子周游列国、行教游说的驱动力所在。在儒家学者中最全面概述传播社会功能与价值的学者莫过于荀子,其对传播功能的精辟论述对后世研究影响深远。荀子认为传播的根本在于"化万民",强调宣传活动的重要性,提出"神莫大于化导"的著名论断。荀子倡导"立大学,设庠序,修六礼,明七教"(《荀子·大略》),"全道德,至隆高,基文理,一天下,振毫末,使天下莫不顺比从服"。(《荀子·王制》)荀子认为通过言论教化可达到"宣传""解蔽""息邪"的目的,使民众言论一致、舆论统一,实现"总方略,齐言行,一统类"的最终理想。

以老聃与庄周为代表的道家则提出与儒家思想完全相反的传播理念,以"无为"为理论核心,提出"处无为之事,行不言之教"(《老子·第二章》),"天地有大美而不言,四时有明法而不议,万物有成理而不说"。(《庄子·知北游》)道家否定社会传播的功能与价值,认为言论传播只会造成民众经验性的束缚,开启民智的方式不是相互传递信息、吸取知识,而是通过人自身摒除杂念、回归自然、固守纯真。正是由于这种纯粹内在领悟的思辨方式,道家从根本上否定了"传播"的意义。以韩非子、商鞅等人为代表的法家诸子则主张在传播中注重"以法治言"、控制言论,提出"言谈者必轨于法"。(《韩非子·心度》)其最典型的传播思想体现在关于"壹教"的论述中,即舆论控制。"所谓壹教者,博闻、辩慧、信廉、午诀获、修行、群党、任誉、清浊,不可以富贵,不可以评刑,不可独立私议以陈其上。"(《商君书·赏刑》)法家学者提倡以法治保证传播活动的有效开展,形成强大的社会舆论,进一步保证法的实施。法家的传播控制论对我国封建社会文化传播、思想传播产生了重大影响。

## 二、汉朝：封建社会早期的新闻传播活动

在唐朝以前，我国并没有专门从事新闻传播工作的机构与人员，但这并不代表封建社会早期没有新闻传播活动。《汉书·艺文志》曾记载："左史记言，右史记事。"这直接反映了封建社会早期史官的职能及其重要性。先秦的史官所记录的史实，即"言"与"事"，实际上就是当时重大的新闻，换句话说，根据《汉书》所言，史官是我国最早的新闻消息的记录者与传播者。我国新闻史研究中"消息"一词最早可见于《易经》中，"日中则昃，月盈则食，天地盈虚，与时消息"。"君子尚消息盈虚，天行也。"意思是说道德高尚的人能够把握天地间万物的兴衰之势，并能采取正确的对策，使之畅行无阻，获得成功。该论述直接点明人类从事新闻活动的必要性，即不断了解外界变化的事物，以便做出正确的判断，采取相应的策略和方法。随着传媒研究的深入，"消息"一词的含义更明确，即与人们有利害关系的不断变动的情况。

在汉朝时，学者们借鉴古籍，对先秦时期"传播"的目的与意义进行分析。据《汉书·食货志》记载，自周代我国已有采诗（风）制度，负责采诗的是行人之官，行人采集歌谣献给太师。何休在《公羊传注》中记载，当时朝廷养了一些年老无子的人在民间搜寻歌谣，从乡到邑，从邑到国，最后聚集到王廷。尽管对采诗的形式与方法说法不一，但学者们对采诗的目的与意义的认知却颇为相似，即"观风俗，知得失，自考证也"。（《汉书·艺文志》）由此可见，当时的"下情"已可通过采风而"上达"于奴隶社会的最高统治者。有关低层民众的消息也能引起当时周王的极大重视。

## 三、唐朝：新闻传播成为社会性活动

正统的传媒研究史可追溯到封建社会对"邸报"的研究。邸即官邸，古代高级官员的住所。邸除了"通奏报，待朝宿"外，还将朝廷特准抄发的一些诏令、章奏、官吏任免情况等官方文书传达给在外地的诸侯王和藩王等知晓，谓之邸报。邸报传达消息靠驿马、驿舟、车传、步传等。历代邸报只是辑录一些官方特准的文件，并不刊载采访的新闻，也不向民间传播，私自从官府衙门中探听消息，作为"小报"传播是违法的。但实际上这种犯禁的小道消息还是存在。

唐朝初期社会生产力发展迅速，不仅在艺苑上百花争艳，其他各个文化领域，包括新闻传播活动在内，也都显示出长足的进展和创新的活力。"新闻"观念的产生，宫廷"条报"和藩镇"邸报"的出现，都是在这一时期；官方新闻的发布，虽然并不起始于唐代，然而真正形成一套完整的传播渠道，也还是在这一阶段。可以这么说，中国的新闻传播活动，形成一种社会性的事业，应从唐代算起。根据现有资料记载，我国的报纸产生于唐代中期，《开元杂报》是我国新闻史上最早的报纸。唐人孙樵所著《经纬集》中《读〈开元杂报〉》一文，是现存对唐代原始状态报纸

所作最早也是最详细记载的文献。

唐代尉迟枢著《南楚新闻》，是目前我国所见历史资料中最早使用"新闻"一词的著作。该书是一部笔记，共三卷，今已失传。后代文人典籍中有对其部分表述进行引录评议，如宋代诗人陆游的《老学庵笔记》中曾引录："《南楚新闻》亦云'一撲毡根数十皱，盘中扰自有红鳞'，不知'皱'为何物，疑是饼饵之属。"宋朝《太平广记》中也辑录过《南楚新闻》的某些内容并进行评议。需要注意的是，尉迟枢是最早使用"新闻"一词的人，但其"新闻"所指内容却和今天的"新闻"含义有差别。尉迟枢的"新闻"，是指一些在民间流传的奇闻异事之类，不具备今天"新闻"的客观性、真实性、时效性等特点，但就其传媒记事的要旨来说，仍有其相通之处。

为了扩大传播范围，突破传播地域的局限性，唐代另辟蹊径，沟通中央与地方的信息并向群众发布新闻，创造性地发展信息传播渠道。柳宗元在《那宁进奏院记》一文中对唐代进奏院进行了描述："凡诸侯述职之礼，必有栋宇建于京师，朝觐为修容之地，会计为交政之所。其在周典，则皆邑以具汤沐；其在汉制，则皆邸以奉朝请。唐兴因之，则皆院以备进奏。政以之成，礼于是具，由旧章也……宾属受词而来使，旅赍奉章而上谒。稽疑于太宰，质政于有司，下及奔走之臣，传遽之役，川流环连，以达教令。大凡展采于中都，率由是也。故领斯院者，必获历圜阖，登太清，仰万乘之威而通内外之事。王宫九关而不间，辕门十舍而如近。"柳宗元对唐代进奏院的发展来历进行了描述，并论述了其具体职能，"质政于有司"，"历圜阖，登太清，仰万乘之威而通内外之事"。

## 四、宋朝：小报兴盛与政治管控

"小报"兴盛于宋朝，是一种以刊载新闻和时事性政治材料为主的不定期的非官方报纸，没有固定的报头和固定名称。宋朝时"小报"的发行人包括邸吏、使臣、在政府机关内工作的中下级官员和从事书籍印售工作的"书肆之家"。

同官方的邸报相比，私营的小报更具有新闻性。它为读者提供了许多官报所不载的文件和新闻，满足了人们对朝廷人事变动和政事活动消息的需求。但"小报"触犯了封建社会议论朝政的禁忌，泄露了新闻，受到封建统治者的查禁，严格说是非法出版物。宋高宗时身为吏部尚书的周麟之著《海陵集》，对当时的"传媒"情况进行描述评析，对查禁小报的目的也进行了论述："方陛下颁诏旨，布命令，雷厉风飞之时，不无小人诗张之说，眩惑众听。无所不至，如前日所谓旧臣之召用者，浮言胁动，莫知从来。臣尝究其然，此皆私得之小报。小报出于进奏院，盖邸吏辈为之也。比年事之有疑似者，中外未知，邸吏必竟以小纸书之，飞报远近，谓之'小报'。如曰今日某人被召，某人罢去，某人迁除，往往以虚为实，以无为有，朝士闻之则曰已有小报矣，州郡间闻之则曰小报到矣。其说或然或不然。使其然耶，则事涉不密；其不然耶，则何以取信？臣愚欲望陛下深诏有司，严立罪赏，痛行禁止。使朝廷命令，可得而闻，不可得而测；可得而信，不可得而诈；则国体尊而民听一。"（周麟之《海陵集》卷四《论禁小报》）

南宋赵升的《朝野类要》一书对民间"小报"进行收录研究，提出了具有现代意义的"新闻"概念，并对当时的"新闻传媒"进行简要评述。该书中说："其有所谓内探、省探、街探者，皆衷私小报，率有漏泄之禁，故隐而号之曰新闻。"这里所说的"小报"是指在政治动乱的北宋末年出现的一种被朝廷禁止的小型读物，这种小报"日出一纸"，或以"小纸书之，飞报远近"。而所谓"内探、省探、街探"者则相当于今天的"记者"，他们探听来的虽然都是些"某人被召、某人罢去、某人迁除"等官场消息，但却大都是当时统治者所禁止传播的内幕隐私之类，"故隐而号之曰新闻"。宋代统治者虽然对这种小报严加禁止，但始终没有禁绝。这些小报是独立经营的，有编报人，有"记者"，有发行人，自成传播体系，有一定的读者群且有商品性。因此赵升实际上是把"新闻"和现代意义上的报纸联系在了一起，在我国的传媒研究上有一定的地位。

小报在宋朝屡禁不止，《宋会要辑稿》记宋孝宗淳熙十五年（1188 年）正月二十日诏："近闻不逞之徒，撰造无根之语，名曰小报，传播中外，骇惑听闻。今后除进奏院合行关报已施行事外，如有似此之人，当重决配；其所受小报官吏，取旨施行。"宋光宗时，《宋会要辑稿》记光宗绍熙四年（1193 年）十月四日臣僚言："国朝建置奏院于京都，而诸路州郡亦各有进奏。凡朝廷已行之命令，已定之差除，皆以达于四方，谓之'邸报'，所从久矣。而比来有司防禁不严，遂有命令未行，差除未定，即时誊播，谓之'小报'，始自都下，传之四方。甚者凿空撰造，以无为有，流布近远，疑误群听。且常程小事，传之不实，犹未害也，倘事干国体，或涉边防，妄有流传，为害非细。乞申明有司严行约束。应妄传小报，许人告首，根究得实，断罪追赏，务在必行。"又载："近年有所谓'小报'者，或是'朝报'未报之事，或是官具陈乞未会施行之事。先传于外，固已不可，至有撰造命令，妄传事端，朝廷之差除，台谏百官之章奏，以无为有，传播于外。访闻有一使臣及阁门院子专以探报此等事为生，或得于省院之漏泄，或得于街市之剽闻，又或意见之撰造，日出一纸，坐获不赀之利，以先得者为功。一以传十、十以传百，以至遍达于州郡监司，人情喜新而好奇，皆以'小报'为先，而以'朝报'为常，真伪亦不复辨也。乞令临安府重立赏榜，缉捉根勘，重作施行。"由这些文献可知宋朝小报背景复杂，即使统治者颁布禁令也难以断其根源。一方面说明了宋朝时期统治者政治腐败，传媒管理能力低下，另一方面也体现出封建社会新闻传播的局限性及人们对探知具有时新性消息的渴望。

## 五、清朝：近代传媒思想的萌发与发展

清代报业沿袭明代制度，继续在全国范围发行邸报。这一时期，居于新闻传播主导地位的依旧为邸报、京报等古代报刊，民间小报作为一种满足社会新闻需求的

必要补充形式而存在。清代作为封建社会末世，封建政体成熟，邮驿制度的完善和印刷技术的改进，加之清初盛世的繁荣，将古代报业发展推向了顶峰。但由于我国封建社会特殊的社会环境及政治背景，民间机构鲜有对官文、奏折、邸报等进行抄录研究。

1793 年，英国特使马戛尔尼率官方代表团拜见乾隆皇帝，其副手乔治·斯当东爵士借此机会仔细地观察了中国社会状况的各个方面，著有《英使谒见乾隆纪实》一书，书中有如下描述："邸抄在政府指导之下在北京经常发行。它的内容主要登载全国的重要人事任免命令，豁免灾区斌税的命令，皇帝的恩赐，皇帝的重要行动，对特殊功勋的奖赏，外藩使节的觐见，各处的进贡礼物等等。皇室的事务和私人日常起居很少登在邸抄上。邸抄上还登载一些全国发生的特殊事故，如老年人瑞、违法失职的官吏处分，甚至奸淫案件也登在内。登载后者的用意在防微杜渐，以儆效尤。在战争时期，军事上的胜利，叛乱的镇压也登在邸抄上。邸抄内容只限于国内事务，国外事务一概没有。"虽然只是片段描述，但至少其表述出清朝"邸抄"的部分特征，如官办报纸的属性，出版频繁且发行范围极广，在书中也谈论到其内容以及报道范围，是清代报史研究的重要实证资料。

清朝晚期，以戊戌变法为界，清廷对社会舆论和新闻舆论的态度前后迥然不同，一改维新姿态，对新闻和社会舆论实行高压禁锢政策，戈公振所著《中国报学史》中记载，根据光绪二十六年十二月初十新政上谕关于"今之言者，率出两途：一则袭报馆之文章，一则拘书生之浅见"的分析，清廷"禁止报馆严拿主笔之上谕屡下，内地报纸遂寥若晨星，或闭歇，或迁入租界"。当时学生阅报者居多，故学堂章程中禁令规定"各学堂学生，不准离经叛道，妄发狂言怪论，以及著书委谈，刊布报章……各学堂学生不准私自购阅稗官小说，谬报逆书。凡非学科中应用之参考书，均不准携带入堂"。在清廷禁锢言论的压力下，各省也发出禁止"言论激烈"之书报的禁令，"宵者阅者均须提究"。

此时期一些进步报刊与民间传播机构不畏清廷高压禁锢，对抗清廷整肃舆论，主张开放言禁，站在革命和正义一边，代表社会良知向清廷黑暗统治进行抗争，因此诸如"言论自由""舆论引导"等成为当时传媒研究的热点。"亦尚有官绅合办之宣讲所阅报公所，地方人士所设之阅书报社等，此则始终以提倡阅报为事，于开通民智上固极有稗益也。"谭嗣同在为《湘报》写的后叙中也涉及言论自由、新闻自由等问题。他写道："'防民之口，甚于防川'，此固之所以亡也；'不毁乡校'，此郑之所以安也；导之使言，'谁毁谁誉'，此三代之所以直道而行也。吾见《湘报》之出，敢以为乡民庆，曰诸君复何忧乎？国有口矣。"①

1906 年，慈禧当政后期，由于独断处决了在日本报社供职的记者沈荩引起全

---

① 中国人民大学新闻系：《近代报刊史参考资料（上册）》，中国人民大学出版社，1982 年版，第 282 页。

国舆论哗然，《大公报》连续发表 7 篇文章对"沈荩惨案"进行追踪，引起全国性排满风暴。媒体的宣传，让统治者认识到世界上除了政治权力还有一种力量叫做传媒。通过沈荩案还有以后的《苏报》案、《大江报》案等一系列和言论自由有关的案例，清政府开始反省僵化的舆论钳制政策，重视传媒舆论的相关研究，并根据研究制定相应的传媒法规。1906 年，奉命出洋考察宪政的载泽等五位大臣先后回国，在给清政府的奏折中，他们提出"定集会言论出版之律"。在国外考察中，载泽等大臣已经感受到君主立宪国家的言论自由，并表示了赞誉。不过，他们主张在中国推出新闻法的理由是："与其漫无限制，益生厉阶，何如勒以章程，咸纳轨物。"简言之，由于当时中国的新闻报道已经很难控制，尤其是租界媒体，更是让清政府鞭长莫及，与其这样，还不如自己主动立法，放宽一些言论的空间，同时，也可更好地进行控制。1906 年开始，《大清印刷物专律》《大清报律》等与新闻相关的法律相继出台，自此新闻自由也就成了传媒研究的热点问题。

清朝晚期，中国报业进入了近代化时期，随着中西交流的加强，西方的思想被介绍到中国，影响了一代先进的知识分子，这些思想中就包括诸如新闻自由、新闻真实等先进的传媒理念，正在寻觅救国出路的知识分子们从中获得了极大的振奋和热情。一方面他们将先进理念广为传播，另一方面通过办报身体力行。然而，西方的传媒理念产生于特定的历史背景下，在社会条件迥异的清末，先进的传媒理念很难在短期内落地生根。理想化地将其付诸实践，必定和社会现实发生激烈对抗。同时，先进的知识分子虽然接受了资本主义的教育，但他们脱胎于封建士大夫阶层也是不能回避的事实。因此，一方面他们有传播新思想的愿望，另一方面，他们又难以摆脱传统观念的束缚。在实践先进传播理念时难免新旧杂糅，使西方新闻理念在中国的土地上呈现出特殊的表现。

## 六、民国：近代中国的报人探索与实践

1912 年，临时政府成立，以孙中山为首的革命派诚恳推行民主政治，主张建立新闻自由体制，在中国历史上"言论自由"首次被写入《宪法》。同年 3 月 4 日，南京临时政府内务部颁布《暂行报律》，与报界"约法三章"："（一）新闻杂志已出版及今后出版者，其发行及编辑人姓名须向本部呈明注册，或到就近地方高级官厅呈明，咨部注册。（二）流言煽惑关于共和国体有破坏弊害者，除停止其出版外，其发行、编辑人并坐以应得之罪。（三）调查失实，污毁个人名誉者，被污毁人得要求其更正，要求更正而不履行时，经被污毁人提起诉讼，得着重科罚。"① 该报律颁布后，业界与学界针对"新闻自由"问题展开了激烈讨论。上海报界俱进会和《大共和日报》等均通电反对该报律，《大共和日报》于同年 3 月 7 日发表由章太炎撰写的电文："案民主国本无报律。观美法诸国，对于杂志新闻，只以条件从事，

---

① 复旦大学新闻系新闻史教研室：《中国新闻史文集》，上海人民出版社，1987 年版，第 88 页。

无所谓报律者。亡清诸吏自知秕政宏多，遭人指摘，汲汲施行报律，以为壅遏舆论之阶。近民国政府初成，杀人行劫诸事，皆未继续前清法令，声明有效，而独皇皇指定报律，岂欲蹈恶政府之覆辙乎?"①

由此可见，由于时代的局限，当时的报人无法认识到报律对新闻传播的推动作用，认为其是对新闻自由的遏制。《暂行报律》最终以不合立法程序为由被取消，此后一年多时间中，民国报界基本处在无法可依的状态。二次革命失败后，袁世凯趁机对异党报纸进行清理，并相继颁布了更为严格的《报纸条例》《出版法》以限制新闻事业的发展。报人抗拒对新闻自由的任何管制，但换来的却是统治者对言论自由更为严厉的限制，究其根本原因，是当时由于时代的局限，报人对新闻研究过于西式、过于理想化，且对新闻规律认识不深造成的，他们宣称要享有新闻自由的权利，却没有认识到与权利相伴的义务与责任，且将新闻自由偏狭地理解为不受任何法律约束。1912年3月6日，章士钊在《民立报》发表文章《论报律》，文中称"本报对于内务部之报律，其所主张，乃根本的取消! 无暇与之为枝枝节节之讨论! 以后并灌输真正之自有理想于国民之脑中，使报律两字永不发于国会议员之口。"②这是封建社会专制思想在传媒认知中的新表现，反映了传媒研究历史变革的复杂性。

## 第二节　传媒研究的起步阶段（1912—1983）

### 一、中华民国社会历史时期（1912—1949）

#### （一）传媒研究发展历程

在1840年鸦片战争之后的70多年中，中国学术界一直没有出现以近代观念和方法研究传媒的著作。民国时期，中国实际上仍然是半殖民地半封建社会，统治阶级施行的仍然是具有明显的封建专制色彩的统治，而且自1912年立国以后就一直处于内外战争和动荡之中，所以民国的传媒事业没有得到应有的长期、长足和全面的发展。但是，中国社会文明文化发展的内在规律，中华民族追求民主文明自由的民意民心和势不可挡的世界民主文明潮流等多方面的推动力量，又使民国的传媒事业有了远远超出此前一代的迅速发展。民国时期，中国传媒事业体系进一步健全和完善，在清朝末期引进新闻电报技术和新闻电影技术的基础上，20世纪20年代又引进了无线电广播技术，并且在民国时期的特定社会环境中得到了迅速推广。同时，政党报业、民间报业和新闻法制也有了很大发展，构成了一部既区别于此前的清朝，又区别于此后的新中国的传媒断代史，该时期也产生了大批优秀的传媒研究

---

① 复旦大学新闻系新闻史教研室：《中国新闻史文集》，上海人民出版社，1987年版，第86页。
② 章士钊：《论报律》，《章士钊全集（第二卷）》，上海文汇出版社，2002年版，第68页。

成果。

1913 年 3 月 10 日在北京举行的袁世凯接任中华民国临时大总统就职仪式，不仅标志着南北统一的中央政权的建立，同时也是袁世凯以北洋军政实力为基础，运用权术，执掌国家政权的开始。国家政局和社会动荡对学术研究的影响及新闻史研究的客观规律，决定了学术界这一时期的新闻史研究尚处于"肇始"状态和水平。

1913 年，在中国出版的第一本含有"新闻史"内容的著作是美国记者休曼（L. Shuman）著、史青译、上海广学会 1913 年出版的《实用新闻学》（*Pratical Journalism–A Complete Manual of Best Newspaper Methods*），24 开本，172页，16 章，文言体。开篇为"美国报馆进化史"即美国新闻业发展史，接着是"责任与俸给""访事人之造就法""探访""新闻访稿""新闻业同盟会""记者""新闻事业""星期增刊""美术室""妇女与新闻事业""告白之文""登载告白""邑报章""破坏名誉之法律"及"美国版权法"等内容，反映了美国产业革命以后自由竞争的大众化商业报纸的新闻观点。权威的《民国时期总书目》（北京图书馆编，书目文献出版社）和《中国新闻传播学图书精介》（周伟明主编，复旦大学出版社）都认定该书为中国出版的第一部新闻学著作。该书的出版标志着中国近代化新闻史研究的肇始，具有里程碑式的意义。

从袁世凯去世的 1916 年 6 月起，到张学良等发表"易帜通电"，宣布遵守三民主义，服从国民政府，改易旗帜的 1928 年 12 月底，计 12 年左右时间，民国北京政府时期的社会政治生态错综复杂。"虽然是军阀混战的时代，但是教育、文化、经济、社会等领域仍然出现了史无前例的繁荣，现代工商业、现代大学、现代学术、现代社会的组织形态仍在迅速发展，是一个渐进中的和多元化的时代"，"是一个五色杂陈、瑕瑜互见，各种国内外的政治力量、社会力量、各种主义、各种学术观点、各种思想主张、各种宗教信仰，乃至于各种文学艺术流派都在各自的领域内寻求发展的时代"。① 就是在这种独特而又复杂的社会环境里，民国时期传媒研究逐渐开展。

1917 年，中国出版了第一本由中国学者撰写的新闻史著作，它就是江苏常州籍学者姚公鹤的《上海报纸小史》。该书 1 万 3 千多字，内容起自《申报》创办的1872 年，止于民国初年。该书 1917 年先在《东方杂志》第 4 卷第 6、7、12 号上连载，同年收入《上海闲话》一书出版。作者自述"民国五年阴历丙辰九月朔日（公元 1916 年 9 月 27 日）峻稿并志"②，表明该著作尽管可能在袁世凯当政时期撰写，但发表和出版在袁世凯死后。《上海报纸小史》首先阐述中国报纸的起源，接着阐述中国近代报纸起源，然后对"上海报界实体上变迁沿革盛衰兴废之大要"做

---

① 方汉奇：《〈北洋政府时期的新闻业及其现代化（1916—1928）〉序》，中国人民大学出版社，2012 年版，第 1 页。

② 姚公鹤：《上海报纸小史·公鹤附志》，载《中国近代报刊发展概况》，新华出版社，1986 年版，第278 页。

了图景式描绘与分析：介绍上海新闻业在全国新闻业中的地位和影响力，分析上海新闻业发达的原因，记叙上海新闻报馆的内部机构及职能，并对当时上海的主要新闻报纸如《申报》《新闻报》《时事新报》的创办和发展历程作了简要介绍。它不仅是中国学者撰写出版的第一本新闻史著作，也是中国学者撰写出版的第一本中国地方新闻史著作，更是中国学者撰写出版的第一本对当时（民国初期）新闻业记载和评价的著作。它的出版标志着中国学术界对新闻史的研究正式进入近代化阶段。

　　1919 年，被誉为我国"新闻教育第一位大师""新闻界最初的开山祖"（黄天鹏《新闻学纲要·序》）的徐宝璜教授著《新闻学》一书，是我国第一本新闻理论专著，该书系统地论述了报纸的职能、新闻的定义、新闻价值、采访、编辑的方法、广告、发行等内容。书中语言通俗易懂，言简意赅，新闻思想更是新颖，切合中国当时的实际，因此，蔡元培在为该书所作序中称之为"我国新闻界的破天荒之作"。在书中，徐宝璜针对我国新闻媒体的职责、新闻传播真实性标准、新闻传播的伦理建设、新闻的采集与编排等问题进行批判。以新闻伦理研究为例，徐宝璜特别强调记者的道德品质修养，在书中第二章（新闻纸之职务）谈到新闻纸要"创造正当之舆论"时说："然非编辑有纯洁之精神、高尚之思想、远大之眼光，不足以语此也。""伟大之记者，应有大无畏之精神，见义勇为，宁牺牲一身以为民请民命，不愿屈于威武而嗫若寒蝉。"[1] 在新闻真实性方面，徐宝璜教授也提出了富有时代前沿性的理论见解，"'报纸有闻必录'，此吾国报纸之一极普通之口头禅，且常引为护身符者也，其实绝无意义。因若信一二人之传说，而不详加调查，证其确否，径视为事实而登载之，将致常登以讹传讹之消息，且有时于不知不觉成为他人播谣之机械，此亦为以伪乱真，又乌乎可？……然吾国报纸，则恒引此不通之六字以为护身符。对于所登之新闻，纵使错误，亦不负责任，固按'有闻必录'之原则，本无调查所闻确否之必要也。甚有于此六字之下，为达不正当之目的起见，登载消息，攻击他人之私德，不留余地者。此为吾国新闻界幼稚之明证，亦一并应纠正之事也。""苟记载失实，无论其出于有意之造谣与播弄，抑出于无意之疏忽与传讹，小之常足以使个人受莫大之损失与痛苦，大之足以贻毒社会，扰乱国家，此亦为不能掩饰之事实。"[2] 在此之后，其又在发表的论文《新闻纸之性质与价值》中补充论述了维护新闻真实的方法："不可以讹传讹，以致失事实之真相"；"不可以推测为事实，……致贻闭门捏造之讥也"；"不可颠倒事实……须持第三者态度，不以己见为转移也"。徐宝璜的新闻思想代表了当时人们对于新闻道德理论认识的最高水平。他的《新闻学》一书既是我国新闻学理论的破天荒之作，同时也可以说是关于新闻道德理论的集大成之作。尽管他的新闻观受西方资产阶级新闻理论的影响较多，如坚持报纸的超党派、超政治的独立地位；过分夸大报纸的力量和作用，甚

---

① 徐宝璜：《新闻学》，中国人民大学出版社，1994 年版，第 6 页。
② 徐宝璜：《新闻学》，中国人民大学出版社，1994 年版，第 97 页。

至提出"新闻纸，或可作政治之中心点，力亦伟哉"的观点等等，都表现了认识上的历史局限性。但是，他作为我国第一位系统阐述自己的新闻伦理思想的新闻理论家，他所提出的一些理论主张，不仅值得我们深入地研究，而且作为一份宝贵的文化遗产，对今天的新闻道德建设仍然具有一定的参考价值。

1918—1928年这一阶段传媒研究成果十分丰硕：申报馆编《申报馆纪念册》（上海申报馆，1918年）和《四十九年之申报》（上海申报馆，1918年）；包天笑编《考察日本新闻记略》（上海商务印书馆，1918年）；陈冷主编《时报馆纪念册》（上海时报馆，1921年）；上海新闻报馆编《新闻报卅周年纪念册》（上海新闻报馆，1922年）；任白涛著《应用新闻学》（杭州中国新闻学社，1922年）；黄炎培编《最近五十年：申报馆五十周年纪念》（上海申报馆，1923年）；徐宝璜、胡愈之著《新闻事业》（上海商务印书馆，1923年）；汪英宾著《中国报刊的兴起》（英文，纽约哥伦比亚大学新闻学院硕士论文，1924年）；邵飘萍著《新闻学总论》（北京京报馆，1924年，含"新闻纸之进化史略"一章）；蒋国珍著"中国新闻发达史"（上海世界书局，1927年）；戈公振著《中国报纸进化之概况》（国闻周报社，1927年）；兼士著《中国报纸变迁史略》（1927年）；戈公振著《中国报学史》（上海商务印书馆，1927年）；张静庐著《中国的新闻纸》（上海光华书局，1928年）和《中国的新闻记者》（上海光华书局，1928年）；黄汝翼著《新闻事业进化小史》（上海中央日报社，1928年）；申报馆编《申报：二万号纪念册》（上海申报馆，1928年）等等。尤其是戈公振的《中国报学史》被后世学者称为"中国第一部系统研究新闻史的著作"，以丰富而系统的史料著称于世，被公认为是中国新闻史研究的奠基之作。它的出版，首次确立报刊史的研究是一门学问，在时间跨度和报刊评价的规模上，它都达到了一个新的水平，开创了中国新闻史研究的新时期。[①] 该阶段传媒研究成果中不同思想、观念、体系、派别及表述方式共存同生。既有旧式文人的著作，也有新式知识分子的成果，这一阶段的传媒研究具有开放的态势。

1923年，我国内地建成第一座广播电台，标志着我国广播新闻传播活动发端。广播逐渐成为我国新闻传播的主阵地，学者对其亦展开了全面丰富的研究活动。

从张学良1928年12月底在东北宣布"易帜"，民国南京政府实现"全国统一"，到日本军队制造北平卢沟桥"七七事变"，国共宣布合作抗日的1937年8月止的9年左右的时间，军阀间战事相对减少，社会政治生态相对稳定，收回一些外国租界，政府威信有所提高，经济商贸得到恢复，文化教育开始复苏。政府反复申令"保障言论自由"，各种思潮传播比较活跃，文化建设和学术研究环境相对宽松。民国南京政府进入被称为"黄金十年"的发展阶段，该时期传媒研究相对兴盛，出现了一批重要的成果。

1929—1937年这一阶段新闻史研究成果主要有：上海日报公会编《上海之报

---

① 方汉奇、李矗：《中国新闻学之最》，新华出版社，2005年版，第357页。

界》（上海中华书局，1929 年）；黄天鹏著《中国新闻事业》（上海联合书店，1930 年）；项士元著《浙江新闻史》（杭州之江日报社，1930 年）；张静庐著《中国的新闻记者与新闻纸》（上海光华书局，1930 年）；黄粱梦、黄天鹏著《新闻记者的故事》（上海联合书店，1931 年）；天庐（即黄天鹏）著《怎样做一个新闻记者》（上海联合书店，1931 年）；郭箴一著《上海报纸改革论》（上海复旦大学新闻学会，1931 年）；杜超彬著《最近百年中日两国新闻事业之比较》（上海复旦大学新闻学会，1931 年）；黄粱梦、黄天鹏著《新闻记者外史》（上海光华书局，1931 年）；新闻报馆编《新闻报概况》（上海新闻报馆，1931 年）；赵敏恒著《外人在华新闻事业》（中国太平洋国际学会，1932 年）；燕京大学新闻系编《中国报界交通录：新闻学研究第 2 号》（燕京大学，1932 年）；甘家馨编著《欧美新闻界鸟瞰》（南京民族通讯社，1933 年）；胡道静著《上海的日报》（上海市通志馆，1935 年）；胡道静著《上海的定期刊物》（上海市通志馆，1935 年）；胡道静著《上海新闻事业之史的发展》（上海通志馆，1935 年）；申报馆编《申报概况》（上海申报馆，1935 年）；杨家骆著《中国期刊社报社通讯社一览表：民国史稿副刊之一》（南京中国辞典馆，1935 年）；郭步陶编著《本国新闻事业：申报新闻函授学校讲义十一》（上海申报馆，1936 年）；谢六逸编著《国外新闻事业：申报新闻函授学校讲义》（上海申报馆，1936 年）；林语堂著《中国报刊与舆论史》（英文，上海英商凯利尔和威尔士有限公司，1936 年）；李文裼编《全国日报调查录》（北平市立第一普通图书馆，1936 年）；许晚成编《全国报馆刊社调查录》（上海龙文书店，1936 年）和《全国通讯社调查表》（上海龙文书店，1936 年）；马荫良著《中国报纸简史》（英文，上海申报馆，1937 年）；邵介著《中国报史述略》（福州中央日报社，1937 年）；吴成著《非常时期的报纸》（上海中华书局，1937 年）等等。该时期的传媒研究的数量迅速增长，新闻同人团体和新闻院系的成果占有重要地位，数量及质量上都超越此前的专著。《上海之报界》是中国新闻同人团体编印出版的第一种出版物，复旦大学新闻学会、燕京大学新闻系和申报新闻函授学校所出版的《最近百年中日两国新闻事业之比较》以及学者们编著的《中国报界交通录：新闻学研究第 2 号》《本国新闻事业》《国外新闻事业》等都产生过较大影响。

从日本侵略军制造卢沟桥"七七事变"的 1937 年 7 月始，到日本宣布"无条件投降"并签署"投降书"的 1945 年 9 月止的 8 年左右的时间，中国人民取得了"彻底打败日本侵略者"的历史性胜利，学术界传媒研究成果也被清晰地烙上了"非常"时期社会环境的烙印。家国存亡之际，先进的中国知识分子和资产阶级政治家，为了探求富国强民之道，借助报刊开发民智，去塞求通，灌输西方民主意识，伸张民权，监督政府，提出了与时政相符的办报理念。孙中山以"以开民气""晓喻众学"为办报口号。毛泽东曾说，"专制主义者利于人民愚昧，我们则利于人民聪明",认为新闻宣传的目的是使人民"离开愚昧状态"①。20 世纪 40 年代初,延安《解放日报》改版,把"反对一切反动、复古、黑暗、愚昧"作为新闻传播的重要任务。

1938—1945 年这一阶段的传媒研究著作或资料性文献成果主要有:新民会中央指导部调查科编《京津新闻事业之调查:调查资料第 2 号》(日伪出版物,编者刊,1938 年);中央宣传部新闻事业处编《全国报社通讯社一览》(编者刊,1938年);赵君豪著《中国近代之报业》(香港申报馆,1938 年);中央宣传部宣传指导处编《最近登记全国杂志社一览》(编者刊,1939 年);胡道静著《报坛逸话》(文集,上海世界书局,1940 年);戈公振著《新闻学》(长沙商务印书馆,1940 年);军事委员会新闻监察局编《全国报社通讯社一览》(编者刊,1940 年);王汉中编《新闻事业法令汇编》(中央政治学院,1940 年);中美日报社编《中美日报苦斗记》(上海中美日报社,1940 年),[法]淮尔(G. Weill)著、宋善良译述《日报期刊史》(长沙商务印书馆,1940 年);中央宣传部新闻事业处编《全国报社通讯社一览》(编者刊,1941 年);军事委员会战时新闻检查局编《全国报社通讯社动态一览》(编者刊,1941 年);中央宣传部宣传指导处征审科编《全国杂志社一览》(编者刊,1941 年);中美日报读讯会编《新闻史纲:中美日报读讯会实用新闻学讲义之六》(上海罗斯福出版公司,1941 年);余戾林编《中国近代新闻界大事记》(成都新新新闻报馆,1941 年);中央宣传部新闻事业处编:《全国报社通讯社一览》(编者刊,1942 年);章丹凤著《近百年来中国报纸之发展及其趋势》(上海开明书局,1942 年);民国日报馆编《民国日报概况》(日伪出版物,天津民国日报馆,1942 年);叶之知著《新闻知识入门》(桂林实学书局,1942 年);蔡寄鸥的《武汉新闻史》(伪中日文化西会武汉分会,1943 年);容又铭编著、马星野校订的《世界报业现状》(桂林铭真出版社,1943 年);军事委员会战时新闻检查局编《全国报社通讯社动态一览》(编者刊,1944 年);中央宣传部新闻事业处编《全国报社通讯社一览》(编者刊,1944 年);赵君豪著《上海报人的奋斗》(重庆尔雅书店,1944 年);程其恒著《战时中国报业》(桂林铭真出版社,1944 年);程其恒编《各国新闻事业概述》(重庆国民图书出版社,1944 年);龙之鹏编著《各国新闻事业透视》(重庆大华书局,1944 年);蔡天梅编著《新民报社史》(日伪出版物,北平新民报社清算事务所,1944 年);吴宪增编著《中国新闻教育史》(日伪出版物,石门新报社,1944 年);史梅岑编著《新闻学纲要》(河洛日报社,1945 年)等。

该时期传媒研究成果数量较之前有所下降。日本帝国主义的侵略导致社会动荡,迫使研究机构内迁,研究者缺少基本研究条件,使得这一阶段的新闻史研究成果在数量上明显下降。从研究性质上看,该阶段的研究具有较强的行政管理色彩,如新民会中央指导部调查科编《京津新闻事业之调查:调查资料第 2 号》、中央宣

---

① 中共中央文献研究室、新华通讯社:《毛泽东新闻工作文选》,新华出版社,1983 年版,第 119 页。

传部新闻事业处编《全国报社通讯社一览》、中央宣传部宣传指导处编《最近登记全国杂志社一览》、军事委员会新闻监察局编《全国报社通讯社一览》等，都是政府加强管理的副产品，折射出政府对媒体强化行政管理的特点。另外由于该阶段处于抗日战争的特殊时期，为抵抗日本帝国主义侵略，民国南京政府采取"战时"措施以适应战争环境，传媒研究中就出现了以"军事""抗战"或"战时"为主题的成果。如王新常著《抗战与新闻事业》、中美日报社编《中美日报苦斗记》、军事委员会新闻监察局编《全国报社通讯社一览》等。值得一提的是，在抗日战争时期，我国传媒研究出现了敌伪报社、机构及人员参与研究的现象，主要是敌伪政府和敌伪报社记载当时新闻业状况的资料汇编和那些在伪政府或伪报社中谋职的人员的传媒研究成果，如伪新民会中央指导部调查科编《京津新闻事业之调查：调查资料第2号》和伪新民报社史编撰委员会编著《新民报社史》及吴宪增的《中国新闻教育史》等。

从日本无条件投降、中国抗日战争取得彻底胜利的1945年9月，到民国南京政府的首都南京被人民解放军占领，中华人民共和国中央人民政府宣告成立的1949年10月1日的4年左右时间，国共两党爆发内战，这一时期的传媒研究也因政局动荡、人心不稳、社会环境恶化而经历了整体的衰败和转折。但在1948年，毛泽东与刘少奇两篇经典的《谈话》开启了我国无产阶级新闻学理念。

从整体上看，自"五四"以后，随着马克思主义的传入，我国新闻传播思想有了较大飞跃，无产阶级新闻传播思想逐渐占据主导地位。中国共产党出版了自己的报纸，培养了一批德才兼优的无产阶级新闻记者、政论家，他们以马克思主义立场、观点从事新闻工作，为探索无产阶级新闻事业的规律做出了杰出的贡献。20世纪40年代延安的新闻界整风运动批判了法西斯新闻观和资产阶级新闻观，确立了以马克思主义和中国革命报刊实践相结合、以无产阶级党性原则为核心的党报学说，1948年毛泽东的《对晋绥日报编辑人员的谈话》和刘少奇的《对华北记者团的谈话》两篇经典著作问世，标志着有中国特色的无产阶级新闻学已经形成。《对晋绥日报编辑人员的谈话》是中国共产党新闻工作的重要经典文献，根据1942年4月2日毛泽东接见晋绥日报社编辑人员和新华社晋绥分社记者时的谈话整理而成，共2000多字，1948年问世。《对晋绥日报编辑人员的谈话》较系统地论述了党的报纸的性质、任务和作用，以及办报路线、报纸风格及新闻工作者的作风等有关党的新闻工作的一系列基本问题。毛泽东说："报纸的作用和力量，就在它能使党的纲领路线，方针政策，工作任务和工作方法，最迅速最广泛地同群众见面。""通过报纸加强党和群众的联系"，报纸应具有生动、鲜明、尖锐和毫不吞吞吐吐的战斗风格。并且强调报纸要靠大家来办，靠全体人民群众来办，靠全党来办，才能办好；报纸工作人员为了教育群众，首先要向群众学习。① 毛泽东同志这一时期对

———————————

① 中共中央毛泽东选集出版委员会：《毛泽东选集（第四卷）》（横排本），人民出版社，1960年版，第1213～1217页。

办报思想的阐述，到《对晋绥日报编辑人员的谈话》的发表，已经形成了完整的、科学的、系统的表达。坚持党性原则、坚持真实性原则、坚持群众性原则，成为中国共产党人办报思想的三块基石。

1948 年 9 月，华北人民日报社和新华社华北总分社记者团到西柏坡集中学习，范长江整理相关问题，向当时主管新华社工作的刘少奇汇报工作，刘少奇在 10 月 2 日进行了"对华北记者团的谈话"。谈话原文 1.2 万多字，整理后为 7000 多字。《对华北记者团的谈话》侧重解决实际问题，与《对晋绥日报编辑人员的谈话》重点不同，互为补充，其在传媒理论上的阐述，更加强调党报与群众之间的密切联系，重视党报下情上传的重要作用。刘少奇说："你们写东西是为了给人家看的，你们是为读者服务的。看报的人说好，你们的工作就是做好了。看报的人从你们那里得到材料，得到经验，得到教训，得到指导，你们的工作就是做好了。""我们所说的和人民群众联系，主要是指和劳动人民的联系，而且我们要不断地巩固和扩大这种联系，一天也不能中断，叫做时时刻刻保持和群众的联系。""办报是联系群众很重要的工作，你们就是做这个工作的。""党依靠你们的工作，指导群众，向群众学习。因此，你们做得好，对党对人民的帮助就大；做不好，帮助就不大；如做错，来个'客里空'，故意夸大，反映得不真实，就害死人了。"对于如何做记者，刘少奇也提出了具体要求，第一，要有"正确的态度"，"你们是人民的通讯员，是人民的记者，要全心全意为人民服务"。第二，记者要有独立精神，"你们要真实地反映情况，独立地去作判断，就要到处去看，去问，就要读马列的书，做许多研究工作"。第三，记者要有马列主义修养，"要提高理论水平，要熟悉马列主义，特别要学习唯物史观、认识论，学习阶级分析的方法"。第四，要熟悉党的路线与政策，"为了及时地正确地宣传党的路线和政策，就要经常学习、研究，时刻注意党的各项方针政策的执行情况"①。《对华北记者团的谈话》是对毛泽东新闻思想的修正与补充，当中提出的"群众新闻观"是与时俱进的，具有时代性的指导意义，该谈话是中国共产党党报理论的重要文献，丰富和发展了党报理论。

1945—1949 年在国统区出版的新闻史研究成果除了胡道静著《新闻史上的新时代》（上海世界书局，1946 年），陈布雷著《陈布雷回忆录》（上海新世纪出版社，1948 年）和储玉坤编著《现代新闻学》（增订本，上海世界书局，1948 年）外，还有军事委员会北平新闻检查处编《北平市各报社通讯社新闻从业人员录》（1946 年），第十一战区长官部政治部编《北平市新闻记者调查表》（1946 年），首都新闻记者公会会务组编《首都新闻记者公会会员录》（1946 年），中央广播事业指导委员会管理处编《中央广播事业指导委员会管理处职员录》（1946 年），内政部警察总署编《全国报社通讯社杂志社一览》（上下册，1947 年），行政院新闻局编《新闻事业》（1947 年）、《广播事业》（1947 年），国民党中宣部第三处编《全国

---

① 中央文献编辑委员会：《刘少奇选集（上卷）》，人民出版社，1981 年 12 月版。

报社通讯社一览》（1947年）等等。

该时期国统区传媒研究成果在动荡环境下数量急剧减少，在内容上难与前阶段比肩，胡道静的《新闻史上的新时代》实际是他关于中国新闻事业意见的论文集；《陈布雷回忆录》是陈布雷对自己新闻实践的回忆。但是从传媒研究内容范围上看该时期有新的拓展，其中最重要的研究者是胡道静先生，他在《新闻史上的新时代》一文中第一个提出"电视新闻时代"概念，指出"自第二次世界大战以后，又探向再一个新的世纪，要成为'电视新闻'的时代了"[1]。

1945—1949年解放区的情形与此时期的国统区相反，共产党领导的解放区一片欣欣向荣，但因战争仍在进行，部队大步向敌占区推进，解放区迅速扩大，百废待兴建设任务繁重，无论是共产党组织和解放区政府的领导或者是人民解放军指战员，都无暇顾及诸如传媒研究这类在当时看来不是很迫切的事情，所以这一阶段解放区及新解放的大中城市还没有发现有关传媒研究的专门文献。诸如新华社晋察冀总分社编《新闻工作指南：第一辑》（1946年），宫达非编《大众化编辑工作》（鲁中出版社，1947年），恽逸群著《新闻学讲话》（冀中新华书店，1947年），新华社华中分社编委会编《新闻工作文献》（华中新华书店，1949年），晋绥日报社编《新闻业务文选》（1949年）及柯蓝撰《怎样编写通俗报刊》（上海华东新华书店，1949年），戈扬著《新闻采访与写作》（北京生活·读书·新知三联书店，1949年）及新华社山东分社大众日报社编《青年记者（1）》（1949年）等主要是指导传媒工作的普及性读物，有的也简略介绍传媒理论知识。该时期解放区的传媒研究刚刚呈现萌芽状态，上述一些读物中已开始出现介绍中国新闻事业尤其是红色新闻事业发展的内容，尽管有时只有片言只语，但却代表一种崭新的学术现象萌芽。

### （二）突出人物的研究成果

梁启超是我国传媒研究的重要人物，他在清政府严苛的政治专制统治下，利用新闻传播发起舆论攻势宣传自己的传媒主张，并形成了诸多影响后世的新闻传媒理论。梁启超对报刊舆论地位等相关问题多有论述。何为舆论？梁启超认为"夫舆论者何？多数人意见之公表于外者也，是故少数人所表意见，不成为舆论，虽多数人怀抱此意见而不公表之，仍不成为舆论"[2]。"夫舆论者，非能以一二人而成立者也，必赖多人，而多人又非威动势胁以结集者也，而各凭其良知之所信者而发表之，必多数人诚见如是，诚欲其如是，然后舆论乃生。"[3]梁启超对于舆论定义的核心是多数人公开表达的意见，这种意见必须是大多数人内心所有的真实的想法，而那种被胁迫者的意思是不成其为舆论的，即舆论是一种独立、自主的意见的表达。而报馆则又成为舆论机关，代表着舆论发挥作用，"舆论无形而发挥之代表之

① 胡道静：《新闻史上的新时代》，上海世界书局，1946年版，第1页。
② 梁启超：《梁启超全集（第四卷）》，张兴品主编，北京出版社，1999年版，第2287页。
③ 梁启超：《梁启超全集（第四卷）》，张兴品主编，北京出版社，1999年版，第2211页。

者，莫若报馆，虽谓报馆为人道之总监督可也"①。梁启超认为，报馆在泰西诸国立法司法权既已分立，政党既已确定的情况下，其"关系之重大犹且若是"，而"何况我国之百事未举，惟恃报馆为独一无二之政监者"。他还高度赞扬报馆所处的地位，称它是"摧陷专制之戈矛，防卫国民之甲胄"。②

对于传媒的作用，梁启超也做了相关论述。首先，报刊具有宣传鼓动作用。梁启超谓"报馆之议论既浸入于人心，则风气之成不远矣"③。其次，报刊具有沟通交流作用。国家要兴旺富强，需要统治者能了解下情，民众也能知晓国家大事，而这些可以通过传媒实现。梁启超认为，"国之强弱，则于其通塞而已。上下不通，故无宣德达情之效"。在外交上如果"中外不通，则无知己知彼之能"。因此，"去塞求通，厥道非一，而报馆其导端也"。再次，报刊具有启蒙教育作用。梁启超一向把报刊作为启迪民智的重要手段，认为"报馆者，政本之本，而教师之师也"，"阅报愈多者，其人愈智；报馆愈多者，其国愈强"。④

关于传媒的功能，梁启超认为新闻传媒整体上而言具有两大功能。第一，传媒可以对社会国家的相关事宜进行监督评判，即传媒"喉舌论"，传媒作为政府及民众上情下传、下情上达的工具，起到耳目喉舌的作用，可以有效实现对社会的监督，在反映批判社会不良现象的同时，维护社会秩序，坚持社会公益，保护民众的权益。第二，梁启超积极倡导以传媒的力量启发民智，引导民众争取合法地位。

## 二、新中国传媒研究的发展（1949—1983）

1949年10月1日，新中国的成立标志着我国传媒研究进入了新的阶段。马克思主义新闻理论成为新闻研究的指导思想，延安时期形成的党报理论被广泛应用于新闻传媒领域。

1958年，我国第一家电视台——北京电视台成立，标志着我国大陆电视事业的起步，电视传播及与之相关的新闻传播研究随之逐步展开。

### （一）研究情况概览

这一时期对于广播电视的研究尚处于感性认识阶段，主要是用阶级斗争理论和战争年代形成的党报理论来审视广播电视新闻，基本还没有形成学科属性。研究方法基本采用经验总结和人文思辨相结合，集中于理论研讨、业务交流和历史总结三个层面。其中，由于传媒发展现实状况的制约，这一时期，对于业务操作层面的研究较为突出，大多是广播电视从业者或管理者的体验和经验概括，描述性强而理论性弱。这一时期的传媒研究属于个体自发研究阶段，缺乏较为统一的研究组织，理

① 杨光辉、熊尚厚、吕良海，等：《中国近代报刊发展概况》，新华出版社，1986年，第24页。
② 梁启超：《梁启超全集（第四卷）》，张兴品主编，北京出版社，1999年版，第969页。
③ 丁文江、赵丰田：《梁启超年谱长编》，上海人民出版社，1983年版，第40页。
④ 张静庐：《中国出版史料补编》，中华书局出版社，1957年版，第162页。

论刊物较少。其中具有代表性的刊物为《广播业务》，它是"文化大革命"前中央广播事业局编印的唯一的全国性业务刊物。关于广播电视新闻研究的成果集中发表在该刊物上，很好地发挥了研究平台的作用，也涌现出很多具有影响力的文章与作者。

这一时期对于广播的研究集中在对广播性质探讨、广播传播特点以及广播史的整理上。首先对于广播性质的讨论，人们普遍将其视为"阶级专政"或者"阶级斗争"的工具。以周新武和康荫为代表的研究者主要认为"广播是阶级专政的工具"。"阶级社会中，一切新闻事业都是阶级斗争的工具。在我国进行社会主义革命和社会主义建设时期，人民广播事业就是社会主义事业的一部分，就是无产阶级专政的一种工具。"① 康荫在《谈新闻作用问题》中对这一观点表示支持，"广播、报纸既不能和国家机关相互混淆，又不能相互割裂。广播、报纸和国家、军队、法庭一样，都是阶级对阶级实行专政的工具，是进行阶级斗争的武器，目的是为了教育团结人民、打击消灭敌人，但是它们在阶级斗争中所起的作用是根本不同的……作为阶级斗争工具的广播、报纸，却不是国家的实体，而是属于上层建筑的意识形态范畴，只能在意识形态的范围内起作用，不应该也不可能起国家权力机关的作用，不应该也不可能像上层建筑中的社会政治、法律制度那样起到强制的作用"②。对于这种观点亦有学者持反对意见，黄予在《广播不是阶级专政的工具——复康荫同志》中分析阶级斗争与阶级专政之间的区别，认为阶级专政不是阶级斗争的全部，两者也不是"一个意思"，因此广播应该是"阶级斗争的工具"。③ 这主要是从政治属性这一角度对广播性质进行的定位。随后马保志、李仲峰发文《怎样认识广播的性质》支持黄予的观点。报纸广播主要起"组织、鼓舞、激励、批判和推动"的作用，不能起军队、警察的作用。报纸广播虽然属于意识形态范畴，是一定社会的上层建筑，但这不等于说上层建筑的各个构成部分，如报纸、广播、学校等都是阶级专政的工具。此外，还有一种观点认为"无线电广播是一种近代化的宣传工具"④。

对于广播特点的研究，《谈广播的特点——业务学习笔记之一》属于较为全面深刻的文章，作者指出广播既具有优势同时也具有一定的局限性。⑤ 其优势主要体现为三点，首先，"广播非常迅速及时，不受时间和空间的限制"，这给宣传工作带来很大方便。其次，具有广泛的群众性，可以深入到千家万户。再次，"广播宣传较之文字宣传具有更大的感动人心的力量，运用得恰当，常常会深深地打动人们的心弦"。对于广播的局限性，作者认为，"首先是声音本身所给予我们的限制，声音发出后，一瞬即逝，几乎没有片刻停留"。还有就是广播通过语言来进行宣传，但

---

① 周新武：《人民广播——无产阶级专政的工具》，载《广播业务》，1957年第10期。
② 康荫：《谈新闻作用问题》，载《广播业务》，1962年第2期。
③ 黄予：《广播不是阶级专政的工具——复康荫同志》，载《广播业务》，1963年第2、3期。
④ 左荧：《谈广播的特点——业务学习笔记之一》，载《广播业务》，1955年试刊号。
⑤ 左荧：《谈广播的特点——业务学习笔记之一》，载《广播业务》，1955年试刊号。

是各地语言存在差异，这就要求开办具有针对性的语言广播。另外，收听广播具有条件限制，如必须具有收音设备，这也为广播工作带来一定的困难。

这个时期的广播历史研究主要在解放区广播资料的发掘上取得了一些成果。在《广播业务》上刊登的于明的《延安〈解放日报〉上的广播史料》（1963 第 8、9 期）及《毛主席的〈目前的形式和我们的任务〉是怎样播送的》（1963 年第 1 期），署名为康的《邯郸新华广播电台》、季泽的《一篇珍贵的新闻广播稿》（1963 年第 2、3 期合刊），凉山的《根据毛主席的评论写的消息》（1963 年第 4 期），康荫的《党的声音传播四方》（1965 年第 9 期），等等，主要是对解放区广播史方面的研究。这些研究深化了对广播传播特性、功能的认识，并且对广播业务发挥了积极的指导作用。

电视研究尤其是电视新闻研究也是这一时期传媒研究的重要内容，主要集中在理论和业务层面，尤其是对于业务层面的探讨较多。由于电视诞生的时间并不长，所以对于它的理论认识还处于萌芽阶段，学者对于电视属性与传播特点有了进一步的认识。杨长在《电视新闻和电视记者》中指出："电视新闻是新闻战线的兵种之一，它是以自己特有的手段来完成战斗任务的。首先必须肯定电视新闻的新闻性质，肯定它和通讯社、报纸、广播等兄弟兵种一样，是通过事实的报道，来进行宣传的。"[①] 作者认为电视新闻的新闻性是第一位的，并且只有快才能充分发挥电视新闻的优势，"电视是靠电波传递的，这为电视新闻的快，提供了极为有利的条件"。

也有部分文章关注于电视传播特点的研究。如《电视新闻片的性能》一文就通过与报纸等大众传播媒介的比较来阐述电视的传播特性。文中认为，电视传播的特长是具有形象感染力，再有就是传播速度快，省去了报纸或电影的发行过程。电视传播的弱点表现在传的信息转瞬即逝，"不像报纸消息，可让读者按自己的需要看两遍、三遍，仔细研究、领会"。因而对于电视的内容就要求通俗易懂，主题思想明确，让人一看就懂。另外的弱点就是观众收看的随意性和内容的非选择性。

关于电视业务的研究，涉及电视新闻报道业务。如电视新闻报道形式的研究。这些研究基于电视传播的形象、动态特性，同时结合了一般观众的心理特征和接受习惯。对此，有学者建议在进行电视创作时"在选择图片和对它的处理使用上，应该注意两个方面：一是加强画面的生动感，二是争取观众去思索欣赏图片的内容思想，造成他们希望图片停留时间较长的要求"[②]。此外，还涉及对电视新闻报道构思、技巧和方法的探讨与交流。其中，"如何利用视觉形象做好报道"反映出学者对于电视传播特性的把握，认为"怎样选择说明事物本质的场面，通过视觉形象表现主题。这是电视报道成败的关键所在。……必须通过一些能激动观众的活的形象

---

① 杨长：《电视新闻和电视记者》，载《广播业务》，1965 年第 6 期。
② 天津电视台：《充分运用图片进行电视宣传》，载《广播业务》，1960 年第 12 期。

来阐明主题，而不能泛泛地记录事实"①。同时指出要将逻辑思维和形象思维二者结合起来，使画面具有感染力。

这一时期对于电视节目制作业务的研究也比较全面，涉及实况转播、电视播出、分镜头脚本、电视摄像、电视节目形态、电视美术、电视音响等各个环节。这些研究和探讨在很大程度上推动了当时电视节目制作水准的提高。

### （二）传媒教育与研究平台

1977 年全国高等学校恢复统一招生制度，北京大学、复旦大学、北京广播学院和广西大学等高校的新闻系专业开始招生。1978 年，中国人民大学复办，北大新闻专业整体并入人大新闻系。北京国际政治学院②、河北大学、四川大学、郑州大学、安徽大学、厦门大学、江西大学、西北大学、天津师范学院等高校也纷纷开设、开办新闻学课程、专业或学系。除培养本、专科生外，中国社会科学院研究生院新闻系、中国人民大学新闻系、复旦大学新闻系从 1978 年开始培养硕士研究生。有相当多的研究生毕业后从事新闻教学、科研工作③，成为学术研究的后继力量，学术发展的持续性得到保证。

除高等教育机构外，专门的新闻传播研究机构、学会也纷纷成立。1978 年 8 月，国家级新闻研究机构——中国社会科学院新闻研究所成立。该所在新闻资料搜集整理、新闻传播研究、组织、交流和人才培养上都为我国新闻传播学术发展做出了不小贡献。北京广播学院于 1980 年 9 月成立了新闻研究所。部分省市也建立了一批新闻研究机构，如吉林省新闻研究所（1979 年 3 月成立）、黑龙江省新闻研究所（1980 年 2 月成立）、甘肃省新闻研究所（1981 年 12 月成立）等。除此之外，媒体内部也成立了一批专门研究机构，如人民日报新闻战线编辑部（新闻战线杂志于 1978 年 12 月复刊）、新华社新闻研究部（1980 年成立）、中国青年报社研究部（1981 年 2 月成立）以及天津日报、辽宁日报、大众日报设立的研究所、室等。据资料显示，至 1981 年，我国专业新闻研究机构已达 33 个④，1982 年底和 1983 年底分别为近 40 个和 50 多个⑤。

研究组织或学术团体纷纷恢复或者创办，这为研究者提供了交流和学习的平台。1980 年 2 月，北京新闻学会正式成立（1984 年改称首都新闻学会）。它是新中国成立后成立的第一个新闻学术团体。该学会办有《新闻学会通讯》和《新闻学

---

① 傅暾：《电视报道的构思——实习笔记之一》，载《广播业务》，1961 年第 4 期。

② 该校于 1984 年更名为中国人民警官大学，1998 年与中国人民公安大学合并。

③ 资料显示，1981—1983 年三届毕业的 218 名新闻学研究生中有 55 名毕业后从事教学、科研工作，占总人数的 25％。参见中国社会科学院新闻与传播研究所《中国新闻年鉴》，中国科学出版社，1984 年卷，第 50 页。

④ 参见洪一龙：《新中国的新闻教育事业概况》，载《中国新闻年鉴》，中国科学出版社，1982 年卷，第 59 页。

⑤ 参见中国社会科学院新闻与传播研究所：《中国新闻年鉴》，中国科学出版社，1984 年卷，第 28 页。

刊》，设有新闻理论组、新闻法规组等 11 个学术组，并多次召开学术研讨会，进行了大量新闻调查，开展了一系列中外学术交流活动，在 20 世纪 80 年代我国新闻传播学界具有重大影响力和号召力。除北京新闻学会外，天津市、河北省、河南省、湖北省等也恢复或成立了新闻学会。

1980 年 8 月，在"文化大革命"中被迫停止活动的中华全国新闻工作者协会（简称中国记协）恢复活动。此后各地记者协会纷纷恢复活动或成立，它们的业务范围中也涵盖学术研究。1980 年 12 月，中国新闻学会联合会正式成立。学会的任务之一是在马克思主义、毛泽东思想的指导下，组织和推动新闻学术研究，对新闻理论、新闻实践以及新闻事业史、干部培训中的问题进行探讨，组织国内外新闻学术交流，以促进社会主义新闻事业的发展和繁荣。

专业期刊的复刊和创办，提高了对研究水平的要求。人民日报社主办的《新闻战线》于 1978 年 12 月复刊。它一直是全国性新闻工作和新闻业务理论研究和经验交流的重要刊物。中国人民大学新闻系主办的《国际新闻界》于 1979 年 5 月复刊，1980 年起改为 16 开本的季刊。社科院新闻所主编的《新闻研究资料》于 1979 年 8 月创办，前 5 辑为不定期出版，1981 年起改为季刊。复旦大学新闻系主办的《新闻大学》于 1981 年创刊。其他新闻传播研究刊物还有《北京广播学院学报》（北京广播学院主办，1979 年 9 月创办，内刊），《新闻学习》（《湖北日报》主办，1980 年 8 月创办），《新闻广播电视研究》（北京广播学院新闻研究所主办，1981 年创办，1984 年公开发行），《新闻战士》（山西省新闻工作者协会主办，1982 年 1 月复刊）等。该阶段的新闻传播学术期刊大多以经验交流、业务探讨、史料整理为主，理论研究较少，但它们的恢复或创办为新闻研究者提供了一个交流和探讨的园地，有利于学术研究的进步和发展。

### （三）代表性研究成果

甘惜分著的《新闻理论基础》于 1982 年正式出版，是新中国成立后我国正式出版的第一部新闻理论著作，是我国第一部以马克思主义观点阐释新闻现象的理论著作，也是对中国社会主义新闻学的第一次系统化描述。这一著作成为当时大多数新闻院校新闻专业的教材。该书并不是零散式的经验总结，而是具有一定的理论体系，而一门学科的成立和社会认可，就在于其理论体系的搭建，因而从学术发展史这一角度而言，该书的意义就在于证明了"新闻有学"。全书以"新闻"作为理论体系的逻辑起点，解剖"新闻—传播者—受众"三者之间的关系，从而引出"新闻控制者—广大受众—不断变动着的现实世界"三者的关系（徐培汀，2005）。该书被称为"中国共产党党报理论形成以来，系统地建构'党报'新闻学理论体系的第一部著作"（沈莉，1997）。甘惜分本人也总结过它的不足：一是理论体系还不够完善；二是还没有完全摆脱"左"的思想的影响；三是个别论点不一定正确，或不完全正确，或不必强调得过分。不过，从历史的角度看，其在新闻传播学术发展史上里程碑式的意义是无法抹杀的。

1981 年出版的《中国近代报刊史（上、下）》（方汉奇著）被认为是"继戈公振《中国报学史》之后出版的一部中国新闻史的重要学术著作"。"欲了解中国新闻史者不可不读此书"（甘惜分，1988）。1987 年，该书荣获吴玉章奖金新闻学一等奖。新闻史料的收集和基于史料的判断始终是新闻史研究的主题，也是我国史学研究的传统。该书材料丰富、体制恢宏，订正前人研究的谬误达 200 多处，是一部信史。同时，该书运用马克思主义观点和方法，得出了许多新的见解。应该说，在我国纷繁芜杂的新闻传播研究中，新闻业务类研究最多，其中又以经验总结为主。这类著述虽然可以称之为"研究"，但从学术发展的角度来审视，又很难冠之以"理论"或"科学"，因为其缺乏必要的抽象和概括。

艾丰著《新闻采访方法论》（1982）以马克思主义唯物辩证法为基本分析工具，分析新闻采访的规律，第一次把我国新闻业务研究上升到理论的高度，被称为"新闻哲学"。艾丰在申报吴玉章奖金时曾自评该书是"中国采访学研究最高水平""世界采访学的最高水平""对马克思主义认识论有若干新见解"（成思行，2007）。由于没有做足够和细致的比较，我们很难断定其是否是中国和世界采访学的"最高水平"，但其对新闻业务的理论化和抽象程度，以及其在新闻业务研究领域的影响力和认可度，直到今天仍无法超越。"文化大革命"期间，片面的、教条的、语录式的"贴标签"法和"映射史学"等成了人们思考问题的常用方法（还谈不上是研究方法），因此，研究方法的突破和改进对新闻传播学术的发展意义重大。上述三本代表性著作，在研究方法上比较突出的特点，是强调恢复真正的马克思主义方法论，为恢复马克思主义方法论在新闻传播研究中的应用做出了一定贡献。1983 年10 月、12 月分别召开的"纪念马克思逝世 100 周年全国新闻学术研讨会"和"纪念毛泽东同志诞辰 90 周年全国新闻学术讨论会"更是使学界经受了马克思主义及其方法论的洗礼，有利于早日摈弃教条主义，掌握和应用马克思主义方法。另一方面，马克思主义方法的恢复和回归仍是初步的。上面提及的三本代表性著作都还带有那个时代的印记，还没有摆脱"左"的思想的影响（方汉奇，1981；甘惜分，2005）。由此也可以看出该阶段新闻传播研究的异常艰辛和不易。

与此同时，一些知名学者有感于学界普遍不知如何开展新闻学研究的状况，发表了一系列文章，阐述研究科学研究及研究方法问题，做了一些常识的普及工作，以促进、加强新闻学研究。如王中写于 1980 年的《谈谈新闻学的科学研究》《新闻学研究中的三个问题》和《谈谈研究生的科学研究》、宁树藩写于 1981 年的《中国新闻事业史研究方法的若干问题》和方汉奇写于 1982 年的《消除新闻史研究工作中的"左"的影响》等。

## 第三节　传媒研究的发展阶段（1983—2000）

新闻传播事业与我国政治发展，尤其是政治体制密切相关。十一届三中全会确立了"解放思想，实事求是"的思想方针，以及会前关于真理标准的大讨论都为我国各项事业拨乱反正提供了根本性的思想基础。这对于学术研究同样具有深远的影响，之后学者对于学术研究的热情和科学态度逐渐恢复。伴随着改革开放的深入开展，传媒改革成为中国社会改革的重要组成部分。因而在研究内容方面，表现为在新的历史时期，重新审视报纸、广播、电视的性质、功能和作用，探讨改革中的新问题、新现象，成了这一时期研究的重点。学者们通过对基础理论的不断修正和挖掘，开拓了新的研究视野，学科意识和专业意识也不断增强。

## 一、20世纪80年代研究情况概览

20世纪80年代，伴随电子媒介的发展与普及，广播电视展现出超强的社会传播影响力，基于此，学者们开始关注大众媒体对受众所产生的影响。在80年代，随着广播电视事业发展、学科意识突显，研究机构涌现，呈现出较为繁荣的局面。

1983年4月，第十一次全国广播电视工作会议召开，这是中国广播电视事业发展史上的里程碑。会议确定了广播电视事业的奋斗目标，会议认为广播电视工作改革要从宣传改革抓起，而宣传工作改革则要从新闻改革抓起。在这次会议上，还提出了"坚持自己走路，扬独家之优势，汇天下之精华"的业务方针，以及"四级办广播、四级办电视、四级混合覆盖"的事业发展方针。

1984年10月，党的十二届三中全会通过了《中共中央关于经济体制改革的决定》，拉开了经济体制改革的大幕。在1987年10月的十三大上提出了全面改革的内容和目标。政治领域与经济领域的全面改革深刻影响了社会各个层面，新闻改革也进入到较为深入的层面。1988年全国广播电视厅局长会议上提出：广播电视宣传要掌握好宣传基调，正确引导社会舆论，充分发挥教育和鼓舞全国人民的作用；正确处理好宣传与经营、社会效益与经济效益的关系，真正以宣传为中心，治理舆论环境，整顿宣传工作秩序。通过一系列的改革与政策，广播电视传播进入了高速发展的阶段，呈现出良好的发展态势。中国广播电视实践的发展也推动了理论研究的深入开展。因此，这一时期伴随着传媒实践的发展以及理论研究的活跃，广播电视研究逐渐突破新闻学的框架，开始形成独立的学科意识。

新闻改革最先体现在业务领域，伴随着新闻业务和实践的探索总结，逐步延伸到对于媒介性质与功能定位、舆论监督和新闻自由、媒介制度与管理等体制层面。与此同时，媒介体制也出现了较早的改革尝试。1985年广播电视事业被列入第三产业，同年《洛阳日报》开始自办发行。1988年新闻出版署对15个省市的175家报社的调查统计显示，已经开展多种经营的报社占54.2%。[①]新闻法的起草工作在1988年完成，这反映了我国新闻改革的深度。在新闻改革如火如荼进行的同时，我国的新闻传播事业也在迅速发展。在报纸领域，1983年底公开发行的报纸共792

---

① 中国社会科学院新闻与传播研究所：《中国新闻年鉴》，中国科学出版社，1990年卷，第4页。

种，1984 年则达 1049 种，1986 年底已达 2151 种，1988 年底这个数字更是达到 2322。在电视领域，1983 年底全国共设有电视台 52 座，1988 年底达到 422 座。[①] 电视的地位和影响力开始在全国媒介构成中逐渐提升，并依靠电视剧进一步推动了我国大众文化的发展。与此相对应的是，广播电视研究亦进入到新闻传播教育与研究领域。1985 年 4 月，中国人民大学新闻系成立广播电视专业并开始招生。

这一时期的研究内容继续沿着传统理论、业务、历史三个板块来进行，特别需要注意的是一些交叉学科和边缘学科也进入了研究者的视野，在 1983 年底有了初步的尝试，如新闻与政治、新闻与宣传、新闻与美学、新闻与哲学、新闻心理学等。1982 年 4 月，有"传播学集大成者"之称的施拉姆（Wilbur Schramm）先生访问我国。同年 11 月，社科院新闻研究所在北京召开关于研究西方传播学的座谈会，中国人民大学、复旦大学、暨南大学、厦门大学、国际政治学院、北京广播学院新闻系和新华社、《新闻战线》编辑部等代表参加。座谈会上主要讨论了传播学产生的历史背景和社会条件，目前的研究对象、内容、理论和基本方法以及我们对传播学应采取的态度："系统了解、分析研究、批判吸收、自主创造。"会议内容结集成《传播学简介》一书，于 1983 年 1 月出版。这是我国关于传播学介绍和研究的第一本著作，标志着 1978 年以来，对我国传统新闻学影响最大的一种外来思想、理论和方法——传播学开始从零星介绍转为系统化、组织化和专门化研究。[②] 交叉学科的视角、传播学的理论译介等表明我国的传媒研究逐渐具有了包容的学科内涵，这些也在不断丰富和填充着传媒研究的内在张力。

需要指出的是，高校新闻教育、科研机构的恢复和发展，为新闻传播研究提供了人才和机构上的保障。[③] 1983 年 5 月 28 日，中宣部、教育部联合召开新中国成立以来的第一次全国新闻教育工作座谈会，部署加强新闻教育工作。受此政策的直接影响，吉林大学、兰州大学、新疆大学、宁夏大学、武汉大学、华中工学院（今华中科技大学）于 1983 年增设新闻系或新闻专业。至此，全国设有新闻专业的院校达 21 个。全国高等学校新闻类专业点由 1983 年的 16 个，增加到 1988 年的 74 个。[④] 1984 年 1 月 16 日，国务院学位委员会下达第二批博士和硕士学位授予单位名单，新闻学专业首次被列为博士学位授予专业。中国人民大学新闻系和复旦大学新闻系获得授予权，并从 1985 年开始招生。博士教育的开展意味着我国新闻传播教育进入了一个新的层面，也是学科发展和完善的标志。1988 年，复旦大学新闻学院和中国人民大学新闻学院相继成立。同年 7 月，中国人民大学新闻学院新闻学专业被列为高等教育重点学科点，也是我国首个新闻学重点学科。至此，以人大、复旦为龙头的新闻教育在我国高等教育体系中已经占据了重要位置。中国新闻教育

①　方汉奇：《中国新闻事业编年史（下）》，福建人民出版社，2000 年版，第 2457 页。
②　参见张振亭：《中国新时期新闻传播学术发展史》，华中科技大学博士学位论文，2008 年。
③　参见张振亭：《中国新时期新闻传播学术发展史》，华中科技大学博士学位论文，2008 年。
④　中国社会科学院新闻研究所：《中国新闻年鉴》，中国科学出版社，1989 年卷，第 12 页。

学会、中国新闻学会联合会相继成立。1987 年，新闻传播学研究团体发展到 150 个。

1986 年 10 月 15 日，中国广播电视学会成立，这是全国性的广播电视学术团体。主要职能为开展学术研究，建设中国广播电视学。该学会的成立标志着我国广播电视研究初步形成了较为统一和系统的组织机构，打破了之前个体式、零散化的研究状态，其研究的问题也逐渐变得全面、宏观。其中，建设中国特色社会主义广播电视理论体系更是该学会的中心工作。同年，《中国广播电视年鉴》开始出版。1987 年 7 月，由中国广播电视学会主办的《中国广播电视学刊》创刊，这是我国广播电视研究领域层次较高的学术期刊。中国广播电视学会的成立以及具体工作的组织、开展意味着我国的广播电视研究事业进入了一个新阶段。此后，各地纷纷成立中国广播电视学会的分会，推动了区域广电人才培养和研究工作的深入开展。

中国广播电视学会在成立之初，便集中了全国广播电视系统 26 位专家、学者，用了四年时间，推出了我国第一部广播电视学理论专著《中国广播电视学》。这对于推动建设中国广播电视理论体系具有奠基性的历史意义。该书全面系统地论述了广播电视理论，涉及基础理论研究与应用研究，涵盖了国内外研究，同时包含传播者和受众研究。可以说，《中国广播电视学》的出版，标志着我国广播电视理论体系初步建立，也意味着广播电视学科意识已经萌发。

另外，大量广播电视专业期刊的创办和发展，反映出广播电视研究已经形成气候。到 1992 年，全国广播电视行政系统、科技部门、学术团体、高等院校陆续创办的理论刊物总共有 60 多种，全国发行的近 20 种。[①] 其中代表性的刊物有《中国广播电视学刊》《广播业务》《电视研究》《北京广播学院学报》《新闻广播电视研究》等，这些刊物对于促进学术交流与发展，拓展研究思路和视野起了重要作用。

科研机构和学术团体的成立，初步改变了长期以来传媒研究分散化、个体式的研究状况，进一步整合学术资源，并发挥组织作用对重点、难点、热点问题加以引导，有利于向全局性、系统性、规律性的宏观研究拓展。同时这些学术机构积极开展学术研讨活动以及作品评奖活动、学术著作评奖活动，对于学术研究的发展发挥了巨大的推动作用。1986 年，复旦大学文化与传播研究中心、中国人民大学舆论研究所先后成立，这表明高等院校在传媒教育和研究方面的功能进一步拓展，不但承担人才培养任务，也主动参与研究，并紧密结合社会发展，产生了具有一定影响力的成果。

全国哲学社会科学规划领导小组自 1986 年开始设立社会科学基金，并设立新闻学方面的课题。人文社会科学领域影响较大的"吴玉章奖金"也设有新闻学科奖，这是"我国新闻界和新闻学界的大喜讯，是前所未有的大事"，它再一次向社会宣告，新闻学是一门科学，对繁荣我国新闻学研究将起到巨大的推动作用（甘惜

---

① 徐光春：《中华人民共和国广播电视简史》，中国广播电视出版社，2003 年版，第 346 页。

分，1988）。在 1987 年第一次评定中，《中国近代报刊史》（方汉奇）、《新闻采访方法论》（艾丰）分获一等奖和优秀奖。这些都表明我国的传媒研究已经具备了较为扎实的理论基础，新闻传播学科的建设和发展也得到了社会科学领域的认可。

## 二、20 世纪 90 年代研究情况概览

进入 20 世纪 90 年代，尤其是党的十四大之后，整个社会的重心转移到市场经济建设，各项事业也进入一个比较平稳发展的状态。而伴随着改革开放的深入和市场经济的繁荣，人们的物质生活得到了很大幅度的提高和改善，而在精神文化层面也出现了较为蓬勃的状态。在这种大背景之下，传媒作为社会发展的敏锐反应，也在加深着与政治、经济和大众生活的关系。此时期的传媒事业和传媒研究也都进入到一个比较平稳发展的阶段。

20 世纪 90 年代末，我国传媒事业进入高速发展时期，规模不断扩大，市场化运作和对产业化发展的探索与实践成为当时显著的特征。同时伴随着网络技术的发展，传统的传媒结构和生态格局面临调整，原来的报纸、广播、电视三分天下的局面被打破。媒体间的竞争愈加激烈。网络媒体的出现对于中国传媒发展与研究具有深远的影响，它深刻影响了传媒发展的走向，也激发了传媒研究者的研究热情。这一时期，在媒介的推动下，大众文化蓬勃发展，在都市报理念、电视娱乐理念、网络传播等因素的多重作用下，传媒文化的消费化、娱乐化特征开始凸显。

1997 年 6 月，我国颁布的《授予博士、硕士学位和培养研究生的学科、专业目录》中，增设新闻传播学为一级学科，下设新闻学和传播学两个二级学科。这意味着新闻传播学作为独立的学科得到国家和学界的认可，在整个人文社会科学体系中有了一席之地，对于学科发展和整个传媒研究具有重要的意义。

这一时期的传媒研究内容更加的多样化，视野更加广阔，研究方法多元，借鉴和吸取了国外大量的理论，尤其是实证研究不断增加，在研究机构和研究主体构成方面更加完善和充实。

1992 年共有 191 家报纸创刊，大约平均每两天出现一家新报纸。[①] 公开发行的报纸种数 1992 年底为 1666 种，1995 年底达到 2000 种以上，共计 2089 种。除了规模扩大外，各家报纸纷纷扩版或出周末版，一般省市级报纸都增加到 8 个版面。《广州日报》每周 4 天出 12 版、3 天出 16 版。这一时期"都市报"的出现反映了报业发展的新尝试。1993 年 8 月《贵州都市报》创刊，这是我国第一家以"都市报"命名的报纸。随后，1994 年 1 月，《三秦都市报》诞生。而真正产生巨大影响的则是 1995 年 1 月创办的《华西都市报》。

为适应发展市场经济的需要，经济类报刊、电视节目和栏目不断创办。在经营管理方式上，除了发行、聘任制度的改革外，企业化管理开始被引入新闻机构。

---

① 数据来自方汉奇：《中国新闻事业编年史（下）》，福建人民出版社，2000 年版，第 2321 页。

1994 年 5 月，新闻出版总署下发《关于书报刊音像出版单位成立集团问题的通知》，从政策上对媒体集团问题做出了回应。1996 年 1 月，中宣部、新闻出版总署正式批准广州日报作为全国组建报业集团的试点单位。企业化的管理制度被正式引入新闻事业单位。在传播手段上，除了通讯社、电视、广播普遍使用卫星传输之外，1995 年 10 月 12 日《中国贸易报·电子版》正式上网发行，网络传播初现端倪。以上各方面的发展说明，信息观念已经落实为新闻传播实践。我国新闻传播事业除了完成宣传教育这一中心任务外，开始不断丰富和扩展。除了媒介结构和规模、经营管理方式、媒介集团化的变化外，市场经济带给新闻传播界的冲击和影响还反映在从业人员的心态变化以及职业操守和伦理道德上。坊间流传的民谣"一等记者卖情报，二等记者炒股票，三等记者奔商潮，四等记者拉广告，五等记者会上泡，六等记者编文抄，七等记者搞投靠，……末等记者写报道"在一定程度上反映了市场经济带来的冲击波是何等猛烈。1993 年可以说是与有偿新闻大决战的一年（黄瑚，1998）。市场经济与新闻事业的关系是该阶段新闻传播研究的主要内容之一，如有偿新闻、新闻侵权、新闻商品性和职业道德等。关于新闻商品性的讨论集中在 1993—1994 年，1995 年有所减少。针对市场经济发展之初出现的诸多不良现象，新闻伦理道德研究开始深入化。

电视方面，除了电视台数量增多外，地区市以上的电视台都办有多套节目，节目播出量飞速增长。从 1997 年元旦开始，辽宁、广东、广西、湖南、湖北、河南、青海、江西、福建、内蒙古、安徽、江苏、陕西、黑龙江、北京和山西等省级电视台的节目陆续上星。1997 年 8 月，国务院批准所有省、自治区、直辖市的省级电视台节目均可上星传送。从 1998 年 10 月起，宁夏、重庆、上海、甘肃、河北、天津、吉林的电视节目也陆续上星。1999 年 10 月，我国大陆地区最后一个省份——海南省的电视节目上星。至此，我国所有省级台的节目全部实现了通过卫星播出。电视上星，开始是高原、山区等地方信号传输、提高覆盖率的需要，后来很快演化为一种竞争态势。与都市报的区域化竞争不同，卫星电视是在全国范围内进行竞争。

基于 20 世纪 80 年代的新闻改革成就和经验积累，90 年代的新闻改革走向了细致化和精深化，其理念和方式更趋向科学理性，这为学术研究提供了巨大的现实背景和思考空间。这一时期高校新闻传播专业的教师对于学术研究的热情更加高涨，而经过正规学术训练的青年学者包括硕士、博士开始登上核心舞台，如陈力丹、孙旭培、李良荣、童兵、刘建明、郭镇之等，他们中的大多数虽然不乏实务从业经历，但更大程度上凭借的是教育和学术资本，这也是导致学术研究旨趣发生转向的原因之一。[①]

在传媒教育领域，这一时期的办学规模进一步扩大。1993 年，全国新闻类专

---

① 张振亭：《中国新时期新闻传播学术史研究》，江西人民出版社，2009 年版，第 104 页。

业教学点为 66 个，1997 年则发展到 120 多个。[①] 第五批（1993）和第六批（1996）合计批准了 12 个新闻学硕士授予点。广播电视新闻学专业点在 1985—1999 年发展比较平稳，15 年期间增设了 17 个专业点，而到 2000 年这一年就增设了 13 个点，2001 年则猛增 18 个点。到 2002 年，全国高校共开设了 99 个广播电视新闻学专业点。[②] 到 2006 年，全国开设有广播电视新闻学专业的院校高达 158 所。[③] 传媒教育在进行规模增长的同时，也存在诸多问题。比如专业网点建设速度过快，布局和结构不尽合理，在师资力量建设、教学设备保障等方面跟不上，影响了教育质量。再有，存在理论脱离实际的倾向，传媒专业具有较强的实践性特征，而在师资队伍中具有实践经验的人员比例不高，容易出现停留在课堂内的封闭教学。

研究机构的规模也有增加。截至 1996 年年底，全国已有 100 多家新闻研究机构。[④] 1992 年 6 月 11 日，中国新闻史学会成立大会暨首届学术讨论会在北京召开，选举方汉奇为首任会长。该学会在我国新闻史研究中起到了很好的组织作用，在学术界产生了深远影响。由于新闻史是一门历史学科，其研究方法和模式比较固定化，新闻史学会成员之间有较高的共识，即对于如何研究、什么是有价值的研究有大致相同的认识和判断标准，所以它在诸多新闻传播学术组织中成为最具学术共同体特征的组织。1994 年 5 月 25 日，中国首届新闻心理学研讨会在北京广播学院举行。这是改革开放后我国举办的第一次新闻心理学的专题学术会议。1995 年 11 月，中国人民大学传播媒介管理研究所成立。这是我国第一家专门从事传媒管理方面的学术研究机构。研究机构越发专业化是知识不断专门化和学术研究注重精耕细作的必然要求和外在表现。专业刊物和辞书编撰更加注重学术性。社科院新闻所主办的《新闻研究资料》于 1993 年 4 月更名为《新闻与传播研究》（季刊）继续出版，所载文章也从以史料收集整理为主转变为以发表高层次的新闻传播研究论文为主。1993 年 5 月，甘惜分主编的《新闻学大词典》出版。它是我国目前收入条目和文字最多的一部新闻学辞书，学术性非常强，"标志着新闻学研究的一个新的起点，为新闻学研究的进一步发展开辟了道路"。1996 年 3 月，《中国新闻实用大辞典》出版。它是一部百科全书式的新闻传播专业辞书。

## 三、代表性研究成果

在传媒理论研究方面，把传播理论融入到新闻学体系的建构中，以"新闻的传播"作为逻辑起点，在一定程度上对以"党报""新闻事业"为中心概念的新闻学体系有所突破。"以传播学的框架重构新闻学"的思路得到学界的普遍认同和效仿。一批以"新闻传播学"命名的教材和专著相继出版，如《新闻传播学》（黄旦，

---

① 中国社会科学院新闻与传播研究所：《中国新闻年鉴》，中国科学出版社，2002 年卷，第 59 页。
② 张振华：《中国广播电视新论》，中国广播电视出版社，2004 年版，第 623 页。
③ 《2006 年广播电视年鉴》，中国广播电视出版社，2007 年版，第 615 页。
④ 方汉奇：《中国新闻事业编年史（下）》，福建人民出版社，2000 年版，第 2457 页。

1993)，《新闻传播学原理与研究》（徐小鸽，1996），《新闻传播学》（李广增，1997）等。新闻传播事业的发展深度改造着新闻学，大众媒介、网络传播、受众、经营管理等成为新闻传播学的基本语汇。传播学的迅速发展使其地位不断上升，只要谈到新闻学就无法撇开传播学，以至于出现"新闻传播学""新闻学与传播学""新闻与传播学"等暧昧有加的名称，二者处于"剪不断、理还乱"的状态。这些名称在学界被频繁使用，甚至出现在官方的正式文件中，这充分表明传播学对传统新闻学的影响有多大。

1996 年 4 月 23 日，中国记协学术部与中国新闻学院在北京联合举办了《新闻伦理学纲要》（周鸿书，1995）暨新闻职业道德建设研讨会。《新闻伦理学纲要》是我国第一部系统研究社会主义新闻道德现象、规范新闻工作者和新闻从业人员行为的著作，填补了新闻伦理学专著方面的空白。当然，除了对这些现象的研究外，还包括对新闻事业如何适应社会主义市场经济的分析。随着媒介结构的变化，党报的影响力和地位有所削弱，党报如何发挥应有的功能和影响成了一个问题。1995 年出现了党报研究热。稍后出现的新闻策划之争也是市场经济对新闻传播的冲击在学界的反映。这一时期围绕新闻应用理论的著作较多，比如丁法章的《新闻评论学》（复旦大学出版社，1985），欧阳宏生的《新闻写作学概论》（中国国际广播出版社，1991）等。据不完全统计，此间有 210 多部关于新闻采访写作编辑评论等方面的应用性著作问世。

广播电视传媒理论在此期间得到很好的发展，广播电视开始成为一门学科。《中国应用电视学》（北京广播学院电视学系学术委员会，1993），《广播编辑学》（新华出版社，1992），《电视艺术通论》（陈志昂，1991），《中国电视史》（郭镇之，1991）等一大批研究广播电视的学术著作相继出版。其中《中国电视论纲》（杨伟光，1998）是广播电视研究领域具有代表性的成果。[①] 该书在全面考察中国电视发展历史和现状的基础上，阐明了中国电视事业的性质、任务和功能，揭示了中国特色社会主义电视节目、技术、经营和管理发展的基本规律，论述了中国电视观众、从业人员素质、理论建设同社会主义电视事业的密切关系。这一时期围绕广播电视学科建设、新闻改革、电视艺术、节目栏目、体制改革等进行了卓有成效的研究。大量的论文发表、著作出版，以及各种学术研讨会的召开等，使广播电视传媒研究逐步进入学术研究的自觉阶段。

## 第四节　传媒研究的自觉阶段（2000—）

进入 21 世纪之后，我国的传媒研究继续保持蓬勃的发展态势。传媒研究内容走向纵深，视野愈加开阔，尤其对于交叉学科和理论的借鉴和吸取，不断深化和丰

---

① 该书是国家"九五"国家重点课题"中国特色社会主义电视理论"的成果。

富着传媒研究的内涵。研究主体和研究组织机构更加成熟，传媒实践的自觉观照不断加强，其基础理论体系也不断完善。

## 一、研究情况概览

传播科技的发展及网络传播时代的到来，改变了传媒的结构和格局，也引起了学界的高度关注，甚至成为该阶段新闻传播学术研究中最热闹的领域。1996 年国家社科基金设立"多媒体技术与新闻传播"重点资助项目，表明国家对网络传播研究的重视。网络传播研究的初始多为介绍、描述和前瞻性研究，随后陷入无法深入的尴尬境地，发表的论文数量也开始下降。2000 年是一个转折点，网络传播研究不再限于"媒体"这一单一范畴，开始关注网络对社会的影响，视野打开了，研究随之深入。2000 年 6 月，全国新闻媒体网络传播研讨会召开。中国记协向全国新闻媒体发出创办"中国传媒网络论坛"的建议。2002 年 7 月，社科基金重点课题成果《网络新闻传播导论》（屠忠俊、吴廷俊）出版，被称为是"迄今为止，有关网络新闻传播最全面最有分量的研究成果"。2004 年 5 月，"第一届中国网络传播学年会"召开。这是国内新闻传播学界首次就网络传播专题进行全方位、深入地交流，它的成立标志着学界开始对此开展制度化的研究。2005 年 7 月，系统总结中国网络媒体发展的专著《中国网络媒体的第一个十年》（彭兰）出版，并获第五届"吴玉章奖金"一等奖。该书是在作者博士论文的基础上修改而成的，该论文被评为 2006 年度全国百篇优秀博士论文，标志着网络传播研究在整个新闻传播学术版图中开始占据一定地位。

这一时期传媒研究走向规模化和系统化。传媒研究开始从学科理论体系高度来审视学术研究和理论梳理，研究成果具有完整的体系性。传媒研究的理论化程度加强，广泛吸纳多学科理论。如将符号学相关理论引入传媒研究，代表著作有李岩的《符号学 VS 新闻学》《揭开电视图像的"神话"面纱——图像意义生成过程演示》《符号学视野中的广播电视新闻》，包鹏程的《解读电视新闻的符号、结构和意义》等。运用叙事学相关理论进行传媒研究的代表著作有曾庆香的《新闻叙事学》，石长顺、成珊的《叙事理论与电视》，蔡骐的《电视节目的叙事艺术》，欧阳宏生的《电视批评学》等等。此外，还有一些学者从文化学、女性主义、消费主义、全球化理论与后现代主义等视角切入进行传媒研究。这些跨学科的尝试，极大地丰富了传媒研究的内涵，拓展了研究思路，深化了理论探索。

伴随着理论研究的深入，研究模式逐渐显现出来。研究模式的显现反映了传媒研究进入到一定的成熟阶段，具有较为稳定和相对成规模的表现形态。这个阶段逐渐形成了意识形态研究、文化批评研究、艺术学研究、社会学研究等较为典型的研究模式。意识形态研究主要立足于主流文化层面和意识形态属性，来探讨传媒尤其是主流媒体的属性、功能与性质，进而审视和规范其实践发展。这种研究主要基于我国特定的社会背景，其历史积累也更为深厚。文化批评的介入使得传媒的媒介身份认知具有更为广阔和深刻的内涵，以强烈的批判意识和冷静的理性分析来探究传媒的文化属性、文化品格和文化使命，具有强烈的思辨色彩。艺术学研究则使传媒研究更加具有灵性的特征，尝试以艺术的视角来审视传媒的创作、文本呈现以及审美接受。社会学研究主要集中于传媒效果方面，常常采用实证的研究方法，依靠大量的走访调查和数据来阐释和证明论题。这也为传媒的发展提供了坚实的现实支持。

同时，这一时期也很注重研究课题的组织与引导。2007 年由《新闻大学》杂志编辑部组织的"中国新闻史研究的体例、视野和方法——中国新闻史研究现状笔谈"对于新闻研究史取得的成就给予肯定，但是也对其中存在的研究规范和方法问题进行了探讨，指出在研究体例、对象、视野、方法方面还有进一步讨论的必要。这一提议引起了学界的关注，丁淦林、吴文虎、李彬、黄瑚、黄旦、张昆、方汉奇、吴廷俊、程曼丽、宁树藩等我国著名新闻史研究者先后发表文章，展开讨论。大家"探讨学术、发展学术的积极性"之高，令《新闻大学》杂志的编辑们内心非常兴奋，并感叹"这是新闻学术发展的一个讯号"。[①]

2006 年 3 月，复旦大学新闻传播与媒介化社会研究国家哲学社会科学创新基地建立。该基地既是一个跨学科、跨部门、国际性的研究实体，也是一个与相关学术机构资源共享、与相关政府部门良性互动的开放性研究平台。中国人民大学、武汉大学、清华大学也获准设立国家"985"工程国家哲学社会科学创新基地（俗称"大基地"）。"大基地"这种跨学科、跨部门研究机构的成立在一定程度上反映出新闻传播研究的多元化趋势。除上述体制化研究机构外，原有民间学会、研究会、学术会议（如全国传播学研讨会）继续存在并定期举行学术活动，一些新的民间学术组织、会议不断创办，并朝高规格、高层次、固定化、细分化发展。期间创办的较有影响的学会有中国都市报研究会（1998），中国高等教育学会新闻学与传播学专业委员会传播学研究分会（原"全国新闻学研究会"，2002），中国新闻文化促进会传播学分会（简称"中国传播学会"，2006）；较有影响的、定期举办的学术会议有"全国传媒伦理与社会发展研讨会"（1999 年 11 月），"中国传播论坛"（2001，北京广播学院广播电视研究中心主办），"新世纪新闻舆论监督"研讨会（2001 年 12 月），"中国传播学论坛"（2001 年 12 月，复旦大学信息与传播研究中心主办），"中国新闻传播学科研究生学术年会"（2003 年 10 月），"中国网络传播学年会"（2004 年 5 月）。

## 二、代表性研究成果

陈力丹在其《马克思主义新闻思想概论》一书中辟专章论述了毛泽东、刘少奇、邓小平、江泽民的新闻宣传思想，一项规模浩大的"马克思主义理论研究和建

---

① 《新闻大学》杂志编辑部：《卷首语·重新思考》，载《新闻大学》，2007 年第 3 期。

设工程"于 2004 年开始实施。是年 4 月，"中央实施马克思主义理论研究和建设工程工作会议"在北京召开，决定重新编撰马克思主义三个组成部分（哲学、政治经济学和科学社会主义）的教科书以及政治学、社会学、法学、史学、新闻学、文学等哲学社会科学重点学科教材。2004 年 12 月，全国马克思主义理论研究和建设工程新闻学教材编写课题组等联合举办"马克思主义与中国新闻学"学术研讨会，重点讨论了马克思主义理论研究和建设工程新闻学教材的编写问题。目前系列教材正在陆续出版中。另外，在"八五"和"十一五"哲学社会科学国家重点课题规划中，该方面的研究占据非常重的分量。党的第二代和第三代领导人邓小平、江泽民的新闻宣传思想也得到了及时总结和研究。代表性的研究成果有：康荫、杜丽华著《邓小平新闻宣传思想概论》（1999）、李雪著《邓小平新闻理论与中国新闻改革》（2003）、陈富清著《江泽民舆论导向思想研究》（2003）、雷跃捷主编《邓小平新闻宣传理论研究》（2005）等。中国共产党新闻思想研究方面，比较有影响的是郑保卫主编《中国共产党新闻思想史》（2004）以及丁柏铨等著《改革开放以来中国共产党新闻思想研究》（2006）。此领域的大量研究，反映出国家意识形态的有意引导。另外，由于思想的解放，学界不再仅仅把它们作为抽象的条条框框，而是按照学术的基本规则（如实事求是、客观评价等）来研究。

《中国共产党新闻思想史》是我国第一本系统、全面研究中国共产党新闻思想发展历程及主要观点的理论专著。它系统地梳理了中国共产党新闻思想形成和发展的历史脉络，全面地论述了党在各个不同历史时期新闻思想的基本内容，并且对党的新闻思想的知识框架和理论体系作了总体的概括和评述，具有重要的史料价值。另外，该书注重从正反两方面，全面地总结党的新闻工作的经验和教训。特别是对党的新闻事业发展历史过程中一些关键时期的新闻事件、新闻人物、新闻媒体的真实情况进行了介绍，对其中的失误和教训进行了实事求是的描述、概括和评价，体现了客观求是的科学精神和学术勇气，为中国当代新闻史的书写提供了可供借鉴的话语方式。

上述这些论著强调党的三代领导人的新闻思想是马克思主义新闻思想的延续，重点论述了他们如何根据中国国情进行创造性地继承和发展，因此，虽多为历史研究，但仍不失对当下中国新闻传播情境的现实关怀。

《中国广播电视新论》2004 年由中国广播电视出版社出版，是国家广播电影电视总局委托中国广播电视学会实施的重点研究课题，同样也是集体智慧的结晶。该书由赵德全、艾红红、时统宇、胡正荣、柯妍、牛亚君、成越洋、陈富清、胡智锋、兰孝兵、史雪云、喻国明、赵彦华、曾舟、王锋、邓慧文、徐迅、雷跃捷、刘俊善、李澎撰写而成。全书分为十二章，主要内容包括广播电视的历史论、属性论、功能论、宣传论、节目论、受众论、产业论等。"以论为主"和"突出新论"是该著作的突出特点。

除此之外，当时涌现了大批关于广播电视的研究成果，既有理论方面的建树亦有实务方面的积累，这对于其理论建构和学科体系的发展具有重要的意义。

在史学研究方面，突破性的研究成果为赵玉明主编的《中国广播电视通史》，这是我国第一部完整的广播电视通史。全书约 62 万字，分为上下卷共十章，全面梳理了我国的广播电视发展，包括中国早期的广播事业，抗战前的广播事业，抗日战争时期的广播事业，解放战争时期的广播事业，向社会主义过渡时期的广播事业，初步探索建设社会主义道路时期的广播电视事业，"文化大革命"时期的广播电视事业，社会主义建设新时期的广播电视事业，以及 1949 年以来香港、澳门和台湾的广播电视事业。全书史料翔实，对中国广播电视发展历程进行了全面梳理和深入分析，秉持实事求是的态度，不仅全景式地展现史料，还力求准确、客观地加以总结和评价，体现了史论结合的写作初衷。在广播电视史学研究方面，代表性的成果还有徐光春的《中华人民共和国广播电视简史》、刘习良的《中国电视史》、郭镇之的《中国传播史》和《中外广播电视史》等，这些著作对于广播电视的史学研究具有重要的参考价值。

这一时期的新闻传播史研究也是异常繁荣。随着积累的不断增多，通史、综合史的研究余地已经很小，地方史、专门史中的通史、个案史研究成了一种必然，这将引导着新闻传播史研究朝精细化、深入化发展。该阶段出版的通史著作主要是专门史研究。2005 年，金冠军、戴元光主编的四卷本《中国传播思想史》出版。该书对中国 5000 多年来的传播思想进行了全面的、多学科视角的、立体的扫描，具有深广的历史视野，并且对各个时期的传播学成果进行了重新评价。地方新闻史研究开始繁荣，如《太原新闻史》（《太原新闻史》编委会，2000），《东北新闻史》（黑龙江日报社新闻志编辑室，2001），《山西新闻史：新闻传播与山西社会发展》（王醒，2001），《福州新闻史略》（潘群主编，2005）等。除新闻传播事业史这个中心外，广告史、管理史、思想史、学术史、教育史等"外围"史研究成了该阶段新闻史研究中的亮点。如胡太春著《中国报业经营管理史》（1998）、戴元光等主编的七卷本《20 世纪中国新闻学与传播学》（2001）、李建新著《中国新闻教育史论》（2003）、郑保卫主编《中国共产党新闻思想史》（2004）、李秀云著《中国新闻学术史（1834—1949）》（2004）、杨海军著《中国古代商业广告史》（2005）、徐培汀著《中国新闻传播学说史：1949—2005》（2006）等。从目前研究形态来看，虽然多为专门史研究，但仍属通史的范畴。在新闻史的叙述形式上，也作了新的尝试，如 2000 年出版的方汉奇主编的三卷本《中国新闻事业编年史》，不仅把时间延续至 1997 年，更是中国第一部新闻编年史著作，填补了该方面的空白。丁淦林主编的《中国新闻图史》、方汉奇主编的《中国新闻事业图史》也分别于 2002、2006 年出版。

# 第二章　传媒研究的特征

伴随传媒技术升级及传媒生态重构，传媒对社会整体的影响力与日俱增，任何将社会与人类作为主体的研究都无法避免传媒所产生的影响效应。传媒以其广泛而深入的影响力改变着人类的生存状态，甚至影响到社会文明的发展方向。伴随互联网技术的发展升级，当下对传媒产生影响的因素日渐多元，传媒生态在提升其自身适应性的同时逐渐重构。以此来看，对传媒研究的审视不能单纯依赖于历时性的经验研究，而必须在洞悉时代发展的基础上，结合相关科学及理论基础，对当下我国的传媒研究进行时代性、创新性审视。从当下传媒发展宏观形态着眼，传媒研究方法应具备科学性、学理性、应用性及前沿性等特征。

## 第一节　传媒研究的科学性

《学术界》总编袁玉立曾经发表了对于学术研究的认识，他说："哲学社会科学的基本规律是具有客观真理性内容的精神产品的生产规律，最为本质的特征是具有客观真理的属性。……为了获得这种产品蕴含的最大限度和最高水平的客观真理性内容，我们就要高度重视探索这种真理的实践意义，讲学术创新和学术积累，讲学术自由、学术民主和学术规范，讲学术批评和学术评价，等等。因为这些学术行为是发现真理的基本途径，也是开展学术工作的起码的制度要求，否则，我们只能远离真理。"可见，学术研究在探寻客观真理的过程中，需要讲求一定的科学性，这是确保研究方向正确性的客观要求，也是研究工作的主观追求。

### 一、科学性内涵

传媒研究本身可分为三个层面：一是纯理论研究，主要指的是基础理论部分，包括传媒性质、传媒功能、传媒类型、传媒特质、传媒意义和价值等等这样一些最基本的问题的研究。这个层次研究的价值在于帮助人们更准确深入地认识和把握传媒，解决的是认识问题。二是应用研究，即对传媒实务的各个层面、环节进行理论梳理和理论概括，涉及对具体的传播主体、媒介经营和管理、传播内容、受众、传媒技术以及传播方式等方面的有针对性的研究。这种研究面对具体传媒对象和传播任务，其意义与价值在于总结传媒实务经验，为传媒实务提供具有操作性的思路、方法和理念。三是介于前两者之间的中介层面的研究。这个层面既有整体的对传媒的理论认识，又有具体的有针对性的传媒实务的研究。[①] 从中我们可以看到，传媒研究的特征表现为科学性，以期能够准确把握传媒的内涵和发展。同时也具有较强的针对性和现实性，针对传媒实践中的重要问题和现象进行阐释分析，以期能够具有较强的引导价值。

当下传媒研究发展形态亟须具有科学性、系统性、客观性的研究方法进行支撑，科学性是当下我国传媒研究的主要特征。何谓"科学"？《现代汉语词典》对"科学"有如下界定：一是"反映自然、社会、思维等的客观规律的分科的知识体系"；二是"合乎科学的"。《新世界大字典》指出"科学"是"以决定研究对象的性质和原则为目的，而进行的观察、研究与实验所得来的有系统的知识"。结合二者可分析得知"科学"具有多层含义：科学是知识体系，科学是客观规律的系统性研究，科学注重事物之间的联系，科学是为进行研究而选择适当的研究方法。"科学"的内涵既包含对"知识"的把握，也包括运用正确的方法对未知进行探讨、对事物之间的关联进行分析，最终做出正确判断。所谓传媒研究的科学性即在研究过程中注重对与传媒相关因素的整体把握，结合有关科学理论，确保研究的正确性和可靠性，注重研究的系统性及周全性。现代传媒研究最主要的特征之一就是科学性，即用恰当的传媒研究方法获取传媒及与之相关的系统性知识。该研究既注重结果的系统性、客观性、准确性，也注重研究过程的经验性、规律性与包容性。

## 二、科学性的具体表现

传媒研究的科学性首先体现在对研究目的的明确，即在运用相关理论的基础上对现实问题进行研究，解决现实传播中存在的难题，观察传播现象，洞察新的传播趋势，从而能形成对传播实践具有概括性、指导性意义的传媒理论体系，推论传媒发展的普遍特征。在研究中尤其应注意系统性、概括性及普适性，如果在研究主体、范围、视角上出现分歧，应把握对传媒最具影响力的限制性因素。另外，传媒研究的科学性也体现在对"特殊主题"的观照上，即研究者根据当下的传媒实际及理论知识，结合多学科的理论成果及过去传媒研究的经验，对当下传媒进行特殊性、深入性、专注性研究，并建立能支撑该研究的传媒理论。特殊性指在传媒研究中无需遵循定法，独特的研究性格与视角并不违背传媒研究科学性原则。深入性强调传媒的深度研究，在宏观全面的同时要切中要害，不仅着眼于传媒本身，还应包容与之相关的各类研究。专注性要求传媒研究要历经共时性研究及历时性研究多重维度的观照，在历史与现实的缔合中总结科学、成熟的传媒理论。

传媒研究的科学性体现于其对传媒全面系统的研究，即将传媒及与传媒相关的所有元素视为一个整体系统，研究者不仅要对系统内部的子系统及各个组成部分的

---

① 胡智锋：《建立传媒研究与传媒实践的良性互动格局》，载《现代传播》，2002 年第 1 期。

性质进行研究，还要深刻分析各部分之间的关系，从而推论出传媒系统的整体性质。从传媒研究实践上看，根据研究范围与视角不同，可将其分为以下四个方面：传媒基础理论研究、传媒应用理论研究、传媒决策理论研究以及传媒史学研究。作为传媒研究的主要层面，这四种类型的研究绝非孤立地存在，相反，传媒研究的四个层面相互交叉，互为支撑。在现实中某些课题的研究甚至同时涵盖两个或多个传媒研究类别，从多角度解决多层面问题。如对传媒社会效果进行研究就需在正确把握传媒本质的基础上从多角度、多层面考察传媒对人的影响，其中包括大众用于媒介消费的时间及经济投入、传媒对大众的影响程度、不同媒体的公信力指标、媒体对社会整体发展的影响、媒体可能产生的负面效应等问题，且在研究中要结合社会学、经济学、政治学、心理学等多学科理论知识进行辅助研究。传媒研究的科学性体现于对传媒系统知识的系统性研究，其研究目的绝非使传媒现象变得更加复杂难解，而是在现象中找寻规律，以客观、准确、简单的方式提炼表现出来，使传媒实践能在其研究成果的指导下得到进一步发展。

当然，传媒研究的系统性是相对而言的，系统全面并不是要求某研究者要对传媒的所有方面进行研究，而是要求其在研究过程中明确研究目的，解决现实存在的传媒难题，发现当下新的传媒现象，最终能建立相对完整（或称局部性完整）的理论体系。如研究者对灾难报道进行分析。灾难事件本身通常以偶然的形式突然发生，令人难以预料、措手不及，且具有巨大的危害性及大众关注性，在事件发生后会产生较大的社会影响。在该主题的研究中，有众多方面值得研究探讨，如怎样提高灾难报道的效率，在灾难事件发展的不同阶段如何调整新闻报道的方式，如何处理灾难报道的危机预警，报道中的伦理价值坚守等等。围绕该主题，产生了大批的研究成果。该类研究针对性极强，在研究过程中可以借用多学科理论进行多层面及多角度的研究，但由于其只是针对灾难报道进行分析，往往不涉及传媒完整理论体系的建立，但从该研究本身来说，其在局部上建立了相对系统而完整的研究体系，因此也是符合传媒研究科学性原则的。

传媒研究的科学性强调研究结果的客观性及准确性，但并不摒弃其研究过程的经验性。传媒与人类生存发展息息相关，在传媒研究中凸显研究主体的主观能动性绝非片面的唯心主义。科学知识的认知无法脱离人类的经验世界，科学的研究视角、研究方法增强了人类对周围环境的感知能力。科学的传媒研究离不开经验性理论，换句话说，只有能与经验性结论互证的研究才具有科学性。但是，传媒研究作为社会科学的范畴，偏执的主观性的价值判断会极大损害传媒研究的科学精神，进而影响研究价值。经验性并不等同于主观性，在传媒研究中必须尽量避免主观性结论，强调研究对象的客观意义。在研究过程中，明确研究目的、确定研究主题、选定研究对象等都可能受到研究者自身价值观念的影响，在此过程中，研究者应着力以研究的社会价值与意义作为研究的出发点，并在研究中注重资料的收集与整理，尽可能建立完整、周密的资料体系。在具体的研究过程中，可选用具有全面性、系统性的研究方法，使抽样、问卷调查、深度访谈、数据分析等研究环节系统化甚至数据化，其中可以借用现代电子科技手段增强研究效度，提升研究的科学性及客观性。

另外，传媒研究的科学性还体现在其对研究结果的解释性、规律性总结中。传媒研究的最终目的不仅要正确探析传媒本质，了解传媒内涵，还要知道其为何呈现当下的形态，总结传媒发展规律，预测其将会如何发展。科学地对当下传媒发展进行研究，其中重要的一环是要对相关的研究结果进行系统、客观的解释，以确定其准确性及周全性。传媒研究应以多元的眼光、系统的视角整体把握并解释传媒现象，研究传媒事实。科学性要求每一项传媒研究必须以客观的传媒现象作为起点，但在形成结论时，可以以假设作为终结，最终应从理论的高度对传媒现象做出解释和评价。传媒研究的科学性决定了其研究的规律性、稳定性特征，如上文所言，无论是基础研究、应用研究还是决策研究、史学研究，都不可能脱离传媒整体系统而单独进行，这就要求研究者在研究任何问题时都要具有全局观念。由于传媒发展受多方面因素影响，不同的时代背景中传媒也呈现出不同的样态，传媒研究也相应做出改变。在开放的环境中，由于内外部环境的改变，传媒的外部表征形态发生变革，但决定传媒本质的内部属性并不会改变，传媒基础理论对于任何时代的传媒现象都应具有普遍的解释性与适应性。

## 三、科学性的要求

面对传媒变革，研究者切不可将某一主题的传媒研究从整体系统中割裂出去，而应该从整体着眼，以传媒的基本规律作为研究前提，确保传媒研究的稳定性及可靠性。如在媒介融合背景下，报纸消亡论、广播消亡论、电视消亡论等论题被提出。部分学者认为传统媒体之间的功能是互补而不是替代，即在互联网媒介出现之前，无论是纸张、无线电还是电视媒介，由于媒介功能之间是部分替代关系而不是完全替代关系，这样每种媒介就分别和特定的新闻生产方式结合在一起，从而形成不同的传统媒体。然而，互联网媒介与传统媒体之间是完全替代关系。互联网媒介能够承载文字、音频和视频等所有的新闻生产方式，而且传播的效果更好，也更为便捷、及时和快速。在这种情况下，互联网媒介对传统媒介来说就是完全替代关系，而不是互补关系，因此他们得出的结论就是新旧媒介之间只有整合而没有融合，期间更有部分学者提出了"唱衰电视"的论断。从当下的时代背景及传媒现象来看，报纸、广播、电视媒体的媒介属性由于新媒体的介入有所减弱，但不可偏执地认为其已经到达要消亡的程度。任何类型的传媒研究都要以基础理论作为研究前提，结合时代背景分析其内在逻辑与属性，寻找研究的理论切入点，理性地认识传媒发展中产生的变化。

为了确保传媒研究的科学性，在研究过程中应当注重研究方法的多元性及对其他相关学科领域理论知识的借鉴。从研究方法上来说，科学的研究方法拘泥于定式，完整的科学性研究可能会经历感性认知、理性认知、认知突破、回归实践等多个阶段，传媒研究也不例外。在不同类型的传媒研究，或某一具体传媒研究不同阶段中，研究方法都在相应做出调整改变。如在研究的初级阶段，为更加深刻真实地了解传媒现象，研究者需借用调查研究法、自然观察法、控制实验法等实证研究方法获取资料及数据。而伴随研究的逐渐深入，研究者在掌握大量资料的基础上要对传媒现象进行分析批评，就需借用推理预测法、个案研究法、比较研究法等解释研究方法。为了对传媒现象进行更加深刻合理的解释，研究者在研究中还可能运用学科借鉴法、史论文案法、引荐评论法、理论思辨法等多样的思辨研究方法。伴随科学研究的不断进步，系统论、控制论、信息论等新方法论的出现也在不断丰富着传媒研究方法的内容。丰富多样的科学研究方法为研究者研究传媒现象提供了强大的主观手段及认知工具。

传媒研究绝非单一指向某一特定学科，在研究中注重融会贯通各学科的理论知识，丰富研究视角并扩充研究范围，善于借用多学科理论证实传媒研究观点的正确性也是其科学性的体现。传播学家施拉姆曾经指出传播研究应当综合政治学、经济学和社会组织学的特质，具体来说传播研究应当包括多层面的内容：其一，大众传媒可视为一种社会制度，研究者应对其功能、视听行为、责任与表现等进行研究。其二，研究者可注重传播效率的因果分析，并从各方面研究其传播效果。其三，研究者应以宏观视野将社会看作一个整体，从制度或现象上去研究大众传媒的影响。伴随传媒研究的不断深入及各学科领域知识的升级更新，当下新闻学、传播学、政治学、社会学、文化学、符号学、艺术学等多学科领域的研究方法及理论成果被广泛应用于传媒研究中，取得了良好的研究效果。如运用政治学方法及角度分析传播现象，探讨政治因素对传媒生产传播的影响，分析各场域之间的博弈关系；运用社会学方法及角度分析传媒对社会变迁、人类进步的影响；从经济学角度研究传媒对经济因素的依赖及对经济发展的影响力；从心理学角度研究传播对大众心理情绪及其社会行为的影响；运用文化学知识分析传媒对社会文化的继承与发展，评价传媒对文化沟通所起到的作用以及媒体自身文化建设等问题。

传媒研究的科学性不仅要求其理论观点客观正确，也体现在其对现实传媒现象的解释及指导的实践性方面。传媒的发展与人类社会发展息息相关，传媒研究实践性较强，体现在研究者要正确把握传媒现实，理解传媒动态，就必须对现实的传媒现象进行全面细致地观察分析，部分针对具体媒体的研究还需进行系统性地实地考察。传媒研究的实践性以科学的研究方法为前提，是科学指导下的实践。因此要保证传媒研究的科学性，就要在研究进行之初对传媒所处的社会、政治、经济背景进行有效分析，最终深入到动态的传媒实践之中，考察传媒日常运作中各个场域之间的博弈关系以及最终呈现出的不同样态与变化。我国的传媒研究由于理论长期与实践分离，因此难以摆脱研究的工具视角以及结构主义的静态分析，容易忽略传媒本身在国家进步、社会发展中的能动作用，从而无法对传媒实践进行经验性总结与指导。潘忠党等学者曾揭示,"传媒以及传媒工作者所充当的宣传工具和市场角色中,碎片式地混杂着新闻专业主义的认知,在日常新闻实践中往往游走于国家与社会的缝隙之间,以变通、游击和话语策略的方式,在社会公共空间的建构和国家—社会关系的互动中,寻求边缘突破和局部拓展"[①]。传媒的变革,从内部新闻常规、专业主义到外部市场结构等,都处在内外部环境变迁框架中而不断变化。对于这些与政治、经济、社会等直接相关的传媒变革实践,传媒研究者必须给予足够的关注,科学研究当下我国传媒变革实践,可以在研究方法上借鉴实践社会学的研究路径。

实践社会学是布尔迪厄提出的以实践为根据的理论设想,这里的"实践"主要是相对于"制度"而言的概念,它具有时空上的紧迫性和超越静态结构层面的独特性。实践具有自在的逻辑,只有再现实践的灵动的热闹的本质,才能发现实践的真正逻辑,而不是强加某种逻辑或连贯性。在传媒研究中,研究者可以借鉴实践社会学的研究路径,除了运用学理的眼光对传媒本质属性、功能、角色等进行认知,还应当充分考虑到传媒本身所具有的社会实践属性,现实的传媒现象正鲜活地揭示着传媒场域中各要素之间平衡、成长、转换、竞争的过程机制与逻辑。传媒研究是动态性的研究,传媒的发展与变革与整个社会的关系都处于流动状态,只有进行动态性的观察,才能更加深刻地认知传媒的运作机制以及发展走向,才可能真正了解传媒与整个社会、国家之间的关系实质。如在研究某一媒介事件时,研究者应当掌握该事件产生、发展、变化的过程及机制,分析与事件相关的传媒参与者与接受者,关注大众舆论形成、扩散与收编机制以及背后的潜在逻辑,只有逐层深入,才能真正了解传媒事件与社会、政治、经济、文化之间的潜在关系,才有可能对传媒与社会之间的互动发展进行科学化展望。

## 第二节    传媒研究的学理性

学理性是传媒研究的重要特征之一,其主要表现在对传媒现象的理论性表述与总结,其中纯粹的学理性研究着重检验内涵抽象并深刻的假设,主要涉及与传媒本身及与之相关元素的研究观点及假设,研究结果通常具有普遍价值或典型价值,在研究中注重研究的人文性、创新性、系统性、稳定性、前瞻性。

### 一、学科发展的追求

传媒研究的学理性体现在其研究框架的系统性及研究过程的长期性。如备受当下学者推崇的媒介生态学,20 世纪初学者们对传媒技术与文化的研究逐渐深入,为了探寻技术与文化关系的新思想与新方式,媒介生态学浮出水面。尼尔波兹曼在

---

① 夏倩芳、黄月琴:《探寻一种国家——社会关系视角下的传媒研究路径》,载《新闻与传播研究》,第15 卷第 5 期。

其 1968 年的演讲中，将媒介生态学定义为"将媒介作为环境来做研究"。媒介生态学借助生物学研究视角与方法，强调系统的发展观，要求在整个生态系统内各组成部分既能保持共生关系，又能在竞争中维持平衡状态；既能体现各元素的主体性，也能让各部分相互协调最终形成体系内良好的循环态势。传媒生态的平衡发展源于各媒介资源之间良性的循环机制，构成媒介的各传播要素之间以及与之相关联的社会、经济、文化等要素之间所保持的良性互动关系。由此可见，系统性的媒介生态学研究包括各媒介生态因子（如媒介各构成要素的属性、媒介构成要素之间的关系、媒介要素之间维持平衡的结构状态等）以及与之相关的环境因素（如社会、政治、经济、文化、技术等）。从以上表述中可以看出媒介生态学理论研究的系统性及复杂性，这种具有完整性的系统研究无法在短期内完成，必须从历时与共时双重维度长期进行观察分析并进行系列研究才能得出具备科学性的结论。

除了不断开拓学科视野，我国的传媒研究还应不断吸取国外研究经验，建构符合我国自身传媒实践的理论体系架构，并不断对其进行完善与补充。我国传媒理论构建之初主要借鉴西方学术思想，学者们先后翻译了大量的西方学术著作并将其研究成果运用在我国的研究实践中，在此期间也出现了诸如对西方理论及研究方法的随意套用。西方传媒理论的产生与发展均是以西方世界的传媒现象作为研究对象而形成的，其理论框架与方法对我国传媒研究的现实意义是一个必须重视的问题。我国的传媒研究不仅要将国外研究所提供的带有适应性、普遍性的理论成果运用到我们具体的传媒研究语境中，还要坚持构建具有我国特色的传媒理论体系，将国外的理论成果作为我们理论资源的一个组成部分，根据我国传媒发展的具体实际和研究价值目的进行自主的探索创新，发展我国自己的传媒理论研究。现阶段我国传媒研究的使命之一就是要大胆借鉴西方传媒领域的研究成果，与我国本土政治、经济、文化的特点及传媒实际相联系，创新出可以运用于中国传媒研究的理论框架与实践方案。传媒研究的学理性体现在不断对传媒理论研究的创新探索中，我们在构建自身系统完整的传媒学理体系的同时，其理论成果也可以进一步对国外传媒研究进行补充与修正，这也是传媒研究批判性、创新性的体现。

## 二、理论建设的要求

当下我国已有众多专门的研究机构分布在业界学界从事专项科研工作，逐渐形成了具有系统性的中国传媒理论。传媒研究综合各学科领域知识（如政治学、社会学、文化学、艺术学、法学、数理科学、计算机科学、心理学、哲学等），具有综合型、宽泛性等特征，现有研究大多具有明确的学科分界，难以实现综合性传媒科学理论体系的建立，传媒研究学理化构建任重而道远。跨学科的研究传统并非我国传媒研究独有，而是世界传媒研究的普遍现象与趋势。以英国伯明翰学派为例，他们在进行传媒研究时就非常注重各学科理论的"接合"，如实证主义与批判理论的接合，文化研究与政治经济视角的接合，经验主义的受众研究方法与"编码—解码"模式的接合，阶级、性别因素与收视行为的接合，公共领域与私人空间、全球性与地方性的接合等。伯明翰学派注重学术研究与实践应用的结合，使传媒研究与实践操作保持互动关系，以理论指导实践，在实践中进一步验证并修正理论，使理论发展更加切合实际。当前面对传媒数字化转型，传媒理论研究的指导性与前瞻性极为重要，在研究中务必注重学理性与应用性的结合，以理论指导实践，以实践验证理论。如为某一特定电视媒体栏目改版提供建议或为频道建设提供策略，如此实用性强、针对性强的课题也必须要以富有前瞻性、超越性的理论知识作为指导，如果缺乏理论基础，只能让研究变得附庸实践。近年来，传媒研究在对传媒娱乐化、节目模式化、真人秀节目分析、传统媒体资本运营、广告运作机制等问题的研究中缺乏批评的力度、多元的视角以及提前预警的能力，从根本上说是传媒研究学理性构建上存在缺陷。

在具体的传媒研究实践中，即使是具体的、具有针对性的应用型研究也必须以学术性的理性参照作为基础。如近年来伴随新媒体技术的发展普及，传统媒体产业化转型成为业界学界关注的热点。纵观近期的研究成果，涉及范围之广、数量之大是前所未有的。2014 年全年 CNKI 数据库收录与传媒产业相关的学术论文近千篇，纵观与该主题相关的研究，部分尚停留在对新环境背景中传媒变革的浅层次描述，部分以"对策研究""策略研究""改革研究"等为题提出对传媒产业发展的意见与建议，看似颇具针对性，然细读后却发现观点大多千篇一律，具有前瞻性、创新性的研究屈指可数，从学理的高度进行分析就可发现其中漏洞。因与经济问题相关，在传媒产业研究中，学者们争相借用经济学相关理论与方法对传媒发展进行解释与预测，然而在使用过程中被嫁接的经济学理论很难非常恰当地被使用在传媒经济模式的论证上，且在研究中为了迎合热点，极易将研究视角与价值凌驾于传媒社会学、传媒伦理学、传媒艺术学等学科理论之上，单纯强调传媒研究的"新"与"快"，而忽略了研究的"准"与"深"。任何性质的传媒研究必然具备一定的学理性，忽视这一点，只能使传媒研究沦为对传媒现象的简单复述，甚至可能出现研究结论的偏差。完善成熟的学理性研究框架是保证研究顺利开展的前提，如上文所述与传媒产业改革相关的研究，在研究中必须充分考虑到该问题的理论逻辑框架，这绝非只是一般意义上的经济问题，其关涉媒介公信力、公共意识的传播与弘扬、主流价值的彰显与社会伦理的维护、经济效益与社会效益的平衡、传播者与受众关系的变革等，其中涉及传播学、新闻学、政治学、社会学、文化学等诸多学科的理论知识，需对该问题的学理性进行充分的认识与研究，否则传媒产业改革研究就难免沦为简单的经济问题描述。

## 三、指导实践的保证

传媒研究伴随时代进步不断进行革新的目的是使传媒理论研究更加完善，更好地指导传媒实践，促进传媒业发展，最终利于人类社会的进步。简言之，传媒研究的终极目的是人本身，无论研究视角、研究方法、研究范围如何变化，都不能脱离人而进行，传媒研究的前沿性首先体现在对人更加深刻的认识上，即人文性的彰显。在过去的传媒研究中，其滞后性可能来源于传媒研究资源的匮乏或研究专业化意识薄弱，其中人文意识淡漠是影响传媒研究的主要因素之一。我国的传媒研究以传统新闻学为基础，20世纪90年代后，传播学逐渐进入传媒研究领域。传播学作为一门交叉学科，其理论资源几乎与所有的人文社会科学甚至自然科学息息相关。传媒政治与政治学、传媒发展与社会学、传媒产业与经济学、传媒影响与教育学、传媒责任与伦理学、传媒监督与法学、传媒艺术与美学、传媒接受与心理学、传媒本质与哲学以及传媒技术与声学、光学、电子学、信息学等各种自然科学都有着密切的联系。传媒研究几乎与所有的人文社会科学乃至自然科学都有着内在的学术联系，没有这些相关学科的支撑和支持，传媒研究就不可能真正走向专业化、前沿化，更不可能真正对于传媒发展有一种创新性的理论和实践意义。传媒研究要推进传媒理论的完善与深化，应以人文为其出发点，积极借用当代人文科学中的理论成果（如精神分析学说、符号学、结构主义、马克思主义意识形态理论、后现代主义文化学说等），将其深刻融合进当下的传媒研究中，在建立研究科学的方法论的同时，也建立人文科学的价值论指导。

　　传媒研究学理性的要求之一是注重研究成果的先进性及前瞻性，即所研究课题的创新价值。学理性要求传媒研究核心目的之一是建立完善系统的传媒理论，这在如今的传媒研究中具有基础性价值与意义。但学术研究绝非是一成不变、固步自封的，发展至今的传媒研究已经摒弃了单一学科化的限制，将不同领域的研究成果及学科理论进行交叉融合分析，当下传媒理论研究成递进式发展，是传媒研究的主方向之一。当下诸多传媒理论问题的突破性研究往往并非来自于传媒理论内部升级完善，而是依靠与其他学科理论的合理性"嫁接"，如当下传媒研究中备受关注的认知传播学。国外认知传播起始于20世纪80年代初，目前已有初步的研究思路、研究对象、理论框架和研究方法，并已取得丰硕的研究成果。21世纪初我国学术界开始对认知传播进行研究，目前已取得初步成果。认知传播课题研究以语言学、心理学、神经科学、符号学等认知科学和传播学为基础，运用跨学科研究思维，探讨认知传播的多元融合与学理建构。认知传播研究超越传统传播效果研究范式，对包括传播者与受众在内的传播主体在传播活动中的相关动态心理过程提供更为丰富和准确的阐释。认知传播学遵循传播学科发展的自然逻辑，顺应时代发展潮流，从变革中捕捉最新学术动态，及时创新研究方法，超越了传统理论研究范畴，将重点立于明确的价值需求上，研究宗旨贯穿始终，避免零散化、肤浅化的缺陷。

　　传媒研究的学术性从本质上表现在对传媒实践前瞻性的指导意义上。从传媒研究的实践上看，我国传媒研究在过去的几十年中基本上落后于传媒实践。因此在我国传媒领域，实践是最为活跃的创新元素。实践改革—理论研究—政策制定成为了我国传媒发展的基本方式。从传媒研究之初寻找原因，20世纪80年代初期，我国的传媒研究渐渐步上正轨，然由于研究经验的缺乏、理论支撑不足，我国传媒研究的学理发展基本依赖于对国外传媒学者研究成果的译介。在此背景下，我国出现了大批国外传媒研究的翻译成果以及按照国外传媒研究模式所撰写的论文与著作。传媒研究不可缺少实证支撑，换句话说，缺少实证经验与数据就很难进行深入、系统的理论性研究，更不用说形成具有创新性、指导性的理论性成果。从实践上看，我国传媒机构的性质属性与国外并不相同，虽然个别国外例证也可运用于我国的传媒研究中，但从本质上来说我国的传媒机构并非是纯粹追求商业利益的商业机构，与国外媒体具有本质性区别。在国外研究背景下，我国传媒研究很难真正找到自己的研究对象，只能停留在对国外研究的译介与对传媒现象的追赶中。如今传媒发展日新月异，媒介融合进程加速，传媒产业改革迫在眉睫，传统媒体一家独大的时代一去不返。如果说，过去传统媒体的发展无需借助融合理论研究与市场调研，凭借传播者的经验判断就能有效进行传播与决策制定，那么面对如今传媒告诉市场化进程以及纷繁复杂的传媒生态，单凭主观经验已经很难做出快速、有效的判断。基于此，建立在现代科学基础上的传媒研究才是传媒实践的真正指导者。因此，应创立符合我国传媒实践的研究理论体系，改变以往传媒跟进式研究的状态，形成富有前瞻性、创新性的建构式传媒研究思路，让传媒研究可以行进在传媒实践之前，为传媒实践提供学理性发展意见。

传媒研究的学理性是传媒研究的重要特征，是传媒研究成果具有稳定性、指导性、权威性的基础，是实现研究实用性、创新性的基础，学理性研究应当实现对传媒现象的超越，彰显理论价值，重视学术的引领地位，只有这样才能从真正意义上实现传媒研究的深化与突破。当然，由于传媒自身具备实践属性，因此传媒研究的目的不仅是建立完整成熟的学理体系，在进行学术性研究的同时也要注重传媒研究的应用价值。传媒研究的学理性及应用性绝非彼此割裂，二者之间相互关联。在具体的传媒研究中，在考虑学理性的同时要使研究成果具备应用价值，而应用性较强的研究也必然是建立在学理性研究基础之上的，学理研究为应用研究提供理论基础支持，学术理论也在应用研究中不断得到验证与提升。由此可见，传媒研究的学理性和应用性是相互补充、相互影响的，是传媒研究整体系统中的两个方面。在下一节中，将具体探讨传媒研究的应用性及其主要表现。

## 第三节　传媒研究的应用性

伴随时代的进步，传媒研究已经成为我国学术研究的热点，传媒数字化改革、传媒产业重组、媒体资本运作、媒介全球化、传统媒体与新兴媒体融合等受到学界与业界的普遍关注。虽然近年来我国的传媒研究视角不断开拓，研究方法不断革新，但长期以来传媒研究却被业内视为严重滞后于传媒实践，这种状况是由于传媒研究脱离了应用性，长此以往必将使研究陷入自说自话的恶性循环中。传媒研究的应用性及学理性是研究良性发展中不可替代的两个方面，两者各有其职能与特长。在研究过程中对二者不可偏废，使成果既根植于学理之中，又能直接面对传媒实践的检验。从学理中探寻对于现实应用有价值的理念与观点进而指导实践，又从应用中提炼出具有学理性的观点，完善传媒理论体系的架构。应用性是传媒研究的重要特征，其要求研究者对当下传媒实践中的现实问题进行分析考察，对现实中存在的具体问题要具体分析。如传媒制作技术研究、传媒传输技术研究、媒体管理研究、新媒体发展趋势研究、传统媒体与新媒体融合路径研究等。传媒研究的应用性分别体现在研究的具体性、针对性、贴近性等方面。

## 一、具体性是前提

传媒研究的应用性强调在研究中能直面传媒实践，从繁杂的传媒现状中提炼、分析、处理有价值的信息，使具有创建性、前瞻性的研究结论对提升电视实务产生影响。因为要直接解决现实存在的问题，传媒研究的应用性首先体现在研究选题、研究过程、研究目的、研究视角的具体性方面。传媒应用性研究并非"全盘式"研究，这要求研究者做到术业专攻。当下我国部分学者的传媒研究可谓"包罗万象"，从传媒文化到传媒艺术到传媒技术，从传媒政治学到传媒经济学，从基础理论研究到应用理论研究，从新闻业务到决策管理，对传媒的各方面均有所涉及，然得出的结论往往是泛泛而谈，停留于对当前传媒现象的描述与总结，即使是策略性研究也仅停留在对传媒现象的浅层次预测，并未向传媒发展提供真正具有前瞻性、战略性的发展意见，甚至对当下的传媒实践也难做出合理化的解释。要真正体现传媒研究的应用性，就必须明确研究目的，改变传媒研究本身混沌迷糊的状态，追求研究的具体性、专业性。

以电视传媒研究为例，如果说学理性多体现于对电视基础理论的构建中，那么在针对具体实务问题的研究中则更多体现了其应用性。因为在研究中要解决具体问题，因此研究主题与目的必定具有强烈的针对性。如面对新媒体冲击，传统电视媒体生产传播方式发生了重大变革，学界与业界研究者对传统媒体与新兴媒体融合发展研究极为关注，为了更好地理解并预测当下传媒发展局势，引导电视媒体良性发展改革，研究者针对不同的具体问题进行了分析探讨。例如新媒体背景下电视媒体政策改革研究、产业重构研究、道德法律建设研究、管理体制研究、节目生产数字化研究、节目运行研究、人才队伍建设研究、媒体经营研究等。在更加微观的层面，研究者可从某项具体的节目生产传播技术、具体节目借助某新媒体平台的营销、某电视台所进行的改革实践等着手分析。此类研究注重实用性及操作性，关注的是传媒中的现实问题与操作问题，多表现为一种描述、解释与控制传媒现实与发展的研究。

## 二、学理性是基础

传媒研究的应用性还表现为鲜明的针对性，更多是基于传媒现实所阐发出来的相关见解和主张，脱离了具体的现实指向，理论也就丧失了其价值。需要正视的一个现实是，当前我国的传媒研究与传媒实践以及这些实践所反映出来的对于传媒研究的需求之间存在较大的差距，这种缺位或者滞后一定程度上影响了传媒改革的深入。学者在分析滞后性的原因时，认为这一方面源于传媒研究理论资源的狭隘和单调，另一方面归结于传媒研究的专业化程度不高，整个学术研究缺乏人文氛围。[①]传媒研究几乎与所有的人文社会科学乃至自然科学都有着内在的学术联系，没有这些相关学科的支撑和支持，传媒研究就不可能真正走向专业化，不可能真正对于传媒发展有一种创新性的理论和实践意义。从整体上来说，中国的传媒研究既缺少社会科学的方法论基础，也缺乏人文学科的价值论指导，因而一方面研究成果缺乏形而下的科学说明，另一方面也缺乏形而上的理性参照。最典型的例子就是目前传媒界最热门的所谓媒介的产业改革研究，这些研究从方法上基本没有足够的经济学模型的论证，在价值观上往往又将媒介经济学凌驾于媒介社会学、伦理学、政治学、美学之上，单纯强调媒介的经济利益最大化，而对于中国这样一个发展中国家来说，媒介在产业化、市场化过程中，如何能够保证社会信息资源的共享，如何创造民族的认同平台和公共意识，如何维护或者建构主流的伦理秩序和社会规范，如何保持经济利益与社会利益之间的平衡，如何维护社会的大众群体和小众群体、强势群体和弱势群体、中心群体和边缘群体之间的话语平等，如何建设一种公正的舆论环境等等这样一些与媒介的发展方向、道理、出发点相关的重大问题，我们的传媒研究应该说都还没有给予足够的重视和充分的研究，传媒的话题完全成为一个经济学话题。实际上，传媒的经济在本质上来说，必须与人文视野联系在一起，传媒改革才能够有一种正确的思路。[②]

## 三、贴近性是手段

传媒研究的贴近性主要体现在传媒研究的视野和态度上。伴随着技术的不断更新，传播理念、传媒现象也在不断更新，因而传媒研究必须要贴近传媒发展的现实，以理论视野观照实践发展。要保证传媒研究的贴近性，就要求传媒研究不断提升研究力度。当前中国的传媒研究还处于发展过程中，虽然近年来取得了不小的进步，但是在数据的搜集和使用，研究方法的选取和论证以及研究模型的建构方面还有待进一步的完善和规范。对于传媒学者而言，其理论储备与学术素养如何，研究

---

①　尹鸿：《传媒研究如何面对传媒实践——专业化·人文化·多样化》，载《现代传播》，2002 年第 1 期。

②　尹鸿：《传媒研究如何面对传媒实践——专业化·人文化·多样化》，载《现代传播》，2002 年第 1 期。

活动的持续性以及研究领域的深入性能否得到保证等问题也直接影响了其研究是否能够贴近当前传媒发展现实。不可否认的一点是，经过多年的培养和训练，传媒学者的综合素质有了一定提升，但是总体而言，当今传媒研究所涉及的内容过于庞杂，既有对传媒理论的探索，也有对新闻业务的讨论，又多停留在就事论事的印象化和片面化层面，缺乏有力的方法论支持和具体运用。囿于方法研究的缺位和研究主体的差异特征，当前的传媒研究很难呈现出较为理想的现实效果，大部分研究还是属于对当前传媒现象的描述和总结，很难对当前传媒发展过程中的困惑、关键结点提供理论分析，尚不能完成对现实的理论阐释，更无法形成具有前瞻性和战略性的理论参照。尤其是传媒技术的迅猛发展以及传媒改革的不断深入，其不断革新和变化的现实使得传媒研究变得更为迫切。来自技术、政策、理论多个维度的交叉视角，使得传媒研究的内涵不断拓展，也使得对研究方法的研究变得愈发具有现实意义。传媒改革的科学性、传媒理性的强调、传媒文化的繁荣以及传媒管理、生产的持续发展，这一切都需要传媒研究的理论支持和科学指引。

传媒研究一方面要从宏观着眼，构建符合我国传媒实践的理论框架，另一方面也要注重微观研究，即分析、解决传媒实践中出现的具体问题。业界研究者针对某一传媒现象进行研究，多从自身工作经验、感受出发，主观性较强。而学界的研究者又因为研究素材的局限性，对所研究对象的掌握程度往往较为有限，研究方法也多以文本分析、内容分析、问卷调查等为主，虽然有助于较为客观的认知传媒事件，但容易造成研究与传媒实际的脱离，无法切入真实的传媒环境而使研究显得泛泛而谈。传媒研究的应用性首先应以传媒理论作为支撑，真实、客观地分析传媒现象，发生了什么、在哪里发生、为什么发生，以及如何发展等问题，都是传媒研究中应关注的，进而探讨关涉其中的人、事、社会背景及各种关系，总结传媒发展的时间连贯性及模式性。传媒研究的应用性要求研究者要真实、深入地了解情况，可以以个案作为研究起点，加强研究的针对性及贴近性，最后再以质性研究对问题进行解释说明。在研究的过程中，可以充分借鉴社会学、人类学的研究方法，加强对个案的分析力度，如问卷调查法、深度访谈法、参与观察法、田野调查法等。这些研究方法的介入使得传媒研究具有更为深厚的现实意味，以具体的问题切入，以更为直观的方式研究传媒效果，探求其间的有机互动和作用机制。

传媒研究的学理性与应用性要在良性的互动中相互支持与促进，在研究中应着力建设传媒研究与传媒实践的良性互动格局。

## 第四节　传媒研究的前沿性

传媒是现代社会文化构建中不可或缺的一个重要组成部分，其在社会发展进程中所发挥的作用随着现代传媒技术的不断创新升级而变化。报纸、广播、电视、电影、互联网等各种传播媒介成为大众日常生活的部分，其信息传播功能、文化娱乐功能、社会服务功能成为当今社会的重要建制，要了解当下社会的发展，就必须对当下的传媒发展进行研究。"在各种不同的时刻，传播的各种技术途径能提供一种社会黏合剂，能提供人人都谈论的各种事件的详细细节。"① 在不同时代，媒介所传播的信息成为当下大众参与社会生活的公共资源，通过传媒社会群体相互沟通交流，促使大众对某一事件产生共识与认同，维护社会稳定，促进社会发展。简单地说，在社会发展的不同阶段，传媒通过各种技术应用升级而形成新型的传媒生态，深刻反映了社会变迁。当下的社会发展与传媒景观的变迁息息相关，传媒发展的时代性与前沿性是时代变迁的产物，对其所进行的研究也要符合时代性要求。

## 一、传媒本质属性所决定

传媒研究的发展通常都与社会改革、人类进步、传媒技术革新等紧密相关，从世界传播研究的整体情况来看，传媒研究历时性革新脚步有迹可循。如在 19 世纪末 20 世纪初，研究者注重研究媒介对人的影响力，收获了"皮下注射论"等系列理论成果。而到 20 世纪中叶，由于广告业的兴起，经济因素成为传媒研究重点考察对象，该阶段的研究使研究者明白影响传播的因素具有多样性特征，进而推动了传媒研究的深入。到 20 世纪 80 年代，伴随电子媒体的兴盛与普及，传媒研究视角逐渐多元化，研究范围更加广阔。当前我国传媒技术发展日新月异，各种文化现象层出不穷，传媒发展面临急剧的改革转型，加上文化全球化、经济全球化对我国传媒市场的冲击，传统意义的传媒生产秩序受到挑战。面对诸如视觉文化、消费文化等多元文化的时代命题，媒介融合、产业转型等传媒现实变革，传统传媒研究模式与框架已经无法适应变化的现实。面对新型的研究对象，传媒研究出现了新热点、新角度、新趋势、新方法。

传媒研究作为理论研究的价值不仅体现在对于传媒现实进行抽象理论的总结和经验提炼，还在于其对传媒现实的敏锐洞察，契合时代的发展。从国外传播学研究的历史来看，研究者更多是基于对社会现实的把握来思考传播学的价值。

传播学家施拉姆在研究传播普遍模式的同时，从现代化社会发展的角度来树立自己的宏观理论体系，奠定了实证学派关注现实的基础。随后，欧洲和北美以及世界其他各地的众多学者从不同的角度批判了实证学说，其中包括政治经济学者、文化研究学者、民族主义者、女权主义者、环保主义者等等，他们指出，实证学派的根本缺陷在于致力于维护现实，而不是寻求更好的未来。② 这表明，批判学者们也从来没有忽略过真正的现实，他们虽然在对待现实的维护或批判态度上与实证学派有所不同，但在关注现实这一方面毫无二致。批判是建立在了解现实的基础上的，

---

① ［英］尼克·史蒂文森：《认识媒介文化》，王文斌译，商务印书馆，2001 年版，第 286 页。
② 胡正荣：《从经验到科学的飞越——我国传媒学术界和实践界面临的共同命题》，载《现代传播》，2002 年第 1 期。

最终目的是促进现实的变革。而那些脱离了这一点，沉浸于玄思的研究者则使得自己的研究局限于文本和小圈子，曲高和寡，只对自己负责，而很少或根本不涉及经济、政治、社会、文化的实践活动。我们面对的这个世界正处于瞬息万变的状态中，用自己的科学理性去认识它、掌握它、批判它、改革它，正是传媒研究前沿性的体现，也是研究者的责任所在。

## 二、前沿性体现在超越性

传媒研究是针对传媒现实的科学探索，其前沿性特征不仅包含对现实的敏锐关注，更体现在对具体现实的超越性，以其学理性视野来观照，这需要研究者具有建构理论模式、完善理论体系的勇气和决心。例如针对当前传媒产业的研究，在充分把握现实基础上，更需要厘清发展中的理论结点，提供具有指导性的理论探索，研究者指出："首先，从经济学的角度对媒介产业化进行宏观整合，指出一条适合社会化大生产和我国国情的产业发展道路；其次，从政治制度、公共政策研究和法学的角度对国家的宏观管理进行分析，促进决策过程的合理化和科学化；再次，从传播学角度给媒介从业者提供一套传播模式，树立现代的传播观念，建立操作层面上的规范化流水线；最后，从文化研究的角度反思大众文化对民主、自由、人的创造性和想象力的促进与遏制，寻求既具有通俗性又具有先进性的主流文化，保持和维护公共空间，保证边缘文化不受扼杀，同时致力于自己的民族文化火种的传承。"[①]因而可以看出，研究者对于传媒研究需要宏观考量传媒的整体地位，将其置于政治、经济、文化、社会背景中，才能使传媒研究具有前沿性的保证。

从研究实践上看，传媒研究的前沿性体现在研究的两个面向上，即研究对象的时代性及研究方式的先进性。前者是研究的战略出发点，后者是研究的战术布局。对于社会而言，任何具有重大意义的社会变迁（无论是政策改革或是技术进步）都将导致一定程度上的社会利益与社会结构重构。从国内来看，当下我国的传媒生态正处于重大变革时期，伴随新媒体技术的普及利用，传统媒体与新兴媒体融合发展进程加快，传媒产业面临重组升级，产业化改革迫在眉睫；从世界来看，数字化科技飞速发展，经济全球化、文化全球化进程加快，传媒市场格局面临全球化竞争。基于此，传媒研究者既要不断积累经验，运用现代国际化、精细化的传媒研究方法对当下的传媒问题进行深度研究，也要从宏观视角出发，准确、敏感地抓住现实传媒格局的变化，把握影响我国传媒发展的内外部因素，了解其发生作用的内在机理，探析传媒发展的机遇，以具有创新性、前沿性的研究成果使传媒发展规避可能遇到的风险与阻碍。传媒研究的前沿性一方面要求对已有的经验知识进行沉淀积累，另一方面又要对其进行超越，表现为创新力、批判力。如当下学者们热衷于对

① 胡正荣：《从经验到科学的飞跃——我国传媒学术界与实践界面临的共同命题》，载《现代传播》，2002年第1期。

媒介融合背景下的传媒产业发展进行研究，研究的出发点是传媒的产业化改革，对我国出现的以商业目的为主的传媒机构现象进行分析，其中关涉众多问题。如产权明晰（所有权、支配权、经营权）问题落实、传媒制度改革、媒体融合运作方式改革等。随着传媒发展，越来越多的内容的生成和传播的过程正在重合，人们可以在任何地方以任何手段获取即时信息，人们正从媒介缺乏的状况转为媒介过剩的状况。内容的接收方对接收的内容有更多的选择权，从面向大众的泛播转变为针对群体或个人的需求设计传播内容的传播方式。虽然这种新的传播方式在我国的发展和其他国家还存在一定差距，但是技术的进步使这种差距正逐渐缩小，在新时代的传媒研究上我们也要做到与世界同步，与时代同步。

## 三、实现前沿性的路径

为了使传媒研究进一步升级完善，研究管理形式及机构设置也需进行时代性改革。逐步建立全国范围跨区域、跨系统的具有统一性的职能机构，发挥传媒研究管理的有效针对性和系统性优势。伴随着传媒研究的深入，其研究领域不断拓展，研究的视角愈发多元，研究方法日臻丰富，在理论研究和应用研究领域均取得了突破性的进展，由此所产生的成果对于总结传媒研究经验、总结传媒研究规律、完善传媒研究理论体系具有推动作用。但是从总体来看不可否认的是，学界和业界的传媒研究工作多围绕本领域或自我关注较多的话题，虽然也能较为敏锐地捕捉传媒研究的新现象，回应新问题，但多表现出零散化、自发式的倾向。这在一定程度上限制了传媒研究的水平提升与成果推广。通过统一的组织和管理，有助于传媒研究主体和机构之间进行协调和交流，对于重大性、前沿性的课题进行系统研讨。此外，国内重点学术期刊也应当发挥平台优势，积极组织重大课题的研讨与交流，带动高校研究与业界研究的结合，形成聚合式的传播研究形势。

传媒研究基于新闻学研究，逐渐吸纳了多元的理论价值，经济学、社会学、政治学等研究取向为传媒研究开拓了更为广阔的研究领域。传播活动作为人类基本活动，其技术演进、媒介变革、理念嬗变不断丰富和深化着传媒实践，大众媒介在社会生活中具有极为重要的作用。20世纪90年代，研究者尝试将符号学、叙事学理论用于传媒研究，认为传媒文化具有鲜明的符号特征，表现为复杂的符号文本，探讨从符号学理论在传媒研究中的运用，为传媒研究开拓了较为广阔的理论视野，具有很强的现实意义。如有学者对这类研究进行了归类，并从语法、语义及语用三个层面展示了如何用符号学工具剖析由视听符号建构的电视文化。① 而将叙事学理论引入电视研究有助于电视研究走出社会学批评的单一模式，开辟了一条品鉴电视文化的新途径。此外，还有研究者从文化学、女性主义、消费主义、全球化理论和后现代主义等视角切入进行传媒研究。"不论来自那种研究取向，在进行传媒研究时，

---

① 蔡骐、欧阳菁：《符号学与电视研究》，载《湖南城市学院学报》，2006年第4期。

对现实的关注和超越始终是一个根本性的基础。这一方面是现实主义认识论的要求，另一方面也是由当前媒介领域的迅猛变动所决定的。我们所研究的一切，都是为了获得一个更美好的现实。因此，我们的研究不能局限于经验操作的总结，而应当上升为科学。唯有如此，更理想化的、更值得追求的传播实践与媒介格局才成为可能。"① 从理论研究视角审视传媒研究，可以将其视为文化研究的组成部分，但基于传媒与人类社会的密切而复杂的关系，当前的传媒研究已经突破了一般学术研究的理论意义而具有深厚的人文色彩，从其本质而言是对人类社会的深切关注。

---

① 胡正荣：《从经验到科学的飞越——我国传媒学术界和实践界面临的共同命题》，载《现代传播》，2002 年第 1 期。

# 第三章　传媒基础理论研究

以互联网为核心的传媒技术正深刻地变革着当代社会生活，传统信息传播结构和模式在颠覆中重新整合、建构，快速切换变化着的传媒实践对传媒理论研究提出了新的课题和要求。传媒理论研究是对传媒知识、理论、原理的探索，其前瞻性、科学性、创新性的理论成果推动着传媒研究和实践的不断发展。传媒理论研究一般可分为基础理论研究、应用理论研究、决策理论研究和史学研究等。传媒基础理论研究对客观事物的本质及其规律性进行探索性创新性认知，具有学理性、稳定性、系统性、独创性的特点。它不仅具有重要的理论价值，还具有重要的理论依托作用，在研究中居于重要的地位，是传媒应用理论、决策理论主要的理论依据、理论来源。对于整个传媒业的发展来说，传媒基础理论是基本工程，可以为传媒业的发展源源不断地提供新的理论、知识和方法，拓展新的发展视角。传媒基础理论研究的内容主要涉及三个层面：传媒的本质理论研究，主要研究传媒的性质、功能及任务等；传媒的内部关系研究，主要研究传媒自身的运行规律；传媒的外部关系研究，研究与传媒生存、发展相关的外部环境及相关因素等。

## 第一节　传媒基础理论概述

### 一、基础理论的意义

理论是"人们在实践中，借助一系列概念、判断、推理表达出来的关于事物的本质及其规律性的知识体系"①。恩格斯指出："一个民族想要站在科学的最高峰，就一刻也不能没有理论思维。"② 基础理论研究探究事物新知识、新原理、新方法，探求事物本质，揭示事物内部规律，是由表及里、去伪存真、去粗取精，由感性认识上升到理性认识的认知活动。基础理论是应用研究、决策研究的重要基础和理论支持，任何一门科学研究要得到持续发展和水平提升，都必须基于科学、系统的基础理论研究。传媒基础理论研究探索传媒事业、传媒实践中本源的、一般性的、普

---

① 《哲学大辞典》（修订本），上海辞书出版社，2001年版，第818页。
② 杨德才：《自然辩证法》，湖北人民出版社，2006年版，第29页。

遍性的知识、原理和方法，是传媒实践和发展的重要理论源泉与内生动力，传媒研究必须重视和加强基础理论研究工作。

自近代报业在我国兴起以来，我国传媒业者及学者在传媒基础理论研究方面做了许多有益的探索，如王韬的新闻思想——中国新闻思想的源头——就较早对办报这种传媒活动的目的、意义、报纸的功能和作用等进行了研究和论述。王韬"用自己的报刊实践和对报纸功能的系统论述，提高了当时人们对报纸作用的认识，加速了中国新闻事业发展的进程"[①]。人类走过 21 世纪第一个十年后，日新月异的传媒技术促进了我国传媒业态的繁荣发展，传媒业与信息技术等产业已成为我国的支柱产业。新的信息传播技术使传媒形态更加丰富、传播手段更加多样化、传播主体多元化，传媒市场空前繁荣。在快速发展的传媒行业中我们不仅要有针对性地解决一些新情况、新问题，同时也应加大基础理论研究工作，及时把握传媒发展的本质、特点及其内在规律，推动传媒业健康持续稳定地发展，推动传媒业与人类社会的文明进步协调发展。

具体来说，重视和加强传媒基础理论研究工作的意义主要体现在以下几个方面：首先，基础理论研究可以帮助我们深入透彻、完整准确地理解与传媒发展相关的基本常识和理论，可以探索出许多新的理论、方法和原理，为应用和决策提供理论源泉，为在实践中加以运用作好理论基础工作。当代传媒发展出现许多新现象、新技术、新模式和新问题，如新媒体、大数据、云计算、三网融合、转型创新、信息安全等等，在应用研究的同时深入探讨这些现象和问题的本质，把握其发展规律，为传媒应用研究、决策研究提供基础性和更加科学的认知、思维和方法，避免在实践中滑向错误与谬误的深渊，背离基本常识走弯路。

其次，基础理论研究可以拓展传媒研究视野与路径。加强传媒基础理论研究，可以不断引进一些新的理论、新的知识、新的方法、新的视角，其成果可以有效扩大学科理论领域，提升应用研究的基础水平。基础理论是联结、沟通基础学科的中介，通过基础理论研究可以将传媒研究与广泛的社会科学研究联结在一起，如哲学、传播学、经济学、文化学、人类学、社会学、符号学等，汲取多个学科的知识与精华为我所用，推动传媒研究的发展与创新。若无基础理论，传媒理论就会成为一个封闭的、静止的孤岛，就会成为无本之末、无水之源。从 20 世纪 90 年代开始，我国传媒基础理论研究逐渐与其他学科结合在一起，如与传播学、社会学等学科相结合，得到了视野拓展与方法补充，取得了较大的发展与进步。

再次，基础理论研究的质量直接影响着我国传媒发展的创新活力。基础理论研究深入事物的本质、探求事物发展规律，注重理论的系统性、逻辑性和科学性，具有探求真理的精神与力量。基础理论研究在认识现象、发现和开拓新知、把握事物

---

① 赵敏：《谈王韬的报刊思想及其在中国新闻史上的开创意义》，载《华北航天工业学院学报》，2005 年第 4 期，第 42～44 页。

本质与规律的基础上，通过提出和验证各种理论，既能够正确理解基本常识和规律，又能够创造出具有普遍适应性与逻辑合理性，并符合传媒规律的新方式、新方法、新概念、新模式为实践所用，为实践创新注入活力。

最后，传媒基础理论不仅具有重要的理论价值和理论依托作用，而且对整个传媒业的发展来说，传媒基础理论是基本工程，传媒基础理论研究具有奠基性的作用。我国新闻学者、新闻教育家徐宝璜所著《新闻学》就是我国新闻学的奠基之作，该书对新闻学定义、报纸工作的性质与任务、编采业务及出版等各方面都做了实践和理论的探讨，后来《京报》评价该书："《新闻学》以前中国无专门研究新闻之书籍，有之自先生始，虽仅五六万字，以言简赅精当，则无出其右者。在中国新闻学史上，有不可抹灭之价值，无此书，人且不知新闻为学，新闻要学，他无论矣。"① 美国著名政治家、传播学奠基人之一哈罗德·拉斯韦尔对传播内部结构和外部功能的分析廓清了传播学研究的基本范围和层面；"传播学之父"威尔伯·施拉姆把美国新闻学与社会学、心理学、政治学等其他学科综合起来进行研究，在使之系统化、结构化的基础上创立传播学。他们的研究为传播学的创立和发展起到了奠基性的作用。

## 二、基础理论的特点

总的说来，传媒基础理论具有学理性、创新性、稳定性、系统性等特点。

学理性是指"一项学术研究要符合该领域学术共同体所遵循的学术习惯和学术标准"②。北京师范大学劳凯声教授认为："社会科学也有自己的一套常态要素，比如公认的概念范畴、理论逻辑，以及共同的世界观、人生观、价值观等，对学术共同体成员的学术工作起着一种定向和规范的作用。"③ 因此学理性是一种研究范式的具体体现，是专业研究工作者运用学术共同体公认的研究范式进行研究创造的活动。传媒基础理论研究具有学理性特点，研究者基于相关学术理论支撑，秉承一定学术理论原则和肌理，在传媒学术理论体系框架之下，全面把握研究领域的理论谱系和脉络，寻找准确合理的研究路径。学术研究中对人类传播活动从现象到本质进行深入剖析，在尊重客观世界的客观性、统一性、规律性和可知性基础上展开实事求是、科学严谨的理论研究。在研究路径和方法的把握上，研究者遵循传媒研究的学术习惯和学术标准，运用正确合理的研究方法，在科学理性视阈下通过精确严谨的调查研究、分析论证获得科学准确的研究成果。传媒基础理论研究对人类传播活

---

① 黄旦：《五四前后新闻思想的再认识》，载《浙江大学学报》（人文社会科学版），2000 年第 8 期，第5～13 页。

② 鄢显俊：《硕士论文开题报告常见问题分析——兼论学术研究的问题意识和学理意识》，载《研究生教育研究》，2013 年第 6 期，第 56～60 页。

③ 劳凯声：《人文社会科学研究的问题意识、学理意识和方法意识》，载《北京师范大学学报》（社会科学版），2009 年第 1 期，第 5～15 页。

动进行学术批判、理论分析和深刻反思，其成果具有极高的学术意义和理论价值。应当注意的是，在进行学理研究时，研究者要注意保持研究的思辨性和创造性，坚持普遍联系和发展的观点，客观辩证地进行学理性研究，注意不同的社会背景和环境对事物的影响，防止无限夸大学理性研究范式，避免在学理研究和客观事实之间造成深度"区隔"，陷入教条主义的泥淖之中。

传媒基础理论的创新性在于，一方面传媒基础理论研究的目的在于探索未知，发现普遍规律，其研究成果具有极大的创新性；另一方面传媒基础理论研究必须要创新突破，才能推动传媒实践及行业发展。如果基础理论研究墨守成规，传媒行业的发展也会停滞不前、发展缓慢，所以创新性是传媒基础研究重要的品质及追求目标。如 20 世纪 90 年代新闻学对传播学理论的吸收和对传播学研究方法的引入，为新闻学的研究开辟了新的学术视野，开拓了理论研究的广度与深度，助推了新闻学理论研究的发展。随着互联网媒体、手机等移动新媒体的广泛普及，大数据、云计算等传媒技术在传播中的应用正改变着人类社会传播的形态和模式，也深刻地改变着人类社会的交往模式、生产和生活方式，新的传播形态和模式带来的新的传播现象和传播问题也给新闻学、传播学提出了新的研究课题。尹韵公先生 2010 年在"第十一届中国传播学大会"上指出："我们拥有全世界人数最为庞大的网民群体和手机用户群体，大量丰富的社会实践已然形成，正在等待着我们去创造新的理论，提炼新的思想，展示新的境界，做出新的解释。"[①] 由此可见，基础理论研究的不断创新既是学科发展进步的需要，也是时代的迫切需求。

传媒基础理论探索人类传播活动的普遍原理、现象本质及运行规律，是在最广泛意义上对事物普遍性、一般性、规律性的充分认识和理论总结，其研究成果通常以理论、假设或定律等方式呈现，具有一般或普遍的正确性、广泛的适用性和长期的稳定性。如哈罗德·拉斯韦尔的"5W"模式对传播过程进行了一般性的模式概括，准确把握信息流动过程的本质特点，开创了传播学模式研究先河，为后世研究大众传播过程提供了具体的基本的思维路径；库尔特·卢因对信息在传播渠道流动中的复杂性进行本质剖析后提出的"把关人"等概念，对研究群体传播中个体行为和心理起到了奠基作用。另如传播学巨匠马歇尔·麦克卢汉从独特的研究视域出发对媒介本质进行把握和界定，其中包括"媒介即是讯息""热媒体""冷媒体"等概念，以及对传媒运行规律进行预言——"地球村"等，这些研究成果由于深刻触及传媒本质及规律，对传播学研究产生了深远的影响，尤其在全球化发展的今天，许多理论成果仍是重要的理论参考和借鉴。尽管当今世界传媒技术深刻变革着人类社会生活方式和思维方式，但前人许多研究成果仍烛照着当代学者在传媒研究领域的探索。

---

① 尹韵公：《网络传播需要理论创新——在第十一届中国传播学大会上的开幕致词》，载《新闻与传播研究》，2010 年第 4 期，第 9~10 页。

　　唯物辩证法认为世界上任何事物都处在普遍联系之中，主张用联系的观点去看问题。人类社会信息传播是双向的社会互动行为，从信源到信宿过程中要经过诸多环节，并受到多种因素的作用和影响，"传播是一种行为，是一种过程，也是一种系统"①。传播学者们对人类传播过程模式的探索实际上就是不断深入认识信息传播系统的过程，从拉斯韦尔的"5W"传播过程模式到香农－韦弗模式，再到德弗勒的互动过程模式、赖利夫妇的传播系统模式等，社会信息传播系统的复杂性和有机综合性逐渐具体而详细地被学者们认知。人类的信息传播是一个复杂的系统，其内部的个体系统之间既相互独立又彼此联系，同时社会政治、经济、结构、文化等环境又对传播系统产生作用和影响，它要求学者们在研究中必须综观全局、全面把握，反应事物的整体性特点，关注事物之间的联系和相互作用。因此，传媒基础理论研究必须运用系统性思维来进行研究：既要着眼于传媒的本质、功能、规律等研究，还要注意研究内部各要素（语言、心理、艺术、美学等）及其相互之间的关系，同时从传媒的外部关系入手，探索传媒与政治、经济、文化、社会、法律、道德、科技等之间的相互作用和相互影响，最终形成系统化的理论知识体系。

## 第二节　传媒的本质研究

　　"质"是指事物的本体、本性。马克思认为："本质只能被理解为'类'，理解为一种内在的、无声的、把许多个人自然地联系起来的普遍性。"② 本质研究就是要透过事物表象探寻事物统一性、一般性特征和规律，对事物所固有的状貌、根本性质、基本特质进行研究。传媒的本质理论研究主要是对传媒事业、传媒传播的性质、属性、功能、任务进行的研究。传媒作为事业，在人们的生活中充当什么角色、处于什么位置、发挥什么作用、应该完成什么使命，都是传媒本质理论研究应该完成的任务。

### 一、传媒性质研究

　　传媒的性质是什么？这一直是学者们思考和探索的课题。从古罗马时期人类历史上第一份官方报纸《每日纪闻》、最早的民间报纸"新闻信"到当代的新媒体，传媒在人类社会生活及文明进程中一直扮演着重要的角色。从近代报业兴起后18世纪西方出现的政论报刊、政党报刊，到19世纪的商业报刊、大众报刊；从我国近代报业兴起后的早期国人办报，到辛亥革命、民国初年、抗战时期、解放时期以报纸为主的传媒业发展，再到新中国成立后我国传媒事业建设与探索、21世纪新媒体的蓬勃兴起，不同历史条件下对传媒性质的理解有所不同。如在阶级矛盾激烈

---

　　① 郭庆光：《传播学教程》，中国人民大学出版社，2011年版，第6页。
　　② 《马克思恩格斯选集》（第1卷），人民出版社，1995年版，第56页。

的社会历史阶段，传媒被当作阶级斗争和政治斗争的工具；在以经济发展为主要任务的社会历史阶段，传媒的产业属性逐渐凸显并得到强调。不同历史阶段对传媒性质的理解，我们不能简单地用对错来评判，马克思主义哲学认为世界上所有事物都包含着矛盾，事物内外部的矛盾在对立中统一，推动着事物的运动和发展。我们对传媒性质的理解，重要的出发点就是从认识事物矛盾、分析主要矛盾和次要矛盾以及矛盾的主、次方面入手。"矛盾的主要方面决定事物的性质。"①毛泽东同志在《矛盾论》中也谈到"事物的性质，主要地是由取得支配地位的矛盾的主要方面所规定的"。传媒性质由传媒内部矛盾及传媒所处时代环境复杂的矛盾和因素相互作用、相互博弈，并最终由取得支配地位的矛盾的主要方面所决定。因此，传媒在资产阶级革命时期是论战的工具，在革命战争时期是舆论工具、宣传工具，在人类进入到和平年代开始以经济建设为主要发展目标的时期，传媒又表现出其产业性和商品性。因此，研究传媒的性质应当坚持发展的观点，因为事物的内外部矛盾、矛盾的主次关系、矛盾的结构状况随内外在条件的变化处于不断发展和运动之中，研究者应在分析矛盾因素、结构及其变化的基础上，准确把握占支配地位矛盾的主要方面，准确掌握传媒在不同历史条件下的性质和作用，从而指导传媒实践。

　　研究传媒性质还应当注意坚持全面的观点和联系的观点，防止陷入片面、孤立、僵化的错误之中。坚持全面的观点要求研究与传媒性质相关的一切方面与联系，在对立统一的辩证关系中全面分析和把握事物性质。在掌握传媒性质时研究者需要客观分析传媒体制对其性质的决定作用，通过传媒与政党的关系（显性和隐性）、传媒的经营方针、传媒内容生产等多个方面的研究来准确把握传媒的性质。任何事物都处在普遍联系之中，事物之间的联系具有客观性和多样性特点，在分析传媒性质时，既要在横向上分析相关事物对传媒性质的影响与制约，同时也要在纵向上分析传媒性质的发展过程、发展规律及特点，还要注意整体的普遍性与局部的特殊性分析。

　　对于现阶段我国传媒事业来说，传媒事业性质既是上层建筑的一部分，具有意识形态属性，又是社会经济结构中的重要组成部分，具有产业性质。但我国传媒在当代的根本性质仍是党和政府的耳目喉舌，是人民的耳目喉舌。这一根本性质是由现阶段传媒内外部矛盾和因素共同作用的结果。冷战结束后，世界各国都加紧发展本国经济，世界进入全球化时代，不同国家不同政治力量相互依赖程度提高，科技与经济得到快速发展。但国际政治环境并未因此太平和谐，缘于多种政治目的的各种看不见硝烟的战争在政治、经济、文化、金融、商贸甚至信息等各个领域甚嚣尘上，传媒事业的党性仍然存在而且必将长期存在。在我国，传媒事业必须始终坚持全心全意为人民服务，坚持以科学的理论武装人、以正确的舆论引导人、以优秀的作品鼓舞人，坚持做好党委政府及人民群众的耳目喉舌。因此研究中国传媒的根本

---

　　①　《哲学小辞典》，上海人民出版社，1975年版，第179页。

性质就要研究其党性、人民性。

## 二、传媒功能研究

传媒功能是对传媒所发挥作用的研究。在不同的历史条件下传媒功能会有所变化发展，而不同类型的传媒发挥作用有所差异，同时传媒功能对社会建设和发展也会产生很多影响，因此，传媒功能的研究具有多维视野，研究者可以从不同的角度切入进行研究。首先，可以对传媒功能进行本体研究，即对传媒功能概念、变化发展以及传媒功能结构、各功能之间的相互关系和影响等进行研究。这方面的著作如《哈贝马斯论大众传媒功能的变化》《本体回归与功能复位——南京电视新闻现象再透视》《传媒传统功能的现代拓展——以传媒的娱乐功能与广告功能为视角》《信息货币：大众传媒的功能新论》《社会资本理论视角下的大众传媒功能》《电视媒介的"界面"——简论主持人对电视传媒功能的延伸》等，这些著作从不同理论视阈、多样化的传媒现象出发，甚至是对传媒功能的新发现等，对传媒功能进行本体认识和研究。其次，针对传媒所具有的多种功能，研究者还可针对具体的某一功能进行深入研究，如《析大众传媒协调社会功能的重要性》《新闻传媒的宣泄功能研究》《大众传媒与社会控制——论大众传媒的社会控制功能》《试论休闲需求和媒介的休闲功能》等研究。

对传媒在不同时期所发挥的功能进行研究。不同历史时期传媒的功能总是会呈现出不同的内容和特点。在封建社会时期，传媒是统治阶级的宣传工具、舆论工具；在资产阶级革命时期，报纸成为新兴资产阶级阐发观点的"自由市场"；美苏冷战时期，传媒在苏联成为进行国家管理和实现统一的工具；20世纪70年代后人类进入信息社会，传媒向一般民众开放，允许民众个人和群体的自主参与，这个时期传媒又成为民众表达意见、参政议政的平台；21世纪随着社交媒体的兴起，传媒又开始具有人际交往的功能。研究传媒功能要坚持发展的观点，在纵向的历史维度下考察传媒在不同时期、不同历史条件下所具有并发挥的功能，如《论清代海外华文报刊的社会功能及特点》这个选题，就具体的一种华文报刊在特定历史条件下所具有的功能进行分析，具有一定的史学价值。

研究不同政治、经济条件下传媒功能的不同内容和特点。传媒作用的发挥不仅受传媒自身条件的影响，还受到政治经济体制及环境的影响，在研究时全面思考传媒在多种条件和因素影响下的功能定位、功能发挥以及功能的变化发展，坚持在发展、联系的思维中认识传媒功能，避免形成思维定势，防止固步自封、画地为牢。如《社会主义市场经济条件下地方电视台的传媒功能》《风险社会下传媒功能的扩展与深化》《改革开放中的大陆英语传媒及功能分析》等选题，研究了传媒在不同政治经济环境中的功能及其发展变化特点。另外，在传媒发展的不同时期传媒的功能也有一定的变化发展，如人类进入信息化社会后，受众在传媒活动中的主体性被充分激发出来，传媒的舆论监督功能、社会协调功能受到重视；随着自媒体的兴起，传媒的社会交往功能被发掘出来等。因此，在研究传媒功能时，研究者应认识到传媒具有多种功能，这些功能在不同时期受到不同程度的重视与运用，随着技术进步和时代发展，传媒功能还会得到补充和完善，如《论自媒体时代下传媒功能的演进》等选题，研究者就敏锐地认识到传媒功能在新的媒介环境下发生的变化。

研究不同类型媒体的不同功能。不同媒体不仅有着不同的传播特点，还存在着不同的运营机制、传播风格和传播内容，在社会生活中的重要性也各不相同，因此各自具有不同的传媒功能并各有侧重。如主流媒体侧重于环境监视、舆论引导和社会沟通协调功能；而一些商业媒体注重娱乐休闲功能。不同的媒体形式功能也各不相同，相关选题如《传媒批判视野下中国体育传媒功能失调及对策研究》针对主要传播体育方面内容的传媒功能进行了审视；《"新闻博客"与新闻传媒功能》《试论手机传播的媒体概念与传媒功能建设》《从新华搜索面世看搜索引擎传媒功能的凸显》等对新媒体的功能进行了关注和研究，《电话的传媒功能——语音博客》《地方电台广播电视传媒功能发挥问题探讨》等对传统媒体的功能进行了再认识再思考。

研究者还可将研究视点放在传媒功能对人类社会建设和发展产生的影响上。如选题《发挥传媒功能塑造国家形象》《危机效应与传媒功能》《传媒的公共问责功能与司法独立》《城市化进程中的大众传媒——论大众传媒在现代城市文化构建中的功能》《大众传媒的时代使命——谈报刊在西部开发中的功能定位》《试论泛北部湾建设与媒介传播功能的运用》《〈大事件〉：传媒功能异化，受众如何明辨是非？》《大众传媒功能与旅游资源开发》《我国证券市场传媒功能的异化及规范》《高校传媒功能与校园文化建设》《传媒功能与青少年心理特点透视下的思政工作研究》等选题分别从宏观、中观、微观多个层面审视了传媒功能对社会生活各方面的影响。

## 三、传媒任务研究

传媒组织作为社会机构，有一定的目标、任务和利益追求，通过进行传媒活动创造社会效益与经济效益。任务是"指定担任的工作；指定担任的责任"[①]，传媒任务是指传媒机构在享有传播自由的同时，在推动人类文明进步，促进社会健康发展方面应承担的公共义务与责任。研究传媒任务首先应研究传媒应担当的义务。在不同历史条件下，在不同的国家和地区、不同的政治经济发展阶段乃至在重大或特殊的历史时期，传媒机构及其所进行的传媒活动对人类社会建设与历史进程都承担着不同的义务，在社会监督与舆论引导、精神文明传播与弘扬、文化传承与建设等方面起着重要的作用。如选题《建和谐社会：新闻传媒的角色定位与任务》《坚持正确的舆论导向是新闻传媒构建和谐社会的长期任务》《传播先进文化是新闻传媒的根本任务》《语言规范：传媒的艰巨任务》等，结合传媒所处的特定历史时期和社会文化背景，结合社会与文化等建设目标来思考传媒应履行的义务。在当代，传

---

[①] 《现代汉语词典》，商务印书馆，2002 年 5 月修订第 3 版，第 1067 页。

媒市场空前繁荣，传媒产业化发展深度推进，传媒实现经营目标的同时还应履行什么社会义务，如何实现经济效益与社会效益双丰收，完成精神文明和优秀文化创建等任务将成为研究者未来重点关注的内容之一。

其次，研究传媒任务还应对传媒责任进行研究。传媒活动具有很强的公共性，因此传媒机构以及传媒的信息传播活动应该对社会和公众承担一定责任和义务。关于传媒责任的研究起源于 20 世纪 40 年代，美国新闻自由委员会对美国新闻自由现状进行了两年多的艰辛调查后，于 1947 年 3 月 2 日，发表《一个自由而负责的新闻界》（A Free and Responsible Press），指出"新闻自由的危险，部分源自新闻业经济结构的变化，部分源自现代社会的工业制度，在某种程度上，更是由于操纵新闻的人不能洞见一个现代化国家对新闻业的需求以及他们不能判断责任和不能承担需要新闻业肩负的责任所造成的"①。这一报告明确了大众传播责任的原则，从根本上奠定了社会责任学说的理论基础。20 世纪 50 年代，美国三位大众传播学者希伯特、彼得森与施拉姆合著《报刊的四种理论》一书，"社会责任传播理论"被列为其中一种。该书强调"社会责任"是近代传播事业发展的必然趋势。1957 年，施拉姆出版著作《大众传播的责任》（Responsibility in Mass Communication），社会责任传播理论研究开始成为传媒研究的重要课题。

综合半个多世纪以来传媒责任研究成果，学者们主要从以下几个方面对传媒责任进行了研究：一是传媒责任的本体研究，即对传媒责任的定义、传媒责任的内容及范畴、功能作用进行了深入研究，同时对传媒责任主体的职业道德与法规建设、传媒责任客体的媒介素养等进行研究，对影响传媒责任的内外部因素进行研究，如主体的管理体制、运行机制对传媒责任的影响、政府行为与市场机制等因素对传媒责任的影响。二是考察传媒责任与社会发展的关系，重点研究了在社会建设中、在重大历史事件中传媒应该担当的角色与责任等。如选题《构建和谐社会与新闻传媒责任担当》《文化媒介化中现代传媒的角色和责任初探》《公共卫生危机报道的公益性与传媒责任》《中国社会风险的症结、应对与传媒责任——从风险文化视角予以考量》《提升公众环境意识与媒体责任》《在抗击非典中践行媒体责任》等。三是对不同历史时期传媒的责任进行研究。如《试论晚清时期的传媒责任生态——报纸与社会启蒙关系的视角》《论转型时期大众传播媒介的社会责任》《新一轮经济转型时期的媒体责任——以浙江广电集团各频道新闻档节目为例》等。四是对传媒责任进行批评研究，即从传媒活动体现出的价值观与文明道德价值观冲突之中审视传媒的责任意识，从社会问题和社会现象出发反思传媒责任的履行。如选题《坚守传媒责任力避新闻冷暴力——破解抗震救灾报道难题的一次有益尝试》《网络媒体的娱乐恶炒与社会责任担当》《基于责任冲突的传媒责任缺失》《电视传媒：身担重任需自知——媒介的社会责任与青少年价值观的构筑》《网络媒体低俗化成因及社会责任

---

① 美国新闻自由委员会：《自由与负责的新闻业》，芝加哥大学出版社，1947 年版，第 1～2 页。

的重建》等。

美国学者 T. B. 彼得森认为："自由伴随着一定的义务，享受着政府赋予特权地位的报刊，有义务对社会承担一定的责任，这就是作为现代社会的公众通信工具而执行一定的基本功能。"① （笔者译）自由是传媒追求的理想，责任是历史赋予传媒的使命，二者犹如天平两端，保持二者平衡不仅需要传媒在其经营与服务中自觉自愿维护保持，还需要制定和形成一定的机制予以保障。在研究传媒责任时还需要对传媒自由、传媒责任的评价体系、评估框架及其信息品质等进行研究，尤其在媒体繁荣、传媒市场发达的当下，对传统媒体、新兴媒体等进行传媒责任评价体系、评估框架和信息品质研究对促进社会健康发展有着重要的积极作用。许多学者对此已给予高度关注和深入研究，如近些年来发表的一些学术研究成果《利益相关者视角下网络媒体社会责任评价体系构建》《突发性公共事件中媒体社会责任绩效评估》《媒体类网络公司的社会责任评价指标体系的构建研究》《主流媒体的责任担当和评价标准——从〈挟尸要价〉谈起》等。

## 第三节　传媒的内部关系研究

传媒内部关系研究主要关注传媒传播运行中自身的一般规律。传媒及其活动具有多重属性：传媒是用于信息传播的手段和方式，其信息传播活动对人们的社会认知、行为方式有着重要的影响，每一种新的媒介产生及其使用都深深影响着人类的生活方式和社会内部关系形态；传媒及其活动又是一种新型艺术形式，其创作主体、艺术语言、作品样态以及审美诉求与传统艺术形式相比风格独具。传媒艺术通过其独特的技术和手段，不仅丰富和拓展了当代美学内涵，还创造了全新的审美需求和审美体验，变革了当下社会的审美理念和思潮。同时，语言是传媒进行信息传播和艺术创作的重要基础，不同媒介拥有不同语言符号，研究语言与信息传播的关系，考察不同媒介语言在信息传播、艺术创作中的作用和表现力，是研究和掌握传媒规律的重要途径。在传媒内部关系研究中，我们还需要从心理学角度深入研究传受者心理及其互动规律，把握其认知心理以及一些特有的心理现象和传播行为。因此，传媒的内部关系研究需要从多个维度出发，对传媒及其活动的一般规律进行研究。

### 一、传媒传播理论

布尔迪厄认为社会科学的任务就是"揭示构成社会宇宙的各种不同的社会世界中那些掩藏最深的结构，同时揭示那些确保这些结构得以再生产或转换的'机

---

① F. S. Siebert，T. B. Peterson，W. Schramm：*Four Theories of the Press*，Chapter 3.

制'"①。传媒传播理论研究是对传媒及其活动的内在"结构"和"机制"进行探索的一种路径，剖析传媒传播的内容、方式、特征及与其他传媒的共性和个性；研究传媒组织、结构、运行，以及传者与受者的关系，如广播与听众、电视与观众、报纸与读者的关系等，从微观、中观、宏观等不同层面把握传媒传播的规律。

传媒传播理论的微观层面研究是指对具体的传播现象、传媒形态或节目形态进行细致、微观的研究。如从具体节目形态入手研究传媒的传播规律的有《论广告传播内容的商品化》《新媒介生态下的电视新闻节目传播方式》《二人转电视栏目〈农村俱乐部〉的传播结构》《我国电视脱口秀节目的传播特征及发展趋向研究》等；从具体的媒体形态入手研究局部传播规律的有《网络电影传播内容及特征研究》、《微博客信息传播结构、路径及其影响因素分析》《自媒体平民化、互动性传播特征的式微研究——以微博为例》《试论电视机构利益诉求与价值取向》等。研究者也可以在变化中历时地把握主体的局部变化，如《从"走转改"看大众媒介传播内容调整——以〈新闻联播〉为例》《中国新闻改革视野下的经济类报纸的价值特征》《近十年我国报纸新闻时评专栏（版）发展的特征》《从"独白"到"对话"——试析广播电视新闻表述方式的变迁》《新媒体环境下"沉默的螺旋"理论的传播特征嬗变》等。

传媒传播理论研究的中观层面主要是对传媒传播过程中各主体之间的相互关系进行研究。如环境与媒体的关系、媒体与媒体的关系、传者与受者的关系等。媒介环境及其变化发展对媒体传播的影响是毋庸置疑的，对环境与媒体关系的关注是研究者很容易注意到的选题，如《电视机构应对新媒体挑战转变节目生产模式研究》《新媒体时代地方电台节目运行现状及对策》《新媒体环境下报纸媒体的价值重构》《数字化背景下传媒产业经济特征的分析》等等。相较环境与媒体的关系研究而言，对媒体与媒体的关系研究尚存在某些不足。在传统媒体为社会主要信息传播主体时期，媒体与媒体的关系彼此相对独立，但随着新兴媒体的快速发展，以及传统媒体对新型传播方式积极采用，媒体与媒体之间的互动开始频繁，新型媒体间关系正在确立，部分学者开始注意到这种变化，如学者王首程对广电媒体与报纸媒体的融合与互动研究、廖艳琼对网络媒体对传统媒体传播方式的冲击的关注等。

传受双方之间的关系一直是学者们重点关注的内容，尤其是新媒体环境下新型传受关系更是学者们研究的重点，如张佰明的学术文章《以界面传播理念重新界定传受关系》，陈立强对新媒体视频传受关系主体间性的关注，张蕊对新媒体中传受关系新特征的总结等。相互勾连相互影响的关系形态不仅存在于彼此独立的主体之间，同时也存在于不同主体的不同层面之间，如学者贾磊磊在《媒体道德与电视的传播/接受方式》一文中就注意到媒体从业者的价值取向与电视传播/接受方式的关系，提出了不同"道德等级"间相互冲突的问题；又如选题"电视广告插播方式与

---

① 黄光国：《社会科学的理路》，中国人民大学出版社，2006年版，第129页。

传播效果的思考"讨论的是传播方式的具体一个层面与传播效果的关系；而选题"社交媒体对传播方式的改变"讨论的是具体媒体与传媒的"传播方式"这个层面的关系。

宏观层面的传媒传播理论研究是指研究者从整体的角度总体研究和把握传媒传播现象及实践的规律，由于此类研究的出发点是社会、时代、地区或传媒自身发展的需要，因此总是紧扣时代发展脉络，注重理性分析与概括，具有理论的广度与深度。如《从单元走向多元——中国传媒业的结构调整和结构转型》《网络时代——社会系统结构和信息传播结构分析》《传媒结构与舆论生态》《社会结构中的大众传媒：身份认同与新闻专业主义之建构》《价值定位理论与传媒组织形象管理》《数字媒体观与传媒运行模式变革》《资本经营，传媒发展的重要选择——科学发展观指导下的媒介运行思考》等选题。

## 二、传媒美学理论

传媒美学理论研究是对传媒美的探讨与研究，即探讨与研究传媒如何通过传播活动给人带来审美体验、审美感受和审美愉悦，即研究传媒如何从各种非艺术信息、艺术性信息的组织、编排、处理中，升华创造出传媒的美，以及传媒美的本质特征、传媒美的创造过程、传媒审美的独特个性。传媒美学是新兴的学科门类，其知识体系的建构和本体理论的研究是学科建设与发展的首要任务，当下这方面研究还稍显不足。著述方面，使用"传媒美学"概念的仅有李益的《现代传媒美学》、陈望衡的《肆虐的狂欢——传媒美学谈》两本著述，而其他如赫伯特·泽特尔的《图像·声音·运动：实用媒体美学》、张颂的《朗读美学》、索亚斌的《香港动作片的美学风格》等只能看作是传媒美学的应用研究。也有一些学者对传媒美学有了较为深刻的认识，通过学术文章提出了传媒美学建设的思路，如闫玉清的《建设传媒大国的美学思路》，张涵的《当代传播美学纲要》、《建构中国当代传播美学》，黄会林的《中国影视美学建设刍议》等。总之，在传媒美学的学科建构、本体研究和理论创新方面，还有广阔的空间值得我国传媒学者去开拓。

当下，我国众多传媒学者把美学理论研究的着力点放在应用研究上，着力在传媒活动现象上进行美学总结和批判，如援引与传媒实践相关的美学理论"接受美学""价值美学""生态美学"等对传媒实践中的现象和问题进行研究，如《价值美学视角下的影视传媒艺术》《当代网络媒体的生态美学反思》《大众传媒"商业美学"的建构源泉》《希尔特美学观与网络媒体审美化》《主动的"解读者"——传播学与接受美学受众观的比较》等。再就是针对不同媒体的业务进行美学研究，如对电影媒体的美学探索有《数字技术时代下的电影美学》《视知觉理论视阈下 3D 电影美学探析——审美主体地位的转变》《吴宇森影视作品中的视听美学分析》等；对电视媒体的美学探索有《美学在电视作品创作中的应用》《电视节目制作的几个美学原则》等；对报纸媒体的美学探索有《报纸版面设计的美学探析》《报纸传媒对副刊美学风格的制约因素》《从造型原理和美学特征谈版式设计》等；对新媒体的美学探索有《手机短信的美学研究》等。部分学者对不同类型的传媒内容进行美学审视，如《影视剧音乐艺术形态的美学分析》《试论动漫的美学特征》《浅析体育电影的美学效应》《后现代语境下电视剧的生态美学空间》《广告语言的美学追求》《影视音乐与音乐美学》《国内网络剧的"微"美学初探》《论美学视阈下的传媒品牌塑造》等。另外，关注审美现象中的乱象并加以批判也是研究的主要内容，如《暴力美学上的左与右》《大众传媒"泛娱乐化"的美学沉思》《电影艺术：从暴力美学到身体产业》《严峻、理想与愉快——品影视隐性广告之美学三昧》等。此外，还有一些个案研究，如《〈馒头血案〉的传媒美学分析》《方言在影视剧中的美学特征》《电视相声的美学思考》等。

对传媒美学的基础研究实际上仍有广阔的领域需要去延伸涉猎，如对传媒美的本质、创造主体、创造过程进行研究；对传媒美的活动中人的研究。传媒美的创造离不开从事传媒工作的人，也离不开传媒活动的接受主体，更离不开人们对传媒美的审美判断与审美追求，当前从主体角度研究传媒美学还较少有人涉及，只有如《传播受众美学评价》《言约意丰：播音主持创作准备阶段的美学追求》寥寥几篇文章难能可贵地注意到了人在传媒美学活动中的作用和意义；从传媒美的创造过程、创造规律、审美主客体关系、审美心理、审美体验、审美特征等视角，从不同社会语境的传媒美学状况及发展，从审美观的多元化及历史演变，从传媒美学教育、传媒美学素质培养等方面来展开基础研究，可以大大拓展和丰富对传媒美学理论的研究思路。

## 三、传媒艺术理论

传媒具有信息传播功能，又具有艺术创造功能。传媒的艺术理论研究就是把传媒看作是艺术形式之一，探讨传媒如何从现实生活中提取素材，运用传媒的手段创造出传媒艺术作品，研究传媒艺术作品的创造活动、创作类型、特征，以及艺术创造者、传媒艺术的批评与鉴赏等。传媒艺术理论研究在我国尚处于起步阶段，以中国传媒大学胡智锋教授、张晶教授领军的学术团队在传媒艺术理论的基础研究方面做出了卓有建树的成果，如对何谓"传媒艺术"，其概念、类型、审美属性，以及历史演进、研究路径、学科建设等进行了概念的厘清、思路的梳理和体系的建构，为传媒艺术基础理论研究做了许多奠基性的工作。

在传媒艺术理论研究中，应具有一种大传媒艺术观念，即所有传媒生产的内容实际上都属于艺术作品。如报纸在信息传播中要注重版面艺术，包括对版式和版面结构进行艺术的设计和处理，插画、版头画、题图的设计与装饰、字体的选择与使用等。如何使版面显得和谐而有美感，给受众带去阅读的快乐和审美愉悦也是美术编辑必须考虑的，这些内容和形式的艺术处理可以总称为报纸的包装艺术。对于综合运用了多种语言要素的电视来说，艺术的追求更是无处不在，如在坚持真实性、客观性原则的同时，新闻传播在内容和形式上也要进行艺术的处理，在信息传播的同时力图给观众以审美愉悦，可以说这种艺术性思维贯穿了电视新闻工作的整个环节：新闻采访要研究提问艺术、新闻写作要研究叙事艺术、新闻拍摄要运用摄像艺术、新闻节目制作要涉及编排艺术和编辑艺术，此外还会大量运用到修辞艺术、动漫艺术等等。因此进行传媒艺术基础理论研究应在"大传媒艺术观"的指导下，在全面了解和总体把握不同传播媒介的艺术表现内容与形式基础上上升到理性认识，才能使本质和规律研究做到全面性、系统性和普遍性。

传媒的艺术理论研究大致可有以下几个进路：一是传媒艺术的本质研究，即对传媒艺术的概念、性质、功能、任务等的研究，通过这些研究弄清传媒艺术的根本问题，为传媒艺术发展奠定理论基础。在此基础上，还应针对传媒艺术的不同类型进行本质研究，如研究电影艺术的艺术本质、艺术特征、艺术功能等。二是对传媒艺术体系的研究。"传媒"的内涵和外延非常丰富，在研究中我们不得不区分出广义和狭义的传媒艺术，广义和狭义的边界在哪里？这值得我们本着认真、严谨、科学的态度来进行研究划分。但即便划分出边界，狭义的传媒艺术依然会是一个庞大的体系结构，尤其是在新媒体环境下传媒艺术呈现出多样化、融合化趋势，使得我们更需要对其体系进行清楚的把握和梳理，在梳理的基础上再进一步研究其内部关系和运行规律。三是对传媒内容、传媒方式、传媒形式的艺术性研究。艺术性是衡量传媒作品的价值标准，研究和确立传媒作品的价值标准是我们衡量传媒艺术作品在艺术处理和表现方面完美程度的重要依据，也是指导传媒艺术创作的重要依据。

## 四、传媒语言理论

语言是人与人交流的重要工具，也是传媒与受众信息交流的重要工具，传媒在信息传播与艺术创作中必须要使用语言符号来表达意义。不同媒介使用的语言形式不同，例如报纸主要使用文字语言和图片语言；广播主要使用有声语言；电视既使用声音语言，也使用画面语言；新媒体综合所有媒体的语言形式，既可以使用文字图片语言，也可以使用声音画面语言，其内容表达比传统媒体更加灵活生动。对丰富的传媒语言进行理论研究就是要研究传媒语言与一般语言的共性和个性，传媒语言在传播和传媒艺术创作中的价值和具体运用，传媒语言的构成及各构成要素的关系等。

传媒语言和一般语言一样具有符号性和系统性，其形式（能指）和意义（所指）的联系具有任意性，经过约定俗成后具有相对稳定性，但在社会发展变迁中又具有一定的可变性，传媒语言与一般语言的共性研究可以帮助我们在认识上建立起概念与范畴的对应关系，帮助我们在研究中借鉴相关理论与知识来研究传媒语言的普遍法则。如《现代传媒文学的语言叙事的回归》《新闻传媒语言对古典语言的借鉴》等的研究。传媒语言又有自身的独特性，它具有社会性、规范性等特点，由于传媒语言的表现与表达依赖于传媒技术，不同传媒技术下的传播媒介语言表现出独特的个性特征，如报纸的书面语言特征、广播的有声语言特征、电视的画面语言特征等。对这些个性的认识和研究可以帮助我们更好地认知不同媒体的信息传播优势和艺术创作魅力，并在传媒活动中能够准确把握由于个性化的传媒语言所带来的独特传播效果。如《现代传媒神话：诗性语言的消解》《网络传媒语言的修辞特征分析》《大众语言的返中心倾向——论传媒对语言的逆势作用》等。

　　传媒的语言理论研究与符号学联系紧密。传媒语言符号由声音和文字呈现的语言符号（音、义结合体）和景别、角度、光影、蒙太奇等非语言符号组成，对传媒语言符号的研究既要研究语言符号的意义传播，也要关注各类非语言符号的意义建构。对于语言符号的意义传播研究者主要关注的是其规范化问题，如《我国传媒语言的现状与规范研究》《语言不能承受之痛——论传媒语言的道德规范化》；对非语言符号的研究角度更加丰富，如《电视传播中听觉性非语言符号与情感的关系》《造型艺术中的符号语言表达》《电视英语访谈中的传播符号及其艺术特色研究——非语言符号在电视英语访谈中的种类与功能探析》《影视传播中非语言符号的表征功能》等，既有对非语言符号的本质研究，又有关系研究和应用研究。对于传媒语言的符号研究还可以进一步深入和细化，如从符号意义传播过程来看，至少包括意义的生成、意义的传播和意义的解释三个过程，而在这过程中符号意义生成的语境、意义的组合和聚合运动、意义的修辞表达等都应该得到关注和探讨。

　　传媒的语言理论研究与叙述学（叙事学）联系紧密。传媒的信息传播和艺术创造都离不开叙述行为，语言既是信息传播与交流的工具，也是叙述主体实施叙述行为的必备要素，叙述视野下传媒语言的特征、不同语言要素的功能及相互之间的关系、传媒语言对叙述结构的影响等等值得研究者探索。当前从叙述学视野中观照传媒活动是很多学者选择的重要角度，如《传媒生态视阈下的新闻叙事研究》《广告叙事图像化与广告消费审美化》《传媒生态视阈下的电视新闻叙事研究》等，但这些研究大都行走在传媒叙事学研究的边缘，鲜有进入到深层思考传媒叙述行为主体、文本叙事结构以及传媒叙述性的问题，而将叙述学与传媒语言关联起来进行研究的路径更是寥寥，值得后来的研究者们关注。

## 五、传媒心理理论

　　传媒的信息传播活动与传者、受者的心理息息相关，从某种程度上说，如果离开了人的心理感知、情绪反映和思维活动，传媒的信息传播行为就不能有效达成。传媒心理理论研究就是从心理学角度研究传媒活动中人类的心理现象、精神功能和行为规律。传媒研究学者也较早地关注了传媒心理理论的探索，在新闻传播、广告传播、网络传播、播音主持等不同领域广泛进行心理研究并发表著述，如《新闻心理学》《广告心理学》《网络传播心理学》《播音主持心理学》《电视新闻视听心理研究》《视觉心理学：视觉形式的思维与传播》等；也有对传媒心理全面研究的成果，如《媒介心理学》《大众传媒心理学》《传媒研究的心理学传统》等。传媒活动对社会心理及行为造成的影响也是研究者们重点关注的内容，如《传媒产业化时代的审美心理》《网络青年心理分析》《传播心理与媒介社会》《探索社会人心——中国人社会心理和传播心理研究》。

在传媒心理理论的研究中，大部分研究者将视野聚集于受众心理及其社会行为研究，而较少关注"传者心理"研究。在 CNKI 中通过相关度查找"受众心理""传者心理"等关键词得到数据见表 3-1。

表 3-1　CNKI 收录的相关文章对比

| 关键词 | 搜索结果（条） | 研究对象 | |
| --- | --- | --- | --- |
| | | 传者 | 受众 |
| 受众心理 | 2139 | | √ |
| 传者心理 | 14 | √ | |
| 传媒心理 | 5 | √ | |
| 媒介心理 | 2 | √ | |
| 传播心理 | 317 | √ | √ |

（注：以上数据截至 2014 年 11 月 30 日）

与受众心理研究的两千多篇文章相比，几十篇的传者心理研究显得极为局促。纵观关注受众心理的学术文章，研究多从以下几个维度来展开：一是从如何实现媒体传播的有效性出发来研究受众心理，这类文章在受众心理研究中占绝大多数。如《受众心理对大众传媒的影响——受众选择心理在大众传媒中的定位》《受众期待心理与新闻有效传播》《论受众心理与新闻有效传播——河南省报业系统的定位与发展》《网络传媒视角下受众选择的心理学探析》等。二是从具体的社会群体来研究受众心理，如青少年群体、大学生群体，突发事件中的遇难群众等，如《传媒暴力对青少年犯罪的影响及社会控制的心理分析》《当代大学生传媒信息消费心理与需求》《MH370 航班失联事件不同阶段信息传播对大众认知及心理期待的影响》等。三是传媒活动对社会心理的影响，如《公共危机状态下的大众传媒与社会心理调控》《底层群体心理极化的传媒规避——基于〈风险社会视阈下的媒介文化研究〉的思考》等。四是对受众的心理变迁进行了关注，如《现代大众传媒对受众心理的改变》《新媒体时代受众心理特征变迁》《趋利　务实　求俗——探析传媒受众心理变化新动向》等。

人类心理是自然界最复杂的现象，心理研究试图引导人类触及自身的本质及规律。"心理学作为专门研究人的学科，在其基础理论体系中，系统地包含了三方面的知识与研究：生理心理学、神经心理学是心理学从人的自然物质基础层面对人进行的研究；心理学中的组织行为学、管理心理学、社会心理学是从人的社会活动及社会关系中去把握人，认识人；而整个心理学体系中意识、自我、思维、言语的研究则是主要涉及人类的内隐精神世界及心理活动机能的。"[①] 传媒心理理论的研究也可从自然、社会和精神这三个层面来展开研究，还可采用多种研究方法，如历时性研究、共时性研究；个案研究、群体研究；观察研究、调查研究、实验研究等。

## 第四节　传媒的外部关系研究

唯物辩证法告诉我们世界存在的基本特征有二：普遍联系和永恒发展。世界上一切事物都处于相互影响、相互作用、相互制约之中，联系是事物本身所固有、不以人的主观意志为转移的本质特征。传媒在信源与信息接收主体间搭建起沟通的桥梁，在其信息传播活动中无时无刻不在与世界产生着广泛的千丝万缕的联系。传媒通过内容丰富、形态多样的信息对周围世界产生作用，同时也受到来自外部世界的影响和制约。在这种相互联系、相互作用、相互影响、相互渗透的双向互动过程中，传媒得以不断修缮自身，在内外力的推动下逐步发展壮大，同时对人类文明和社会发展起着重要的作用。传媒的外部关系研究是传媒与传媒生存、发展的外部环境、外部条件、外部因素关系的研究。传媒事业与传媒的生存和发展不是孤立的，而是与各方面息息相关，如传媒的生产需要生产资料和劳动力，经济环境和条件赋予传媒基本的生存条件；传媒具有意识形态性，政治环境和条件在传媒的生存和发展中起着决定性的作用，不同历史阶段、不同历史时期、不同程度的社会控制都会造成传媒生存和发展的不同状态；传媒的信息传播总是要通过一定的工具和手段，传媒科技的发展常常在传媒发展中起着重要的推动作用。另外，文化、社会、法律、道德也是影响和制约传媒生存和发展的重要因素。

### 一、传媒与政治

在传媒发展的历史进程中，政治总是与之如影随形。在文字还未出现的夏商周时期，遒人（一种政府官员）就摇动木铎巡行于各地以宣达政令、采集信息；两汉时代进入以文字传播为主的时代，这一时期布告和露布是主要的传播媒介，布告主要用于发布皇帝的诏书和各级政府制颁的行政法令，所谓"布告天下"指的就是政府通过这种方式发布的文告；露布出现在春秋战国时期，主要用于军事方面以传播战争胜利的消息，有时也用来发布政治性的檄文。从唐代邸报到近代报业的兴起，从新闻事业的诞生到传媒事业的发展，传媒与政治总是携手同行，有时干脆成为政治斗争的阵地和利器。在西方的古罗马时期，凯撒为争取舆论支持扩大政治影响，创设官方公报《每日纪闻》并使之成为政治斗争的工具。封建社会时期，统治阶级对报业实行严厉的专制管理，限制出版自由；当资产阶级登上历史舞台，报纸被看

---

① 蔡笑岳、于龙：《心理学：研究人的另类科学——对心理学学科性质的再认识》，载《中山大学学报》（社会科学版），2005 年，第 5 期，第 117~122 页。

作"观点和言论的自由市场"，18 世纪的政党报更是成为各党派宣扬政治主张，为自身利益辩护，攻击异见者的前沿阵地；虽然人类已进入到 21 世纪，但传媒与政党之间的关系依旧是相互依赖、相互渗透的，意识形态属性依旧是传媒的本质属性之一。传媒与政治的关系研究就是要研究传媒与政治关系的本质及其规律。

对传媒与政治的关系研究可以有多种路径和方法，首先是史学研究方法，即对传媒与政治关系进行历史性梳理与总结，或就某一个特定的时期段传媒与政治的关系进行细致研究，如《传媒叙事的政治意识形态语态——20 世纪 90 年代以前作为意识形态的传媒考察》《中国政治与传媒六十年关系演变》《香港的传媒、政治和社会变迁》《20 世纪 60 年代美国大众传媒政治功能的强化》《转型政治经济环境下中国传媒治理结构的变迁与走向》等。其次是对传媒与政治的互动关系进行研究。这项研究包括两个维度：一是传媒对政治的作用和影响，传媒的政治功能和政治作用，如《大众传媒在政治发展中的角色与功能——基于阿尔蒙德结构—功能主义理论视角的分析》《论大众传媒在政治社会化中的作用》《试论大众传媒对民主政治的效能》《电视传媒对农民政治生活影响的双重性分析》等。二是政治对传媒发展的影响和推动。不同历史时期统治者实施的政治制度、经济制度、传媒制度等以及领导人对传媒发展的观点和态度都会对传媒的生存和发展产生巨大的影响。制度方面的研究如《浅析美国民主制度与大众传媒的关系》《多重制度约束下的传媒组织转型——以 M 市新闻传媒集团为例》《苏联书报检查制度与苏联剧变》《传媒管制与传媒集团公司治理模式的构建》《中国传媒集团化发展的制度依赖》。对领导人的传媒观的关注和研究，如《共产主义试验背景下的列宁党报思想的沿承、发展与畸变——列宁〈论我们报纸的性质〉考证分析》《马克思谈"报纸的良心"》《毛泽东的"新闻、旧闻、不闻"思想》《习近平论媒体传播》等。再次是对政治与传媒关系互动现象进行研究。如《不同时期美国政治选举与大众传媒的互动》《传媒与政治信任之关系的研究现状及展望》《当代西方传媒与政党政治：互动、融合及其限度》《政治信息沟通对传媒的诉求》等。

传媒与政治关系研究的跨国视野和比较视野，如《超级传媒集团的产生对美国政治的影响》《当代日本大众传媒对其政党制度影响分析》《从美国媒介发展史看大众传媒对政府新闻发布制度的影响》《网络时代的政治传播策略及效果——以奥巴马从竞选到执政的受众态度为例》等。比较视野下的传媒与政治关系研究如《美国传媒政治及其对内对外宣传——以总统选举和"妖魔化中国"为例》《媒介与政治：媒介规范理论研究的比较与反思》《英美媒体政治文化的比较研究》；对特定现象或问题的研究，如《西藏地区传媒营销对本地区政治的影响力》《认同焦虑与肉体偏执狂：台湾传媒中的煽色腥政治》等。

## 二、传媒与经济

传媒业发展与政治、经济的发展联系密切，他们在发展中交互作用和影响。人类社会经济发展状况对传媒业产生、发展及其发展水平都起着基础性的决定性的作用。资本主义市场经济的发展推动了西方近代报业的发展，城市商业和贸易的繁荣成为传媒业不断壮大的催化剂。19 世纪大众化报业的兴起使报纸从上流社会的精神特权成为普通大众的日常消费，也使得办报从不赚钱的政治事业变成了可盈利的经济活动，这不仅使报业获得摆脱政治束缚的资本，大大拓展了生存空间，同时传媒本身的商业属性、产业属性被凸显出来，不断发展的传媒经济逐渐成为社会经济体中重要的组成部分。21 世纪，传媒产业成为许多发达国家知识经济的支柱产业，传媒经济的建设与繁荣成为社会发展的重要推动力。"大众传媒业与经济具有双向互动关系。一方面，经济发展水平对大众传媒业具有决定性影响。另一方面，作为一种信息产业，传媒业本身就是社会经济的重要组成部分，其发展状况也是经济发展的重要表征。"[①] 传媒与经济关系研究主要探索传媒与经济环境、经济水平、经济建设的双向互动关系。在我国由于不同地区间经济水平各异，东西部、城市和农村等的经济差异使传媒及其发展也呈现出不同的面貌，传媒与经济的双向互动也千差万别。

考察传媒与经济的关系，首先要考察经济体制对传媒的影响。在计划经济时期，传媒是国家的事业单位，其事业发展主要靠国家财政支持，这一时期彰显了传媒的意识形态功能而忽略了其经济功能，像广告节目及广告经营基本处于被排斥的地位。在我国建设市场经济条件下，传媒的产业属性得到重视，传媒的功能得以全面发挥，传媒事业呈现出快速蓬勃发展的态势。因此，经济体制对传媒的发展起着重要的决定性的作用。这方面的选题如《市场经济条件下传媒的产业化运作》《市场经济与大众传播的社会控制》《基于市场经济下的新闻传媒管理》等。

其次，还应该注意到经济环境和经济形势的变化不仅会给社会带来重大的结构性的变革，还会对传媒产业投资、传媒产业布局、传媒规模、质量效益以及传媒产品消费产生影响，如喻国明教授就注意到《经济形势严峻中国传媒如何"突围"》《大经济形势下中国传媒创新与突破》；还有些研究者注意到《全球经济危机对我国传媒产业的影响与应对》《严峻的经济形势与中国传媒的因应之道——兼谈广西电视台上星频道的经营策略》《金融危机背景下的中国报业跨媒介经营——基于传媒经济角度》等。考察不同地区、不同经济状况下传媒与经济的互动是研究者长期以来重点关注的内容，如《从珠三角广告市场份额现状看报业经营的方向性选择——广州深圳等城市主要经济指标与传媒经营的量化分析》《经济欠发达区域电视传媒超常发展的战略构想》等。

再次，还可以从传媒对经济的促进作用出发来探讨传媒与经济的关系，如《传媒在区域经济发展中的资源配置功能的机理性探讨》《传媒对经济的影响力》《论优

---

① 李娟、刘勇：《经济视域中的大众传媒业——论大众传媒业与经济的双向互动关系》，载《阜阳师范学院学报》（社会科学版），2011 年第 4 期，第 144~147 页。

势传媒对地方旅游经济的促进作用》《现代信息传播媒介：藏区经济发展中的助推器》等；对世界各国传媒与经济的关系进行研究，如《墨西哥政治经济改革对传媒业影响探微》《论市场经济中俄罗斯电视传媒的多元化发展》《国传媒集中化的经济属性成因》等。

## 三、传媒与文化

文化是人类社会物质财富和精神财富的总和，具有历史性、民族性、时代性、地域性的特点。传媒既传承传播文化、又在传承传播的基础上建设繁荣文化，同时创造创新文化的内容和形式。传媒不仅对文化建设和发展起着推动作用，传媒活动本身也成为文化的重要内容和现象，丰富着文化的内涵，因此，传媒的生存和发展不能从根本上摆脱文化的束缚，因此文化和传媒关系密切。四川大学邱沛篁教授认为，传媒是社会文化繁荣、发展、进步的重要推动力，传媒报道文化，培育文化，引导和监督文化，关注文化热点和文化现象，提倡先进文化意识，开创新的文化理念，推动社会经济、文化进步；同时文化是传媒生存、发展的源泉和土壤，推动着传媒的不断改革与进步。[①]

对传媒与文化的关系研究首先是对文化现象与传媒之间的关系的研究，传媒具有意识形态属性的特点，其传播的信息内容、价值观念和道德伦理必然会对文化产生一定的影响。这方面的研究如《传媒文化视域下新生代网络流行文化现象评析》《浅论大众传媒对文化趋同现象的影响》《现代传媒对中国新文化秩序的建构》《大众传媒对社会文化构建的消极影响及对策》等。在经济全球化背景下的文化全球化发展成为必然趋势，传媒与文化传播关系的互动关系应当成为研究的内容之一，如《我国大众传媒再现和建构中国文化身份研究——基于数字传播和全球传播环境的思考》《大众传媒时代的民间文化传播——以大型舞蹈〈云南印象〉为例》《浅议电视传媒与城市文化传播——以我国城市化过程中的传播现象为例》《大众传媒视角下民族传统体育文化的国际传播策略研究》等。

开放的当代中国社会各种思潮翻腾涌动，多样化的文化形态在社会生活中交流共存，文化的兴衰取决于其内在的文化品格，即其文化素质、文化格调、思维模式及价值取向，传媒在文化品格形成中的作用不容忽视。如何建设有利于中国社会发展的先进文化，形成有利于中国民族文化发展的文化品格，作为文化传播重要载体的广播电视、报纸、新媒体的传播与文化品格形成与建设之间的关系值得研究者深入探讨。这方面的研究课题如《断裂与失衡：现代传媒在少数民族乡村文化建设中的困境》《海外华文传媒的文化影响力与中国文化软实力的建设》《大众传媒：军营文化建设的重要力量》《大众传媒与民族地区和谐发展——从侗族和谐文化建设及

① 邱沛篁：《论传媒与文化》，载《西南民族学院学报》（哲学社会科学版），2002年第1期，第180～184页。

侗族文化传承之角度》等。在研究文化品格与传媒关系的过程中，还应注意传媒与大众文化、通俗文化、主流文化、精英文化等关系的探讨。

广播电视、报纸自身的发展也成为一种文化现象。以广播文化、电视文化、报纸文化、新媒体文化为内容的传媒文化也应当成为研究的对象。这方面的选题如《高层次广播文化之路：方法论及文化素养》《电视文化的跨学科存在及其研究视角》《报刊文化力及其增值特征》《手机文化对当代大学生的影响及对策》《从小众欣赏到大众狂欢——解读 Web2.0 时代的微博文化》《社会主义核心价值体系建设中的新媒体文化》等。

## 四、传媒与社会

对传媒的传播功能研究实际上就是研究传播与社会的一般关系，即传媒传播对社会的作用或效能。拉斯韦尔在 1948 年发表的《传播在社会中的结构与功能》中将传播的基本功能概括为环境监测、社会协调、社会遗产传承三种。查尔斯·赖特 1959 年在《大众传播：功能的探讨》中将大众传播的社会功能扩展为环境监测、解释与规定、社会化功能、提供娱乐四个方面。施拉姆则将大众传播的社会功能概括为政治功能、社会遗产传递、经济功能、一般的社会功能等。拉扎斯菲尔德和默顿在《大众传播、大众鉴赏力和有组织的社会行为》中强调传媒的社会地位赋予功能、社会规范强制功能和作为负面效应"麻醉"功能等。随着新媒体的崛起，传媒及其传播活动渗透到当今社会的方方面面，传媒在社会这个有机整体的运行中所起的功能与作用愈加明显，传媒不仅给受众提供信息服务和精神娱乐，同时还深刻地影响着人类社会的生产生活方式、思维方式、消费方式、教育方式以及民主观念和参政议政方式等。一般来说，社会由社会关系、社会制度、社会环境三个成分组成，对传媒与社会的关系也可以从这三个方面来入手。传媒对社会关系的影响研究，如《中国电视传媒人的角色转型——观察电视传媒与社会关系的另一种视角》《传媒发展与和谐社会关系研究》《城市融合：媒介与新生代外来工的社会关系研究》；传媒对社会制度的影响研究，如《大众传媒在政府信息公开制度下的功能》《当代日本大众传媒对其政党制度影响分析》等；传媒对社会环境的影响研究，如《大众传媒在推动社会公平正义中的功能与作用》《凸显与遮蔽：传媒拆迁议题中环境关怀的缺失》《环境守望——危机传播中大众传媒的核心功能》等。

一定的社会制度、社会风俗、社会阶层、社会结构、社会风气、社会心理对传媒也产生着直接或间接的影响，离开特定的社会背景，传媒就会失去生命力和活力。例如，关于社会制度对传媒影响的研究有《论政府信息公开对大众传媒的建构性影响》《论非正式制度与大众媒介之间的互动关系》等；关于社会关系对传媒影响的研究有《"公共领域"理论与中国传媒研究的检讨：探寻一种国家-社会关系视角下的传媒研究路径》《国家与社会关系视角下的传媒运行机制探析》等；关于社会民俗对传媒影响的研究有《关于新疆主流媒体与少数民族风俗习惯对传播互动的思考》《略论民国时期民俗文化的传播生态——以物质生活民俗为例》等；关于社会阶层对传媒影响的研究有《大学生群体价值偏好与大众传媒的创新对策》等；关于社会心理对传媒的影响的研究有《受众心理对大众传媒的影响——受众选择心理在大众传媒中的定位》《地震灾害、创伤记忆与媒体的"心理危机干预"》等；关于社会风气对传媒的影响的研究有《论网络"哥""姐"热现象与传媒社会责任》《"越轨婚恋"——同性恋现象与新闻传媒的正视》等；关于社会结构对传媒的影响的研究有《区域产业结构背景中的民族文化与传媒经济》《政治社会化结构中的家庭、学校与大众传媒》等。

## 五、传媒与法律

传媒作为社会"公器"对人类社会承担着守望功能和环境监测功能，作为社会公器的媒体应当享有充分的传播自由，但这种自由无论是在中国还是在发达的西方国家都是相对的自由而不是绝对的自由。1748 年孟德斯鸠在《论法的精神》一文中说道："自由是做法律许可的一切事情的权利。"[①] 明确提出了自由的边界和范围。即便是最早提出"无冕之王"的英国也认为维护国家安全和公共秩序以及保护个人隐私权和名誉权的需要，要远大于媒体获取一定信息所带给公众的利益。因此任何一个国家和地区的传媒及其信息传播活动都不得逾越法律底线，必须在遵循法律的前提下规范进行。研究传媒与法律的关系首先要研究的就是在法律允许的范围内传媒的权利与义务关系，如《新闻舆论监督的权利义务关系》《论传媒参与公共政策的公民权利实现》《传媒人的职务行为区分规则与权利保护》《论公共性传媒与营利性传媒的分类法律规制》等。其次是研究法律对传媒传播行为的法律规范与制度建设，如《传媒法学的体系初论》《新闻政策法制化：对传媒实施依法管理的探索》《传媒监督权行使如何法治——从"宜黄事件"切入》等。再次是研究传媒对自身传播行为管理的自律机制，如《表达自由与传媒自律》《职业问责框架下的传媒自律》《西方传媒保护儿童权利的法律规范与自律体系分析》等。

另外，还有对与传媒及其活动和发展相关的法律法规及其建设进行研究，如：《我国现行版权法规对文献数字化和网络传播的影响》《针对信息网络传播权间接侵权的政策法规建议》《加强网络新闻传播的法规建设》等；传媒与法律关系中的典型案例研究，如《广告新闻：广告商与传媒合谋违法》《关于公民肖像合理使用的法律思考——兼谈传播媒介宣传中的"灰色"现象》《网络人肉搜索现象的法律与道德解读》等。

传媒一方面在其传播活动中要受到法律的约束和规范，另一方面传媒的传播活动对于法律法规又起到重要的宣传和传播作用。推动社会民主与法制建设进程也是传媒的根本的重要的任务之一，对这方面的研究选题如《法律新闻的传播效能与法

---

① ［法］孟德斯鸠：《论法的精神》，张雁深译，商务印书馆，1978 年版，第 154 页。

律责任探讨》《初探网络对法律传播的影响——以法律传播的实证分析为视角》《法律传播对实现法律互动的价值》《公共事件传播对推动法制创新的作用》等。

## 六、传媒与道德

传媒对信息的选择和传播必然表现出一定的价值判断和道德观念，呼应着社会不同群体的价值追求和道德伦理认知。随着传媒在现代社会中的作用和影响力愈加广泛，尤其是当今娱乐新闻泛滥，出现了对个人隐私的过度曝光和对新闻当事人缺乏尊重甚至缺乏善意的态度，以及一系列令人震惊的娱乐事件：戴安娜王妃在狗仔队穷追不舍中香消玉殒、台湾明星白冰冰女儿被绑架撕票事件、文章出轨"周一见"事件等。还有为了"博眼球"进行无底线的新闻炒作，如绯闻、吵架、露点等等，这些行为不断挑战着新闻道德伦理底线的信息内容和传播行为，使社会不得不深刻反思传媒的职业道德和伦理规范。国家新闻出版广电总局为规范行业秩序、整肃市场风气，以营造良好的文化娱乐氛围，在广播电视电影、互联网等领域进行大力整治，陆续出台限娱令、限广令、限丑令、限烟令等，从行政管理的角度对传媒的职业道德进行规范。传媒的传播行为必须恪守职业道德，应受到社会道德与伦理的约束和限制。

对于传媒与道德的关系研究首先要从传媒的伦理道德问题本身进行研究，相关研究有《世界传媒伦理道德问题的历史审视》《传媒自由的道德解读》《三种传媒道德问题的跨文化思考》等。其次是对传媒在信息传播过程中道德伦理规范与失范现象进行研究，如《传媒伦理道德的失范与规范》《语言不能承受之痛——论传媒语言的道德规范化》《当代传媒环境下新闻伦理道德失范问题辨析》等。再次是对传媒道德自律机制的研究，如《传媒的维权与自律——如何规范新闻传播业的理性思考》《内化记者的职业角色健全有效的传媒自律机制》《我国传媒业的职业道德意识与自律建设》等。在道德与传媒的关系研究中，我们也注意到传媒由于其新闻价值的真实性、客观性、新鲜性、及时性等要求，传媒工作者在围绕这些价值要素进行传播时常常会出现与道德问题相悖的矛盾和困境，因此在道德与传媒关系的研究中还需要认真研究传媒信息传播内容及行为的道德边界问题，相关研究有《真实性及其伦理边界——对新闻真实性原则的伦理反思》《博客传播的道德困境及对策》等。

道德具有历史传承性、约定俗成性和时代性的特征，具有公共性、公益性的传媒又是传播倡导社会道德的重要工具，其传播活动是建设和完善社会道德内容的重要手段和途径。研究传媒与道德的关系还要研究传媒在信息传播过程中维护、传播正确的社会道德伦理观的责任和义务，如《转型时期大众传媒在道德建设中的责任研究》《发挥大众传媒在公民道德建设中的作用》《当代传媒人主体性道德的选择与构建——对当前一些媒体跟风炒作报道的道德分析》。另外还包括对传媒维护和完善社会道德伦理的作用和影响研究，如《传媒对受众道德素质的影响及应对策略》《社会道德恐慌中的媒介角色研究》《"红色经典"影视中道德理想主义的构建》

《〈新闻联播〉建构与传播道德偶像的效果分析》等。在传播道德伦理的内容方面也存在"度"和"技巧"的问题，如《道德化、被道德化与道德行为的知而不行——社会舆论道德宣传的价值反思》《变权力代言为道德代言：大众传播机制与社会和谐》《榜样之美与社会主流道德传播的主体转向》等。

## 七、传媒与科技

传媒的诞生与发展离不开科学技术的不断创新。印刷术的发明和普及为报纸大规模复制和传播提供了技术条件；诞生于19世纪末的电影缘于爱迪生等众多科学家和发明家的努力探索；电磁学理论和无线电技术的发明为广播媒体的诞生提供了技术基础；化学元素硒的光电效应被发现和科学家们对光电扫描技术的探索，为电视媒体的诞生扫清了技术障碍；而电脑的诞生更是离不开各国历代科学家的孜孜追求，电脑从电子管时代、晶体管时代、集成电路时代、微处理时代再进步到PC时代，有无数的科学家投入到其研究探索中，而网络传媒正是基于不断进步和发展的电脑数字技术、网络技术、通信技术得以广泛普及应用。因此，传媒的发展离不开科学技术的进步与发展，科学技术的进步和提高是传媒进步发展的前提和条件，是传媒业得以生生不息、不断前行的强大推动力。

对传媒与科技的关系的研究主要围绕以下几方面进行：一是科技在传媒及其发展中的运用研究，如《数字电视技术在有线电视网络中的应用与发展》《电信技术的发展趋势及与新闻传媒合作前景》等。二是传媒应用新的科学技术进行应用与传播创新的研究，如《适配广电全媒体业务的企业云平台系统架构分析》《数字出版的云平台建设思考》等。三是研究传媒在科技的推动下的发展变化以及其诞生的新的传播方式和形态，如《数据库：新媒体时代不可忽视的科技传播平台》《大数据时代的体育传播：特征、主体定位与发展方向》《媒体融合下电视新闻节目形态创新与技术创新》《传媒变革与媒体经营——技术手段·传播方式·媒体创新》等。四是研究传媒在新的传媒科技推动下的发展与传播，如《我国大众传媒在新技术条件下发展策略的思考》《以媒体融合发展模式探索传媒产业新型发展之路》《手机3G技术背景下的中国传媒业发展前瞻》等。五是对当代与传媒相关的新的科学技术的关注，并对新传媒科技可能对传媒及其发展带来的前景进行前瞻性观察和研究，如《大数据方法与新闻传播创新：从理论定义到操作路线》《WEB3.0时代微博营销传播的变革及可能》《"云传播"：人类信息传播的革命》《纸媒数字化转型与融合发展的逻辑思辨和现实选择》等。

传媒深受科技进步的惠泽的同时，也承载着向社会传播先进科学技术知识、科技发明新成就新成果等重要责任与义务。相关的研究包括传媒在科技传播中的重要影响和作用，如《大众传媒对公众科学素质的导向作用研究》《科学传播中传媒责任审视》等；研究传媒对科技的推广与传播，激发人们对科技的兴趣与热爱，如《大众传媒在科技产品及成果推广中的运用及方式》《农业科技传播效果分析——以科普期刊等传播媒介为例》《科研宣传与大众传媒的脱节——对中国科研机构传播体制的定量和定性分析》《大众传媒影响医疗新技术传播的实证研究》等；研究如何利用传媒引导受众对科学进行正确认知，帮助受众树立正确的科学观，如《传媒视角下科学家、媒体、公众与转基因技术的关系研究》《大众传媒与社区小媒体和人际交流对艾滋病宣传效果的比较研究》《浅析大众传媒在流行性疾病爆发时的作用》等。

# 第四章　传媒应用理论研究

应用理论研究是对特定的目的或目标进行创造性研究，为达到预定目标而探索新方法或新途径。传媒应用理论研究直接面对传媒传播实践，从理论上及时梳理、应对并解决传媒实践中的新情况新问题，对传媒传播运行中的具体环节进行有针对性的研究。传媒应用理论研究离传媒实践最近，最能显示传媒的风貌和特征，对于普及传媒知识、传媒文化，培养和提升传媒从业人员水平能力具有深远意义，其研究水平高低直接影响传媒运行的质量和效果。传媒应用理论研究主要从以下几个方面入手：一是传媒技术理论研究，主要对传媒制作技术、传播技术进行研究；二是传媒业务理论研究，主要研究不同媒体不同业务类型的特征、创作方法和创作风格等；三是传媒传播环节研究，主要对传媒传播过程中的不同环节、不同主体以及不同要素进行研究；四是传媒构成要素研究，主要研究不同传媒的传播要素，其中包括静态要素和动态要素两方面，静态要素如文字、图片、图表等，动态要素包括时间、空间等。

## 第一节　传媒应用研究概述

### 一、应用理论研究的意义

应用理论研究与基础理论研究是理论研究两个重要的内容，二者相互依赖、辩证统一：基础理论研究为应用理论研究提供理论基础和指导；应用理论研究为基础理论研究不断提出新情况、新问题，推动基础理论研究与时俱进向前发展。应用理论研究是基础理论研究现实价值与意义实现的重要途径，是基础理论研究向实践层面的纵向延伸，它将基础理论研究得到的理论和观点应用于实践、解决实践中存在的困难和问题，探寻现象间的内在联系和发展规律并提出建议和对策。传媒应用理论研究主要是指对传媒传播运行中的具体环节所进行的具有可操作性、有针对性的研究。如"社会化媒体的采访路径和理念的研究"就是对媒体的采访环节进行的理论研究。当下社会生活中人们接触的传媒形态多样，不同传媒有着不同的传播运行环节。就大众传播媒体来说，广播电视报纸等都会涉及策划、采访写作、编辑等环节，但又各有不同，如电视的传播运行还有摄制、播音主持、录音合成、播出等；

报纸则还有版面设计、排版、印刷、发行等。由于传媒传播环节复杂而多样，传媒应用理论研究的范围和内容也具有一定的广泛性和丰富性。

传媒应用理论研究水平影响传媒运行的质量与效益。应用理论研究水平的高低一方面体现了研究者基础理论知识掌握的广度与深度，体现了研究者对传媒业发展新情况、新问题从理论视角进行认知和研究的水平和能力；另一方面还体现了研究者运用基础理论知识解决实际问题的能力和水平。传媒研究以传媒现象、传媒实践为基础，又以为传媒实践服务为目的，现代传媒实践为传媒理论研究提供了大量的素材和样本，同时又期待着传媒研究的理论指导和帮助。传媒应用理论直接面对传媒事业发展的生动实践，及时梳理传媒业发展现状，解决和探究与传媒业发展相关的热点和难点问题，可以为传媒实践提供具有针对性的、可操作性的具体的理论参考与指导，帮助传媒在实践发展中行走在正确的方向和路线，帮助传媒业在运行中得到较高的质量和较好的效益，为推动传媒业的发展提供理论指引。

传媒应用理论研究对于普及传媒基础理论知识，培养传媒从业人员素质，形成传媒文化具有深远意义。首先，应用理论研究是对基础理论研究成果的消化吸收，是对基础理论的视野、观点和方法的具体运用与实践，同时通过运用与实践对传媒基础理论知识加以普及和推广。其次，传媒应用理论研究也是提升传媒人员素质的有效途径。传媒人员要求具备的素质条件有多个方面，理论素质是其重要内容之一。传媒业工作者是传媒业务的具体实践者，对传媒实践的感受最深、经验最丰富，对业务的经验总结、对传媒问题的研究和策略探讨更能贴近传媒工作实际，这些总结和研究也促使传媒人员在理论方面不断加强学习，努力提升理论水平和理论素养。另外我们也看到应用理论研究与传媒实践以及传媒实践所处的语境距离最近。从历史的纵向维度来看，传媒应用研究总是会体现出一个时代或一个时期的历史特征；从横向的维度来看，不同国家、不同地区、不同民族、不同文化氛围下的传媒应用理论研究视野和向度各异。传媒应用理论研究总是会被打上时代的烙印，体现出不同思维路径和研究特点，其研究活动及成果常常显示出不同的传媒文化风貌和特征。

## 二、应用理论研究特点

应用理论研究主要有以下几个特点。

第一，具体性。列宁说："抽象的真理是没有的，真理总是具体的。"[1] 辩证法大师黑格尔也有类似观点："如果真理是抽象的，则它就是不真的。健康的人类理性趋向于具体的东西。"[2] 应用理论研究的具体性表现在其理论基础和研究对象的具体性。应用理论研究以客观具体存在的传媒业现实为基础，以传媒及其活动与实

---

[1]  《列宁全集》（第10卷），人民出版社，1984年版，第201页。

[2]  《毛泽东选集》（合订本），人民出版社，1964年版，第995页。

践为研究对象，从这些客观事物及其客观物质活动的具体问题或研究视角出发，透过表象触及对象的本质，具体把握其内在机制和运行规律，以严谨的概念及科学的体系反映客观事物本质。"在本质和规律的层次上再现客观事物的具体性，这就是理论的具体性。"① 理论研究是人们的思维由具体到抽象、再由抽象上升到具体的不断运动的过程，应用理论既反映具体的、个别的事物的内在本质及运行规律，同时又通过具体的、个别的事物来表达和阐发，不断改造和推进人们的理论认知。

第二，针对性。针对性指应用理论研究主要对准那些个别的、特殊的、具体的事物或现象，进行有目的的、有的放矢的研究。应用理论指向丰富而复杂的传媒现象和实践，关注其中的新情况、新变化和新趋势，对准亟待解决的问题、困难和矛盾进行研究，具有极强的目的性和现实针对性。尤其在当下传媒技术的发展使人类实现了信息全球化传播，传媒的传播行为既方便了人类的信息传递与共享，同时也带来了各种思潮、观念和文化的交流与冲突。新媒体在技术的推动下发展态势强劲，传统媒体也积极进行基因改造创新发展，努力适应新技术时代发展和媒介环境新变化。应用理论研究需要关注传媒发展中凸现的这些具有特殊性的事物，研究解决其中的重大问题并将研究成果应用于实践，帮助人们提供应对的策略和参考，有目的、有针对性地解决现实中存在的问题。

第三，实用性。实用指的是理论研究的功能作用，理论研究在注重学术价值的同时，也应当注重其所能产生的社会价值和社会效益。传媒应用理论研究的最终目的是解决实践中存在的具体问题，向社会提供理论指导和解决策略，其成果具有可在实践中付诸实施、产生效用的价值。研究者在应用理论研究中，首先应当肩负一种社会责任感和使命感，把思维活动与社会存在联系起来，把学术研究与为社会服务结合起来，使应用理论研究能够真正为社会发展起到积极的作用。其次应当注意理论与实践相结合，脚踏实地地对社会现象进行理论认知和规律总结，探索事物间的内部联系和运行规律，在宽阔的学术视野下观照社会实践，给社会提供具有理论价值的策略引导。再次是要注意理论成果的普适价值，善于全面把握矛盾及问题的各个层面，以及同类事物或现象的本质和规律，使研究成果具有广泛的适应性。

第四，贴近性。贴近性是对应用理论研究在方法论上的一种要求，即应用理论研究具有贴近传媒实践、贴近社会传媒生活的特点。贴近性是对群众路线唯物史观的贯彻与执行，是避免应用理论研究抽象空洞、从理论到理论严重脱离实际的重要方法，是推动理论研究与社会需求相结合的重要手段，是实现应用理论研究实用性功能的重要路径。21 世纪我国传媒市场竞争日益激烈，传媒行业正经历着并购重组、结构性洗牌的涅槃，传媒应用理论研究应贴近传媒市场和传媒业现状进行研究。对于大数据这些新的传媒技术一方面要关注其对传媒业以及信息传播的影响，

---

① 郑永扣：《论邓小平理论的具体性》，载《郑州大学学报》（哲学社会科学版），1997 年第 11 期，第 37~44 页。

但同时也要将这些新技术新方式与中国的国情结合起来研究，正如将马克思理论与中国实际相结合形成中国特色社会主义理论一样，面对新的传媒技术与传播理论，我们不能一味追捧和盲目狂热，而应当与中国实际相结合，才能有利于中国社会，造福于人民。中国作为农业大国，农村人口在全国人口结构中占有很大比重，新媒体技术及其传播在农村的运用和推广如何，对农民及其生活的影响又如何，同样值得研究者认真关注。贴近性要求应用理论研究者在研究中力戒假把式、标签式的空洞研究，而应当求真务实，切实贴近实际来进行理论探索。

第五，可操作性。"社会科学家不再把宝贵的精力浪费在一些空洞的观念和辞藻上面，转而特别重视那些可以用经验加以检验的命题，理论的可操作性变得至关重要。"[1] 可操作性是对应用理论研究成果的一种效用评价标准，它要求应用理论内容要尽可能地提供事物的特征、指标描述，具体规定实施的程序和方法等，使抽象的理论成为可供实践实施并检验的内容，方便人们照章操作执行。在应用理论研究中，很多研究者常常依据理论分析和创新思考，得出看似富有创见的观点，但其中有很多正是因为缺乏可操作性导致在实践中难以付诸实施。因此研究者不能只是从概念到概念地"纸上谈兵""画饼充饥"，仅仅提供一些抽象空洞的理论和策略，而是要在研究阶段就要考虑到理论的实用性、可行性、可操作性，使应用理论真正对实践起到指导作用。

## 第二节    传媒技术研究

信息的传播离不开媒介，从远古时代人们使用的手势、肢体动作和有声语言到利用绳索、龟甲、木头记录和传递信息，从木铎、露布的使用到近代借助报纸、广播电视、互联网、手机等现代科技手段，人类信息传播都离不开一定的工具和手段。赵毅衡先生认为："没有意义可以不用符号表达。"[2] 人类要表达的意义既必须通过符号来表达，也需要通过一定的媒介来传播。传媒技术的发展扩大了人类信息传播的地理疆域，提升了信息传播的质量与效率，每一种被科学技术进步催生的新媒介出现都意味着人类在信息传播方面又迈出了崭新的步伐。传媒技术在传媒活动及传媒行业发展中的应用及其产生的具体影响应当成为研究者关注的重要内容。本节讨论的传媒技术研究主要是指对在大众传播过程中使用的传媒技术进行的应用理论研究。

### 一、传媒制作技术

大众传播是由专业化的媒介组织运用先进的信息技术和产业化的手段，以社会

---

① 刘大椿：《理论的可操作性变得至关重要》，载《社科信息文荟》，1994 年第 18 期，第 18~20 页。
② 赵毅衡：《重新定义符号与符号学》，载《国际新闻界》，2013 年第 6 期，第 6~14 页。

上一般大众为对象而进行的大规模信息生产和传播的活动。[①] 不同的大众传播媒体在信息生产和传播过程中都要使用一定的制作技术。如在电视的信息采录阶段要涉及摄像技术、录音技术，如果是直播还得使用编辑技术、卫星传送技术等；哪怕是在传播过程中主要使用文字符号表达意义的报纸在信息采集阶段也得使用到文字信息或语音信息的采录技术，后期更是要使用到排版技术、印刷技术等。对传媒制作技术的应用研究可以从传媒制作技术、传媒制作技术应用两方面来入手。

首先是对传媒制作技术的研究。这方面研究主要是对制作技术的内容、原理、技术质量规范及标准的研究。不同媒体涉及不同的制作技术内容，其技术质量规范标准也各有要求。以电视媒体为例，电视制作技术包括音频技术和视频技术两大内容：音频技术又包括音频拾取、音频处理、音频记录等技术；视频技术则包括视频拍摄、视频录像、视频编辑、视频特技处理及灯光照明技术等。每一项技术都有其自身的原理及技术质量规范和标准值得研究，如《浅谈数字电视节目前期制作技术和流程》《高清电视数字制作系统技术问题探讨》《电视节目制作系统彩色高保真技术的探讨》等。除此之外，还可结合传媒信息传播实践研究传媒制作技术的原理、质量标准规范的改造、发展和提升，如《报纸印刷企业印前技术改造的新思考》《技术改造与新闻业的发展》《报纸嵌入式数字印刷技术纵向定位的差错控制》《如何提高电视节目录制技术质量》等。对传媒制作技术的研究还应该关注不同时期传媒科技进步对制作技术的影响，以及由此引发的对传媒制作技术的改造、对传媒技术质量标准的改革提升。如选题《高斯卷筒纸轮转印刷机技术改造实例》《数字电视节目制作和播出设备的技术改造》《新闻中心后期制作系统数字化改造方案》《手机电视标准与技术》《高清电视制作的技术标准》等。另外研究者还可关注传媒制作技术的使用方法、技巧等的研究，如《报纸黑白图片印刷技术和方法》《报纸版面拼大版输出的实现方法》《高清电视摄像中几个技术问题的解决方法》《基于 SBS 的 3D 电视制作技术应用技巧》《广播节目录音制作技巧》等。

其次是对制作技术的应用研究。一是研究制作技术在传媒实践具体工作环节中的具体应用，如《基于可变数据印刷技术的报纸应用及 SWOT 分析》《CIP4 油墨预置技术在报纸印刷中的应用》《广播节目采访中音频技术的制作与合成》《虚拟演播室技术在教育电视节目制作中的应用》等。二是研究制作新技术对不同媒体的影响。制作新技术的出现常常会带来媒体信息传播形态、方式革新，因此研究者应当关注制作新技术应用对传媒信息传播等多方面的影响，制作新技术对信息传播方式的影响方面的选题如《WEB3.0 时代微博营销传播的变革及可能》《未来的报纸——电子技术对报纸的影响》《电子技术对电视新闻传播的影响及应用研究》《从媒介技术的变革看电视节目的编排方式》等。对传媒工作方式的变革研究选题如《高清电视的发展给电视化妆造型带来的机遇及挑战》《即摄即传：4G 网络技术给

---

① 郭庆光：《传播学教程》，中国人民大学出版社，1999 年版，第 3 页。

电视新闻传播带来的变革》《媒介融合视阈下报业走向及其数字化转型》等；制作新技术对传媒人才素质的影响及应对策略研究选题如《报网融合对新闻编辑素质的要求》《全媒体时代电视节目编辑素质要求及培养》《移动多媒体传播对广播电视新闻人才的素质要求及培养》等。

## 二、传媒传输技术

人类的信息交流既发生在近距离的人际交往当中，同时对于远距离的信息交流也有迫切的需求。"鸿雁传书""快马加鞭"这些词语是古代信息传输技术不发达条件下人们生活的真实写照，利用飞鸟或驿马来传送信息，其信息传播速度慢、数量少。"烽火连三月，家书抵万金"这句诗既表现出古人用烽火传递军事信息，用书信来沟通交流的不便，"抵万金"三字更是沉重地表达出信息传递的艰难和不易。最早兴起的大众传播媒体报纸主要依赖发行渠道进行大范围的信息传播，即通过专门的渠道出售或出租等方式向公众提供信息，这种主要依赖于人力的方式存在很大的局限性，因为发行渠道未到达的区域则无法接收到其信息内容。现代传输技术起步于英国物理学家麦克斯韦对电磁场的发现以及德国物理学家赫兹对电磁波的验证，基于电磁学理论的一系列信号传输技术的发展，催生了广播电视、网络等媒体，其进步更是不断推动着广播电视、网络等媒体的快速发展。传输技术甚至对传统报纸的信息生产和传播也带来了深刻变革。从有线信号传输到无线信号传输，从地面传输到卫星传输，传媒信息传输技术不仅改变了人类信息传播的速度、数量与质量，更是对人类社会的生活方式和社会发展带来广泛影响和巨大变革。

传媒传输技术应用理论研究首先应该关注在传媒活动中传输技术的运用以及对所遇到相关问题的解决，如《HDTV 地面广播传输中的多载波（OFDM/COFDM）调制方案》《数字电视的网络传输与调试技术要点》《有线数字电视 HFC 网络上的传输设计》《报纸网络数据无损压缩安全传输系统研究》《SMTVS：一种基于H.264 的手机电视系统》等。其次，可以研究传输技术建设规范，如《中国地面数字电视传输标准及其移动、便携接收应用》《基于 DVB 标准的数据广播通用压缩传输协议》《数字卫星广播电视信号传输与质量分析探讨》等。再次，可以研究新技术在传输技术中的应用，如《光纤传输技术在广播电视信号传输的应用》《"云计算"对广电国标地面数字电视无线传输应用的影响》等。传媒传输技术包括信号传播技术和信号网络覆盖技术两个方面，在关注信号传播技术的同时，还应当对信号网络覆盖的技术及相关问题进行研究，如《有线广播电视系统光干线传输网络设计》《数字微波传输网在广播电视信号传输中的作用分析》《市级广电专用 SDH 传输网络的设计与建设》《利用海内外传媒构架信息传输网》等。

传媒传输技术应用理论研究还应该关注传输技术在传媒及其各传播环节中的影响，以及其引起的信息传播变革和应对的策略。关注传输技术对不同传播媒体的影响如《电脑与通信设备传输方式的重大变革——IRDA 红外传输技术日渐成熟》

《全真电子版：报纸未来发行新形态》《新媒体对传统媒体新闻传播的影响及应对策略》等；研究传媒传输技术对不同传播环节的影响如《光纤传输技术在广播电视信号传输的应用》《谈电视节目源传输——DAV 基带视音频数字化传输》《报纸版面传输与卫星通信》《通过卫星传输的电子报纸分发系统》等；在比较视阈下研究传媒传输技术如《数字微波传输与模拟微波传输的比较及改造》《数字 HDTV 地面广播传输方式 VSB 和 COFDM 的性能比较》《电台户外直播音频信号传输的几种方式比较》等。

## 第三节　传媒业务研究

传媒的主要业务是生产和传播信息产品为社会服务，传媒业务研究就是对传媒内容生产的研究。在 21 世纪前，广播电视、报纸是我国的主要传播媒体，业务内容主要是为受众提供新闻、娱乐、社教、广告等信息服务。随着互联网技术、多媒体技术以及移动通信技术在传媒业务中的广泛应用，传统媒体的信息传输网络已经从单向网络进步到双向网络，除单向传播的业务内容外，还可以开展个人通信、可视电话、电视购物、证券交易、远程教学及医疗服务等双向互动业务，业务内容更加丰富，业务范围更加广泛，对于传媒业务研究来说，研究的视野也需要极大拓展。

### 一、传统传媒业务

对传统传媒业务的研究主要从以下几个领域进行。

第一，报刊业务研究。对报刊业务的研究主要包括以下方面：一是对不同类型的报刊分别进行研究。报刊种类多样，根据不同标准有不同的分类，如根据内容特点可以分为综合性报刊和专业性报刊等；根据出版发行的时间来分，有日报、晨报、晚报、午报和周报等；根据机构管理的从属关系可以分为党报和非党报，机关报和非机关报；根据不同的发行范围可分为全国性报刊和地方性报刊；根据内容报道特点和读者对象不同，可以分为都市报和农村报；根据所使用的介质不同，可以分为纸质报刊和网络报刊等。研究者可以针对不同类型的报刊，研究其业务开展的内容、特点和规律，以及业务开展的具体方法、技术技巧及策略。二是将不同类型报刊置于广泛的联系之中研究其业务、功能实现，在不断发展变化中关注其业务动向和业务创新探索，这方面的研究选题如《官方与民间话语的交叠：党报核电议题报道的多媒体融合》《都市报副刊的转型策略》《地方报业提升新闻影响力的策略选择》。

第二，新闻文体研究。新闻是报刊业务的重要内容，报刊在新闻报道时根据内容或传播意图的需要通常会采用不同文体来进行报道。如消息、通讯、连续/系列报道、特写、评论（社论）、评论员文章、编后、短评、时评、编者按等。不同文体有不同特点和写作要求，这对记者编辑的选题策划、采访写作以及整体编排都提出了具体的要求和规范。研究者在研究时既可以着眼于不同文体的要求来研究记者编辑的业务开展，也可以针对记者编辑的具体工作内容来进行研究，如研究编辑的编辑思想、编辑方针、编辑特色以及评论写作，研究记者选题确定、采访设计、写作技巧，还可以研究报刊中的新闻栏目编排思路、特点、风格等。这方面的研究选题如《报纸消息标题与通讯标题的差异》《发散思维与收敛思维在新闻评论写作中的运用》《〈中国青年报〉调查性报道的呈现方式》等。

第三，报刊版面研究。报刊作为平面媒体主要通过静态的信息作用于人的视觉，其信息载体既可以是方便携带、读取便利的"新闻纸"，也可以是电脑屏幕，但无论是哪一种载体，报刊总是以多条信息按一定规则组合而成的版面整体呈现给受众。不同内容在版面位置上的安排会影响受众对内容的关注度，版面的结构布局及其审美性、艺术性也影响读者的注意力和阅读体验。对于报刊版面的研究首先是对报刊版序的研究，报刊的版序有头版/三版/二版/四版等的划分，不同的版对内容传播的效果不同，对稿件和内容在版序上的安排也具体体现了一个编辑的编辑思想。这方面的研究如《报纸版面引导阅读的几种方式》《报纸的版面语言》等。其次是对版面结构（版式）的研究，即对版面的分栏的格式与规格、各结构要素的编排方式和样式进行研究，如《对期刊目次编排中栏目标识的思考》《都市报版面策划的比较研究——以"4.14"玉树地震报道为例》《报纸版面设计的误区及运用模式》等。再次是对版面的艺术性进行研究，如选题《现代报纸版面视觉特色分析》《报纸版面编辑的视觉艺术》《报纸版面的几种结构艺术》等。最后是对版面的美学研究，即对其审美定位、审美趣味、审美追求等进行研究，如选题《面、块、条、线、点——谈报纸版面形式美》《线饰——报纸版面美的使者》《报纸版面的和谐美与变异美》等。

第四，广播电视业务研究。广播电视业务内容非常复杂，我们可以通过广播电视栏目、节目来对各项相关要素进行研究。对广播电视栏目与节目的研究首先要认识到"栏目"与"节目"是不同的两个概念。广播电视栏目是广播电视节目的一种编播方式，是指相对独立的具有周期性播出特点的信息单元，在这些时间单元中播出的内容可以是一个节目也可以是多个节目的组合，栏目对播出内容的编排布局方式基本保持稳定。电视节目是指可供广播电视台播出的具有完整内容和整体性叙事结构的视听作品。对于广播电视栏目的研究可以从以下方面进行。一是研究者应该保持开阔的视野，善于从栏目的设置和编排的内因、外因入手研究不同栏目的特征、功能及其价值，如《电视栏目剧的形态特征和文化语境分析》《论冗余信息在综艺类栏目中的功能》《以电视新闻栏目内在价值追求形成错位竞争优势》等。二是研究栏目的形式和内容特点，即研究栏目的宗旨、目标和定位，栏目的版块设计、主持人设计，以及栏目编排和制作方式等，类似选题如《从电视受众的文化层次思考电视栏目的文化定位》《分化与整合：当前电视军事栏目形态分析》等。三是研究广播电视栏目形式上的艺术特点，如研究栏目片头、片尾、片花、音效剪辑、舞台设计、灯光音响、录音和摄像制作的艺术性等，如《〈快乐驿站〉中电视漫画的创新探索》《电视栏目片头设计包装》《新闻访谈类栏目演播室声学灯光设计》等。四是从社会影响和市场竞争两个维度研究广播电视栏目如何提高生命力、影响力和竞争力，对如何提升栏目在内容和形式方面的文化艺术品质进行策略研究，如《困局与变局——高品质与高收视率的共赢策略》《提升电视民生新闻品质四大策略》等。五是研究广播电视栏目的品牌化、精品化发展与创新，如《变与不变的律动——电视栏目品牌创新性与稳定性关系》《县级台如何把对农节目办成精品栏目》等。

研究广播电视节目应注意到广播节目和电视节目的共性与个性特征。广播电视节目在创作中都涉及选题策划、采访写作、编辑制作等业务环节，这些环节是广播电视节目创作的共性特征。但在实际工作运行中，广播电视节目采制又体现出不同的特征，比如广播节目创作注重声音的拾取，对现场的表现主要靠声音符号；电视拥有视、听两大符号系统，在现场信息采集和表现的技术手段方面比广播要复杂许多。因此研究广播电视节目首先要结合各自不同的特征来研究广播电视节目的形态和形式，如《论杂志型广播节目的构成与形态》《广播节目：形态变革进行时》《流行与创新：电视节目形式优化》。其次，广播电视节目类型丰富繁杂，对其类型的研究目前存在标准不一、认识不一的现象，类型划分未有定论。一个值得关注的现象就是研究者更注重对电视节目类型的研究，对广播节目的类型研究关注较少。对广播电视节目类型的研究以及在此基础上建立起公认的类型体系，从一门学科的发展和研究来说是具有必要性和紧迫性的，可喜的是当前仍有一些这方面的研究，如《中国电视节目类型体系探析》《电视综艺节目发展的四类型》《广播节目类型与类型化广播》等。再次，研究广播电视节目的文化定位、选择和品位也是当下研究者较为关注的热点，在传媒市场竞争日趋激烈的环境下，为吸引受众，获得好的传播效果和经济效益，广播电视节目在锐意创新、市场化发展的同时，其对社会文化的影响力也在与日俱增，用什么样的文化影响受众、构建社会的精神文明是每个电视节目必须担负的社会重任，这方面的研究较多，如选题《广播节目弘扬中华文化振奋民族精神的几点思考》《电视人文谈话节目：大众传媒中的精英文化绿洲》等。

同时，应对广播电视节目与栏目质量评估标准和体系构建进行研究。什么样的节目/栏目才是高质量高水准的，哪些节目是粗制滥造不适合播出或需要淘汰的，需要建立一个具有可操作性的质量评价标准和评估体系。对于以往用收听率、收视率来评价节目的方式应当进行研究论证。这方面的选题如《基于模糊数学的电视节目综合评价方法》《建立多元化动态性评价标准——对完善广播电视节目评估体系的思考》等。在广播电视节目/栏目市场化发展的环境下，节目/栏目侵权的现象频频出现，对广播电视节目/栏目的知识产权的保护与侵权问题研究值得重视。另外我们还需要关注广播电视节目/栏目创作运行机制的问题。在传媒市场化探索过程中，多种节目/栏目创作运行机制得到应用，如联合制作、制片人制、制播分离等，对其成功经验的总结非常重要，同时还需要探索出更多有利于广播电视节目/栏目创新和发展的创作运行机制以推动行业发展。这方面的研究选题如《"制播分离"背景下电视内容生产"项目化"操作》《从〈新闻观察〉看电视新闻栏目制片人制》等。

广播电视业务研究中，还应对不同类型广播电视节目进行深入研究。前面我们说到广播电视的节目类型很多，目前划分尚无共识，在这里我们主要从新闻类、社教服务类、综艺类、剧作类以及纪录片等不同类别探讨研究的方法与路径。一是对新闻报道业务的研究。研究新闻的选题策划和价值发掘，研究新闻报道方式与信息量的关系以及不同内容新闻（如时政、财经、娱乐、法制、体育等）的报道方法，研究新闻的传播方式，探索现场报道与出镜报道的异同及其表现方法技巧等。二是对社教服务类广播电视节目的研究。这类节目通常传播对象明确、传播目的清晰，交流互动感强，研究时应围绕节目的目的和宗旨来探索其业务创作的方法和技巧。三是对综艺类节目的研究。主要研究综艺节目的品种、类型和构成，研究分析其传播属性、传播现象、艺术属性和文化品格，把节目的创造性与受众的接受结合起来进行研究。四是对剧作类节目的研究。研究中除了对剧作类节目的现象特征进行关注和总结外，还需要研究剧作类节目在创作中对语言的使用、对结构和情节的安排设置、对人物形象的表现与塑造；研究剧作类节目的类型样式、创作风格和创作方法，研究其民族特色、地域特色和文化特色，并对相关流派及其创作活动进行深入研究，对剧作类节目进行批评和鉴赏研究等。五是对电视纪录片节目进行研究。着重研究纪录片选题、结构、风格、样式和表现方法，以及纪录片思维品格、思想价值和文化价值；对纪录片流派及其创作活动进行研究，对纪录片的地域性和文化性进行研究等。这方面的选题如《电视民生栏目的节目定位与叙事风格探究》《以电影题材为主要内容的电视访谈节目的设计》《纪录片影像中的地域文化探究》《从流派到类型：国产电视剧的文化偏移》等。

另外，还应对广播电视不同栏目/节目的业务内容和制作方式进行深入研究。包括对广播电视新闻采写编评业务的研究、对电视播音主持业务的研究、对节目/栏目播出（录播/直播）业务的研究、对广播录音、电视摄录及后期编辑制作的研究等。这方面的选题如《录播节目在广播中的生存空间》《广播播音和电视播音的语言驾驭特点》《电视新闻画面后期编辑的再创造》《摄像编辑的形象与抽象思维》《录音报道——广播新闻的"映像"》等。

第五，新媒体业务研究。"新"媒体是相对于广播电视、报纸这些传统媒体而言，新媒体是指以计算机技术、数字技术、网络技术、通信技术为基础而发展起来的新型媒体形态，如网络媒体、手机媒体等，新媒体信息传播量大、方式便捷、互动性强，成为影响受众信息生活的重要媒体。实际上，目前学界和业界对新媒体概念的内涵和外延尚未达成共识，因此新媒体的业务内容和边界也并未得到完全认知，综合当下新媒体开展的业务内容及其特征，笔者认为目前新媒体的业务内容主要有新闻等信息发布、信息平台提供、电子商务以及客户端软件开发和营销等。

新媒体信息传播由于运用了数字、网络、通信等多种技术，其在信息发布方面整合能力极强，传播的信息内容既全面又具有海量的特点，并且通过超链接技术将相关内容整合起来提供给受众，方便受众延伸阅读和深入了解。对新媒体信息传播方面的研究如《新媒体背景下信息传播模式的嬗变——双向立体传播网络的建构》《新媒体影响下的危机信息传播问题研究》《视野扩展还是信息萎缩——谈新媒体在信息传播中的趋势》等。新媒体业务研究主要包括以下几个方面。

一是对新媒体信息平台研究。美国《连线》杂志将"新媒体"定义为"所有人对所有人的传播"，这一定义精确总结出新媒体对人类传播方式的变革。在新媒体出现之前，大众传播主要由专业的大众传播媒体来承担。但新媒体到来之后，社会中的每个人都可以利用新媒体信息平台发布信息，这种信息的发布既可以是人际间的信息互动，同时也是群体间的或面向大众的信息传播。对新媒体信息平台研究的选题如《网络信息平台的构建与发展》《互联网交互式信息平台营销传播探析》《基于供应链中游的图书流通信息平台的构建》等。

二是对新媒体电子商务的研究。21世纪以来，新媒体电子商务业务发展迅猛，在极短的时间内取得了令人瞩目的成绩，经营多元互联网业务的电子商务公司仅仅用了十五年的时间，就发展成为全球最大的电子商务公司，2014年9月随着阿里巴巴在美国的成功上市，现年50岁的马云超越李嘉诚一跃成为亚洲新首富。但是电子商务作为新媒体重要业务内容主要在经济领域被关注，极少被传媒研究者纳入研究范围。实际上电子商务中有许多信息传播内容值得研究，如对"淘宝体"语言风格的研究，对不能见面的交易双方在网络平台上沟通话语的研究，对买家和卖家反馈互评内容和方式的研究，电子商务对社会信息传播的影响等等。这方面的选题有《意向性视域下的"淘宝体"》《电子商务在线交流话语策略研究》《电子商务活动中的信息传播安全》等。

三是对新媒体客户端信息传播进行研究。客户端在互联网时代就已得到普遍使用，如网页浏览器、QQ软件等。客户端受到人们普遍关注则是在智能手机出现以后，以往传统手机只有电话、短信功能，智能手机则像一台小电脑，除传统通信业务外还能通过各种客户端浏览不同信息、处理各种事务。通过手机客户端传播信息是新媒体信息传播的重要方式，许多传统媒体包括网络媒体都积极开发手机客户端拓展信息传播渠道，如CCTV、CNR、人民日报、网易新闻、搜狐视频、优酷视频等。研究新媒体客户端就要求要对这些传统媒体或网络媒体的客户端信息传播进行研究。另外，也有许多传媒公司积极整合之前独自为阵的传统媒体和各类不同的专业网站，开发具有强大整合功能和全面信息内容、信息数量海量的手机客户端，如云图TV、蜻蜓.FM等客户端整合多个媒体进行信息传播，这种原发性信息传播客户端属新生事物，应当成为研究者关注的重点。目前对客户端信息传播的研究几乎是凤毛麟角，还有极大的领域和空间等待研究者前去探索。当前可以查阅到的研究有《我国手机新闻客户端盈利模式研究》《浅谈手机媒体的特点和优势——以腾讯手机客户端"两会"报道为例》《三网融合背景下的传统纸媒的移动客户端发展路径研究——以〈现代快报〉客户端"掌上快报"为例》等。

### 二、传媒新业务

由于传统媒体的信息生产和传播技术特点，传媒的信息传播数量、质量以及传播范围都受到一定的制约。但是随着技术上的数字化改造和业务上的网络化发展，以及对现代通信技术的积极运用，传统媒体犹如被注入了新鲜的血液，焕发出新的生机和活力，在业务内容和传播领域都有了一定的创新和拓展，比如电视不再只通过有线或无线电视网络传输，还可通过互联网、手机传播；接收电视信号的终端不再局限于电视这单一的屏幕，还可通过电脑、手机、楼宇电视、车载电视等接收信号；网络化、移动化传播不仅使传统媒体得以开疆拓土，在业务内容上也有了新的突破，如数字电视、数字音频广播（DBA）、网络电视、手机电视、手机报纸等等。除了技术上的改进提升，传统媒体还利用现代技术与多种行业联合开发新业务，如电视与当地政府机构合作开发"数字电视智慧社区"，报纸与电商合作开展"码上淘"业务等。先进的传媒技术赋予了传统媒体新的生存空间和发展前景，研究者需要对传统媒体在新技术下的业务内容给予更多的关注。对传统媒体新业务研究的选题如《数字电视中交互业务的分类及实现》《交互电视的内容体系》等。

传媒的双向传播功能已经得到开发实现并逐步被推广应用。传统媒体经过数字化改造、网络化改造也拓展了许多新的业务功能，如通过电视实现可视通信功能，通过电视上网交费、购物消费，进行证券交易、远程教学及医疗服务等业务。未来传媒业务内容将不仅限于信息传播，为受众提供多方面的的生活服务也将成为传媒不可分割的业务内容和重要的经济来源。对传媒业务研究应当关注传媒不断发展的新业务内容，并对其进行深入的研究总结。当下已经有许多研究关注传媒的新业务发展并进行了一些相关研究，如《三网融合新业务之电视互动游戏平台建设》《移动多媒体广播（CMMB）系统设备测试方法及检测系统研究》《一种数字宽带新业务：广告点播》《创新的 SMG 第一财经新业务平台建设》等，但从研究现状来看，对传媒新业务的研究主要是从技术层面出发来研究思考，对新业务更多关注现象而较少对内容、模式及传播各要素进行深入研究。

## 第四节　传媒传播环节研究

传媒传播环节研究是对传播活动中相互关联的事物进行研究。传媒传播活动在宏观、中观和微观各层面包含不同的环节，对这些环节的内在关联、运行规律以及新现象、新问题的研究有利于做好传媒工作，推动传媒行业发展。宏观层面上各媒体的传播环节大体一致，基本都包括内容生产、内容传播和信息接收三个环节。但由于使用的技术手段和语言符号存在差异，在中观和微观层面上各媒体的传播环节就出现一定的差别。以内容生产为例，广播电视媒体的内容生产包括选题策划、采访写作、摄像编辑、后期制作等多个环节；而报纸的内容生产虽然也有选题策划和采访写作，但却不包含摄像编辑、后期制作。微观层面的传播环节是对中观层面传播环节的进一步细化，如编辑分为文字编辑和画面编辑，画面编辑环节又包含素材采集、画面剪辑、字幕制作、特技制作、配音配乐、渲染输出等多个环节。在实际工作中，中观层面常常有多个环节由同一个具体工种来完成，甚至出现交叉现象，如选题策划可以由负责采访写作的记者来完成，也可以由编辑来完成；但有些环节却需要多工种配合，如广播电视节目的后期制作，通常会有播音员、灯光、音响、剪辑师、包装师、特效师等工种参与完成。因此对传媒传播环节的研究若只考察宏观层面就显得极为粗略，无法触及不同媒体传播环节的个性特征；但微观层面的环节又浩繁庞杂，没有必要延伸到微观层面去面面俱到。为既条分缕析又不失全面和具体地做好传媒传播环节研究，本节从宏观层面环节着笔，以信息传播的三个环节（信息生产、信息传播、信息接收）为思路来探讨传媒传播环节研究的方法和路径。

## 一、传媒内容生产环节

在传媒内容生产环节，不同的媒体环节不同。对于报刊媒体来说，传媒内容生产主要由记者进行信息采集，由编辑进行内容把关和版面排版，人员构成相对简单。广播媒体的内容生产除记者编辑外，还需要播音员、主持人将文字信息转变成有声语言，在这个过程中还需要技术部门人员的技术保障。电视媒体通过视听语言同时作用于人们的视觉和听觉，画面是其内容传播中不可或缺的内容，其内容生产环节因此需要较多工种参与，除编导、记者外，还需要摄像、后期编辑、播音主持、节目包装、特效制作等，如果节目是现场录制或演播室制作，还需要灯光、音响以及技术等部门的工作。研究中我们既需要考察各传媒内容生产诸环节之间的内在联系和相互影响，也需要根据时代、技术等的变化不断研究改进各环节的流程和职责内容，以最优配置和最高效运转提高内容生产各环节的效率和工作质量。如报纸媒体在发展中对采访与编辑两个环节是"采编合一"还是"采编分离"问题与实践的探索；电视台对采访过程中"采摄合一"与"采摄分离"两个环节处理的思考与论证等。相关选题有《采摄合一有何利弊》《电视节目"采摄分离"的问题及对策》《城市电视台新闻采摄分离不合实际》等。

内容生产既是技术层面的操作，更是智慧活动的成果与结晶，人在内容生产各个环节都起着重要的甚至是决定性的作用。研究传媒内容生产必须关注不同环节实践主体的心理状态、角色定位、素质要求、行为现象和创作创新等；用联系的观点思考主体的工作职责与其他环节内容的联系与区别，并由此反观主体履行本职工作的技巧与方法；在发展的视阈下思考变化着的社会环境、媒介环境等对主体的素质要求和工作能力提升的需求，以及主体应该进行的工作方法与技能的改造等。相关的选题有《新媒体环境下的记者职业角色认知》《国际化语境下期刊编辑的现代意识》《新形势下编辑主体的创新意识构成与实践》《新媒体语境下的播音主持的创新研究》等。

研究者还应该注意到虽然传媒内容生产被细分成许多环节，但各环节工作内容的划分也并非泾渭分明，它们并不是封闭的、孤立的，而是与其他环节密切联系、相互影响的，那种把各个环节绝对分离开来进行研究是错误的做法。实际上我们常常要求传媒各环节的工作人员要具有"综合素质"并努力培养"一专多能"的业务人才，比如我们要求主持人应当了解并参与节目的选题策划等各环节工作，这样才能在节目中运筹帷幄、游刃有余，才能真正实现节目的意图。在实践中编辑一职通常从成熟的优秀的记者中选拔，但并非所有成熟的优秀的记者都可以成为合格的编辑，因为编辑需要的素质更全面，需要对多种工作环节都有较为熟练的认知和实践能力。因此在研究中切不可把各工作环节及其主体孤立起来进行研究。这方面的相关选题有《期刊编辑素质建设与主体能动性的发挥》《电视文艺导演的综合素质与技巧研究》《电视剧编剧素质内涵及提升》等。

各环节工作内容常常是相互依赖、相互渗透和相互影响的，因此对传媒内容生产环节的研究应注意局部与整体、个性与共性的关系。比如记者的采访质量会直接影响稿件的质量，记者稿件的整体水平形成节目的整体水平；编辑虽然在内容生产环节的后端，但他不仅在记者的选题确定和报道策划中起着组织与规划的作用，还对提升记者的采访写作水平和能力起着重要的指导作用。这些都需要研究者对不同环节有较为全面和深入的了解，才能真正做好对各环节的研究工作。相关选题有《剧组成员艺术个性的相互制约与统一——兼论一度创作与二度创作的关系》《新闻编辑与记者的良好协作关系建设与实践》《现场采访记者与摄像记者间的配合与工作创新》等。

## 二、传媒内容传播环节

传播内容传播环节研究着眼于如何通过传播使传媒传播目的、传播功能和传媒影响力得到实现。传媒传播活动并不是在信源与受众之间简单进行内容搬移，在信息选择和加工过程中，传播者的传播目的和意图会在一定程度上融入并体现，然后通过传播环节到达受众，对此传播学"把关人"理论早已进行了研究分析。而传播者的目的意图除在文本选择和加工中予以体现外，在传播环节上还会受到诸多影响，如美国学者C·香农和W·韦弗提出"噪音"概念，认为信息在传播过程中可能受到噪音的干扰，产生一定的衰减或失真。除技术方面的"噪音"干扰外，信息在传播过程中还会受到其他诸多因素的影响，如传播时机、传播方式、传播次数、传播频率等等。传播学"议程设置"理论认为通过对信息播出的顺序安排或播出次数、频率的设置，可以有效实现对受众关注内容的引导，并对其关注程度产生一定的影响。因此，内容传播虽然依赖技术以及技术的发展和不断优化，技术方面的"噪音"也通常会对信息传播造成一定的干扰和障碍，但传播时机、传播技巧、传播方式和传播策略等也是影响传播目的意图实现的重要因素。当今传媒市场繁荣、竞争激烈，为取得好的传播效果、实现传播意图，媒体在传播环节方面加大了实践探索和策略研究，如 2014 年的"周一见"媒体事件就非常典型地表现出爆料媒体对新闻传播时机、传播方式的策略性规划。在传媒市场竞争愈加激烈的形势下，对传播环节的方法技巧和策略的研究应当予以关注。研究者在这方面的研究有《重大国际新闻事件报道的时机选择与价值挖掘》《舆论监督的报道时机及平衡尺度研究》《对外电视新闻传播技巧与方法研究》《微新闻传播特点及传播策略》等。

　　传媒作为社会公器，其传播活动对社会公众的公共利益以及社会整体系统的运行产生深刻的影响。为实现理想的价值观或理想的规则传媒应当扮演何种角色一直是学者和各国政府研究思考的问题。对传媒传播活动进行一定的制度规范和控制，使其为社会发展和既定的意识形态承担相应的责任和义务，也是研究者面临的重大问题。对媒体传播活动的制度管理体现了社会制度或制度性因素在各个方面对传播活动的制约和影响，传媒在传播环节上的策略规划必须在遵守一定的管理规范的前提下进行。我国针对不同媒体的传播环节都制订了相应的管理规定，如《出版管理条例》《音像制品管理条例》对印刷物、音像制品的印刷/制作、复制和出版发行都进行了明确的规定；于 2015 年 1 月 1 日起开始实施的"一剧两星"管理规定是国家新闻出版广电总局为均衡优化频道资源、丰富荧屏在传播环节上对各电视媒体实施的制度管理；要求各地方卫视在黄金时段的娱乐节目播出每周不得超过三次的"限娱令"同样属于政府对媒体传播环节的限制和约束。研究者对传媒内容传播环节的研究应置于广泛的社会背景下，在传媒与社会结构、社会关系、社会制度的关系纵向和横向的考察基础上，研究传媒如何为实现理想的传播秩序和社会价值、如何承担和履行应尽责任和义务而自觉采取正确的传播策略和方法，如《新闻传播中的伦理冲突与应对策略》《网络时代公民新闻存在的问题及改进策略》《公民新闻时代主流媒体新闻传播策略》等；针对传媒在传播环节上的策略和技巧进行批判性研究，如《"限娱令"下综艺娱乐节目的转型》《"限娱令"下综艺娱乐节目的转型》等。

　　在市场化竞争阶段，不仅需要政府通过颁布一些制度对传媒传播活动予以控制管理，在市场机制和社会机制的约束下形成媒体的高度自律也显得更为重要。媒体自觉履行社会责任、文化责任和历史责任，通过自律而不是政府来强制规范，既能减少政府管理行为以免形成"政府干预"的负面印象，引起行业和受众抵触心理，又可以更有效地健康市场环境、利于整个社会和谐发展。一直以来研究者在媒体自律方面的研究主要着眼于内容生产环节，从内容传播环节入手研究媒体自律性机制的较少。随着传媒市场竞争日趋激烈，以及网络技术、新媒体技术被广泛应用于各媒体业务生产和传播中，传媒业务从以内容生产为中心转变为以用户服务为中心，这也意味着传媒将在传播环节方面加强方法和技巧的运用。在我国文化体制改革进入深水期后，政府赋予媒体经营更多的自主权和灵活性，得到更多自主权的传媒更需要强化责任和自律意识，正确把握好传播环节，而研究者也应当强化对传媒传播环节的自律意识和行为研究。如选题《播客平台的商业模式、监管自律与播客自媒体公民意志的再传播》等从模式、监管、公民意志几个方面对新媒体如何自律进行了研究。研究者对媒体传播环节自律问题研究应针对所有的媒体，包括传统主流媒体。

在新媒体技术不断运用于传媒实践，不同传播媒体在内容传播中都打造了多样的传播平台，如传统的报纸媒体除原有纸质媒介外，利用互联网技术发展了电子报刊，利用移动通信技术开发了客户端等，有些传统媒体还与网络、手机新媒体开展合作业务，这些多样化的传播平台为传媒内容传播提供了更加多样化的传播渠道。如何处理这些传播渠道的关系，如何有效利用多样化渠道达到理想的传播效果，这不仅是传媒在传播环节上需要进一步探索的问题，也是学者应当研究的重要问题，如报刊媒体所思考的是"先报后网"还是"先网后报"的问题等。不同传播渠道面对不同的受众群体，针对不同受众群体特征采用何种传播模式才能得到更好的传播效果，在不同的传播渠道如何进行受众定位、进行品牌打造，这些都是传播者和研究者所面临的新问题，如选题《构建报纸数字传播运作新模式》《新媒体时代报纸阅读与传播模式研究》《新媒体时代电视节目的微传播与关系重构》等对这方面进行了初步探索。

## 三、传媒内容接收环节

传媒内容接收环节位于传媒传播环节末端，是传播内容、目的最终达成阶段。对传媒内容接收环节进行研究是传媒制定内容的传播策略，提高传播效率以及传播有效性的重要前提，也是对传媒内容的传播效果进行验证与研究的必要环节。这个环节的研究主要围绕内容接收主体——受众来进行。传播学对受众的主/被动性、差异性以及对信息接收的心理机制等多方面系统深入地进行了研究，从应用理论视阈研究受众对传播内容的接收，尤其在互动传播机制被强化的媒介环境中，受众不仅接收信息，同时也参与信息传播过程的各个环节，研究受众与传媒的关系对我们清晰认识接收环节的传播生态，并调整传媒内容传播战略有着重要作用。部分学者在此方面有一定关注，相关研究如《三网融合时代下受众的媒介依赖》《新媒体时代下视觉设计受众参与性探究》等。还有学者对受众群体特征、内部结构等对内容传播的影响进行了研究，如《多元传播形态下广播受众的分众趋向》《把握受众特征定位媒体风格——从受众的角度分析移动电视传播》《受众属性、收视特征对手机电视内容创新的影响》等；在分析受众心理接收机制基础上研究内容传播的方法技巧与策略，如《真实与可信——从受众接收心理谈新闻真实性》《受众心理接收机制与公益广告语的美学表达》《受众收视的心理动因在涉案类法制节目上的分析与利用》《从受众心理角度论公交移动电视广告的发展瓶颈及其对策》等研究。也有学者侧重于研究受众内容接收习惯、方式、途径和渠道，为传媒的传播活动提供了重要参考，如选题《论受众行为对新闻传播的作用与影响》《受众接收方式与电视的独家竞争优势》《网络涉农信息在西部农村地区接收模式分析》《从接收工具状况看广播的发展空间——广播产业化发展的逆向思考》等。另外，还有学者注重考察传媒内容传播在接收环节的有效性，研究受众传媒需求，研究信息接收率和内容传播所达到的实际效果，如《多频传播环境下电视受众特征及其信息需求研究》《媒体信息接收率与有效性——东、中、西部三地受众调查分析》《受众需求与电视新闻报道创新》等选题所进行的研究。

对受众群体的研究应置于动态的社会发展背景中来考察。网络、手机等新媒体的出现，网络、移动通信、大数据等技术在传统媒体中的广泛应用变革了受众群体对传媒内容的接收方式和模式，同时受众在信息传播过程中的身份也在悄然变化，从信息接收者向信息消费者转变，从被动接收信息向主动传播信息转变。对受众的研究需要结合时代发展，敏锐察觉该群体的时代变化特征来进行深入研究。这方面的研究如《从"受众"到"使用者"：网络环境下视听信息接收者的变迁》《移动的受众移动的媒体——城市受众媒体接触新变化》《网络大数据分析应用案例——户外媒体受众特征研究》等。新型信息传播模式下，互动已经成为传媒内容传播中不可缺少的环节，互动传播模式中的受众行为、受众心理、传受关系是社会传播中出现的新现象新问题，应当成为研究者关注的重点。这方面的选题如《受众需要与编辑方针的互动——传播系统运动的内在动力》《电视广告传播中的互动意识——从受众注意和理解分析》《"报网互动"语境下的受众参与新闻生产研究》、《国外大数据分析下的户外媒体受众群体监测探索》等。

对传媒内容传播效果的应用研究是检验传播活动是否有效、传播目的是否达成的重要途径，传播效果对于传媒内容生产、传媒行业发展、传播战略规划的制定有着重要的意义和作用。当代传媒形式多样，研究者可以对不同传媒的内容传播进行效果研究，如《公交移动电视广告传播效果实证研究》《公共危机事件中手机媒体的传播效果分析——以"7·21北京特大暴雨灾害"为例》《微博谣言的生成机制及传播效果分析》等。研究影响传媒内容传播效果的各种因素，并在此基础上研究相应的策略，如《论"媒介符号环境"对广告传播效果的影响及对策》《新闻叙事视角与聚焦对传播效果的影响》《网络群体传播中非正式信息长度对传播效果影响研究》等。构建评估传播效果的指标体系和评估方法，如《电视节目传播效果评估系统的构建与应用》《城市形象对外传播效果评估体系的构建》《"收视率"不再为王大数据时代视听传播效果评估的重大变革》等。

受众反馈也是接收环节必须重视的研究内容。对受众反馈的研究早期主要集中在受众反馈内容的收集与反馈模式及机制考察，随着受众在传播活动中"用户"身份的确立，对于受众的反馈研究应当涉及更加广泛的领域。在互动传播模式下，受众既以"传者"身份发布传播信息内容，也不断通过媒介平台对传媒内容发表评论和观点进行反馈，以往通过信件、电话、短信较为私密渠道发布的观点，在新媒介技术环境下被公之于众，与众多持相同观点的人形成合意，对社会产生舆论压力和现实影响。这种压力和影响犹如双刃剑既对社会民主化、法制化建设产生积极的影响，同时一些狭隘偏激的观点和对舆论压力的滥用又会对社会民主化、法制化进程产生消极负面的作用，甚至是阻碍作用，如网络暴力、舆论审判等。因此，研究互动传播模式下受众的反馈需求、反馈功能及意义、反馈的作用和影响，研究受众互动传播模式下的反馈机制及规范等，对人类社会发展有着极为重要的作用。这方面的研究已有部分学者涉及，如《城市电视台节目评估与反馈系统的建立与实施构想》《新闻舆论宣传与受众的反馈效应》《广播电视受众反馈系统构建及运行模式研究》《新闻舆论宣传与受众的反馈效应》《论传媒受众反馈机制的规范化》等选题进行的相关研究。

## 第五节　传媒语言要素研究

与基础理论研究中对传媒语言研究的出发点不同，对传媒语言要素进行应用研究是将传媒语言基础理论研究成果应用于传媒传播实践，从实践应用的视角研究传媒语言要素对意义表达的方法、技巧，挖掘语言要素的艺术表现力，研究各语言要素之间的关系以实现好的传播效果。语言要素与传媒业务生产紧密相连，长期以来，传媒业者注重在实践中总结传媒语言要素的经验，探索语言运用技巧；传媒业务研究学者也重视对不同传媒语言要素的功能、作用等进行多视角、多层次的深入分析。但同时也应注意到，由于各媒体基于网络、手机等新媒介技术不断开发新形式的业务内容，传播媒体间的语言要素逐渐表现出趋同性，因此，对传媒语言要素的应用研究要坚持发展观，避免研究视野落后、狭窄，当与时代发展紧密结合、与时俱进。

### 一、语言要素实践运用

不同传播媒体的语言要素各异，报刊的语言要素有文字、图片、图表、漫画、标题、版式等；声音、画面、色彩、光影等为广播电视的语言要素；互联网、手机等新媒介集合了报刊、广播电视的多种语言要素，表现为多媒体语言。当前传媒业者和学者对传媒语言要素的实践运用研究较多，集中在特点和功能研究、实际操作和运用研究以及相关的技巧研究等几个方面。对传媒语言要素的特点和功能的研究如《报纸标题标记性质及功能分析》《音乐在广播文艺节目中的地位与作用》《新闻漫画的特点及在我国的发展》等；对语言要素的实际操作和运用的研究如《论字幕、图表在电视节目中的应用》《节奏在广播音乐节目编排中的运用》《报纸版面设计中色彩元素的深度运用》等；对传媒语言要素运用技巧的研究如《电视画面前期色彩调整技巧》《报纸副刊标题制作技巧》《广播新闻中音响的采制及技巧》等。从传媒业务实践出发对传媒语言要素进行实践运用研究，常常容易流于现象表面，止于对现象的观察和经验总结，研究中我们应常从问题意识入手，力图从现象到本质、从经验总结到理论分析进一步深入研究。如选题《电视纪录片情景再现之真与失真》从运用语言要素进行情景再现时对纪录片真实性的影响问题入手来研究情景再现的恰当运用，既有对实践的总结也有理性的思考和探索。

深入研究传媒语言要素的实践运用，不仅要思考其特征及本质，还应当坚持联系的观点，将传媒语言要素的实践运用与传媒和社会相联系，考察其对传媒传播活动、传媒业发展以及对社会发展的影响。读图时代、读标题时代、多媒体语言传播时代，语言要素的恰当合理使用、技巧性创新性运用对传媒内容生产、传播效果、传媒和社会发展是否会产生影响、产生多大影响，值得研究者关注和研究。如选题《电视节目制作中的图形图象格式特点》《广播音响的形象思维》《从新闻制图看新闻摄影的情节性》《电视包装中色彩运用的文化性思考》等从不同的角度试图探寻各语言要素的本质特征；选题《印象派色彩对电视栏目包装的启示》《新闻漫画使报纸版式设计个性化》《音乐包装对广播新闻频率品牌提升的作用》《动漫在电视广告中的商业价值》等探讨了语言要素对传媒传播活动的影响和价值；选题《试析报纸对当代汉语新词的传播与示范》《图像时代的文字使命》等研究了文字传播的社会传播价值和责任，这些研究都为学者对语言要素的应用研究提供了更为开阔的视野。语言要素在传媒传播中既可以与其他要素配合使用，也可以被单独使用来表达意义，不同要素在传播中的表意能力、艺术能力、传播效果各异，对受众和社会的文化影响也各有不同，这也需要研究者从小处着眼深度挖掘，探寻不同语言要素的社会价值、文化意义及其社会传播责任。

## 二、语言要素艺术性

"传媒具有信息传播功能，又具有艺术创造功能。"（见本书第三章）语言要素既是传媒意义传达的媒介，也是传媒艺术创造不可或缺的物质材料，从某种程度上说，正是因为传媒语言要素能够在反映现实的同时进行意义的审美表达，能够进行高级形态的审美创造，才使得传媒具有了艺术创造的无限可能性。因此对传媒语言要素艺术性研究首先要关注不同语言要素的艺术特点、艺术价值以及艺术功能，如选题《现代报纸版面设计的艺术价值研究》《论音响在广播报道中的美学价值》《新时期电视新闻节目艺术特征研究》《报纸新闻标题的辞格艺术》《音乐在电视剧创作中的艺术功能》等，这类研究是对语言要素的艺术性进行基础研究，当前专注这方面研究的学者并不很多，还有较广阔的研究空间。其次是对语言要素的进行艺术实践研究，研究各语言要素的艺术表现、艺术处理、艺术创造的方法和技巧，如《卡通形象在电视广告中应用的艺术表现》《报纸版式设计中文字的视觉艺术化研究》《电视摄像技术中画面构图艺术表现与技巧》《形式美与新闻摄影视觉冲击力》等选题对多个要素的艺术性进行了研究。

在艺术创造实践基础上，研究者还需要对各语言要素进行艺术审美观照，研究其美学内涵及意义、美学特征及功能、美学心理及追求等，如选题《图片的故事叙述策略与美学内涵》《影视等传播媒介中广告音乐的美学特征》《新闻纪实类数字图片后期处理的美学追求》《音响在视听艺术中的美学功能》《报刊编排设计符号的美学创意思维与审美心理研究》等；研究不同语言要素的独特的审美表达，如《电视画面之光色美》《报纸版面的内容美与形式美》《纸质媒介新闻图片创作的瞬间之美研究》《现场短新闻语言的定格美与流变美》等。对传媒语言要素的艺术创造进行鉴赏和审美，如《报纸新闻图表的艺术创作及鉴赏》《摄影文学：报纸副刊的靓丽风景》《审美范式的超越：新媒体动漫艺术解析》《从新闻摄影优劣势谈美学形象追求》这些选题，鉴赏和审美类研究学者们目前还较少涉及，值得我们在研究中多关注。另外还可研究各语言要素的艺术创造对传媒信息传播的影响，如《电视新闻的审美特征与真实原则》《新闻漫画的艺术性和真实性》《从艺术欣赏中接受新闻——谈新闻速写艺术》等研究。

## 三、语言要素关系

在传媒实践中，各语言要素既可单独用于传播意义，也可将它们组合或搭配起来使用以提高表意的准确性，增强信息内容的形象性和生动性以达到更好的传播效果。如报刊经常在文章中配上插图，刊登摄影作品时用简略的文字说明与之相关的重要信息；电视新闻节目制作中除使用解说、画面这些基本要素外，还会使用动画、图表等语言要素。传媒语言要素在传播中组合使用，使要素间形成并列、互补等多样化的关系，对组合使用的各要素在作品中的得当处理也是应用研究应关注的问题，总的来说对传媒语言要素的关系研究可以从以下几个维度入手：一是研究各语言要素间在表达意义时的相互作用、相互影响，如《视觉传播时代报纸版面设计的图文关系》《电视新闻表现元素的作用、关系与调动技术探讨》《电视新闻的声画结合——文稿配音和图像画面的关系》等；二是研究语言要素在组合搭配使用时的主次关系研究，如《论电视新闻口播中主语言和副语言的关系》《电视解说词与画面的关系及其编写技巧》《图为文之形，文为图之灵——新闻照片文字说明的写作技法与使用误区》等；三是对传媒语言要素间关系进行辩证思考。传媒语言要素在组合使用时应力求达到相得益彰的效果，不能求全贪多，要防止以图害义或以文害义，避免形式干扰内容的有效传播。如电视写作中强调"为画面而写作"，将画面与文字语言的关系定位得清楚明白：画面上一眼可以看到的信息内容，文字表达可以省略，文字内容应主要表述画面难以表现的内容，这样才能做到文图互补、相辅相成，在避免意义累赘的同时扩大媒体传播的信息量。因此，语言要素组合搭配使用时应注意处理好相互间的辩证关系，使各语言要素能充分发挥自己的优势，真正为传播服务。此类研究如《"影响"之思——光影与声响交织的影响》《新闻图片与新闻标题的辩证关系》《读图时代还是读标题时代？——都市类报纸版面元素的构成关系分析》等；四是对传媒语言要素组合搭配关系进行审美研究，此类选题如《版面设计"图、文、色"三要素搭配的美学研究》《电视散文的音声化与文本画面的审美愉悦》《论电视广告画面与音乐的关系——关于电视广告画面与音乐的审美研究》《电视广告画面与音乐的审美研究》等。

### 四、发展视阈下的传媒语言

传媒技术的进步不断提升着传媒语言要素表现的技术和质量，传媒业的发展也使传媒语言要素的使用逐渐突破传统媒体的平台限制，在网络、新兴媒体平台上得到更加自由的表现，报纸杂志使用的文字、图片、图表、漫画、标题、版式与广播电视媒体的声音、画面、色彩、光影等语言要素在新的媒体平台上交互融合，给受众带来了全新的传播体验。对传媒语言要素的应用研究，要不断关注新技术对语言要素的变革及其对传播形成的影响。如20世纪90年代我国广播电视传播从模拟技术变革到数字技术，数字化传播不仅变革了广播电视的工作方式，其声音传播也更加高保真化，受众接收的画面内容更加清晰、色彩更加正常；数字化技术在报纸杂志工作流程中的应用也使报刊版面设计变得方便快捷，版面设计可以轻松实现理想的艺术效果；图片处理变得简单高效，艺术效果愈加多样化。传媒语言要素的新变化必然对传媒传播活动产生影响，研究者应当在发展的视阈下把握不断创新的语言要素，这类选题如《读图时代下报纸新闻图表功能分析》《新形势下报纸版面视觉创新的定位分析》《电视新闻图表的视觉创意表现与创新》《实时多画面播放设计与传播效果研究》等。

21世纪网络、手机等成为信息传播的新载体，新型传播媒介综合了报纸和广播的语言要素，呈现多媒体的语言表达风格。研究不同语言要素在网络、手机中的应用也是研究者关注的重点，这类选题如《从手机摄影看新闻图片发展趋势》《画面主体位置布局的眼动实验对网络视频信息传播的启示》《手机报新闻标题的制作原则和实施》《新媒体语境下动漫产业的新价值观》等，目前关于网络及手机信息传播中各语言要素的价值作用、功能影响以及艺术性等研究并不多，而网络/手机此类新型传播媒介对传统媒体业务的介入及其所焕发的生命力正方兴未艾，语言要素在新型媒介平台上的应用及现象值得研究者长期关注。此外，还要重点研究各语言要素在实践运用中表现出的热点现象和问题，如选题《数字时代报纸编辑要防范语言不规范的新现象》《海外报纸"欧洲杯"漫画、图示报道研究》《纸新闻图片的异化现象》《卡通动漫与电视广告交融现象研究》《影视声音创作中关于"听点"的设计与选择》等，在热点的现象和问题中感受变化、把握实质，充分发挥传媒语言要素在传媒应用与实践中的功能与价值。

# 第五章  传媒决策理论研究

邵培仁教授在《论媒介生态的五大观念》中指出要充分认识到传媒生态系统要素构成的复杂性："不仅主张充分考虑媒介系统与外部世界复杂的有机联系，而且强调重视媒介经营管理中由各种要素和资源共同构成的整体关系。"传媒信息传播活动既受信息、传者、受者、媒介等因素的影响，同时也与政府的方针政策、发展规划、条例法规、管理制度等相互联系、相互影响。正确的决策对传媒发展起着积极的推动作用，反之，如果传媒决策过于滞后或超前就会阻遏传媒的发展。传媒决策理论研究为传媒事业管理提供了必要的理论依据和理论指导，科学的符合传媒发展实际的决策理论能促进我国传媒事业朝着健康良性的方向快速发展。

## 第一节  传媒决策理论研究概述

"决策"是决策者为达到某一目标，确定未来行为策略和方案的行为过程。在人类社会和文明的绵延繁盛过程中，人类一直在不断进行着决策行为。早在我国战国时期，韩非子在《孤愤》中对君主如何听智礼贤并做出正确的论断和决策，详细地阐明了自己的观点："人主之左右不必智也，人主于人有所智而听之，因与左右论其言，是与愚人论智也；人主之左右不必贤也，人主于人有所贤而礼之，因与左右论其行，是与不肖论贤也。智者决策于愚人，贤士程行于不肖，则贤智之士羞而人主之论悖矣。"韩非子这里的"决策"指计策、谋略。《史记·魏其武安侯列传》中也写道："太史公曰：魏其、武安皆以外戚重，灌夫用一时决筴而名显。"当中提到的"决筴"，即"决策"，意为"判断""决定"。"决策"行为不仅在历史重大事件中发挥着极为重要的作用，同时也贯穿于人类的基本社会生活和行为之中，是人类活动的基本行为之一。

### 一、决策理论研究的意义

人类新闻信息传播活动从私下传播、随机传布到定期报刊兴起，从早期的定本制度到严格的出版审查制度施行，从官报、政论性报刊、政党报刊到商业报刊，传播媒介的每一步发展都离不开传媒管理者、经营者以及国家统治者、政府机构的"决策"，传媒管理者和经营者对传媒应承担的社会角色和履行的社会功能的定位，国家统治者和政府机构对传媒经营管理体制的多项举措都对传媒的发展发挥着深刻的决定性的影响。传媒决策理论研究聚焦这些事关传媒发展全局的决策行为，既研究规划、方针政策、条例、法规、制度这些决策内容，也研究制订这些决策内容的决策行为和方法，为正确决策、科学决策提供理论依据和理论指导，为传媒事业健康良性发展发挥正面积极的推动作用。

传媒发展离不开决策，离不开传媒决策理论的研究，我国传媒事业也正是在传媒决策研究的探索中生生不息、发展壮大的。19世纪末，国人办报刚刚兴起，我国报业先驱们对大众报刊传播的多个方面进行深入思考和探索，郑观应提出报纸应当"通民隐""达民情"；《循环日报》主笔王韬认为报纸当为国家变法自强服务，应当通过报刊实现"民隐得以上达，君惠得以下逮"。为争取读者，《循环日报》对出版时间进行精心策划，1878年将每天早晨出版改为头一天傍晚出版；梁启超认为报纸的功能在于"去塞求通"，"报馆之议论既浸渍于人心，则风气之成不远矣"①，其参与创办的《万国公报》所刊发内容除论说外，还有外电（报）选译、国内各报摘录、上谕等。报业先驱们对报刊的传播目的、宗旨，社会功能、传播风格、内容架构、经营策略等进行了初步探索和慎重决策，为后来国人办报提供了宝贵经验，为我国报刊事业蓬勃发展奠定了坚实的基础。

经过民国初年政党报纸的短暂繁荣之后直至新中国成立，我国传媒事业在社会动荡和战火硝烟中经受着血雨腥风的洗礼，在抗日战争和解放战争中，进步的报刊和广播成为抗日救亡和革命思想传播的重要阵地，担负着重要而光荣的历史使命，传媒事业成为我国人民解放事业中不可分割的一部分。新中国成立后，广播事业得到蓬勃发展，电视事业开始起步，传媒形式渐趋多样化。党和国家对新闻事业进行了一系列重大决策和调整，其中包括建设了以《人民日报》为中心、党报为主体的公营报刊体系，新闻自由原则被写入国家宪法，设置了新闻总署来领导和管理传媒事业。我国新闻事业开始步入规范化、法制化的发展轨道。

纵观我国传媒理论研究，决策理论研究一直是研究重点之一。近代国人办报方兴未艾之际，资产阶级革命派就公开提出并承认报纸的党派性，并认为报刊必须大力宣传政党的纲领和主张。报刊强大的舆论影响和引导作用，使得当时的国家统治者不得不通过立法和实施相关体制来管理传媒市场。袁世凯统治时期、北洋军阀统治时期、民国时期都分别制定和实施了一定的新闻法律制度。中国共产党"一大"通过的决议中明确规定党的报刊"应由党员直接经办和编辑"，中共"二大"通过的《中国共产党加入第三国际决议案》规定党的报刊应"完全服从党中央委员会"，这些规定体现了党对传媒事业的认知，也体现出党对报刊工作的重视。21世纪多样态的传播媒介和繁荣活跃的传媒市场给传媒决策理论研究带来了新的课题和内容，比如在全球化视野下如何增强我国传媒事业的竞争力，如何规范不断开放和复

---

① 方汉奇：《中国新闻传播史》，中国人民大学出版社，2009年版，第84页。

杂的传媒市场使其健康有序地发展，如何通过传媒活动传播和构建优秀的具有广泛影响力的民族文化等，传媒决策理论研究将为解决这些具体问题提供必要的理论依据。

从历史发展进程中我们也可以看到，传媒决策理论研究对传媒事业管理起着最直接的不可替代的作用。传媒决策理论研究有针对性地研究解决传媒事业发展中出现的诸多现实问题，制定传媒事业发展方向、发展目标、发展规划，对传媒事业发展的进程、路径、步骤和阶段给予明确的、清晰的规范，使传媒事业得以健康、良性地发展运行。1983年第十一次全国广播电视工作会议确定"四级办电视，四级办广播，四级混合覆盖"的发展方针，使我国广播电台、电视台以年均122%、134.7%的增长速度发展，广播电视综合人口覆盖率显著增加，广播电视事业发展迅猛。1998年，为解决我国农村广大群众听广播、看电视难问题，党中央、国务院决定启动广播电视"村村通"工程。第一轮"村村通"工程于2005年结束，根据工作效果，党中央、国务院决定从2006年起继续实施广播电视"村村通"工程，并着力构建农村广播电视公共服务体系。为稳步推进"村村通"工程，还对该项工作划分了三个实施阶段，力图通过三个阶段的建设，全面实现20户以上已通电自然村"村村通"广播电视。通过"村村通"工程，不仅推动了广播电视在农村信号"盲区"的全面覆盖，而且极大改善和提高了农村群众收听收看中央广播电视节目的水平和质量，既方便了群众生活，又推动了广播电视事业的发展壮大。

## 二、决策理论研究特点

决策理论研究应当坚持科学性。传媒决策理论研究关注传媒事业的未来发展，对政策、路线、法律法规的制定有着重要的指导作用。传媒决策理论犹如航船的舵手，带领着传媒事业航行在茫茫的历史长河中。只有科学的决策才能帮助事业航船行走在正确的路线上，科学的传媒决策理论研究应该是具体的、精细的、针对性很强的，应该是符合我国传媒发展实际的，这样的理论才有可能促进我国传媒事业走上良性循环发展道路。传媒决策理论科学正确与否不仅直接影响传媒各项事业的兴衰，也直接决定着传媒工作的质量和效率，影响着传媒事业的经济效益和社会效益。那些粗糙、笼统、缺乏针对性的决策理论，过于滞后或超前的决策理论会延误、阻遏甚至危害事业的发展，而错误的决策理论更是有将整个事业带入错误轨道的风险。在1958年大跃进时期，第五次全国广播电视工作会议提出"广播工作大跃进"，在大跃进号角的激励下，1960年我国电视台、试验台、转播台已经达到29座。但表面的繁荣难以掩盖经济底气的不足，到1963年2月，全国广播电视事业调整，电视台、试验台仅余8座。大跃进没有带来电视事业的繁荣，反而造成极大的成本浪费。这种违背事物发展规律、莽撞冒进的决策就是在没有科学的决策理论研究基础上简单草率做出的。因此，传媒理论研究应当针对传媒事业发展实际，进行科学的论证和研究，为传媒决策提供正确合理的、科学有效的理论依据。

　　传媒决策理论研究应当具有合理性。"合理性"对应的英文 rationality 也被译作"理性"，"是人在归纳、演绎、计算、推理等理智活动中显示出来的能力"[①]，与感性、直觉、情感等主观性行为相对。传媒强大的舆论力量和不可忽视的文化秉性，注定其传播活动兼具商业性、社会性和意识形态性等多种属性。传媒决策不仅决定了传媒发展的路径，同时也事关社会价值取向、人类文明和文化进步，研究中既要从传媒的商业属性入手，更要考虑到传媒传播的社会影响和历史功能。具有合理性的决策理论能正确定位传媒的社会角色和社会功能，有利于传媒对社会发挥正面积极的作用，进而推动传媒行业持续健康发展。如 2011 年和 2013 年国家广电总局出台的"限娱令"从内容和播出方式上对娱乐节目进行管控，使娱乐节目同质化、庸俗化、低俗化乱象得到一定程度的扼制；"限广令"使广告插播乱象、虚假违法广告得以治理和净化；"一剧两星"使频道资源得以优化，荧屏上的节目种类愈加丰富。这一系列管控措施，极大程度上规范了电视市场，对我国文明进步、健康文化氛围的形成和优秀文化的传播起到了关键的引导作用。传媒决策理论研究必须从实际出发、实事求是，尊重事物自身特点和规律，结合众多相关因素进行理性归纳分析、推理判断，避免主观臆断和基于情感带有个人好恶和偏见的理论研究。

　　传媒决策理论研究对于传媒基础理论研究和应用性理论研究的深入开展具有推动作用和指导意义。如果说传媒基础理论研究和应用性理论研究为传媒事业的发展提供了必要的理论依据，那么传媒决策理论研究为传媒决策提供了更为清晰明白、具体可行的理论指导。在 20 世纪 80 年代中期以前，我国传媒事业在改革中摸索前行，广播电视理论研究成果不多，且内容主要集中在技术层面。1980 年 10 月，广播事业局局长张香山在第十次全国广播电视工作会议上指出，宣传工作上要坚持自己走路；事业建设上，要把加速发展电视放在优先地位；1983 年"四级办"方针使各级广播电视台如雨后春笋在中华大地上诞生成长。围绕"自己走路"和广播电视业务的发展，传媒基础理论和应用理论研究也逐渐受到学界的关注和重视，相关学术成果逐年增多，尤其对一些关键理论问题学界和业界开始深入思考，并形成了百家争鸣的态势。如 1986 第 5 期《新闻界》刊发灌县（现都江堰市）广播电视局杨飚的文章《我国新闻不是商品》，学者陈力丹认为"新闻是一种特殊的商品"，并两次撰文在《新闻界》上对这个问题予以讨论。学者陆原对新闻报道业务进行了研究，认为可以运用信息方法促进新闻报道优化。近年来政府对上星频道、频道专业化、娱乐节目等管理决策，都在一定程度上促进了学界和业界对传媒事业发展中各项工作、各种问题的深入研究，对传媒基础理论和应用理论研究起到了重要的推动和指导作用。

　　具体来说，传媒决策理论研究主要着眼于传媒事业发展的三个层面。一是从全局的高度对传媒战略规划进行理论研究。如陆地教授的博士论文《中国电视产业发

---

① 李醒民：《合理性是科学理论的本相》，载《北京行政学院学报》，2007 年第 4 期，第 95～100 页。

展战略研究》就是决策理论研究成果之一，该文从产业经济学视角切入，对我国电视产业的功能、经营、管理及其发展战略进行了卓有建树的研究。二是对传媒政策法规进行研究。如中国传媒大学李丹林教授的国家社科基金重点项目《媒介融合时代的我国媒体政策与法律研究》就是这方面的决策理论研究。三是对传媒管理制度进行研究，如《网络时代的传媒制度研究》《媒体融合视阈下的传媒制度改革与创新》等。在我国，政府部门也有专门的传媒决策理论研究机构，如国家新闻出版广电总局的规划发展司就专门负责拟订新闻出版广播影视领域重大改革措施，拟定产业发展规划、政策和调控目标等研究工作，协调推动新闻出版广播影视事业产业发展；政策法制司则专门负责研究新闻出版广播影视管理重大政策，研究起草新闻出版广播影视和著作权管理法律法规草案和规章等工作。

　　传媒决策理论研究的三个层面不是彼此独立、截然分开的，研究时应当注意几个方面的结合：一是政策性和科学性相结合。传媒的党性原则决定了传媒决策理论研究决不能与国家和政府的方针政策相违背，但也不能固步自封、画地为牢，应当根据传媒自身客观规律进行科学判断，做出既有严格政策性又有严谨科学性的理论指导。二是普遍性和特殊性相结合。传媒决策理论研究既要从全局的高度把握传媒事业发展总的规律和方向，又要注意根据不同媒体和地区的具体情况进行有针对性的决策研究。研究中要注意不同国家、民族、政治、经济、文化等各种因素对传媒事业的影响。三是可操作性和可持续性相结合。决策理论研究是传媒事业的实践依据，影响着传媒事业的发展和兴衰，因此决策理论不能只在理论上论证其科学性和合理性，还应当考虑决策在传媒实践中的可操作性。如为应对全球化时代的到来，信息产业部和国家广电总局于 1998 年确定了广播电视集团化发展方向。2000 年 8月召开的全国广播影视局局长座谈会提出："组建广播电视集团，主要是中央和省级，要着力推进省（区、市）和省会城市、计划单列城市的联合，地市一级不组建集团。"① 也就是拟将"四级办广播电视"改为"两级"办，这一决策虽然顺应了时代发展要求，但由于没能考虑到我国广播电视发展实际，以及广播电视机构的喉舌功能和党委政府的管理体制，导致这一创新的机制缺乏可行性，难以形成普遍共识。同时决策理论还应当具有可持续性，也就是能在相当时间范围内普遍适用，如我国对黄金时间电视剧的管理、对娱乐节目的管理等，都保持着较好的可持续性特点。

## 第二节　传媒战略规划理论研究

　　"战略"一词本是军事术语，《现代汉语词典》中这样解释：一是指导战争全局

---

① 李树文：《在全国广播影视局局长座谈会暨村村通广播电视现场会上的总结讲话（摘要）》，载《电视研究》，2000 年第 9 期。

的计划和策略；二是泛指决定全局的策略。如今"战略"一词被应用到社会工作和生活的多个方面，如发展战略、营销战略等。无论在军事领域还是其他领域，"战略"一词的内涵总是表现为着眼全局、立足高远，从宏观的角度来谋划并制定策略。古语云"凡事预则立，不预则废"，战略规划就是从全局的高度对事（产）业进行宏观把握和筹划，设计出体系较为完整的、具有较好持续性的行动方案。传媒战略规划理论研究涉及传媒事业发展全局，从宏观、中观到微观，战略规划渗透于传媒事业的各个层面，从国家、省、地市、县四级传媒事业的战略规划，到传播内容制作、管理经营，到再传媒的发展目标、发展阶段、发展规划等都涉及战略规划的研究。

## 一、传媒事（产）业发展战略规划

研究传媒事（产）业发展战略规划涉及两个具体维度，一是根据不同历史时期社会发展情况，通过调查研究，结合事（产）业发展目标确定战略规划的具体内容，制定发展规划蓝图，提出具体的发展规划、发展思路、发展要求。如我国在每个五年计划期间都提出传媒事（产）业发展的战略规划，用以指导我国传媒事（产）业建设分阶段实施推进、长足发展。国家制定的战略规划既是传媒事业、产业发展的指针，也是中观和微观战略规划编制的重要依据和指导，各级政府、不同类型的传媒事（产）业既对国家提出的规划目标进行落实，又因地制宜根据各自具体情况提出地方或各部门的五年发展战略规划。由此可见，传媒事（产）业发展战略规划研究既有宏观的研究，也有中观和微观的研究。我国传媒事（产）业宏观战略规划研究主要由国务院办公厅、国家新闻出版广电总局组织专家学者来进行研究，并形成具体的战略规划内容，如《全国报纸出版业十一五发展纲要》《中国广播电视集团化发展战略规划》《数字电视与数字家庭产业"十二五"规划》等；传媒战略规划的中观和微观研究成果如《省级电视台产业经营发展战略规划》《呼和浩特市广播电视事业"十二五"发展规划》等。

第二个研究维度是对已制定的战略规划进行深入解读和细化研究，把握战略规划的重点、难点、突破点，保证传媒事业沿着战略规划的道路顺利前行。如《广电总局"十二五"规划主题——转变发展方式，推动全行业实现战略转型》《十二五规划中传媒产业政策解读》《中国传媒发展战略的认识误区及现实困窘》等选题，对"十二五"战略规划的传媒事业发展路径进行研究分析，对产业政策进行准确解读，对战略实施过程中的相关问题进行思考，这些研究成果给从业者和学者提供了具体而明晰的参考和帮助。我们还应从中观、微观层面去研究宏观战略规划的具体实现，如《我国广播电视集团化发展战略》《传媒产业评价体系与提升战略》《中国移动多媒体广播地区发展市场战略研究》等选题，研究探索传媒集团化、产业提升、地区发展等战略，将宏观战略规划进行细化和具体化研究并制定相应的战略规划，使研究成果更具有针对性和实效性。此外，还应研究科学制定战略规划的方法。战略规划涉及传媒事（产）业发展的成败，事关事业和产业的兴衰，因此保证战略规划的科学性、合理性至关重要。研究战略规划制定的方法、原则等有利于帮助科学决策。这方面的选题有《城市电视台发展战略规划制定应注意的原则》《地方电视台制定十二五规划的要点与难点》等。

## 二、传媒传播战略规划

传播战略是我国大国战略中重要组成部分之一。正确有力的传媒战略不仅有利于传媒产业的壮大发展，也有利于文化传播和正确的世界观和价值观的传播普及，在对外传播中，科学合理的传播战略规划有利于消除文化隔膜，寻求文化认同和价值认同，帮助我国在国际竞争中获得更多的发展空间。

### （一）对内传播战略规划研究

传媒事业作为社会组织形态之一，其社会公器职能的有效发挥有助于社会稳定和谐和健康发展。我国传媒事业应当秉承为人民服务的宗旨，坚持为社会主义服务，为全党全国工作大局服务，研究对内传播战略规划就是要围绕社会主义民主法制建设、经济建设，研究制定对内传播的中长期和短期战略规划，明确传媒在一定时期内应当完成的传播任务，以及应当达到的各项目标和应当实现的传播效果（影响力），为我国传媒事业传播活动制定清晰的目标方向和提出明确的发展思路。对内传播战略规划研究有利于传媒坚持正确的舆论导向，传播和弘扬正确的价值观和世界观，有利于沟通和增进各族人民情感，提升国家自豪感和民族认同感。目前关于对内传播战略规划主要依赖政府管理决策，对内传播战略规划研究的主动性较为匮乏，这也是传播过程中传媒创新乏力、形式程式化、内容同质化低俗化的重要原因之一。已有的研究如《旅游文化的传播战略研究》《城市媒介形象传播战略研究》《公共关系视野下的媒介传播战略》等，主要在传媒传播的社会效用方面着力，类似《广播电视公共服务发展战略》这种真正触及传媒传播核心实质的研究还不多。进入 21 世纪以来，随着经济全球化、文化全球化发展，我国传媒传播活动中出现了许多新的现象和问题，如传播话语多模态，传播内容丰富多彩的同时娱乐化、庸俗化现象严重，传媒传播的多元文化对核心价值观形成强大冲击，优秀民族文化如何才能更好地传播与传承等，传媒应当在传播活动中充分发挥其社会公器的作用，发挥其对社会的正向引导功能。研究者也应围绕这些问题思考传媒对内传播的战略规划，从微观、中观、宏观等多个层面研究探讨如何充分调动和发挥传媒的主动性、积极性和创造性，有目标有规划地进行对内传播活动，真正实现环境监视、社会协调和社会遗产等传播功能。

### （二）对外传播战略规划研究

所谓对外传播，是指一个国家或文化体系针对另一个国家或文化体系所开展的信息交流活动，其目标是让信息接受国了解信息输出国，培养其友善态度和合作愿望，并创造一个有利于信息输出国的国际舆论环境，取得最高程度的国际支持和合作。① 国家广电新闻出版总署在新闻出版业"十二五"规划中明确提出"走出去"战略，加快新闻出版产品、服务、企业、资本"走出去"的步伐。相较于对内传播，对外传播战略规划研究目标清晰而明确，近些年来，学者们针对全球化语境下我国文化、国家形象、社会主义核心价值观、传媒品牌等的对外传播战略规划进行了相当多的研究，围绕对外传播的目的、任务、效果、评估体系、路径等进行了深入探索，如《我国传媒的国际化竞争战略》《对外广播的发展战略》《世界一流媒体的国际化战略及对央视海外传播的启示》《国家形象塑造与我国传媒对外传播战略》《中国媒体在国际传播下的品牌化战略》《中华文化对外传播战略研究》等。除以上较为宏观的研究视角外，对外传播研究还可从中观、微观层面着手，从传媒不同行业出发研究，如《中国电视对外传播的品牌战略》《中国动漫产业对外传播战略》等；从传媒业务角度研究，如《我国国际新闻传播的发展战略思考》《跨文化传播背景下改进中国对外报道战略》等。

对外传播研究既要从本国视阈出发，同时也要从他国视野来总结经验和学习参考，我国学者在研究中也较为重视这个研究角度，如《美国国际广播战略策略再次大调整》《媒介垄断与文化渗透：冷战后美国传播霸权研究》《西方国家电视传媒全球扩张的战略》《科学传播与中国对外传播发展战略探究——以对德、美、英三国主流媒体 2000—2011 年关于中国报道的分析为例》。同时，除国家间的信息交流之外，对外传播还应当关注不同文化体系间的信息交流。尤其是我国地域辽阔、民族众多，东西南北的经济、文化等地域差距大，各地区、各民族对外传播的价值、意义、目的、任务、内容、效果等同样值得深入研究。很多学者已经把研究视野投向了这一研究领域，如《西部欠发达地区对外传播战略研究》《西藏对外传播战略的现实困境及其应对》《西北省级卫视对外跨区域合作战略研究》。对于在传统"四级办"体制下发展起来的我国传媒，地区间的信息交流一直以来并不发达，不同文化体系、不同地域间的对外传播有利于各地区间的交往和经济、文化交流，研究者需要在这些方面投入更多的关注，不仅要研究欠发达地区的对外传播，同时也要研究发达地区的对外传播战略规划。

## 三、传媒内容生产战略规划

信息内容生产是我国传媒事业长期以来业务开展的重要内容之一，对其进行战略规划研究有助于保持和增强传媒竞争实力。媒体融合态势下，在继续保持和提升传统内容生产质量的同时，对新型传媒业务的创新研发也正成为当下各传播媒介的工作重点。对传媒内容生产战略规划研究可从传统内容生产和新型传媒内容生产两个视角来展开。对传统内容生产的战略规划主要是在选题、内容、质量、出版发行

---

① 张长明：《让世界了解中国——电视对外传播 40 年》，海洋出版社，1999 年版，第 24 页。

等多个方面进行目标、任务和措施的战略规划研究，如《广播电视节目精品化发展规划研究》《重点图书出版选题规划及实施》《电视剧创作题材规划及管理研究》《华语电影剧本规划与策划》《纪录片题材规划与质量提升》等。随着新的传媒技术普及，网络、手机等新媒体在信息传播中越来越处于重要地位，注入了新技术的传统媒体在内容生产上也需要积极研发和创新拓展。当前无论新媒体还是传统媒体，新技术环境下的内容生产尚处于探索之中，对于其内容生产的战略规划研究需要保持视野的开阔性和前沿性、理念的先进性和科学性、路径的合理性与可行性。

## 四、传媒技术发展战略规划

传媒技术是传媒事业发展的基石，传媒技术的推广与普及、发展与进步不仅决定着传媒的信息传播水平、质量和传播效果，同时也决定着我国在国际信息产业竞争中的能力和地位。新型信息传播环境重塑着当今社会人们的生活方式和交往方式，基于互联网技术、数字技术的现代传播技术深刻地变革着传统信息传播方式和传媒产业格局，信息产业也逐渐成为我国国民经济中的支柱产业之一，成为我国经济社会发展的战略性产业。规划布局我国传媒技术发展战略，必须站在全局的高度，站在国家战略的高度抓住时代机遇，促进我国传媒业持续而快速地发展，同时也有利于我国传媒行业在全球化竞争中抢占先机。如国家在 2010 年布局"十二五"规划时就对广播电视技术发展提出明确要求：一方面要在村村通的基础上实现"户户通"，另一方面要基于数字化、网络化、信息化传播技术，使我国广播电视技术在"十二五"期间应当实现战略转型发展，要充分利用广播电视内容优势，制播系统建设要面向多平台、多终端，要能够提供跨区域、跨网络、跨平台、跨系统服务，同时，积极开发网络电视、IPTV、手机电视等多种业务形态，建设多功能的节目集成播控平台；完成广播电视网数字化、双向化改造等。这些战略规划立足时代科技发展前沿，结合我国传媒发展实际，从国家战略层面进行精心布局，为我国广播电视事业和产业的发展明晰了思路、指明了方向。同样，为发展数字电视与数字家庭产业，促进产业升级，工业和信息化部组织编制的《数字电视与数字家庭产业"十二五"规划》，对数字电视及数据广播平台建设规划研究、对高清互动电视业务进行了战略规划研究和布局。不仅国家政府机构可以进行传媒技术战略规划研究，学者同样也可以站在国家战略高度来研究相关课题，如《我国广播电视技术标准知识产权战略研究》《中国卫星广播电视的规划及其发展应用》《广播新闻频率的战略定位与选择》《电影全数字化演进技术系统规划研究》等。研究者还可以从中观或微观层面来关注传媒技术发展战略规划，如《城域有线广播电视网络规划研究》《广播电视发射台改造规划》《市县级有线广播电视系统的规划设计建设》等。

## 五、传媒队伍建设战略规划

传媒事（产）业具有知识密集型特点，具有高素质和较强能力的人才队伍是传媒事业发展的关键。国家历来非常重视人才工程建设，提出并实施了人才强国战略。自 1998 年以来，国家新闻出版行政管理部门先后颁布了三个人才工作规划，即《新闻出版行业"跨世纪人才工程"纲要》（1998 年）、《2005—2010 年全国新闻出版（版权）人才工作纲要》（2005 年）、《新闻出版业"十二五"时期人才发展规划》（2011 年），对一定时期内传媒人才培养的指导思想、基本原则、目标任务、建设措施以及队伍规模等进行了战略规划。队伍建设既需要政府的政策支持和保障，也需要传媒教育的不断提升与创新，对传媒队伍建设战略规划研究可从传媒教育和队伍建设两个维度切入。研究传媒教育战略规划，我们应当厘清两个思路：一是传媒教育阶段不仅包括在校全日制的专业学习，还包括传媒工作中的实践教育和继续教育，因此，除相关高等院校外，传媒机构、政府机关等都应是传媒教育的主体。二是随着新型媒体的广泛普及，传统信息传播格局中固有的传受关系发生变革，多元化的传受双方处于互动共生状态，传媒教育对象不应仅包括传媒专业学生和从业人员，教育视野应当从校园拓展到社会，辐射更为广泛的社会群体，使那些能够进行信息传播的公众正确运用传播媒体，培养公民意识，从而为建设和谐稳定的社会秩序服务，为社会的经济建设和民主法制起到重要的推动和促进作用，从这个意义上说，对于传媒教育的战略规划研究也显得更为重要和迫切，而如何做到传媒教育的社会化普及也是当前亟待研究和解决的难题之一。这方面的研究如《中国国际广播电台人才发展战略思考》《构建卓越新闻传播人才培养的政策保障体系》《媒介融合、文化强国及对新闻传播教育的新期待——文化建设背景下新闻传播类人才培养质量标准研究》《我国广播电视传媒行业继续教育发展的战略研究和政策建议》等。

　　人才是传媒事业的宝贵财富，是事业持续发展和繁荣的核心动力。人才队伍建设是一项长期而艰巨的工程，要培养和拥有一支适应传媒事业发展的高素质人才队伍，需要研究者认真研究人才规格，制定队伍建设目标任务，明确建设措施和机制，实施有效的人才规划和战略，完善人才培养的政策体系，建立人才培养和使用的激励机制和保障机制。当前不仅政府管理部门重视人才队伍建设战略规划，传媒行业自身也极为重视人才工程建设，如中央电视台 2005 年启动"央视新世纪人才工程"以激励全台各岗位优秀人才的成长；湖北电视台在"十一五"期间实施"人才双创工程"，变革人才结构，着力培养高素质拔尖人才，使人才队伍增强创新活力。人才队伍需求和建设与传媒事业和产业发展水平和状况密不可分，在人才队伍战略规划研究中，研究者应当坚持发展的研究视野，紧密结合时代特点，制订切合实际、真正满足传媒事业人才需求的战略规划。如《融合时代媒体发展型战略中人才战略研究》《信息全球化与中国新闻传播业的人才战略》等选题。在国际化传媒竞争中，人才战略规划研究还应广泛借鉴他国的成功做法和经验，如德国媒体的高效用人机制，英国传媒绩效考核的成功经验以及美国媒体的人才竞争战略等。

　　随着业务内容不断研发创新，传媒对人才队伍的需求更加多样化，不同专业背景和知识结构的人员大量充实到传媒队伍中来，队伍建设内容更加丰富、任务更加繁重，科学合理的战略规划显得尤为重要。在网络和手机等新型媒体广泛普及的新形势下，不同年龄层次、学历层次、文化层次的人从新媒体中进入传媒队伍，传媒队伍人员状况及结构构成日趋复杂，人员管理机制也呈现出多模态发展趋势。在研究中，多数学者重点关注的是多媒体环境下传统媒体人才队伍建设战略及规划问题，如选题《新媒体时代传统报业人才战略研究》等。对于新型媒体、人才队伍建设及其战略规划研究关注度还相当不够，相关的研究集中在对高校新媒体专业及其人才培养问题的思考，正面回应新媒体队伍建设战略规划问题的并不多。新型媒体的发展及其在社会生活和传媒市场中的重要地位已毋庸置疑，做好这类媒体的队伍建设有利于规范传播行为，充分发挥其对社会和历史的正向作用。2008 年浙江传媒学院举办主题为"新媒体新战略新人才"的学术论坛，对传媒人才创新战略进行了研讨。长春师范大学学者刘晓霞在其《吉林省微电影人才培养战略》一文中探索了微电影人才的培养路径。围绕新媒体人才队伍建设问题及其建设的战略规划研究，今后仍有很长的路要走。

## 第三节　传媒政策法规研究

传媒政策法规研究是传媒的中观决策研究，主要是对保障传媒事业顺利健康发展所制定的各类政策规定、办法、准则以及行业规范和条例规章等进行的研究。制定传媒政策法规是世界各国保障其传媒事业规范有序运行的重要工具和手段。我国自有"邸报"和"小报"以来，历史上各朝代均有对新闻传播活动进行规范的政策和律令，如宋代的"定本"制度以及对"小报"的查禁制度，体现了宋王朝对信息传播活动的控制和管理。新中国成立后，党和政府部门根据我国传媒事业发展实际，对其多个方面的工作制定并发布了各项政策法规，在新闻法拟定实施之前，这些政策法规不仅是传媒事业的行为准则和规范，也兼具指令和法律效力。与传媒战略规划研究着眼于构想、设计的宏观视野相比，传媒政策法规研究主要着眼于对传媒事业进行规范和约束的中观视角，其研究成果应具有科学性、严肃性、稳定性和权威性。对传媒政策法规研究主要从以下三个方面来切入：传媒法的研究和制定、传媒从业人员管理政策法规研究、传媒内容生产政策法规研究。

### 一、传媒法的研究和制定

传媒法指国家立法机关制定的管理传媒事业的法律规范。在我国新闻传播发展史上，尤其是近代报业兴起以来，一些政治家、早期新闻报人就秉承新闻立法理念进行过新闻立法追求和探索，如洪仁玕、李大钊、邵飘萍等。新中国新闻事业在改革开放推动下步入发展快车道，在新闻界极力倡议下，1984 年新闻立法正式成为全国人大的工作之一。但 30 年过去，新闻法始终千呼万唤难以出台，传媒传播实践主要依据《宪法》中对新闻广播事业的法律规定，以及党和政府有关部门颁发的"政策规定"和部门法规。顾理平教授在《新闻法学》一书中，对新闻自律、新闻自由、舆论监督、新闻记者的权利和义务、新闻侵权等从法理上进行了研究。人类社会进入 21 世纪，传媒事业生存环境和市场竞争格局发生了深刻变革。学者中一些有识之士开始注意到，当代我们不仅要对新闻传播进行立法保护和规范，还应用法律手段来规范多样态传媒机构的信息传播活动，保障传媒市场的有序运行，促进社会和谐健康发展。学者们的研究视野不再囿于新闻法的制定，开始扩大到传媒事业信息传播的整体行为。学者陈炜在《传播法概念之界定——一种法理学的视角》中对传播法进行了法学渊源考查，并指出"传播法的立法和司法实践将是信息社会立法和司法的一个热点"。其实学者们在跳出"新闻法"的视野后面临着一个新的课题就是我们究竟应该制定的是"传媒法"还是"传播法"，"新闻法""传媒法""传播法"这三者之间是什么关系，哪一种法才是最适合当代新闻传播实践需求的？这需要学者们进一步研究。

从近年来我国每年发布的"中国十大传媒法事例"来看，新兴传媒的信息传播正在对社会生活造成极大的影响，尤其是之前被认为是"虚拟空间"的互联网络利用其强大的传播优势与现实生活发生深度勾连并产生实际效力，如利用互联网造谣传谣、炒作爆料、微博举报等，网络媒体传播能力在一波又一波的事件中彰显，一方面体现出强大的社会影响力，另一方面其传播行为导致的媒介伦理道德问题逐渐成为学者关注的重点，如 2014 年的"周一见"事件。另外，"因言获罪"现象频现，如"方洪因微博言论致劳动教养被确认违法案""甘肃省张家川县初三学生因发帖被拘留案""《新快报》记者陈永洲事件"等案例警醒社会反思《宪法》赋予公民"言论自由"的边界。而 2015 年微博"优衣库试衣间事件"则在悍然挑战社会道德和法律底线。与网络媒体言论随意自由相对应的是传统媒体依然在严格政策管束下中规中矩，传统媒体与新媒体在不同标准要求下呈现出不同的发展面貌。应该承认，当代传媒事业在发展繁荣的同时面临着诸多需要解决的困难和问题，传媒法的研究和制定是解决这些困难和问题的有力武器，应当成为当代传媒事业发展中重要建设的内容之一。

传媒法的研究和制定重点是要统一认识。起步于 1984 年的新闻立法最终未能出台，与社会各界对新闻法的认识难以统一不无关系。在网络媒体出现之前，传统媒体由党和政府统一领导，在宪法规定的权利和义务范围内创造性地开展工作，虽然没有独立的新闻法可依据，但在《宪法》和相关法律条文的权利义务赋予和保障下，在行政事业管理体制严格约束下，在部门法规的具体要求下，新闻报道与传播活动有序进行，基本保持了对社会的正面积极作用。网络媒体诞生于市场环境中，游离于行政事业管理体制之外，对其进行管理的相关法律还未能完善，网络自由的言论环境固然进一步彰显了"公民应当享有言论自由"的法律精神，但传播中对社会、文化、文明造成的负面影响也不容忽视，同时，公众在网络传播中对"言论自由"的边界认识理解模糊，容易触碰法律红线。传媒法的制定有利于引导公众正确使用媒体，打击违背伦理道德、破坏社会健康发展的传播行为。

研究传媒法首先要对传媒法进行本质研究，研究传媒法的性质、结构、功能、目标任务等，如《传媒法的宪法属性分析》《传播法概念及功能》《论新闻传播法的法律属性与功能》等。其次是要研究传媒法的内部关系，包括传媒机构的权利与义务、传媒法规与新闻自由、传媒法规与新闻真实、传媒法规与舆论监督等的内在关系；如《论新闻法与新闻自由的关系》《传媒法对新闻自由的保障与约束》《司法公正视阈下新闻传播法律规范》等。再次是研究传媒法的外部关系，包括两个方面，一方面是研究传媒法与其他相关法律的关系，如研究传媒法与《宪法》或《刑法》《民法》《行政法》《著作权法》等的关系；另一方面是研究传媒法与社会生活和发展的关系，如《新闻法在我国法律体系中的地位》《传媒与司法的关系》《传媒法变迁与社会转型的互动关系》等选题。

## 二、从业人员管理政策法规

普利策有句名言："倘若一个国家是一条航行在大海上的船，新闻记者就是船头的瞭望者。他要在一望无际的海面上观察一切，审视海上的不测风云和浅滩暗礁，及时发出警报。"传媒工作者不仅是传媒事业的生力军，更肩负着推动人类社会历史健康发展的重要使命和责任，其言行和职业行为不仅影响着传媒的形象和公信力，同时也影响着国家形象、国家安全、文化传承、社会文明风尚等。我国历来把传媒当作党委政府的耳目喉舌和人民大众的耳目喉舌，要求传媒从业人员坚持马克思主义新闻观，恪守职业道德，坚持客观公正、全面真实地进行新闻传播活动。为严格传媒从业人员管理，我国对新闻采编人员实施了多项管理制度，如准入制度、组织制度、职业规范等，对新闻失实、有偿新闻、新闻敲诈等行为进行严厉打击。如国家广电总局 2001 年 12 月颁布实施的《播音员主持人持证上岗规定》，2005 年中宣部、国家广电总局实施的《关于新闻采编人员从业管理的规定（试行）》《广播电视编辑记者、播音主持人资格管理暂行规定》《中国广播电视编辑记者职业道德准则》《中国广播电视播音员主持人职业道德准则》，2008 年实施的《出版专业技术人员职业资格管理规定》等，对专业队伍管理进行了规范，对队伍建设提出了严格的要求，对维护媒体公信力、促进传媒事业发展起到了重要的作用。但尽管国家有多项规定和准则要求，行业违规行为却一直屡见不鲜。据国家新闻出版广电总局 2014 年 4 月公布数据，2013 年有 216 家违规报刊被查处，14455 个记者证被注销，这些数据的背后有大量的现象和问题值得研究。学者张振亭、宋睿从管理体制方面进行了研究，认为要实现对新闻从业人员的行业规范和职业道德约束，应当在管理体制方面创新，而完善和建立各级各类新闻界社会组织，充分调动社会组织的积极因素，协助政府实现新闻传播管理是一条可探索的路径。[①]

结合时代发展对传媒从业人员管理进行政策法规研究是传媒事业和市场发展的迫切需求。2014年6月30日，国家新闻出版广电总局印发《新闻从业人员职务行为信息管理办法》，要求对从业人员在职务活动中所获取的信息进行规范管理，这一管理呼应了信息全球化时代国家信息安全的需求。大数据时代，海量看似不起眼的各种数据成为蕴藏知识和新知的富矿，对数据信息的挖掘可以转换成为国家的竞争力、生产力，同时互联网对数据信息的共享传播影响着国家安全，"一个国家拥有数据的规模和运用数据的能力将成为综合国力的重要组成部分和企业间新的争夺焦点"[②]。因此对传媒人员职务信息行为进行规范和有效管理，提高新闻从业人员的社会责任意识，保障新闻传播活动合规合法。实际上，西方国家比我国更早提出对新闻从业人员职务行为信息的管理，如给予美国记者诸多传播自由的《信息自由法案》，在赋予新闻记者自由的同时，对涉及国家安全、国内机构资料等多个方面进行了具体规定和限制。

当代传媒市场快速发展，传媒传播方式、内容生产模式、传媒组织形态以及传媒经营方式等均呈现多样化特点，传媒行业人员流动性增强，传统媒体人事管理制度从单一的事业体制转变为事业编制、合同制、聘用制等多种管理制度并存发展；随着云技术推广，传媒人员跨媒体跨行业跨地区从事新闻传播业务的条件逐渐形成。如何在新形势下对从业人员进行有效管理，使传媒这一社会公器得到正确的功能发挥，促进和谐的社会构建，是当下管理者和学者们应重点研究的问题。国家新闻出版广电总局宣传司巡视员、副司长田玉红在其《加强和改进广播电视新闻宣传管理的几点思考》一文中指出，历史进入新的时期，广播电视新闻宣传管理需要正确认识和处理好管理与发展的辩证关系；探索实行差异化和综合化管理，加强顶层设计，确保传统媒体和新媒体的管理标准和政策环境均衡一致；管好队伍，监督媒体和从业人员不断强化社会责任意识，自觉履行社会责任。[③]国家新闻出版广电总局2013年颁布《关于加强新闻采编人员网络活动管理的通知》，要求新闻采编人员积极利用各种媒体传播主流价值观，自觉抵制有害信息传播和渗透等。

新闻网站、QQ、微博、微信等新兴媒体在社会生活中扮演着越来越重要的作用，如何对新兴传播媒体及其从业人员进行有效管理，使其传播行为对社会发挥积极正面的导向作用；如何提高其新闻采编人员的业务素养和政治素养，使其传播活动有利于社会和谐，有利于人类文明提升和优秀文化传承等，这些问题是当代传媒从业人员管理政策法规研究的重点和难点。从诞生开始就在市场中生存、立足的新媒体，其从事新闻传播活动更注重策划和创新，注重传播行为带来的经济效益回

---

① 张振亭、宋睿：《社会组织与新闻传播管理创新》，载《青年记者》，2014年第20期，第19～20页。

② 纪俊：《一种基于云计算的数据挖掘平台架构设计与实现》，青岛大学硕士学位论文，2009年。

③ 田玉红：《加强和改进广播电视新闻宣传管理的几点思考》，载《中国广播电视学刊》，2015年第1期，第94～96页。

报。传统媒体固有的话语方式、话语风格和特点正受到挑战，并逐步被边缘化。同时，具有强大的传播能力的新媒体所传播的海量信息对社会文明、文化以及人们的行为方式产生着强大影响。学者们对这些新兴媒体的从业人员管理的研究也有一定的涉及，如学者朱红岩认为新媒体背景下出现了"全民记者"现象，"全民记者"有其自身的特征和生存状态，应当增强其道德素养并完善法律法规以维护新媒体的健康发展。[①] 对新兴媒体从业人员的管理以及对"全民记者"的规范管理是当前传媒研究和传媒管理中的一个难点，需要更多的学者投入其中。

### 三、内容生产政策法规

谈到传媒内容生产政策法规，人们很自然地想到国家新闻出版广电总局发布的"限娱令""限广令""一剧两星""封杀劣迹艺人"等，这些限令针对时弊，对传媒行业内容生产活动产生直接影响，所以常常引起社会高度关注和强烈反应。实际上，我国很早就在一些传媒行政法规、规章及规范性文件中，对传媒内容生产提出了规范要求，如国务院 1990 年颁布实施的《法规汇编编辑出版管理规定》中要求编辑法规汇编应当做到："（一）选材准确。收入法规汇编的法规必须准确无误，如果收入废止或者失效的法规，必须注明；现行法规汇编不得收入废止或者失效的法规。（二）内容完整。收入法规汇编的法规名称、批准或者发布机关、批准或者发布日期、施行日期、章节条款等内容应当全部编入，不得随意删减或者改动。（三）编排科学。法规汇编应当按照一定的分类或者顺序排列，有利于各项工作的开展。"1992 年新闻出版署颁布的规范性文件《图书质量管理规定（试行）》要求对图书质量进行分级管理，其中对图书出版过程质量、内容、编校、装帧设计、印刷、图书出版格式及图书成品等质量的分级管理列出了具体的等级和标准。

传媒内容生产政策法规研究主要是对传媒传播内容的生产流程、交流或经营、选题规范、质量要求、社会效益等进行规范性研究。研究对象包括传媒传播的各类作品，如新闻、广告、文学作品、摄影；电视各类节目以及电影的制作和引进等。此类研究一方面是为了规范传媒内容生产，使之合法有序；另一方面是为了充分发挥传媒的服务职能和社会功能，保障其传播内容符合社会发展需要、符合社会主义精神文明建设需要，发挥积极正向的舆论引导作用。如我国《音像制品管理条例》（2001）在内容生产上要求"出版、制作、复制、进口、批发、零售、出租音像制品，应当遵守宪法和有关法律、法规"，在选题和社会效益方面要求"坚持为人民服务和为社会主义服务的方向，传播有益于经济发展和社会进步的思想、道德、科学技术和文化知识"。1992 年实施的《关于有线电视台、站电视节目管理的暂行规定》要求有线电视台、站"应以转播央台和省市台节目为主，自办节目为辅，要根据贴近群众、贴近生活、贴近实际和具有多功能服务手段的特征自办节目……每个

---

① 朱红岩：《"全民记者"与社会责任》，载《黑河学院学报》，2011 年第 6 期，第 37～39 页。

自办节目日必须有新闻节目（含重播，每周自制新闻不得少于 30 分钟）。要努力办好社会、科技、知识、文化教育节目。运用图文广播等形式为观众提供经济、科技、文娱、交通、天气等社会服务。节目应充分满足不同层次观众的需求"等。

研究传媒内容生产政策法规以公共效益为先。全球化影响下的当代中国社会文化形态和价值理念多元，多种外来文化、思潮、价值观、道德观、文明观蕴含在传媒传播的内容中，对我国传统文化、社会价值观产生着深刻而深远的影响。在文化冲突与碰撞中继续弘扬中华民族优秀的传统文化，坚持社会主义核心价值观，营造健康积极向上的文化氛围以有益于社会大众的身心健康以及和谐社会的构建，是传媒内容政策法规研究的重要意义。国家新闻出版广电总局颁布的各项限令总是围绕传媒内容生产当中的一些具体问题进行针对性的整治和规范，如"限广令"力图纠正广播电视广告播出频次过多过滥、内容低俗的现象；"限娱令"对娱乐节目低俗化、低质化、同质化现象叫停；"禁止贴片广告覆盖演职人员表"抑制以经济利益至上的传播观念和做法，引导社会对劳动者的尊重；"一剧两星"改变了电视剧荧屏"千台一剧"的现象，力促生产更多优秀的作品丰富电视荧屏。国家新闻出版广电总局还禁止电视媒体邀请网络上有争议的人物、炫丑的人物进入荧屏，对有"吸毒""嫖娼"等劣迹行为的艺人进行封杀等，这些措施要求传媒以正确的思想武装公众的头脑，使文化娱乐氛围得以净化，受到人民群众的广泛欢迎。

如何既能很好地规范管理传媒内容生产，又能保证各传媒机构内容生产的积极性和主动性得到充分发挥，做到公共效益与经济效益双赢，最终推动传媒市场的可持续性繁荣，这是学者们研究中需要解决的问题。中国人民大学新闻伦理与法规研究所研究员张文祥认为，尽管公共利益是广播电视法的立法目标，"执法过程中要求作为执法机关的行政部门或独立管制机关，必须按照公共利益原则实施其行为……但政府规制行为的原则和边界必须明确"[①]。中国人民大学新闻与社会发展研究中心研究员丁汉青认为政府在进行规制的同时还应当做好相关的科学论证，整饬的同时做好省级卫视出路的导引和处境的改善。[②] 在传媒事业产业化属性愈加凸显的今天，传媒内容生产政策法规研究还需要进一步深入和细化。

## 第四节　传媒管理制度研究

制度研究主要分三个层次，即根本制度研究、体制制度研究、具体制度研究。"传媒管理制度"是对传媒事业发展的具体内容进行规程或准则的研究，为落实传媒发展战略规划或传媒政策制定组织、控制、协调和反馈的机制，因此属制度研究

---

① 张文祥：《政府对广电媒体内容规制的边界——以"限广令"为分析对象》，载《青年记者》，2012年 9 月上，第 65～67 页。

② 丁汉青：《"出轨"与规制——从广电总局 6 月 9 日下发的两份通知谈起》，载《青年记者》，2012年 7 月上，第 85～87 页。

的微观层面，其研究成果主要实现对广播电视事业顺利发展的保障和维护，具有促进性和推进性的作用。传媒管理制度研究内容包括传媒组织机构管理制度研究；广播电视台网建设、传媒技术发展、传播与运行制度研究；行业评奖标准及建制制度研究等。

## 一、组织机构管理制度

随着大众传播事业的发展，世界各国逐渐形成了不同的传媒管理体制，如国营型、公营型和私营型等。不同类型体制基础上形成不同的运营模式，传媒组织机构建设与管理也因之呈现出不同的特点。新中国成立后，我国传媒事业实行的是国有国营的管理体制，如我国《广播电视管理条例》规定："广播电台、电视台由县、不设区的市以上人民政府广播电视行政部门设立，其中教育电视台可以由设区的市、自治州以上人民政府教育行政部门设立。其他任何单位和个人不得设立广播电台、电视台。国家禁止设立外资经营、中外合资经营和中外合作经营的广播电台、电视台。"20世纪90年代，我国将市场机制引入传媒发展中，开始实行"事业单位、企业化管理"的有限商业运作模式；2013年11月召开的十八届三中全会发布公报指出：我国应放宽市场准入条件，发展混合所有制经济，并在推动企业在改制上市、兼并重组、项目投资等方面，积极引入民间的资本、战略投资者，继续推进国有企业公司制股份制改革。日益宽松的政策环境使民营资本、境外资本得以参与到我国传媒行业竞争中，传统媒体加快转型发展步伐，整合优势进入竞争日益激烈的市场，其产业化属性进一步凸显。

传媒组织机构管理制度研究的主要内容包括：组织机构设置的目的、原则、组织机构设置或调整的条件和程序、组织机构职能权限和运作规程、内设机构和人员编制、违规处罚等。如我国1992年施行的《广播电影电视社会团体管理暂行办法》中明确表述广播电影电视社会团体成立的目的是"为保障公民的结社自由，保障广播电影电视社会团体的合法权益，加强对广播电影电视社会团体的管理，发挥社会团体在广播电影电视事业中的积极作用"；广播电影电视社会团体成立的原则是"必须遵守宪法和法律、法规，坚持四项基本原则，反对资产阶级自由化，协助广播电影电视行政管理部门工作，促进广播电影电视事业的发展。不得损害国家利益、社会利益、集体利益和公民的合法权益"。2002年施行的《设立外商投资印刷企业暂行规定》对外商投资我国印刷企业应当具备的条件、如何申请办理、企业申请兼营或变更从事其他经营活动的程序进行了详细的说明，并明确规定外商投资印刷企业不得设置分支机构。此外，还有《广播电台电视台审批管理办法》《业余无线电台管理办法》《无线台执照管理规定》等，这些都是颁布施行的法规对相关传媒组织机构的管理制度。学者们对于管理制度的研究通常以学术论文的形式体现出来，如《试论中国传媒业的几种体制形态——兼论特殊管理股制度以及管理层持股》《做好"三个确保"，加强广播电视传媒机构和网络视听节目管理工作》《论市场经济条件下新闻传媒的管理》《新闻管理体制与新闻行政机构设置》等，这些学术论文的研究成果对相关部门制定管理制度有着极重要的参考价值和启迪作用。

## 二、技术及网络建设制度

考察人类传播的发展进程，我们可以看到每一次人类传播变革总是基于传播媒介、手段或工具的进步和创新，尤其是印刷术的发明以及电子技术、数字技术、网络技术的相继突破，使人类传播跨过一个又一个里程碑迈入高度信息化社会。在信息化社会里，信息成为社会的核心资源，信息生产和信息传播能力不仅体现传媒传播的实力，也深刻影响着国家政治、经济和文化的发展，甚至影响国家和民族的兴衰。"信息具有经济价值。拥有储存和处理能力，也意味着对别国的政治、技术上的优越地位。"[①]（笔者译）先进完善的传媒技术、覆盖全面的传媒网络是信息社会政治经济建设的重要内容，同时科学有效的管理制度对技术网络的生产销售、使用和传播行为进行规范，是传媒技术及网络建设有序进行的有力保障。我国在传媒事业发展进程中，制定了一系列相关的管理制度，如《无线电管理条例》《有线电视管理暂行办法》《广播电视无线传输覆盖网管理办法》《移动通信系统及终端投资项目核准的若干规定》《信息安全等级保护管理办法》《建立卫星通信网和设置使用地球站管理规定》《卫星地面接收设施接收外国卫星传送的节目管理办法》《互联网电视数字版权管理技术规范》等。

传媒技术及网络建设有利于传媒业的快速发展，但同时也亟须制定与之发展相适应的管理制度予以保障和促进。建设管理制度规范基础设施建设，避免重复建设、交叉建设带来浪费，避免行业间的无序竞争；建设管理制度规范社会和市场对技术和网络的使用和运营以维护网络安全和社会安定；制定监管制度使技术和网络在社会发展中起到正向积极的作用；同时还要制定制度对著作权、知识产权、版权等予以保护以维护市场的健康运行和良性发展。当前传媒领域数字技术、网络技术、物联网技术、大数据、云计算等信息技术正对传媒产业进行着变革与产业重构，相关技术与网络的管理制度研究也正是学者们重点关注的。如复旦大学张大伟认为对于正在发展的中国数字出版产业，应根据其技术特点调整传统出版业管理制度，以使之适应新技术支持下的新型产业发展。[②] 同济大学解学芳、臧志彭认为正在变革的网络文化产业"在促进网络文化产业革新的同时，也带来了盗版泛滥、网络色情无边界传播、网络游戏'私服与外挂'、网络文化安全"[③] 等问题，只有实

———————

① Sol Glasner：*Multinational Corporation and National Sovereignty*，*Toward a Law of Global Communication Networks*，Longman，New York，1986，pp.43—44.

② 张大伟：《技术进步与制度惯性：对中国数字出版产业发展的一种思考》，载《东岳论丛》，2009年第11期，第154~157页。

③ 解学芳、臧志彭：《制度、技术创新协同与网络文化产业治理——基于2000—2011年的实证研究》，载《科学学与科学技术管理》，2014年第3期，第31~41页。

现制度、技术创新协同才能有效促进网络文化产业的健康发展。对于实名制在网络治理工程中的运用，学者姜方炳认为增强网络实名制治理效能的关键在于推行有限网络实名制。[①] 很多学者将研究重点放在著作权、知识产权、版权制度的研究上，如《数字时代电子书著作权保护制度的完善》《互联网技术发展与知识产权制度完善》《数字技术对版权制度的影响与中国著作权法的修订》等。

### 三、运行管理制度

传媒运行管理制度是为保证传媒各个环节、要素的高效有序运转而制定的运行机制以及行为准则和规范。运行管理制度与其他管理制度一样具有约束性和强制性的同时，还兼具结构性和功能性作用，它可以布局传媒各环节和因素间的结构、建构它们之间的相互关系，使各部分在和谐统一的整体中相互作用，从而实现高效运转、灵活运行。传媒运行管理制度研究是在明确传媒目标任务的基础上，对传媒组织运转、传媒业务开展及控制的行为准则和规范进行研究。传媒运行管理制度研究可以从以下几个层面来切入：

传媒运行机制研究。研究传媒在规律性运行中各环节、因素的相互关系和结构布局，以及它们的运行原理、运行方式及运行过程。如研究选题《现代传媒以编辑为中心的媒体运行机制建构》《城市电视媒体内部运行机制创新研究》《广播电视台采编播一体化运行机制论证》《基于信息传播链的采编流程管理——以报业传媒集团为例》等。

传媒人员管理制度研究。完善科学的人员管理制度能有效调动传媒工作人员的工作热情和工作效率，激发他们在工作中的创新动力。此类研究如《融合媒体背景下首席采编岗位制管理策略及效用评价》《传媒企业人力资源管理制度研究》《传媒行业聘用制采编人员管理制度研究》等。

传媒岗位责任制度研究。岗位职责明确，可以使传媒工作人员在工作中目标明确、权责分明，积极主动且高质量地完成工作任务。此类研究如《数字媒体时代编辑责任制改革探索》《新闻出版系统实行持证上岗制度内涵解读》《学术期刊责任编辑职责定位及实现》等。

传播内容审查制度研究。我国传媒在长期的工作中建立了较为成熟的内容审查制度，如报刊出版业实施的"内审+外审"制、"三审制"等，对于提升传播内容质量起到了重要作用。传媒业的各项业务内容都应当建立科学合理的内容审查制度，尤其是对新兴传媒业务，更要加大相关制度研究，保证传播内容健康积极有益于社会发展。此类研究如《内容审查制度对网络游戏世界规范化的影响》《我国的电影审查制度研究》《电视剧内容审查的法律规制》《网络视听节目审核员制度的完善》等。

---

① 姜方炳：《实名制作为网络治理术及其限度》，载《浙江社会科学》，2014年第8期，第70~76页。

传媒运行监控制度研究。传媒传播活动应当以社会效益至上，要保证传播活动在技术、内容上的高质量，就必须对传媒运行建立监控程序和制度，以不断提高信息服务质量。此类选题如《电影频道播出运行监测管理制度研究》《多频道数字播控系统的运行管理》《报纸出版流程的控制与管理》《基于三层架构的电视台广告管理信息系统》《多频道数字播控系统的运行管理》等。

安全播出制度研究。传播安全涉及技术安全和内容安全，随着传媒技术发展，安全播出受到极大挑战，传媒行业应当提高防范意识，确保传播安全。此类选题如《电视节目安全播出的规范化管理》《中波发射台站安全播出的运行管理》《中央电视台安全供电风险预警管理制度系统化与规范化探讨》《建立健全各种规章制度保证安全播出》《P2P网络新媒体平台运行维护与信息安全管理》等。

财务运行管理制度研究。财务运行是保证传媒运行有序的重要环节，尤其是在传媒行业市场化发展的今天，传媒资本构成复杂化，传媒业务和经营模式多样化，财务工作高质量运行有利于传媒的长足发展。此类选题如《电视台技术设备的网络化成本管理及制度建设》《报业集团发行业务财务管理制度研究》《传媒集团公司财务管理体制构建》等。

## 四、评奖管理制度

评奖制度是传媒管理制度的重要组成部分，体现了管理者对各项工作清晰的评价标准和价值期许，对劳动成果和劳动创造的尊重和鼓励。通过评奖可以激励先进、鞭策后进，同时在形式表现和内涵挖掘、在社会价值与市场引导等方面发挥示范和引导作用。因此，制定科学合理的评奖机制、组织机制和评价标准，有利于充分发挥评奖制度的积极作用，促进事业多出精品、多出人才、多出创新，提高服务质量和效益。

我国传媒评奖活动始于20世纪80年代，1980年开展了第一届全国好新闻评比，这一届评比只评了消息一项，第二届增加了通讯、评论和广播三项，以后逐渐又增加了照片、标题、漫画、电视新闻等。随着传媒事业的发展和繁荣，传媒评奖活动逐年增多，呈现出过多过滥、交叉重复、质量不高、评奖不够规范公正等问题。1995年9月4日《新闻出版报》"自由谈"栏目发表署名文章《新闻评奖亟待规范》，指出"目前全国性的常设新闻奖多达33项，临时性、地方性的更是多得不计其数……有的奖项，不是好中选优，而是照顾平衡，人人有份……"[①]据1996年中共中央办公厅、国务院办公厅联合下发的《关于加强全国性文艺新闻出版评奖管理工作的通知》，当时文艺新闻出版常设的全国性评奖有300多项，为此中办和国办在通知中明确了文艺新闻出版全国性评奖的组织规范，并要求对现有的全国性评奖项目进行清理，要求全国性评奖不得向参评者收取报名费、参评费等费用。经

---

① 《新闻出版报文章认为新闻评奖亟待规范》，载《新闻采编》，1995年第6期，第33页。

过治理，文艺新闻出版全国性奖项保留了 90 项，其中全国性出版评奖 31 项、全国性新闻评奖 14 项。

2005 年，中宣部、文化部、广播电影电视总局、新闻出版总署、国务院新闻办公室等部门和团体进一步对全国性评奖进行整改，将原有的 90 个全国性评奖减至 24 个。其中广电总局原有的 13 个奖项除部分交地方和中央电视台主办外，其他整合为一个奖项"中国广播影视大奖"，包含 3 个子项评奖：中国电影"华表奖"、中国电视剧"飞天奖"和"中国广播电视节目奖"；原有 8 个全国性新闻评奖经整改后成 4 个奖项："中国广播电视新闻奖""中国播音与主持作品奖""中国新闻奖""长江韬奋奖"。新闻出版总署原有的 22 个全国性出版评奖被整改成为 1 个奖项"中国出版政府奖"，含"国家出版奖"和"全国优秀出版人物奖"两个分项。在 2005 年印发的《全国性文艺新闻出版评奖管理办法》中，还对全国性评奖的主办资格、奖项审批、评奖周期、评奖程序、评奖纪律等作了明确的规定，理顺了评奖秩序，制定了科学的管理制度，彻底消除了评奖过多过滥、管理分散等问题。

评奖机制、组织机制和评价标准也是学者们普遍关注的问题之一。长期以来，学者围绕以上问题进行了全面而深入的探讨。如四川大学蔡尚伟、冯结兰在《制度设计视角下的中国新闻奖——兼论中国新闻评奖制度的改进》一文中指出中国新闻奖在公正、公平、影响力方面存在不足，应当进一步完善新闻评奖制度结构，同时借鉴国外经验发展"新闻学院奖"，增设中国新闻奖"创新奖"与"学院奖"相呼应。安徽大学刘勇从新闻评奖对新闻文体的影响、对评奖作品的纪录、对奖项的认可和导向作用进行了研究。学者卢文炤在《新闻奖中的迷失与清醒——七问新闻奖评选》一文中对新闻评奖的认识、新闻奖的设置、新闻奖的作用和影响、评奖标准、评奖的公正性以及新媒体作品的评奖问题进行了分析和探讨。新媒体的评奖研究是管理者和学者重点关注的问题，2015 年第 25 届中国新闻奖正式把媒体融合报道和新媒体应用情况纳入对获奖作品的评价标准；清华大学周勇教授对网络新闻评论和网络专题的评奖标准提出了具体的评价内容和标准。当前，政府机构组织的传媒行业评奖仍主要以传统媒体为主体，如何建设更加开放的评奖制度将众多新媒体以及民营传媒机构的生产、创作纳入评奖体制之内，还需要进一步研究。另外，关于新媒体传播内容的社会类评奖众多，如何规范和引导社会类评奖，使之能对传媒发展起到促进作用，也需要学者们进一步思考和研究。

# 第六章　传媒史学研究

人类社会和文明的演进总是伴随着信息传播方式的变化更迭：人类进入口语传播时代，就有了与动物的根本区别，个体与个体之间通过语言交流开始汇合成群体，形成强大的集体力量；文字的诞生使人类有了阶层的区分；现代印刷术使信息和新知得到广泛传播，民主意识开始萌发并有了讨论和传播的阵地；电子信息传播技术的不断革新把人类社会带入到高度发达的信息社会之中。史学研究是传媒理论研究中不可缺少的重要内容。人类社会传播实践有其自身发展规律，对其历史轨迹进行回望认知、研究总结，有利于我们了解传媒事业发展的历程，掌握传媒发展和运动的一般规律，以及其在演变过程中与政治、经济、意识形态等的相互关系；对人类社会传播实践进程的普遍性或一般性哲理进行理解，有利于为今天的传媒事业开阔思路、增添智慧，更好地推动传媒事业的发展。

## 第一节　传媒史学研究概述

### 一、传媒史学研究目的

梁启超在《中国历史研究法》开篇写道："史者何？记述人类社会赓续活动之体相，校其总成绩，求得其因果关系，以为现代一般人活动之资鉴者也。"[①] 这句话简洁地概述了史的定义及内涵。史学研究不仅是一门科学，也是其他学科重要的研究视野和研究方法。传媒史学研究是人类史研究的重要组成部分，是对人类社会发展进程中传媒发展的具体过程及规律进行的研究，是以已发生的社会现实为研究对象，在时间的长河中探求事物的本来面貌，在史料收集与考证、研究与思考中探索事物间的因果关联以及现象背后的本质，并为当代传媒发展提供借鉴与参考。

传媒史学研究的目的之一是要"正确地和准确地描绘现实的历史过程"[②]，凭借历史遗留的各种史料对不可重返的过去社会进行考证，梳理传媒发展的历史进程和基本脉络，力图还原历史的真实面貌，铺陈史实，展示历史上传媒活动的基本样

① 梁启超：《中国历史研究法》，上海人民出版社，2014年版，第5页。
② 《列宁选集》（第1卷），人民出版社，1995年版，第31页。

态。如方汉奇先生编著的《中国新闻传播史》，全面展现了我国自先秦两汉以来各个历史时期的新闻传播活动状况，用大量翔实的史料抒写了我国新闻传播的历史图景。这种回溯本源探求真相的研究在传媒史学研究中具有奠基性的重要作用，后学多在这项研究之上进一步前行和探索。

传媒史学研究的目的之二是要在基本了解传媒历史发展概貌基础上，深入探究传媒发展的本质规律。史学研究不仅要了解历史、力图还原历史原貌，更要透过现象挖掘其本质及规律。我们不仅要知道不同传媒的名称、产生发展过程，知道其作用、地位和意义，还应努力探索其发展和演进的内在机制和本质规律。"不仅要回答'是什么'，更要在此基础上，回答'为什么'，即从历史的研发认识到历史的理性认识，揭示史料中所反映的深刻历史真理。"① 如李彬教授综合西方史学理论著作的《中国新闻社会史（第二版）》和《全球新闻传播史（公元1500—2000年）》就是"以社会史的范式和叙事学的方法，综合考察并书写新闻传播的历史衍变与现实关联"②。

传媒史学研究的目的之三是探寻历史发展对当代传媒可借鉴之处。"历史所以要常常去研究，历史所以值得研究，就是因为要不断予以新意义及新价值供吾人活动的资鉴。"③ 史学研究向度虽然指向过去，与时间逆行，但实际上其研究成果总是对当下和未来传媒发展产生映射和效用。应紧密结合传媒现实发展问题和需要来进行研究。梁启超认为史学研究中只有做到三个"新"才能进而产生可资借鉴的成果：新注意、新意义、新价值。要关注他人不常关注的史料，追根索源才能发现更多新的事实，"寻得许多新意义"④；在价值评估方面，梁启超认为研究者应当具有价值相对性认识，注意区别临时价值和永久价值，正确对待"无价值"和"有价值"的史料，不能轻易放过。

## 二、传媒史学研究内容

传媒史学研究内容主要涵盖两个方面：传播媒介史学研究和传播媒体史学研究。在新闻学与传播学的很多研究中"媒介""媒体"两个词语是未加以区分的，"传媒"一词被用来泛指与信息传播相关的技术、工具和组织机构。如《美国传媒史》一书从大众传媒兴起开始，既叙述印刷业、现代传媒技术、当代传媒技术的迭代更新，也讲述报业、电子传媒和新兴传媒的历史演进；类似著作《从狄德罗到因特网：法国传媒史》也是将媒介、媒体融合叙述。史学研究方法是多样化的，将媒介媒体融合研究叙述未尝不可，但若在研究中一味不加以区分，则难免形成思维定势，从而给研究视野的深入、拓宽与创新造成障碍，易导致相关研究的片面与

① 《史学概论》编写组：《史学概论》，高等教育出版社，2009年版，第9页。
② 李彬：《"新新闻史"：关于新闻史研究的一点设想》，载《新闻大学》，2007年第1期，第41页。
③ 梁启超：《中国历史研究法》，上海人民出版社，2014年版，第129页。
④ 梁启超：《中国历史研究法》，上海人民出版社，2014年版，第131页。

疏漏。

　　《现代汉语词典》对"媒介"的释义为"使双方（人或事物）发生关系的人或事物"，这里的含义解释具有广义性，泛指人类和自然界中所有能使二者间产生关系的人或事物。传播媒介史学研究主要针对人类社会传播媒介进行研究，不涉及自然界中宏观、中观、微观传媒的传播现象和行为，因此赵毅衡教授对"媒介"的释义可能更符合人类"传播媒介"的内涵——"媒介是对符号进行传送的物质"①。符号是意义的承载物，意义由人的认知行为产生，"是人类生活实践中行动和受难的文化导向所依据的最高标准的总和……意义代表的是感知、诠释、导向和动机之间的关联，代表它们的不同指向和精神性中的内在联系"②。对承载意义的符号进行传送的物质媒介穿梭于人类社会生活和交往中，兼有工具属性和社会属性。美国传播学者哈特把有史以来的传播媒介分为三类：示现的媒介系统、再现的媒介系统、机器媒介系统，认为这三种不同媒介在传播中所执行功能的方式是不同的，示现媒介主要运用于亲身传播，通过言语及类语言（表情、神情、动作等）来传播信息，传者对符号的意义赋予与接收者对符号意义的解释同时进行，之间没有时空区隔。再现和机器媒介通过一定的物质介质实现跨越时空的传播，传者和接收者可以不在同一个时空区域完成信息传播。实际上，对传播媒介从不同的角度有多种划分，如从采用的工具和技术手段来划分，可分为语言媒介、文字媒介、印刷媒介、电子媒介和网络媒介；从对人的感官作用可分为听觉媒介、视觉媒介和视听媒介等。传播媒介史学研究就是要对这些纷繁复杂的传播媒介进行史学考察和研究，目前这方面的深入研究成果不多见，多数研究只从信息传播发展历史上对传播媒介进行了纵向梳理，研究中还需挖掘其与其他各方面的关联和发展规律。

　　"媒体"在《现代汉语词典》中被这样解释："交流传播信息的工具。"将"媒体"的种概念定义为"工具"，依然强调并凸显了其物质性。人类学视阈下的任何媒体都有不可忽略的社会属性，其信息传播活动开展、传播质量高低和效果实现与其社会地位、资金来源、人员构成、传播目的等关联紧密。赵毅衡教授认为"媒体"是文化体制，表现为一种社会机构③，是专门从事信息采集、加工和传播的组织机构。这种机构在社会信息传播中扮演着重要的角色、起着关键的作用。对于传播媒体的史学理论研究有利于总结和研究媒体传播的经验和教训，对当代传媒发展起到重要的借鉴作用。传播媒体的史学研究内容可以从多个层面切入：对传播媒体的发展及其组织机构变迁进行史学考察与研究，如传媒机构的历史演进与体制变迁；对传播媒体的传播活动进行史学理论研究，如传播史研究；对传播媒体的内容传播进行史学理论研究，如新闻史学研究、广告史学研究、气象信息传播史学研

---

　　① 赵毅衡：《符号学》，南京大学出版社，2012年版，第124～125页。
　　② ［德］约恩·吕森：《历史思考的新途径》，綦甲福、来炯译，上海世纪出版集团，2005年版，第38～39页。
　　③ 赵毅衡：《符号学》，南京大学出版社，2012年版，第124～125页。

究，以及新闻文体历史演进、新闻话语体系历史流变等研究；对传媒发展中的重要历史人物进行研究等。

## 三、传媒史学研究特点

传媒史学理论研究中要注意以下几个方面：一是传媒史学研究应坚持唯物史观。"历史观是人们对历史的根本看法，主要指人们对社会的起源、社会生活的本质，以及历史总体运动和一般规律的理论性概括。它是史学的灵魂，是史学理论的核心内容。"① 马克思和恩格斯发现了唯物主义历史观，并在观念革命的基础上创立了历史唯物主义。马克思在《政治学批判》的序言中对历史观进行了这样的阐述："人们在自己生活的社会生产中发生一定的、必然的、不以他们意志为转移的关系，即同他们的物质生产力的一定发展阶段相适应合的生产关系。这些生产关系的总和构成社会的经济结构，即有法律的和政治的上层建筑建立其上并有一定的社会意识形态与之相适应的现实基础。物质生活的生产方式制约着整个社会生活、政治生活和精神生活的过程。不是人们的意识决定人们的存在，相反，是人们的社会存在决定人们的意识。社会的物质生产力发展到一定阶段，便同它们一直在其中运动的现存生产关系或财产关系（这只是生产关系的法律用语）发生矛盾。于是这些关系便由生产力的发展形式变成生产力的桎梏。那时社会革命的时代就到来了。随着经济基础的变更，全部庞大的上层建筑也或慢或快地发生变革。"② 马克思和恩格斯发现的唯物史观揭示了人的客观性和主体意识，揭示了史学研究对象的客观性，指出了社会历史发展的经济基础和辩证运动的规律，帮助我们在史学研究中正确认识和全面深入地把握世界，从而作出科学理性的研究和思考。

二是研究中要认识到历史真实的相对性。"史学家无事实根据，无法创垂信史；事实失去史学家，将如死灰沉寂。"③ 对人类过去生活事实进行历史考证是史学研究重要的内容之一，但我们必须承认历史的绝对真实是不存在的。一方面，我们对于历史事实的考证主要依据过去时代遗留的痕迹，如图画、文字、物品等，在对这些痕迹进行去伪存真、相互联系分析的基础上重建历史，所以经考据达到的真实只是推论的真实，获得的历史只是重构的历史，而并不是历史本身；另一方面，无论是古代史官记录历史还是当代史学家考证历史，他们都是从个人的认知、一定的价值判断和理想追求出发对事实进行选择和取舍，存在着一定的主观性，因此我们难以达到全面的绝对的真实。所以在研究中应处理好绝对真实与相对真实的关系，努力去挖掘沉淀在浩瀚史料中的本质真实。

三是注意普遍性与特殊性的结合。一方面研究中只有把握了历史的主要脉络、

---

① 《史学概论》编写组：《史学概论》，高等教育出版社，2011 年版，第 19 页。
② 《马克思恩格斯选集》（第 2 卷），人民出版社，1995 年版，第 32~33 页。
③ 杜维运：《史学方法论》，北京大学出版社，2006 年版，第 19 页。

整体面貌，全面了解历史的运行机理及流变规律，形成统一的整体的历史认知和意识，才能正确把握研究对象的地位、作用、价值和功能，才有利于更深入地展开理论研究。梁启超说"事实之偶发的、孤立的、断灭的，皆非史的范围"①，就是要求在研究中将不同事实结合起来于纵于横各方面进行总体把握。同时在研究中也应注意到特殊的现象和问题，关注到具体时代背景、社会环境、具体条件对历史事实的影响，这样才能在研究中做到视野开阔而全面、严谨而客观。另一方面，当研究者主要针对某一方面的历史问题进行专门深入研究时，也应注意将特殊性与普遍性结合起来，将专门史研究与多方面史学研究相结合相联系，把握人类历史的共性特征和规律，在研究中形成全面准确的判断能力和理论研究能力。

四是要将专业性与广博性相结合。研究中要重视历史研究基本方法的运用，本着实事求是的原则，坚持历史主义、整体研究等原则，综合运用文献研究和考古研究等历史研究方法，以及考证、整理和解释历史文献的专业技能，对历史文献和实物资料进行收集整理、鉴定分析、综合归纳、考证比较等工作，探求历史事实真相，为深入理论研究奠定事实基础。同时也要借鉴中外一切有价值的理论和方法，在跨学科视野下将传媒史学理论研究与文化学、经济学、社会学、人类学、地理学等多种学科相结合，形成学科间交流渗透、互动融合、借鉴提升，推动传媒史学理论研究向更宽广更深入的领域延伸。

# 第二节　传媒史学研究路径

许慎《说文解字》对"历史"二字这样解释："历，过也，传也""史，记事者也，从又持中。中，正也。"葛剑雄教授和学者周晓赟认为：许慎对"历"的释义强调了空间和时间的移动特征。②"史"指出了记事时应有的态度——"正"，要求记事客观公正、贴近并还原事实真相，"正"将史与神话传说、诗歌等文学艺术的创作特点相区别。"历史"的这种内涵为传媒史学理论研究提供了时间、空间、事实三个维度的研究进路。

## 一、时间维度

历史因时间而存在。每天不断变化且线性连续的时间串起了人类历史的骨架，人们常用"历史长河"比喻社会发展的赓续交替，也形象地说明了在不可逆转的时间洪流中人类生生不息的发展以及古往今来的前后相继、内在关联。史学研究总是站在现在，面向人类已经走过的过往。在"现在"这个点上，生活在进行和变幻，时间是流动的、瞬忽而逝难以把控的；但在现在和未来的向度上人们茫然不知所

① 梁启超：《中国历史研究法》，中华书局，2009 年版，第 121 页。
② 葛剑雄、周晓赟：《历史学是什么》，北京大学出版社，2002 年版，第 4 页。

往。那些被我们凝视的"过去"，时间是静止稳定的，它已经被凝固、被客观化，犹如寂静幽深、人迹罕至的丛林，史学研究者们因此得以穿梭其中、来回往复，在往来古今过程中，过去凝固的时间被接近、被推断、被结构。传媒史学理论研究在时间维度的探索首先是要探索传媒历史发展脉络，将过去事件按时间顺序进行梳理排序，对过去时间进行历史建构，即历时性研究。其次是对传媒历史进程进行归纳总结并进行逻辑梳理和分期，即历史分期研究。再次是对传媒发展进行共时性研究，进一步把握历史事实的本质及其运行规律。下面将对这三种研究依次进行介绍。

第一，历时性研究。历时性是历史学特征，强调对历史发展进程的考察和研究。历时性研究是按照时间顺序勾勒传媒发展的时间脉络和可能的合理的演变路径，建构一种可操控的时间结构。在传媒史学研究中，很多前学致力完成艰巨的历时性研究，如戈公振的《中国报学史》从大量的史料中对汉唐至近代的报刊发展脉络进行了梳理，成为新闻史学研究经典之作；在方汉奇教授、宁树藩教授和陈业勋教授的带领下，由全国 24 所高校 47 位专家历时 10 年共同研究撰写的《中国新闻事业通史》（共三卷），对从公元 2 世纪以来我国新闻传播各项事业和内容进行了全面勾勒，这一气势恢宏的历史长卷展现了我国新闻传播发展基本完整的历史图景，成为我国新闻传播史学研究中新的里程碑。致力于少数民族史学研究的白润生教授所著的《中国少数民族新闻传播通史》，历时性地研究和梳理了不同民族新闻传播发展路径，在我国新闻史学研究方面独树一帜，为民族新闻史学研究铺垫了厚重的基石。

历时性研究除了从古至今的通史研究外，还可以选取一定时期来进行研究，即断代史或阶段史研究。"所谓断代史就是以一个朝代为始终的历史。"[①] 阶段史是以一个时间区间为始终的历史。阶段史和断代史没有本质区分，都是在过去时间中截取某一个时间段进行历史叙写，阶段史截取时间相对更灵活，可以比一个朝代更长也可以更短。方汉奇先生 1981 年出版的《中国近代报刊史》（上、下）就是一部阶段史，该作对 1815 至 1915 年的报刊发展脉络进行了详细的考证和勾勒，是新中国成立后我国的第一部报刊史专著，该成果填补了我国近代报刊史学研究的空白，对新闻史学研究具有奠基性的重要作用。此外还有方汉奇先生与吴廷俊教授合著的《中国新闻传播史（1978—2008）》，书中对我国改革开放以来的新闻传播体系、观念、调控以及媒介经营管理等进行了总结和梳理。另如《清代时期新闻传播史》《中国电视新闻节目发展史研究（1958—2008）》《民国新闻史研究》等。

第二，历史分期研究。完成对过去事件在时间上的先后梳理和排序后，"分期"是史学研究的另一项重要工作，"必须找出恰当的关节点以便将历史分期，即用一

---

① 葛剑雄、周晓赟：《历史学是什么》，北京大学出版社，2002 年版，第 78 页。

种有意义的结构取代那无法把握的连接"①。分期是史学研究者对过去时间赋予的另一种结构，是在归纳总结、分析比较后对过去事件进行连续或断裂的判断与处理。分期是普遍性与特殊性相结合的思维运动，有利于我们对历史的认识理解和深入研究。新闻史学者王凤超先生说："科学的分期可以体现出新闻事业历史发展的阶段及其特点，根据新闻事业本身的逻辑来说明它的发展过程，也容易从发展的真实过程中，逐步明确新闻事业的发展规律。"② 并提出"把新闻事业本身发展过程中所呈现出来的不同阶段作为分期的标准"③。王凤超先生研究后认为 1949 年前的中国新闻业史（报刊史）可分为三个时期：古代报纸（713—1815）、近代报纸（1815—1915）、现代报纸（1915—1949）。学者沈毅在《关于近代新闻史研究的几点思考》中提出应该以鸦片战争为中国近代新闻事业的开端。④ 目前，传媒史分期研究成果不多，研究学者通常沿袭之前研究的分期结构，较少突破和创新。

第三，共时性研究。"共时性"由瑞士心理学家荣格于 1930 年首先使用，主要用来描述心理状态与客观事件之间的非因果关系，后索绪尔在语言学研究中提出"历时性"与"共时性"一对概念，指称对系统研究的两个不同角度，他认为历时研究可以让我们发现语言要素的变化，而共时研究可以发现系统各要素间的关系。北京师范大学张文涛认为共时性与历时性才是中国传统史学与西方近代史学的分途，而不是"求真"，西方近代史学的典型特征是强调历时性，而中国传统史学是历时性服务于共时性，在历时考察中重点强调"道"这一价值体系。⑤ 当代社会，每个人都能深切体会到传媒技术及传媒活动对社会生活带来的巨大影响和变革，回望人类社会发展，每一次传媒技术的变革也必然引起社会的深刻变化。在考察传媒历时发展源流和形态的同时，对传媒历史进行共时性研究是我们认识传媒本质、把握传媒与社会其他要素相互联系相互影响和变迁的重要路径。我国有许多学者也致力于传媒史学的共时性研究，如李彬、陈昌凤教授将传媒史与社会变迁相结合，考察传媒与社会要素的关系。又如卢宁的《早期〈申报〉与晚清政府：近代转型视野中报纸与官吏关系的考察》通过典型案例考察报纸与地方政府的关系。共时性研究还可以有更为广阔的视野，研究中可以将传媒发展与人类社会系统的多个要素相联系进行考察研究，如与文化、环境、生态、伦理道德等要素联系起来考察研究。目前有很多学者正在这条路径上探索，如论文选题《近代新闻史与政治文化变迁》《媒介生态学：中国新闻史研究的新路径》等。

① ［法］安托万·普罗斯特：《历史学十二讲》，王春华译，北京大学出版社，2012 年版，第 101 页。
② 王凤超：《中国新闻业史的分期与起点》，载《新闻研究资料》，1981 年第 3 期，第 184~193 页。
③ 王凤超：《中国新闻业史的分期与起点》，载《新闻研究资料》，1981 年第 3 期，第 184~193 页。
④ 沈毅：《关于近代新闻史研究的几点思考》，载《郑州大学学报》（哲学社会科学版），2003 年第 11 期，第 45~46 页。
⑤ 张文涛：《共时性与历时性才是中国传统史学与西方近代史学的分途》，载《北方论丛》，2011 年第 4 期，第 91~95 页。

## 二、空间维度

空间亦是个较宽泛的概念，不仅包含可触摸的人类赖以生存的物质空间，也包含存在于物质世界之外的精神空间、情感空间、思想空间等，还包括互联网络构建起来的数字空间、信息空间、虚拟空间。空间是历史研究的另一个重要元素，在空间维度对传媒进行史学理论研究，主要是从物质空间（地域、区域）着手把握传播历史进程及其规律。现实的物质空间是广袤无垠的，在研究中需要对空间进行划分和取舍来确定研究对象，研究空间的划分"以空间内部的共同性和与外界的差异性为标准"①，差异性既可以是自然的，也可以是人文的，还可两方面兼而有之。对空间的取舍可以从宏观、中观和微观三个层面来把握，研究越宏观越能把握传媒历史发展的普遍性规律；中观研究和微观研究针对具体的空间地域进行特殊性考察，更具有针对性和准确性。宏观、中观和微观这三个空间层面的史学研究我们可以用更具体的方式来称谓，即世界史、国别史、区域史、地方史。

世界传媒史主要指从全球、国际来选取研究对象进行传媒史学研究，如陈力丹的《世界新闻传播史》、李彬的《全球新闻传播史（1500—2000）》等；传媒国别史是选取具体的国家，对该国传媒发展及其规律进行的历史考察和研究，如加里·R. 埃杰顿的《美国电视史》、勒·诺尔布苏荣的《蒙古新闻传播史概要》等。传媒区域史指在选取一定的区域空间进行传媒史学研究。区域空间也有宏观、中观、微观之分，如美国盛行的区域史通常是在全球化视野下，围绕政治、经济、文化、宗教等问题来进行区域的划分和选择，美国学者通常会把具有均质（同质）要素或历史发展特征的地区放在一起来进行研究和考察，如"北非地区""中亚地区""美国南部""东南亚地区"等。我国学者陈冠兰所著《近代中国的租界与新闻传播》也属于这一视阈的研究。对于在具体行政区域或特定空间里进行的新闻传播史考察，我们称为"地方史"。如《甘肃新闻事业的历史与现状研究》《上海新闻史》《安徽新闻传播史》《民国杭州新闻史稿》《武汉近代新闻史》等。相较于时间维度传媒史学研究，空间维度的研究还不够丰富全面，有待史学研究者进一步补充、丰富和完善。在对国外传媒史学研究方面，目前研究成果多着眼于宏观层面，缺乏中观和微观层面的研究，即对国外的区域传媒史和地方传媒史研究还需要有条件和能力的学者多开拓。

## 三、事实维度

从事实维度进行史学研究，有综合史和专门史之分。梁启超在《中国历史研究法》中这样说道："今日所需之史，当分为专门史与普通史之两途。专门史如法制史、文学史、哲学史、美学史……等等；普遍史即一般之文化史也。治专门史者，

---

① 葛剑雄、周晓赟：《历史学是什么》，北京大学出版社，2002年版，第84页。

不惟须有史学的素养，更须有各该专门学的素养……普遍史并非由专门史丛集而成。作普遍史者须别具一种通识，超出各专门事项之外，而贯穴乎其间。"① 梁启超所谓"普遍史"即综合史，是全面系统地对所选择的时间或空间内的政治、经济、社会、文化、军事、科技、民族、宗教等各方面的综合考察和研究。梁启超在这段叙述中对进行专门史和综合史研究所需的能力素养也进行了要求，强调了研究专门史的专业素养，对综合史研究的能力素养提出了更高要求。传媒史属于专门史，对其研究不仅需要研究者具有较好的史学理论素养，还需要具备较高的传媒理论素养，才能在研究选题、研究视野、研究路径、研究方法等方面深入探索、创新突破。

事实是传媒史学研究的对象，历史虽然以过去时和静态的方式存在，但掀开其冷峻的面纱，我们可以看到过去与当代生活一样充满了鲜活而浩繁事实的社会生活，这些事实包括事件、流行、思潮、观念主张、政治制度、军事外交等等。从事实维度切入传媒史学研究可以有多个角度多个思路。对传媒人物进行研究，如史量才的《"史家办报"思想研究》、邹韬奋的《海外通讯特色及其价值》、张季鸾的《办报理念研究》《花边新闻：另类中国记者史》《中国新闻通讯员简史》等。当前对于传媒人物的研究主要集中于对近代著名报人和新闻实践先驱的研究，少有对现代传媒人物的研究，尤其缺乏对当代传媒人物的史学价值考察和研究。对传媒事件进行的研究如《"苏报案"的研究及其反思》《解放战争时期国统区报业研究》《"文革"时期电影传播要素与公共领域的拓展》《由"文怀沙事件"反思现代大众传媒的文化责任》《太平洋战争与日本新闻》等。对传媒现象进行的研究如《外国人在华新闻事业研究》《半殖民主义语境中的"断裂"报格》《传教士中文报刊史及其意义》等。此外，女性研究也是传媒史研究的重要内容，许多学者也致力于这方面的研究，如《我国近代女性报刊与妇女解放研究》《近代报刊女性"受虐"形象研究》《我国近代女性维权报刊研究》《近代回族报刊对回族妇女的抗战动员与宣传》《中国妇女报刊史研究》等。

| 空间<br>事实<br>时间 | 通史 | 断代史 | 阶段史 |
|---|---|---|---|
| 世界史 | | | |
| 国别史 | 传媒技术、传媒事业、传媒产业、传媒文化、<br>传媒生态、传媒人物、传媒艺术、传媒事件、<br>传媒伦理、传媒道德、传媒影响力 …… | | |
| 区域史 | | | |
| 地方史 | | | |

**图 6—1　传媒史学研究路径选择**

研究者应当注意的是，以上三个维度的路径并不是相互独立、严格区分开来

---

① 梁启超：《中国历史研究法》，中华书局，2009 年版，第 44~45 页。

的。实际上，研究者确定史学研究选题时通常会从这三个维度上去综合思考，既对时间、空间进行界定，也会对拟研究的事实进行取舍选择。而这三个维度融合在一起可成为研究者选择的多个考察路径，如图6-1所示。

## 第三节　传媒史学研究方法

18世纪初，维柯论证了历史学的科学性，认为"历史学是一门目的在于求得历史真相及其因果关系的学科，反对同时代的学者将历史理解为记忆的观点。"[①]维柯不仅肯定了历史的学科价值，确立了历史学在科学殿堂中的地位，同时也提出了具体的历史研究方法，主张将语言学和哲学结合起来，朱光潜先生评价这种方法是"史与论的结合"[②]。维柯之后的中外古今史学研究者从多维史观和多元研究方法出发探索历史的真相及其因果关系，以及这些因果关系所蕴含的具有普遍性和一般性的真理，这些历史认识和研究方法对于传媒史学研究都有着重要的启示作用。

黑格尔在《历史哲学》绪论中将历史研究方法总结为三种：原始的历史、反省的历史和哲学的历史。原始的历史是"原始的史学家将自己熟知的行动、事件与社会状况，转换为观念作品"。原始史学家将自我生活空间的事物、自我的感受进行简单的直观呈现，将外在的感觉认知搬移到精神空间，所记述的事实是孤立的、片断的。黑格尔认为"反省的历史"可以分为普遍的历史、实用的历史、批判的历史、部分的历史等。"普遍的历史"是研究者能够从普遍或民族精神的视野来观照历史，同时基于各自的观念和文化立场来进行史料整理工作。"实用的历史"重视历史对"现在"社会的实际效用，在探寻古今内在联系基础上从历史中获得训诫和指导，其间史学家的主体性得到体现。"批判的历史"是对各种历史记述进行可靠性、真实性审视和研究。"部分的历史"是对艺术、法律、宗教历史中的普遍性观点进行研究。关于"哲学的历史"，黑格尔认为"要理解历史，最重要的就是认识这种过渡中所包含的思想。一个民族经历不同发展阶段，直到它的'精神'获得了普遍性。变动的、理想的、内在的必然性，就在这一点中。这是'历史'的哲学理解灵魂"。黑格尔总结的三种历史研究方法划分出史学研究的不同层面：史实研究、历史经验研究、历史思想研究，这三个层面从对历史的初步认知到理性思考层层递进，引导史学研究者在历史观察和研究中逐步提升境界。

### 一、史料收集与考证

事实是历史研究的客体，索本求源了解事实是史学研究的基础。掌握历史事实

---

① 徐国利、黄蕾：《维柯论历史学的科学性及历史研究——兼论维柯史学思想的现当代意义》，载《学术研究》，2010年第2期，第122~128页。

② ［意］维柯：《新科学》，朱光潜译，商务印书馆，1989年版，第103页。

本来面貌，梳理历史发展的脉络，构建历史的基本框架和体系，是进一步对历史进行规律探索、经验总结和思想精髓提炼的根本前提，是史学家研究依据事实深入研究的逻辑起点。梁启超认为："史料为史之组织细胞，史料之不具或不确，则无复史之可言。史料者何？过去人类思想行事所留之痕迹，有证据传留至今日者也。"①史实研究可以分三个阶段，一是对史料的收集和整理，二是对史料的考证，三是对史实的研究。

史料收集一般通过文献资料、历史著述、人物传记、走访调查等方式来获取。史学家与历史之间永远隔着时间的长河，只能通过历史遗留的"痕迹"来触摸过去的事实真相。传媒作为人类社会信息传播活动的手段和工具，不仅受到社会政治、经济、意识形态、管理制度等的影响，同时也与普通百姓生活联系密切，对于传媒史实的研究不仅要关注史料中对传媒现象、事件、人物的直接相关的内容，同时也应重视与传媒活动息息相关的其他史料收集。梁启超认为史料有"积极"与"消极"两种性质的区分，"某时代有某种现象，谓之积极的史料；某时代无某种现象，谓之消极的史料"。②积极的史料和消极的史料犹如事物的正反两面，积极的史料能够给研究者提供明确清晰的信息，消极的史料由于是没有发生的现象而容易为研究者忽视，但恰恰可以从另一方面对现象或事实进行佐证和说明。因此在史料收集过程中并无定法，研究者应当秉持兼收并蓄的观念，保持高度的敏锐性，拥有足够的耐心和细心，才能在浩瀚的事实中收集到有用的史料。

史料整理是在收集的同时需要进行的另一项重要工作。从研究者个人角度来看，对收集的史料按时间顺序进行梳理，或按一定标准进行归类、系统建构，有利于后期研究工作的顺利开展，也有利于进一步发现史料的研究价值。同时，研究者带着研究目标整理史料的过程是不断思考辨析的过程，在整理中极易得到新知，甚至获得有益的启示和顿悟。从史学研究全局来看，基础性史料蕴含着丰富的研究价值，对其发掘和收集在史学研究方面有着重要的意义，将所收集史料进行整理编撰并公之于众是对史学研究的巨大贡献，有利于推动相关史学研究的进步和繁荣。如北京大学孙燕京教授对《民国史料丛刊》的收集和编辑，为民国史研究的推进和学术创新提供了宝贵史料；赵玉明教授主编的《中国现代广播史料选编》为中国现代广播的研究提供了系统、完整的第一手史料，为传媒史学研究提供了重要的研究资源。

考证（或称考据）是对史料进行正误、真伪的甄别，是研究中努力求真的过程。史学研究所依凭的史料是历代留下来的文字记载、实物痕迹或口述资料，这些历史"痕迹"与史实之间不可避免地存在着或大或小的差距。以文字记载为例，其来源于历史上的史官或其他人的记录，虽然古代史官记史要求"中正"，但由于阶

① 梁启超：《中国历史研究法》，中华书局，2009年版，第48页。
② 梁启超：《中国历史研究法》，中华书局，2009年版，第82页。

级立场和价值观念对记史官的影响，其所记的历史内容不一定与事实绝对相符。在这里不得不提到孔子的记史观念。孔子认为记史的首要目的是寓褒贬，别善恶，记史讲究"为尊者讳，为亲者讳，为贤者讳"①，他首创的"春秋笔法"对后世记叙事实产生了深刻的影响，受其影响的作者在叙写事件时不仅会对材料进行筛选，还会在字里行间融入作者的主观判断并寄寓褒贬，这种主观性活动让文字与事实真相之间产生极大距离，史学研究者必须得对其进行考证。实物资料作为人类生产生活的痕迹，由于缺乏明确的意义表述，其所蕴含的信息对研究者来说是模糊的、不确定的。因此，在史实研究中，考证史料工作有利于帮助研究者接近正确的信息和真实的事实面貌，帮助研究者踏上正确的研究路径并得出相对合理的研究成果。

关于考证史料的方法，杜维运先生在《史学方法论》一书中将史料考证分为外部考证与内部考证两种，外部考证主要围绕史料的外围条件进行考证和确定，诸如对史料真伪进行考证，对史料产生时代、产生地点进行确定和评估，对史料著作人进行考证，对史料原型进行考证等；内部考证主要是对史料记载人的信用、能力进行考证，对史料真实程度进行确定。史学家陈垣认为考证包括理证、书证、物证三种。杜维运先生对考证的对象和内容进行了梳理和概括，陈垣先生则针对如何考证史料提出了具体的路径和方法，两位先生从不同角度为史学研究探索了全面的史料考证方法。传媒史学研究起步较晚，在不断获取新史料的过程中需要进行严谨的考证工作，方能为研究提供确切可信的史料资源。在这方面，有许多学者进行了大量研究，如学者殷莉对我国第一新闻法进行了考证，认为能符合第一部新闻法称号要求的当属《大清报律》；学者龙伟对外国人在四川创办的英文刊物《华西教会新闻》的出版时间和地点进行了考证等。考证工作对于辩明讹误起到了关键作用，同时在相关研究中具有重要的参考和借鉴价值。

## 二、传媒史实研究

史实研究是依据考证后的可信史料，或在纵向维度梳理并建构历史发展体系脉络，或在横向维度进行细致勾勒和描述，力图还原历史发展本来面貌，为人们了解史实、把握人类经历的过往提供依据和参考。我国传媒史学研究成果中大多是对传媒发展史实的研究，即在梳理传媒发展历史脉络基础上叙述丰富的历史事实，同时对传媒历史发展的体系结构进行分析研究，成为后学了解历史事实、把握传媒史发展路线的重要途径。如戈公振在《中国报学史》中运用大量第一手资料梳理了从汉唐到 20 世纪初我国报刊发展的历史脉络，同时对报刊发展在不同时代呈现的性质和特点进行归类和区分，划分出不同时期。基于史料梳理发展脉络和体系结构是我国传媒史学研究的主要范式，这种范式为进一步研究传媒历史发展规律，总结历史发展经验并进入到思想史研究提供了前期研究基础，相关著作如《中国新闻事业通

---

① 《十三经注疏》，上海古籍出版社，1997 年第 1 版，第 2244 页。

史》《中国新闻通史（修订版）》《中国广播电视通史（第 2 版）》等，它们设定了传媒史学研究的关键起点，为我国传媒史学研究走向深入和成熟奠定了厚重的基石，具有极重要的基础性意义。

史实研究在传媒史学研究中是不可回避的基础阶段，作为我国传媒史研究的主要范式，史实研究在取得丰硕成果的同时也逐渐显现出一些问题。首先就是对史实的叙述缺乏生动性。由于史料丰富、事实庞杂，大多数著述中对于事实的陈述以核心骨架为主，语言简洁但略显单调，缺乏生动性和感染力，使读者体会不到读史的趣味。其次是对历史发展脉络的梳理长期依傍我国政治史、革命史的发展脉络，缺乏对传媒史自身规律和本质特点的归纳总结。尤其是在中国近代以来的传媒发展史研究中，对其历史分期和结构分析一直以中国革命的不同历史阶段来划分，基本脱离对传媒发展本体的研究，这种研究方法的科学性和合理性值得商榷。再次是研究视野局限于史实研究，未能在经验史、思想史层面深入延伸拓展。但值得注意并高兴的是，我国部分研究者已经开始了传媒史学研究新领域新路径的探索，已有的成果中除前文提到的李彬的《中国新闻社会史》、陈昌凤的《中国新闻传播史：传媒社会学的视角》外，陈彤旭的《比较传媒史》从比较研究视野切入，对中外早期媒介、传媒史研究方法、传媒史教育、报纸、电影等进行了研究，也是传媒史研究方法成功的探索。

## 三、传媒历史经验

传媒历史经验研究是在史实研究基础之上对历史进行理解与反思，探寻历史人物的目的动机，探索历史事件的前因后果，在此基础上对历史发展规律进行本质分析和规律总结，这项研究是在反思的、内省的思维运动中进行的。维柯认为历史学是一门目的在于求得历史真相及其因果关系的学科，"所有的历史都是观念的历史，和历史的真相和事实相比，他更关注于历史的解释……有所贡献的历史学家并不是去平铺直叙历史事实及其一般原因，而是去追究事件最终的情况，揭示众多原因中那些特别者"[①]。

传媒历史经验研究应从多学科视野来切入研究与反思。如从文化学、社会学、经济学等各学科视野来观察和研究传媒发展史，研究传媒文化史、传媒社会史、传媒经济史、传媒美学史、传媒艺术史等，从多维视野探索传媒历史发展的本质及其规律。以传媒文化史研究为例，传媒及其实践既是人类文化的组成部分，也是人类文化的创造者和传播者，作为文化的传媒表现出强烈的主体性力量，其话语结构、价值内蕴、社会功能和精神意义无不对社会话语结构和价值体系产生着潜移默化的影响，也极大地影响着社会文化和人类文明的发展。不同政治经济条件下传媒文化

---

① 徐国利、黄蕾：《维柯论历史学的科学性及历史研究——兼论维柯史学思想的现当代意义》，载《学术研究》，2010 年第 2 期，第 122~128 页。

有着不同的表现形式，呈现出不同的特点和风格，因此，明晰传媒文化衍生发展过程，研究其内部要素、形式特征、价值体系的演变以及它与政治、经济、社会文化的互动机制演进等，有利于帮助我们准确把握传媒发展史的本质规律。

尽管从多学科视角进行传媒史学研究的著述不多，但实际上已经有大量学者试图从多学科领域来研究突破，这些成果散见于学者们的学术论文之中。例如，从文化学视角研究传媒发展史的成果有《社会文化史视野下的中国新闻史研究——以〈良友〉画报为个案的分析》《视觉传媒与文化变迁》《中国现代转型悲壮进程中的重庆抗战新闻与文化传播史》等，学者汤勤等注意到性别角色模式化在传媒文化史上是一种普遍现象，但并未得到研究者重视，因此其《传媒文化中的性别角色模式化》一文就专门以电视与广告中的性别角色为对象进行探索，这是从文化学视角对当代传媒发展进行的史学观照。学者们还从社会、经济、美学、艺术等视阈对传媒历史发展进行了研究，如《传媒的历史定位及社会学意义》《地方新闻与社会话语：1865—1867 年的广州——以〈中外新闻七日录〉为中心》《区域新闻史：一种社会史研究范式》《转型期中国传媒制度变迁的经济学分析——以报业改革为案例》《中国无产阶级新闻美学思想探源——萧楚女〈中国青年〉周刊编辑实践研究》《论中国当代艺术媒介形象的建构——以〈南方周末〉为中心的考察》《审美视角下我国新闻摄影的历史演变》等。此外还有比较视阈下的多学科史学研究，如《"黄色新闻"内涵的流播路径研究——基于美中新闻史比较视角》《论中美经济新闻流变与发展》等。以上研究从多学科视阈进行了有效的初步探索，但研究对象多以局部或个案为主，研究视野还拘泥于较小范围，缺乏较为宽阔的通史或阶段史研究，因此，传媒历史经验研究这方疆土还有待后学的跟进和大力开拓。

## 四、传媒历史原理

如果说史实研究是史学研究的奠基石，经验研究是研究层次的提升，那么历史原理研究就是史学研究的最高境界，即要求研究者通过具体史实来研究并帮助人们理解历史中所包含的具有普遍性和一般性的原理。对于普遍性和一般性原理的研究是从事物相互联系之中来探寻的，这要求研究者从哲学的理论的高度来分析总结传媒发展与社会的关系，传媒发展与政治的关系、传媒发展与经济基础的关系、传媒发展与上层建筑的关系等等，在关系的生成、互动及发展中找寻普遍性和一般性原理。这类研究如《西方传媒政策的范式迁移与重建：一个思想史的考察》《近代以来我国传媒发展与社会政治互动机制》《传媒在社会经济框架中的定位与功能演进》《传媒叙事的政治意识形态语态——20 世纪 90 年代以前作为意识形态的传媒考察》《中国政治与传媒六十年关系演变》等。从我国当前对传媒发展与社会、政治、经济基础的关系研究来看，还缺乏在抽象的一般的层面对传媒历史发展原理的归纳总结，有待进一步在理论概括、哲学思考等方面加以提升。

# 第七章　传媒手段研究方法

社会科学研究同样要采用科学的研究手段,"工欲善其事,必先利其器",为了使观点活跃起来并传播出去,传播研究必须利用科学的研究方法来论证推理,作用于人类社会的发展。在中国传播事业蓬勃发展的情形下,国内外众学者展开研究,不断进行总结、概括,指导传播实践。

纵观当前学者常用的研究方法,主要分为形式研究方法和内容研究方法两大类。本章主要介绍常见的形式手段研究方法。

## 第一节　实证研究方法

### 一、实证研究方法的含义

实证研究方法是认识客观现象,向人们提供实在、有用、确定、精确的知识研究方法,因此,有必要对实证研究方法进行详细的介绍。实证研究方法重点是研究现象本身"是什么"的问题,试图超越或排斥价值判断,只揭示客观现象的内在构成因素及因素的普遍联系,归纳概括现象的本质及其运行规律。

实证研究方法有广义和狭义之分。

广义的实证研究方法泛指所有经验型研究方法,如调查研究法、实地研究法、统计分析法等。广义的实证研究方法是与规范研究方法相对应的一个概念。约翰·内维尔·凯恩斯在《政治经济学的范围与方法》一书中对实证研究方法和规范研究方法进行解释时认为:实证研究史研究"是什么"或"怎么样"的知识体系;而规范研究是研究"应该是什么"或"应该怎么样"的知识体系。广义的实证研究方法并不刻意去研究普遍意义上的结论,在研究方法上是具体问题具体分析,在研究结论上,只作为经验的积累。①

狭义的实证研究方法是利用统计和计量分析方法,对搜集的数据信息进行分析,进而考察有关因素的相互影响及其影响方式。这是一种专门的科学研究方法,

---

① ［英］约翰·内维尔·凯恩斯:《政治经济学的范围与方法》,党国英、刘惠译,华夏出版社,2001年版。

有专门的技术要求，研究结论要求具有一定程度的广泛性。

实证研究方法一般分为以下四个步骤：

第一，确定所要研究的对象，分析研究对象的构成因素、相互关系以及影响因素，搜集并分类相关的事实资料。

第二，设定假设条件。在研究的过程中，研究对象的行为由其特征所决定，试图把所有复杂因素都包括进去，显然是不现实也不可能的。为此，必须对某一理论所使用的条件进行设定。当然，假设的条件有一些是不现实的，但没有假设条件则无法进行科学研究。运用实证研究法研究问题，必须正确设定假设条件。

第三，提出理论假说。假说是对于现象进行客观研究所得出的暂时性结论，也就是未经过证明的结论。假说是对研究对象现象的经验性概括和总结，但还不能说明它是否能成为具有普遍意义的理论。

第四，验证。在不同条件和不同时间对假说进行检验，用事实检验其正确与否。检验包括应用假说对现象的运动发展进行预测。

实证研究方法主要有以下两个特点：

第一，实证研究法的目的在于认识客观事实，研究现象自身的运动规律及内在逻辑。

第二，实证研究法对研究的现象所得出的结论具有客观性，并根据经验和事实进行检验。

具体来说，广义的实证研究方法与狭义的实证研究方法在特点上还存在一定的区别，广义实证研究方法以实践为研究起点，认为经验是科学的基础，同"实践是检验整理的唯一标准"比较，认为"实践是真理的唯一来源"，在方法论体系中与规范研究方法相对应。而狭义的实证研究方法要求技术方法固定，以数量分析技术为基础，采用数量统计和计量技术作为技术手段，其研究程序明确，有特定的研究程序。狭义实证研究方法是实证研究方法中研究技术比较成熟、技术含量比较高的研究形式。

传媒研究常常会运用实证研究方法，这是一种最为客观的研究方式。目前，新的理论的建立和旧的理论的检验都趋向于运用实证方法，以说明结论的合理性和客观性。通过中国知网的论文检索发现，实证研究在传媒研究中的运用颇为广泛。

以专业学术期刊《新闻与传播研究》为例，最早采用实证研究的论文是潘忠党、魏然于1997年第4期发表的论文《大众传媒的内容丰富之后——传媒与价值观念之关系的实证研究》（1997），此后到2001年才又有实证研究的论文，是董天策、黄顺铭、谭舒于2001年第2期发表的《成都报业趋同化的实证分析》（2001），2002—2008年采用实证研究方法的论文开始递增，2009—2014年进入实证研究的一个高峰，并且多围绕多媒体进行，如《微博传播的关键节点及其影响因素分析——基于30起重大舆情事件微博热帖的实证研究》（谢耘耕、荣婷，2013），《网络接触、自我效能与网络内容生产——网络使用影响上海市大学生网络内容生产的实证研究》（申琦、廖圣清，2012），《扩散进程中的再认识：符号互动视阈下农村居民对互联网认知的实证研究》（叶明睿，2014），《中国传媒产业区域非均衡发展实证研究》（向志强、黄盈，2009）等。

《国际新闻界》《新闻大学》《当代传播》等期刊收录的论文，在实证研究方面也呈现出与《新闻与传播研究》同样的发展趋势。在研究方向上有传媒经济研究、传播学研究、新媒体研究、传媒教育研究、传媒管理研究等等，如在《国际新闻界》上发表的论文就包括多个角度的实证研究，如《媒体的增量改革〈广州日报〉和〈南方日报〉报业集团的实证研究》（杨银娟，2010），《基于谷歌学术的对美国新闻偏见与倾向实证研究的回顾（2000—2013）》（孟兰娟、尚京华、曾湘琴，2014），《中国上市传媒公司内部冲突行为动因模型实证研究》（高凌涛、陈旭鸣，2011），《对实证研究方法课程在我国新闻传播学教育中现状的思考》（王锡苓、姚慧、段京肃，2007），《乡村传播基础结构、政治信任与政治参与的实证研究——"政府与乡村居民间的距离"研究报告之二》（刘小燕、李慧娟、王敏、赵雨思，2014），《规范的失范：基于历年〈中国新闻工作者职业道德准则〉的实证研究》（周俊、毛湛文，2013），《谣言一定是洪水猛兽吗？——基于文献综述和实证研究的反思》（周裕琼，2009）等等。此外，在运用实证研究方法的研究数量递增时期，为加强学术界对实证研究方法的认识，《国际新闻界》期刊还在2006年第11期刊登了文章《批判研究与实证研究的对比分析——加拿大国家研究教授赵月枝做客中国人民大学新闻学院学术沙龙》（雷蔚真、邓力，2006），可见，当时实证研究方法已经引起传媒研究学者的广泛关注。

采用实证研究方法的专著也颇丰，如刘瑛的《互联网健康传播：理论建构与实证研究》（2013），张明新的《媒体竞争分析：架构方法与实证——一种生态位理论范式的研究》（2011），赵士林的《传播学实证研究：假设检验与理论建构》（2012），姚广宜主编的《法制新闻实证研究：对媒体法制新闻报道的监测与分析》（2014），丁迈、刘京林主编的《典型报道的受众心理实证研究》（2008），肖明的《传播学视角下的艾滋病议题——议程设置过程的实证研究》（2007）等等，不一而足。此外，采用实证研究方法的硕博论文也日渐增多，有专门进行实证研究的选题，也有将实证研究方法作为其研究方法之一的选题。

从我国实证方法的具体使用情况来看，目前的实证研究方法中最受青睐的是调查研究法，因为该方法在实施上较为可行，在方法使用上也较为成熟，所以使用较多。这种方法能比较客观地对研究对象进行分析，置身于社会实践中，不过这种方法的难点在于对调查结果的后续分析上，从现实到理论需要较强的分析能力，调查的情况也存在着不确定性，这也导致了在研究上对调查的描述性内容较多，运用数据进行分析的逻辑推理较少。自然观察法尚未成为实证研究的主要方法，更多时候其作为调查研究法的一种辅助手段，帮助获取调查结果。而控制实验法则使用得更少，实验是确定变量之间因果关系最重要、使用最普遍的手段，其应用十分重要。

不过在实践中，有学者将以上三种实证研究的方法进行综合运用，效果非常好。最早如 1988 年中日学者合作进行的关于电视广告与生活意识的研究，使用了抽样调查、实验室测试、文献研究三种定量方法和观察、访谈两种定性方法。在目前的研究中，使用多种手段已列入许多研究计划，如《传播媒介在社会主义精神文明建设中的作用》《传播媒介和我国儿童道德发展》等研究。① 在一次研究中使用多种手段，可发挥各种手段的优势，弥补缺陷，使研究得以深入，并更具科学性。

## 二、实证研究方法的缘起与发展

实证研究方法起源于英国近代唯物主义哲学家弗朗西斯·培根的经验哲学和牛顿、伽利略等自然科学家的物理学研究。

培根被马克思称为"英国唯物主义和现代实验科学的真正始祖"。其认为世界是不以人的意志为转移的客观存在，主张科学实验、科学归纳，提倡唯物主义经验论。培根哲学的全部基础是实用性的，就是借助科学发现与发明，以帮助人类与自然力量相抗衡。他对传统的科学观持批评态度，这从他在《新工具》中对亚里士多德的《工具篇》的批判可略见一斑。培根认为亚里士多德把逻辑和科学连为一体是一种谬误，造成了历史和现实中的人类知识的弊端，毫无实用性，只能满足争辩、宣传和个人名利的需要，不能服务于人类，没有任何进步，只会导致人类思想的固步自封和科学学说的僵化。所以衡量知识的标准应该是实用性，满足人类生活的需要。完成了对传统科学的批判，培根提出了发展科学的方法，提出了唯物主义经验论，建立了系统的归纳逻辑，强调实验对认识的作用，还提出了科学归纳的方法。这种方法影响了后来的科学家和哲学家，因此，培根也被称为"科学的教父"。他主张第一步要观察事实，进行记录，全面搜集精确、完整、丰富的感性材料，第二步要用科学的方法对所搜集的材料进行加工整理，而第三步则是进行归纳，从数据和实验中正面例证的积累和反面例证的修正得出普遍规律，以获得知识。

实证研究方法与物理学研究息息相关。牛顿经典力学的发现即为实证研究方法的最初尝试，后被近代科学之父伽利略·伽利雷所使用，成为物理学的重要分支学科。伽利略对自由落体运动进行试验研究，并使用天文望远镜等设备证实自己的物理学观点，通过实践来证明物理学知识，被认为是实验物理学的开端。

19 世纪 30 年代，法国著名哲学家奥古斯特·孔德将实证研究方法上升为一种哲学理论，即实证哲学原理。1830—1842 年孔德《实证哲学教程》六卷本的出版，拉开了实证主义运动的序幕，在西方哲学史上形成实证主义思潮。其强调事实的重要性，排斥形而上学，主张从事实出发，尊重事实，在事实基础上建立知识体系。以现象为出发点来认识世界，认为现象是实有的、有用的、确定的、相对等的，一切知识是对这些现象的共存和相续的描述，科学认识只能达到可感觉到的现象。孔

---

① 卜卫：《传播学思辨研究论》，载《国际新闻界》，1996 年第 5 期。

德认为，在统一的科学观的指导下，通过观察法、实验法、比较法和历史法都可以获得实证知识。在他看来，其实社会与自然并无本质区别，没有必要对自然科学和社会科学进行划分。这一思想，是其实证主义方法论的基础，不过也引起后来诸多争议。实证主义者对经验作现象主义解释，拒绝通过理性把握感觉材料，自觉抵制神学和纯思辨思维方式的影响，积极推动了科学的发展。不过，20 世纪 30 年代以后，实证主义哲学不断受到分析哲学、科学哲学等派别的抨击。需要指出的是，孔德所确立并被后人所发扬的实证主义与实证主义研究方法并不能等同。两者属于不同的范畴。前者是方法论，后者是研究的工具。作为工具，实证方法本身没有逻辑结构，没有概念系统，也没有倾向性的既定结论。

实证主义研究方法后来被经济学所广泛使用，主张排斥一切价值判断，只研究经济本身的内在规律。英国经济学家约翰·内维尔·凯恩斯于 1891 年最早以"是否以价值判断"为标志将经济学划分为实证经济学和规范经济学。但实证主义研究方法直至 20 世纪 40 年代才在经济学领域得到真正使用。经济学实证化的突出代表人物是法国的萨伊和英国的西尼耳。主要著作有弗里德曼的《实证经济学论文集》(1953) 等。

## 三、实证研究方法的种类

具体来说，实证研究法分为调查研究法、自然观察法、控制实验法几种。

### （一）调查研究法

所谓的调查研究，就是对某一现象和问题进行思考，进而围绕主题进行系统的考察、探访的研究方法。在调查中不但要到实地进行考察，还要将搜集到的素材进行整理、加工，通过一定的客观程序将所获得的数据和资料进行记录、统计、分析，进一步分析问题和解决问题，进而揭示出传播现象及其规律。

调查研究方法具有以下特点：

第一，实践性。调查研究法要深入生活，到社会中去实践操作，通过合理的调查方式，设计和发放问卷，广泛接触访谈人群，只有身体力行才能获得第一手的材料，并得出真实的结论。

第二，客观性。在调查中要时刻保持客观，尊重事实，全面调查研究和搜集材料，寻求传播活动的客观现象，总结其客观规律。

第三，调查方法多样性。调查研究法要综合运用多种可操作性和实用性的研究手段，互为补充，互相结合，进而最全面、准确地获取素材。

调查法可以获得直接观察所不能取得的资料，时间、空间上也较为灵活。在调查的时间上，可以对正在发生着的事情进行调查，也可以采用后续调查，即在事件发生后通过当事人或其他人那里获得有关资料。在调查的空间上，调查的范围可以根据研究的需要进行取舍，范围可大可小，不但可以对某一个局部地区或特殊群体进行调查，还可以进行广泛空间调查，跨国调查、大范围群体调查等。调查法在运用上比较集中，往往效率较高，短时间内即可获得大量资料。

从有些研究的选题中可以看出调查法的运用，如媒介对农民工的影响，相关选题就采用了田野调查的方式。

调查研究方法首先要确定调查课题，然后选择调查对象，确定调查方法和手段，编制和选用调查工具，制定周详的调查计划，实施调查，最后通过调查资料的整理、分析，撰写出调查报告。

### （二）自然观察法

自然观察法是研究者有目的、有计划地在自然条件下，通过感官或借助于一定的科学仪器，对自然环境中的被调查对象的行为和举止进行观察，进而搜集资料的研究方法。如富士康跳楼事件报道观察，环保问题观察等。

运用自然观察法首先要确定观察对象，了解观察对象的基本情况，然后编制观察记录表，根据需要记录观察资料，最后再分析观察所获得的资料。

自然观察法是一种有目的、有意识的搜集资料活动，只不过是在自然发生的条件下，在对调查对象不加任何干预和控制的状态下进行的，这使得研究者能够观察该对象在日常现实生活、学习等活动中的真实的、典型的和一般的行为表现，观察到的是当前正在发生的事实现象，具有直接性，并在一定的科学理论的指导下进行，其结果的解释也是以有关理论为前提的。运用自然观察法可能会借助于一定的工具来实现，如摄像机、照相机、录音笔等。

自然观察法主要有以下优点：

第一，它能通过观察直接获得资料，不需其他中间环节。因此，其搜集的资料比较真实，可靠性较高。

第二，在自然状态下的观察，研究者能够比较客观地反映事物的本来面目，能够在一定程度上避免研究者本身的偏见和期待效应，有利于全面把握问题的实质。

第三，观察法具有及时性的优点，它能捕捉到正在发生的现象。

第四，通过自然观察可以注意事发现场的气氛和情境，能搜集到一些无法言表的、生动的材料。

自然观察法的主要缺点是：

第一，受时间的限制。某些事件的发生是有一定时间限制的，过了这段时间就不会再发生，且无法推断时间之间的因果关系。

第二，受观察对象限制。如研究青少年犯罪问题，有些秘密团伙一般不会让别人观察。另外，观察也会受被观察者的活动空间和时间的限制，较被动，无法观测到全面的情况，不利于全面解释被观察者的行为。

第三，自然观察法受观察者本身限制。一方面人的感官都有生理限制，超出这个限度就很难直接观察。另一方面，观察结果也会受到主观意识的影响，观察者的介入可能会影响观察对象的心理、行为的变化，影响研究效果。

第四，观察者只能观察外表现象和某些物质结构，不能直接观察到事物的本质和人们的思想意识。同时，观察所获的资料大多是琐碎的、不系统的。

第五，观察法不适用于大面积调查。

综上所述，运用自然观察法应遵守以下原则：

第一，全方位原则。在运用观察法进行社会调查时，应尽量从多方面、多角度、不同层次进行观察，搜集资料。

第二，求实原则。观察者必须做到：密切注意各种细节，详细做好观察记录；确定范围，不遗漏偶然事件；积极开动脑筋，加强与理论的联系。

第三，必须遵守法律和道德原则。

### （三）控制实验法

控制实验是指研究在实验室的人为环境中开展，并且在实验进行时对某些实验因素加以人为控制，从而突出某些变量的研究方法。这种研究方法适用于探求两个变量之间的相互关系和因果关系的研究。控制实验法作为一种科学认识事物本质的方法始于自然科学领域，随着自然科学和社会科学的交叉渗透，控制实验法被逐步移植到社会科学领域中来。在传播学上，控制实验主要是用于测试特定的信息刺激或环境条件与人的特定心理或行为反应类型之间的因果关系。它是由卢因（又译为勒温）和霍夫兰这两位传播学先驱从实验心理学中引入传播研究领域的。

与调查法相比，控制实验法有自身的特点：

第一，研究对象较少。调查法一般都是对数量庞大的调查对象进行大量的观察和访问，其研究对象往往被称为"大样本"。而实验法则主要是探求少数变量与传播效果之间的因果关系，其研究对象通常只有数十人，因而是"小样本"。

第二，实验站是在实验室人为的环境中进行，而调查法则是在广泛社会环境中进行的。

开展控制实验法需要有较为明确具体的理论假说，在实验中有合理的控制，实验的设计、程序较为规范，并预期生成一定的模式。虽然控制实验逻辑程序严密，研究者可以对实验因素加以控制，突出某些变量的作用，但是，其实验环境终究是人为设置的，与实际生活中复杂多变的状况有一定的距离，所以实验的结果往往会有误差。

为弥补这一缺陷，近年来传播实验已经开始转向"自然实验法"或"社会实验法"，即将整个社会环境作为"实验室"，采用多元分析的方法来进行控制实验。

控制实验法应遵循以下步骤：

第一，选择实验环境。实验环境应根据要研究的问题、研究的目的以及变量之间的关系而定。

第二，进行实验设计。确定假设命题，确定各种变量、受试者的可得性以及可得的资源。

第三，选择受试者。给受试者进行分组，一般分为实验组与控制组，各组在人数、年龄、性别、教育程度等变量上尽可能相似，或者选择其中某些变量进行实验。

第四，执行实验。根据试验设计，控制变量进行实验操作。

第五，对实验结果进行分析和解释。从实验结果中推出某些发现、结论，同时对实验的假设进行验证。

以上是对实证研究方法的介绍。需要注意的是，由于对实证方法的肤浅理解，研究者经常犯方法论方面的错误。一个常见的错误是把探测性结果当作理论检验的结果公布，并且不作任何信度、效度方面的评估。此外，研究者对社会调查方法的普遍热情与对实验等其他实证方法的冷淡形成鲜明对比，说明我们还没有真正领会实证方法对理论建设的作用（调查的随意性和用于某种研究目的的方法的不适用性也说明了这一点）。[①]

## 第二节　解释研究方法

### 一、解释研究方法的含义

解释是指为了理解某些信息而进行的一系列活动。解释研究方法，是以一定的命题或假设为前提，运用演绎方法探讨事物之间的相关关系或因果关系的研究方法。它的主要目标是回答"为什么"的问题。

在社会学中，解释性研究注重对所研究的各种社会现象或事物的特性、内在联系、成因和规律做出明晰的理论说明或阐释。解释社会现象的本质，说明社会现象间的因果关系，是社会研究的最重要的目的。这种阐述或回答是在理论的指导下，基于对经验资料的搜集、统计和分析来达到的。

传媒研究常使用解释研究方法，对传媒现象进行评价，对传媒发展进行预测，比一般的探索性研究和描述性研究更有深层意义。

解释研究方法一般先依据相关理论形成研究的假设或命题，然后搜集大量的经验事实材料进行统计分析，以此来验证假设，并通过对假设的证实或证伪来解释事物间的各种关系，解释现象产生的原因。

作为一种常用的研究方法，解释研究方法有如下特点：

第一，解释研究方法的目的是要获取有关起因和结果之间联系的证据，因果关系研究为其主要内容。

第二，解释研究方法需要运用演绎的方法来推算事物之间的联系。

第三，解释研究方法是进行科学研究的重要方法，通过正确的推论可以做出科学的预见。

---

① 卜卫：《传播学思辨研究论》，载《国际新闻界》，1996 年第 5 期。

## 二、解释研究方法与解释学

要对解释研究方法进行深入的理解，有必要对解释学进行知识梳理。解释学是当代西方的重要哲学思潮，是一种关于理解和解释"文本"意义的理论或哲学，它从总体上对理解文本问题进行综合的理论研究。[①]

西方解释学起源于圣经研究的解经学，最初是一种在圣典中发现神旨的圣经解释学，其理解和关注的只是对基督教神学的经典解释。后来，西方的宗教改革使西方基督教权威的垄断地位逐步丧失，随着理性主义精神的觉醒，逐渐出现了圣经解释以外的解释内容。

在文艺复兴和宗教改革之后，科学的发展使理性的权威得以确立，科学与人文的张力促成了解释学的第一次转向。德国哲学家、新教神学家施莱依马赫突破了圣经解释学的范围，而将人类的存在自身作为理解的过程，从而发展了普遍（一般）解释学，这种新的解释取向使解释学打开了人文科学的一般方法论之门。[②] 施莱依马赫将解释学建立在语言的共通性上，使解释学成为独立的一般方法论，同时，他站在"作者中心论"的立场上，将解释的任务描述为主观重建客观的过程，"理解是在分析语义的同时，进行心理上的转换或成功地进入他人意境"[③]。

施莱依马赫只是为普遍解释学的确立提供了方法论基础，而"解释学之父"——德国哲学家狄尔泰将解释学发展到精神科学独立方法论。他发展了施莱依马赫的心理解释，理解的对象也从语言性的文本扩展到生命本身、历史现象以及社会生活，创造了"生命解释学"，并使普遍解释学发展为哲学的解释学。狄尔泰把人文科学与自然科学进行比较，从科学精神中阐释哲学精神；把哲学的重心放在"精神科学"上，并主张解释学作为独立的方法论，可以对抗实证主义的自然科学方法论。

不过，侧重方法论和认识论研究的传统解释学随后逐渐转变为侧重于本体论研究的哲学诠释学，由德国哲学家海德格尔最先提出，而由德国哲学家伽达默尔进行发展。伽达默尔的哲学诠释学是解释学发展史上的里程碑，现代解释学的主要理论探讨都是围绕伽达默尔的哲学诠释学理论而展开。

哲学诠释学理论无疑有利于我们去揭示解释的假象，对于解释研究方法而言，应了解解释学的发展情况，以找到适合传媒研究的解释方法论。

## 三、解释研究方法的种类

具体来说，解释研究方法包括以下几种。

---

① 张进、高红霞：《新历史主义与解释学》，载《兰州大学学报》（社会科学版），2004年第1期。
② 解永照、王彬：《论解释学的重心转移与范式转换——兼论解释学对法律解释研究的意义》，载《齐鲁学刊》，2010年第5期。
③ 殷鼎：《理解的命运》，生活·读书·新知三联书店，1988年版。

### （一）推理预测法

推理法是对已有的材料经过概括、抽象、推理得出规律的一种研究问题的方法。有的学者将推理分为辩证推理和抽象推理两类。所谓辩证推理是依辩证思维规律进行的前提或结论为辩证判断的推理；所谓抽象推理是依据抽象同一性和不矛盾性原则，按照确定的形式进行的推理。[①]

预测法是指预测者依靠专业知识、丰富的经验和综合分析能力，根据已掌握的历史资料和直观材料，运用个人的经验和分析判断能力，对事物的未来发展做出性质和程度上的判断，然后，再通过一定形式来综合各方面的意见，作为预测未来的主要依据。预测在社会科学研究中被广泛使用，无论是有意还是无意的。该方法特别适合于对预测对象的数据资料（包括历史的和现实的）掌握不充分，或影响因素复杂；难以用数字描述，或对主要影响因素难以进行数量分析等情况。

推理预测法是以上两种方法的综合运用，是一种科学探究活动。许多知识就是通过推理预测的方式获得的。推理预测法是从一定的现象出发，提出问题，进而设定假设，通过推理得出结论，最后运用相关的知识和材料对事物的未来发展进行预测。

在传媒研究中，经常有学者开展"展望"类研究，根据现有的情况进行合理推理，然后预测其研究对象的发展方向。随着媒体技术的发展，该研究方法的运用也较多，尤其是网络媒体出现以后，学界对媒体的发展方向更加关注。原本的信息载体与传播媒介正在发生着重大的变化，媒介融合在不断进行，各种媒体共存，有着不同以往任何时期的媒体现象，改变了人们现有的社会生活。在 CNKI 论文检索中，有大量关于媒体研究的展望类论文，如《媒体品牌个性研究述评——测量方法、维度解析与研究展望》（刘超，2012），《2011—2012 年电视媒体广告市场现状及趋势展望》（邵华冬、安琪，2012），《我国新媒体研究现状及展望》（李建伟、李梦龙，2013），《手机媒体发展现状及前景展望》（李建伟、王克茹，2009），《2015 年媒体发展外部环境展望》（沈逸，2015）等等。

以《新媒体与政策研究的现状与展望——以 SSCI 数据库为样本》（王国华、钟声扬、杨腾飞、曾润喜，2013）[②] 这篇文章为例，其对 SSCI 数据库中关于新媒体与政策的论文进行了研究和分析，介绍国际学界对该领域的研究进展，并分析了新媒体与政策研究存在研究总量不足、影响力不够、研究者来源地分布不均、研究者所在机构多样化、缺乏跨机构学术合作、议题偏窄和方法单一等现象，进而对相关研究的发展趋势进行推理：未来议题的广度和深度都会大幅增加；在研究方法上同样如此，特别是定性研究与量化分析的结合值得期待；同时，大数据也将会在此

---

① 张则幸：《论推理研究的不同视角》，载《杭州大学学报》，1991 年第 4 期。

② 王国华、钟声扬、杨腾飞，等：《新媒体与政策研究的现状与展望——以 SSCI 数据库为样本》，载《情报杂志》，2013 年第 10 期。

领域的研究中扮演关键的角色。该文章就采用了推理预测法，为新媒体与政策的研究探索学术空间，我国相关理论研究可以从中得到有益的启发与借鉴。

再以《未来 10 年，震荡重组的 10 年——站在 2010 时间节点上的媒体回顾与展望》（宋建武，2010）[①] 为例，文章对 2000 年至 2010 年的媒体行业进行反思，指出传统的媒体行业不断面临层层挑战：新媒体的挑战、新营销的挑战、新受众的挑战、新产业的挑战。面对未来只能不断寻求突破，进行产业链条跨界重组、产业结构细化重组、产业组织活化重组、技术平台融合重组。时至今日，这些推理预测几乎一一应验。大规模综合性的都市报纷纷转向分层化、专业化的发展，努力转型争取新媒体平台，媒介融合自不在话下。广电媒体与纸质媒体也纷纷进行合作，成立传媒集团。原文中有一段话："传统媒体的竞争加剧，集中度提高，整合成为必然之选。历史地看，一种新技术从出现到成熟大概需要 5—10 年的过程，手持移动多媒体终端也将在这个过程中成熟和完善，可以预计一些大众化报纸在我国的有效寿命还有 15—20 年。届时，一种可兼容多种媒体格式的、具有信息处理能力和数字化通讯功能的终端将成为人们的主要信息收集和发布平台。"这就是推理预测法的运用，从一定的现象出发，提出问题，进而设定假设，通过推理得出结论，最后运用相关的知识和材料对事物的未来发展进行预测。

## （二）个案研究法

个案研究法（case study method）是指对某一个体、某一群体或某一组织在较长时间里连续进行调查，从而研究其行为发展变化的全过程。这种研究方法也称为案例研究法，亦称个案历史法，是追踪研究某一个体或团体的行为的一种方法。它包括对一个或几个个案材料的收集、记录，并写出个案报告。在现场收集数据的叫做"实地调查"。它通常采用观察、面谈、收集文件证据、描述统计、测验、问卷、图片、影片或录像资料等方法。

在大多数情况下，尽管个案研究以某个或某几个个体作为研究的对象，但这并不排除将研究结果推广到一般情况，也不排除在个案之间作比较后在实际中加以应用。对个案研究结果的推广和应用属于判断范畴，而非分析范畴，个案研究的任务就是为这种判断提供经过整理的经验报告，并为判断提供依据。在这一点上，个案研究有点像历史研究，它在判断时常需描述或引证个案的情况。因此个案研究法亦称"个案历史法"。

个案研究法主要有以下特征：

第一，研究对象具有典型性（个别性）。通过聚焦在特别的事例上来研究一种现象。个案包括个人、机构、团体，也包括事件。个案研究是对一个个例作缜密的研究。

---

① 宋建武：《未来 10 年，震荡重组的 10 年——站在 2010 时间节点上的媒体回顾与展望》，载《新闻与写作》，2010 年第 1 期。

第二，研究过程具有深入性。对每一个事例进行深入研究，呈现研究者和被研究者的观点。

第三，研究成果具有可操作性（综合性）。个案研究法在传媒研究的应用上常常采用地方性媒体研究、知名的媒体研究、重大自然灾害和全国关注的社会事件报道和传播研究。

地方性媒体研究，如《我国报纸、广播、电视跨媒体集团的政治经济学分析——以牡丹江、佛山、红河、成都个案为例》（支庭荣，2009），《媒体融合发展的四种策略——基于国内 4 家上市新闻传媒单位的个案分析》（吴锋、罗赟杰，2015）等，均采用对地方性媒体进行个案分析的方法，对其发展情况、经营策略、内容制作等方面进行介绍，进行经验推广和借鉴，并探索地方媒体运营规律。

知名媒体研究，如《美国媒体对伊斯兰世界的形象建构——以〈时代〉个案为例》（宋庚一，2004），《央视国际北京奥运会新媒体转播的个案研究》（王相飞，2009），《媒体微博：重塑新闻传播的新起点——以〈人民日报〉有关雾霾的微博报道为个案的研究与思考》（蔡雯、闫东洁，2013）等，这些选题所选取的都是一些国内外具有重要影响力和知名度的媒体进行研究，从而对优秀的新闻作品、传播方式等方面进行分析，进而汲取有益的经验。

个案研究法在对重大自然灾害和全国关注的社会事件报道和传播研究中应用得较多，如对奥运会、汶川地震等的研究。这类的研究题材广泛，而且更新很快，研究具有以点带面的效果。如《论媒体报道权与受众知情权的互动——以媒体对黄光裕个案的报道为例》（夏文蓉，2009），《媒体报道对大众"犯罪心理"的纾解——基于"江苏泰兴校园砍杀事件"的个案研究》（李春雷、肖娟，2011）等均采用此种个案研究方式。张艳红、谢丹在论文《近代媒体舆论推促司法公正个案分析——以〈申报〉"杨乃武与小白菜案"报道为例》[①] 中，对创刊于 1872 年、影响巨大的商业报纸《申报》进行研究，选取了其对清朝四大冤案之一的"杨乃武与小白菜案"的报道作为研究对象，展现出《申报》善抓新闻卖点，敢于伸张正义，利用新闻舆论促使司法公正的成功范例。该研究为讨论传媒与司法公正之间的关系提供了一个很好的素材。

## （三）比较研究法

比较是人们在日常生活和社会实践中常用的一种方法，是人类认识世界的最重要最普遍的手段之一。比较研究法在历史科学研究中被普遍采用，是人们认识客观事物的重要方法，没有比较，就不能有鉴别。比较研究法是根据一定的标准，对两个或两个以上有联系的事物进行考察，寻找其异同，探求普遍规律与特殊规律的方法。

---

① 张艳红、谢丹：《近代媒体舆论推促司法公正个案分析——以〈申报〉"杨乃武与小白菜案"报道为例》，载《当代传播》，2008 年第 3 期。

比较研究的最初运用可追溯到古希腊亚里士多德所著的《雅典政制》。该书对158个城邦政制宪法进行了比较。之后，比较研究逐渐成为人文科学研究中的一种重要方法。

无论在科学实验的过程中，或是在理论研究中，比较研究都是不可或缺的基本方法。作为一种思维方法，比较研究方法贯穿于传媒研究的全过程。比较研究可以帮助人们更好地认识事物的本质，把握普遍规律，能使人们更好地认识本时代、本国、本地等方面的状况，并通过比较获得新的信息和知识，有新的发现。

比较研究法可以分为纵向比较和横向比较，其中，纵向比较主要是从历史发展的角度对过去和现在进行对比。从过去某一历史现象推断现在相似的同类现象的发展趋势，从而对未来起到预见作用，这种预见性可促使我们调整现实的行动以顺应时代的发展和历史的潮流。历史比较这一宏观考察的方法，曾被马克思视为理解历史现象的钥匙。马克思和恩格斯不仅积极提倡历史比较研究，还亲自进行了多种形式的比较研究，他们从宏观的角度对古今各国历史进行了纵横交错的比较研究。[①]传媒纵向比较研究主要是对传媒今昔的对比研究，如《广电事企分开的历史、现状与前瞻——以上海广电业为例》《传媒经济学研究的历史、现状与对策》这样的选题。

横向比较主要侧重于不同主体、不同地区、不同国家等方面的比较。也有一些学者把比较分为一般比较和综合比较。一般比较可进一步分为区域比较和问题比较。其中，问题比较又可分为专题比较和综合比较。专题比较就是把各国同一个问题摆在一起比较，例如对中国和美国的电视新闻比较，把英国和美国的政治新闻作比较等等，有很多问题可以比较，如传媒体制、媒介素养、新媒体发展等等。综合比较是对媒介的现状和趋势作全面的综合的比较，比如比较中国和美国传媒受政治因素的影响的区别。

比较研究法在媒体研究实践中，常常对不同的媒体形式进行比较，也对不同国家和地区的媒体、不同媒体的新闻报道进行比较。

对不同媒体进行比较，目前较为突出的是对传统媒体和新媒体的比较，如《从传统电视媒体和新媒体比较看融合发展对策》（兰金龙，2015），《传统媒体与新媒体的新闻信息传播比较》（李明宇，2014），《传统媒体与新媒体之巴西世界杯报道比较——以中央电视台和腾讯网为例》（高贵武、滕泽人，2014），《内容分析法在互联网研究中的应用初探——以与传统媒体内容分析法应用的比较为视角》（惠恭健、李明，2011）等。

比较研究中较为常用的是对不同国家和地区之间媒体以及不同媒体的新闻报道进行比较，《中美媒体对罢工事件报道的比较研究》（韩运荣、冯梦兰，2012），《中美主流媒体就业报道比较研究》（刘勇、刘何蓉，2011），《中美媒体与政府关系比

① 张利：《论历史比较研究法的意义和作用》，载《许昌师专学报》（社会科学版），1996年第4期。

较分析》（李娜、祝梦林、赵静，2009），《新闻材料的选择与建构：连战"和平之旅"两岸媒体报道比较研究》（潘晓凌、乔同舟，2005），《北京奥运会中美媒体议程设置比较研究》（曹荣芳、吴飞、吴新宇，2011），《中日媒体地震新闻报道之比较——以日本地震与汶川地震的报道为例》（周烨，2011），《新闻从业者、新闻伦理和媒体问责——基于欧洲和阿拉伯14个国家的比较研究报告》（苏姗娜·芬格勒、托比亚斯·埃伯温、朱迪斯·派斯、庞慧敏，2014），《新闻记者使用社交媒体规范探讨——中国大陆媒体、路透社、美联社规范比较研究》（白净，2013），《中西政党与媒体之关系：体制性差异的比较视角》（唐棣宣，2006）等都采取了比较的研究方法。例如，在韩运荣、冯梦兰的《中美媒体对罢工事件报道的比较研究》（2012）① 中，研究者选取了2005年美国的纽约公交系统大罢工和2008年我国重庆出租车司机罢工事件，从报道的力度、消息的来源、报道的主题、报道行为主体的倾向等方面进行比较，来分析中外媒体对于罢工这种突发事件的报道存在的异同，指出了我国新闻报道在反应迅速及时、主动进行议程设置引导舆论等方面的进步，同时，也指出了我国媒体目前存在对此类报道缺少各方表达诉求的利益博弈过程、对部分群体诉求表达不充分等问题。目前，中美之间的媒体比较研究最多，主要是因为美国的传媒业比较发达，有很多有益的经验可以借鉴，同时有较多的第一手资料和素材可以提供研究支撑。

## 第三节　思辨研究方法

### 一、思辨研究方法的含义

思辨研究方法历史久远，不过学界对其尚未形成统一的概念。"思辨"有辨证的精神，思辨研究方法也被称为理论研究方法或逻辑研究方法。思辨依托于研究者的个人理性认识能力，即人的抽象思维能力和判断能力，并可以通过研究者的逻辑推理和丰富的想象表现出来，从而达到透过现象看本质的目的。

思辨研究属人文的方法典范，它是一种通过操作概念获得理论性结论的方法。真正能与实证研究相对应的是思辨研究，它们是在同一层面上。与实证研究相比，思辨研究的本质属性在于它是操作概念而不是操作事实，让事实符合自己的概念而不是从事实中发现概念。实证研究的使命是确认事实，思辨研究则假定事实已确认，直接对所研究的现象进行概括，建立概念，发展一系列命题进行逻辑推演直至揭示理论性结论。②

思辨研究用来辨析或辩论的主要工具是演绎法（先验论证或公理论证）、归纳

① 韩运荣、冯梦兰：《中美媒体对罢工事件报道的比较研究》，载《国际新闻界》，2012年第9期。
② 卜卫：《传播学思辨研究论》，载《国际新闻界》，1996年第5期。

法和类比法（喻证）。

思辨研究方法具有如下特点：

第一，运用逻辑推理的方式进行思考。思辨研究方法的研究方式是对概念、命题进行逻辑演绎推理。这包含两层意思，一是思辨研究方法以抽象的概念、命题为直接操作对象；二是思辨研究方法以逻辑分析作为具体研究方法。[①]

第二，依赖于个人理性认识能力，需要研究者有充足的基础知识和丰富的想象力。思辨研究方法以个体的理性认识能力为基础。所谓理性认识能力，是指人类所具有的抽象思维和判断能力，并通过逻辑推理能力和丰富的想象力表现出来。这样能够使人透过事物的表象而发现其背后所潜藏的本质。[②]

第三，具有较强的主观性。思辨研究方法以研究者的直观经验为研究出发点。研究者根据自身不同的经验基础，具体运用理性认识能力去把握事物的本质。

## 二、思辨研究方法的缘起与发展

思辨研究方法是人类最早的探究世界的科学方法。自远古时代，人类就发现经过大脑的演绎、判断和推理等逻辑辨析才能获得真知，仅凭感官印象是不够的。人类把大脑的演绎、判断和推理等逻辑辨析过程和规律进行总结，从而形成了一套思考问题和解答问题的方法。这就是最初的思辨方法。虽然思辨方法的历史源远流长，有探寻世界的本质和根源的作用，但发展到古希腊时期，这种方法才逐步演变成为获得知识的一般方法，被称为思辨研究方法，成为古希腊时期哲学研究的基本方法。

在古希腊时代，各学科知识并不分化，都属于哲学研究范畴，都是围绕"世界的本质是什么"这一中心命题进行，并在此基础上形成自己的学说，试图证明自己观点可以正确解释一切事物。在这一过程中，都是运用语言的逻辑修辞来阐述自己的思想，使用的是典型的思辨方法。因此，在各派关于世界本源的争论中，思辨研究方法日趋完善。[③] 可以说，古希腊时期思辨研究方法进入繁荣发展时期。其中，苏格拉底、柏拉图、亚里士多德对思辨研究方法的发展、完善做出了尤为重要的贡献。[④]

在古希腊时期，思辨研究方法是通过对话，发现对方意见中的逻辑缺陷并反驳对方，通过归谬法和排除法来提出自己的命题和主张。苏格拉底最早明确提出并具体运用了这种方法。这就是他著名的"产婆术"[⑤]。因此，"产婆术"可谓是思辨研

---

① 彭荣础：《思辨研究方法：历史、困境与前景》，载《大学教育科学》，2011 年第 5 期。

② 彭荣础：《思辨研究方法：历史、困境与前景》，载《大学教育科学》，2011 年第 5 期。

③ 彭荣础：《思辨研究方法：历史、困境与前景》，载《大学教育科学》，2011 年第 5 期。

④ 潘懋元：《高等教育研究方法》，高等教育出版社，2008 年版，第 212~214 页。

⑤ 由于苏格拉底把教师比喻为"知识的产婆"，因此，"苏格拉底方法"也被人们称为是"产婆术"，苏格拉底方法包括讽刺（不断提出问题使对方陷入矛盾之中并迫使其承认自己的无知）、助产（启发与引导学生从而使学生通过自己的思考得出结论）、归纳和定义（使学生逐步掌握明确的定义和概念）等步骤。

究方法最早的形象化表达形式，是人类娴熟运用思辨方法的重要标志。① "因此，可以说直到苏格拉底，哲学才在运用分析和思辨方法上达到成熟。"② 后来柏拉图、亚里士多德又把思辨研究方法逐步进行充实和完善。柏拉图提出了运用思辨研究方法的知识基础问题，并对苏格拉底的辩论术进行了比较系统的阐述。他认为研究者应具备广博的知识，必须精通"七艺"，即"几何、算术、天文、音乐、文法、修辞、辩证法"，没有足够的知识，思辨研究方法只能是流于形式的诡辩。亚里士多德在对思辨研究方法的发展上提出形式逻辑三段论规则，为思辨研究方法提供了比较完整的形式，有相对具体的操作程序及规范，有利于人们掌握获得知识的方法。不过直到近现代实验科学开始兴起后，思辨研究方法的训练才逐渐式微。③

### 三、思辨研究方法的种类

具体来说，思辨研究方法包括学科借鉴法、史论文案法、引荐评论法、理论思辨法几种。

#### （一）学科借鉴法

学科借鉴法是指在研究中把其他学科中比较成熟的理论和知识移植到本学科的研究中来的一种研究方法。学科借鉴是学科发展的有效途径，可以拓展学科视野，开阔学科的眼界，任何一门学科在其学科发展的历程中都会面临如何处理学科借鉴的问题。

传媒研究中就常常使用学科借鉴法，常常使用经济学、社会学、诠释学、现象学等方面的知识，甚至还借鉴自然科学研究中的一些方法。如《媒体媚俗之风盛行的经济学解读》（王海明、王爱和，2008），《媒体报道偏差的经济学分析》（李培功，2013），《从数字新媒体的经济学与传播学特征看数字出版策略选择》（张小强、张晓萍、龚伟宁，2014），《大型体育赛事电视转播权有效开发探讨——基于福利经济学和博弈论的视角》（王平远，2010）等选题就体现了传媒研究对经济学的借鉴。而《情感类电视节目的社会学解析》（刘辉，2011），《对自媒体革命的媒介社会学解读》（潘祥辉，2011），《第五媒体：社会学视角的分析》（殷俊、汤莉萍、殷瑜，2004），《奥运报道"刻板印象"的变迁与社会学解读——以〈中国体育报〉奥运报道为例》（王凯、高力翔，2011），《草根媒体的新闻生产与公民生产———种现象学社会学的探讨》（李洋，2013）等选题则体现了传媒研究对社会学的借鉴。如在刘辉的《情感类电视节目的社会学解析》（2011）④ 中，研究者以私人情感、隐私情感在电视媒体上公开的社会现象为切入点，引入了美国社会学家霍赫希尔德《情

① 彭荣础：《思辨研究方法：历史、困境与前景》，载《大学教育科学》，2011年第5期。

② ［美］牛顿 P. 斯特克尼克特、罗波特 S. 布鲁姆鲍格：《欧洲哲学起源——前苏格拉底思辨》，刘晓英译，载《理论探讨》，1995年第1期。

③ 潘懋元：《高等教育研究方法》，高等教育出版社，2008年版，第212~214页。

④ 刘辉：《情感类电视节目的社会学解析》，载《现代传播》，2011年第9期。

感整饰：人类情感的商业化》中所提出的"情感法则""表演""情感管理"等概念，对隐私情感公开化、利益化的问题进行研究，并结合当代社会转型的变化、记者群体社会身份的变迁，指出当前中国社会支持网络的缺失、行政力量的退出、法律保护的无力、自我制约的失控共同造成了社会底层部分人群的情感问题，该群体在困境中选择了媒体，以消极情感电视节目作为宣泄通道，并形成了私人情感公开化的电视文化。所以，情感电视节目是社会结构背景之下，媒体与当事人按市场逻辑行动的产物。

也有的媒体研究对几门学科都进行借鉴，各学科的知识在研究中交相呼应。如《媒体变革的经济学与社会学——论博客与新媒体的逻辑》（方兴东、胡泳，2003），《技术逻辑与制度想象——广电新媒体发展路径的传播政治经济学解读》（罗昶，2014），《媒体、民意与刑事司法——基于法经济学和政治经济学的双重考察》（艾佳慧，2012），《历史题材电视剧〈木府风云〉诠释：基于叙事学、文化学视角》（李朗、宦晓渝，2012）等选题。

研究人文社会科学也离不开自然科学的视角，社会科学还常常借用自然科学研究的方法。传媒研究也需要借用一些自然科学的研究方法，如数学，美国著名数学家约翰·纳什的"纳什均衡"博弈理论就可以用来研究传媒传播中的诸多现象，还有一些与数学相互的研究案例，如《从数学模型谈如何正确认识新闻信息量》（周建军，2004），《新闻文化的数学观》（方延明，2007），《媒介融合时代信息流动模式、分众化传播及媒体对社会凝聚力的影响》（靖鸣、臧诚，2011）等，这些研究都较好地借鉴了自然科学的研究方法。此外，一些传媒研究还借鉴了其他综合运用的学科，如《中学生接触媒体性信息情况及父母对其接触媒体的关注状况调查》（程艳、楼超华、左霞云等，2014），《新闻媒体工作者的疲劳现状调查及健康教育对策》（刘静、解颖，2008），《媒体类专业人才创新能力培养与就业互动机制研究》（王妍、易龙，2011）这类选题就借鉴了统计学方面的知识进行研究。

当然，学科借鉴需要达到高水平、高质量，实现从"移植中借鉴"与"借鉴中移植"之双重维度进行深入思考。

### （二）史论文案法

史论文案法是指在学术研究中利用原有历史资料、论文著述、研究报告等书面的知识进行深入研究，进而获得新的知识和启发的研究方法。史论文案法是对已有的人类知识的利用和发挥，"站在巨人的肩膀上"获得新知。

作为一种较为便捷的研究方式，史论文案法的使用频率较高。尤其是使用了文献检索的方式，可以快速查阅到所需的相关资料，帮助研究人员全面掌握所要研究问题的情况，选定研究课题和确定研究方向，为研究提供科学的论证依据和研究方法，避免重复劳动，提高科学研究的效益。

不过史论文案法在运用时要注意进行资料的鉴别考证，尤其是对历史资料的考证，如辨伪考证、年代考证、地点考证、作者考证、文献原型考证等等。对现有的研究资料也需要进行相关的确认，如版权的确认、观点的确认等等。

近来，在传媒研究方面采用史论文案研究方法较有代表性的是对清朝晚期到新中国成立前的媒体研究，主要原因是这段时期的资料保存较为完好，资料内容较为翔实，传媒发展也比较快，有一些较为突出的媒体和一些优秀的报道，在传媒经营和运作上也有突出的成绩，有较大的研究空间。这方面较有代表性的研究如《双重力量作用下的财经媒体激变——兼谈中国财经媒体发展的四个历史阶段》（王晓乐，2010），《清末的媒体与女性的戒缠足——以〈大公报〉白话文宣传为中心》（林绪武，2007），《抗战时期"陪都"重庆的报业竞争及其启示》（王炬，2005），《近代城市化进程中的报业生存——以民国〈北洋画报〉为研究对象》（韩红星，2011）等。以王晓乐的《双重力量作用下的财经媒体激变——兼谈中国财经媒体发展的四个历史阶段》[①]为例，研究者将中国财经媒体的发展分为复苏期、过渡期、勃兴期、激变期四个时期，在每个时期都引用了大量的历史资料，其中包括《经济日报》的产生背景，《市场报》的出台情况，《经济参考报》《金融时报》《中国证券报》等创设的具体情况，《上海证券报》《中国证券报》《证券时报》等三大证券报的发展，《经济观察报》《21世纪经济报道》《第一财经日报》和《财经杂志》的兴起，以及2007年以来新媒体对传统财经媒体的冲击等情况，数据翔实，资料丰富，使人们能够全面掌握改革开放以来我国财经媒体的发展情况。

也有学者用史论文案法对境外资料进行考察和研究，如《美国主流媒体视野中的中日历史认识问题——以〈纽约时报〉（1980—2010年）为例》（张绍铎、马洪喜，2013），《印尼华文媒体的历史、现状及前景》（罗红、高红樱，2005）等。还有一些研究专门探讨历史资料的价值、使用等，这在某种意义上是对史论文案法的注解，如《数字化时代主流媒体对历史新闻资料信息使用的思考》（常安庆，2012），《口述历史档案价值实现的媒体路径研究》（谢兰玉，2014），《昨天的历史今天的新闻——媒体记忆、集体认同与文化权威》（李红涛，2013）等，这些研究为史论文案研究法的应用提供了参考。在《数字化时代主流媒体对历史新闻资料信息使用的思考》（2012）[②]中，研究者指出，对历史新闻资料信息进行重新整合、重新加工、再度开发，这是媒体处理新闻资料的方式，和传媒研究处理文献资料的方式相似。

（三）引荐评论法

引荐评论法是指在自身的研究中引入他人的观点和知识并进行评论来表达自己观点的方法。

人类的知识如浩瀚的海洋，在科学研究中没有人能够穷尽所有的知识，需要不

---

　　① 王晓乐：《双重力量作用下的财经媒体激变——兼谈中国财经媒体发展的四个历史阶段》，载《中国出版》，2010年第3期。

　　② 常安庆：《数字化时代主流媒体对历史新闻资料信息使用的思考》，载《新闻知识》，2012年第8期。

断学习和借鉴他人的观点来促进自身的不断提升，所以在媒体研究中不可避免地需要对他人的观点进行学习和思考，进而形成自身的观点。

引荐评论法是目前非常常见的研究方法，有些媒体研究的主题就是引入他人的资料进行评论。目前最常见的是根据自身的研究需要有目的性地选取知识和观点，通过评价的方式来证明自己的观点，构成研究的一部分。

一些选题将主题定位为评论性的，如《畸变的视镜：媒体与国家形象的建构——评何英〈美国媒体与中国形象〉》（李向南、连水兴，2011），《新主流媒体的社会责任——〈东方早报〉公益报道展评》（安冬，2006），《试谈中国英文媒体之现状——兼评〈中国英文媒体概观〉》（辜晓进，2010），《海外华文媒体研究的新思路——评〈海外华文网络媒体——跨文化语境〉一书》（方汉奇，2009），《评美国主流媒体对"占领华尔街"的报道》（何兰，2011），《新媒体时代的民主：传播、监督与隐忧——评约翰·基恩的〈民主与媒体衰颓〉》（杜欢，2014），《中国网络媒体走向文化自觉——评〈走向文化自觉——中国网络媒体行业自律机制研究〉》（许苗苗，2012）等。

在研究中运用一定篇幅，对大多数媒体研究可能涉及的方法进行引荐和评价，是目前常见的对引荐评论法的应用，例如研究中的文献综述部分。文献综述是指对其他人的研究情况和资料进行阅读、选择、比较、分类、分析和综合，在此基础上，研究者用自己的语言对某一问题的研究状况进行综合叙述的研究成果。科学的研究需要有这样的一个部分，表明自身的研究的前提，并利于展现自身研究的价值和方向。现在的硕士、博士学术论文都将文献综述作为论文写作的一个必备部分。当然，并非所有的局部引荐评价都是文献综述，也有大量的研究在行文中，对一些已有的知识和他人的观点进行适当的点评，这也是引荐评论法的具体应用。

（四）理论思辨法

理论思辨法是指根据科学的理论、采用逻辑的思维方式进行思考辨析的研究方法。

在中国历史上，以儒家文化为代表的中国传统文化有着轻视理性探究与实证精神的倾向。春秋战国时期的墨家虽有重实验和逻辑的态度，但最终在与儒家的较量中败下阵来。所以长期以来，理论思辨的方法在国人的研究中并不被重视。在西学渐进的风潮下，该方法从欧美一步步被引进到中国，从而成为一个重要的研究方式，目前在传媒研究中也较为常见。如《对传统媒体经商与转型的理论思考》（钱晓文，2014），《广播电视媒体融资的共性思考与个性思考》（田静，2015），《新媒体时代下大众多样化需求的反向思考》（卢政，2013），《全媒体热潮之冷思考》（宫承波、翁立伟，2012），《对电视媒体传播"分与合"的哲学思考》（曾祥敏，2009），《纸媒数字化转型与融合发展的逻辑思辨和现实选择》（曹继东，2014），《问责新闻界：关于戕童案报道的三层思辨》（周海燕，2010），《"数字化"的语意内涵与文化思辨》（吴炜华，2010）等选题都采用了理论思辨的方法。如曹继东的

《纸媒数字化转型与融合发展的逻辑思辨和现实选择》[①]，先理顺了纸媒融合发展的数字化轨迹，然后对纸媒融合发展的数字化文化进行阐释，进而探讨纸媒数字化转型与融合发展的现实路径，层层深入，思维严密。

　　以上的传媒研究方法从不同的角度对传媒研究的方式进行归纳和总结，和以往的研究分类有所不同。本章主要是对传媒形式研究方法的介绍，主要对实证研究方法、解释研究方法和思辨研究方法进行阐释。本书第八章将对传媒内容研究方法进行介绍。

---

① 曹继东：《纸媒数字化转型与融合发展的逻辑思辨和现实选择》，载《中国出版》，2014 年第 11 期。

# 第八章　传媒形式研究方法

20 世纪后半叶，跨学科研究浪潮的兴起使得不少其他领域的学者将其自身学科的诸多元素渗入到新闻传播学领域，它们的诸多观点、文献以及研究方法等至今影响着新闻传播学科的发展与壮大。其实，新闻传播学自身，尤其是传播学便是多学科交融下的产物，其诞生之初便受到诸如社会学、心理学、政治学、信息学等学科形式的影响，其研究方法也在很长时间里沿用与继承着这些学科。社会学中的田野调查、信息学中的信息分析、政治学中的论述分类、心理学中的实验认知等等都在相当长的时间里影响并统治着新闻传播学的研究方法。而近年来在新闻传播领域大量兴起的模式研究、数据统计、量化分析等量化研究方法也是受到了诸如统计学、数学、逻辑学等学科的影响。

本章将会重点论述的是语言学、叙事学、符号学三种学科的学科研究方法，分析这些方法如何研究与呈现自身学科的价值，并会在论述中涉及其对于新闻传播类的价值与意义。应该说，对于这些方法的研究意义不仅在于其始终是人文科学的基本概念之一，更为重要的是在于通过这一系列的梳理我们可以清晰地看到研究这一学科的路径与特点，并获得最为有效的学术资源，促使我们更好地理解这一学科领域并能明白其在我们当代社会和政治理论中的重要意义。

## 第一节　传媒语言学研究

### 一、语言学概述

语言是人类在对自己所意识到的世界的表达中类化出来的符号系统。语言符号所表达的内容是人类通过自己的感觉器官与意识器官所感知与意识到的内容。语言对意识表达展现出一种无比丰厚的精神文化现象，考察语言符号与人类意识之间的种种关系有助于人类的自我认知。[①] 可以说，无论是今天席卷全球的新媒介、互联网还是数码产品，抑或是曾经某个时间节点内的优势媒介，如报纸、广播、电视等，都是承载着一种基于交流与互动的语言，其出于人类意识外化的需要而展现出

---

① 韩宝育：《语言符号与人类意识的语言表现》，载《兰州大学学报》（社会科学版），2003 年第 9 期。

传播的功能与特点。即使到了今天，以人声为载体的语言传播依然承担着传播路径与方式的核心，并以此展现出高兴、失望、兴奋、悲伤、愤怒等的情感释放与传播发泄，而印刷媒介中的以文字符号、电子媒介为载体的信号语言以及互联网平台中的多文化交融，无一不是倚重语言而产生的传播，其承载了人类感性意识与理性意识的双重发展。以英国伯明翰学派为代表的媒介研究流派，其媒介语言是其核心关注的六个问题之一，其将媒介语言认定为具有沟通功能，传达意义与实现人际沟通的目的，并将其划分为听觉与视觉双重语言形式。今天，传媒语言形成了以媒介为载体的，用以传播符号、沟通受众，兼具色彩、图片、照片、雕塑、动态设计、画面形象等平面形式以及音乐、音响效果、背景声音等多种立体形式的语言传播方式，成为在媒介技术发展下，不断产生的新的形态及传播方式的聚合。可以说，今天的传媒语言研究不仅仅是立足于语言学角度的语义、语用、句法等来进行其内在意义及语言环境中的审视，更重要的是要站在媒介系统的角度下，通过这个系统来对语言进行合理的规划与结构，从而使其所承载意义与符号的延伸与扩展。在媒介系统下，语言符号的编码与解码、语言选择的承载与识别都将成为大众理解下的个性与共性的再生，同时也会左右受众生活的诸多态度与理解认知。

在本章中，我们将会从传媒的修辞语言、传媒的演变语言、传媒的分类语言三个维度来切入传媒语言学的研究视角，其分别从语言本体、传媒发展、类型呈现等角度来分析。通过这三种主要的研究方法来探索传媒语言学所建构的"我们所理解的世界"，来表明这三种不同的视角下传媒语言对于不同的文化群体、不同社会群体、不同话语群体的链接方式，从而为今天的传媒运作及语言符号建构提供合理化思路，通过不同的语言形式来使受众真实、客观地理解与认知媒介呈现。

## 二、语言学研究的基本视角

### （一）传播修辞语言视角

修辞学今天已广泛蕴含于传媒语言的应用中，尽管有时被受众所忽略，但其以独特的语言"性格"表述着内容的不同认知，从而起到转换语境、人格映现与效果呈现等作用。《修辞学通论》中将修辞学定义为"研究在交际活动中如何提高语言表达效果的规律规则的科学"[①]，可见其目的是在语言中制造一种"认同艺术"，从而让受众更好地接受传媒所赋予的种种观点与意义，产生认同效果。自亚里士多德在《修辞学》中把隐喻定义为对日常词语意义标准的偏离，从而确定了西方修辞学的基本格局以来，在媒介领域对此的运用比比皆是，不胜枚举：在我国，原本是对追查灾害原因和损失的客观报道却往往变成歌功颂德的主观性报道，令人愕然；而在西方，政客经过语言修辞后，在演讲稿、电视专访里将自己的政治目的巧妙包

---

[①]    王希杰：《修辞学通论》，南京大学出版社，1996年版，第6页。

装，使得自己的语言听起来不仅如此有魅力，更巧妙地掩盖了自己的目的。当年美国总统大选中，小布什被对手攻击的最后一个问题就是年轻时曾吸食大麻，面对媒体的反复逼问与对手的尖锐攻击，小布什"艺术性"地回答："我不想回答大麻的问题。知道为什么吗？因为我不想小孩子们模仿我曾经做过的事情。"小布什将这一问题进行了修辞，变成了令人信服的一种回答。

　　而对于传媒语言来说，不可否认的是我们在进行媒介传播抑或是媒介生产之时，都或多或少地会加入"场景""人物""手段""行动"等修辞性表示，从而以不同的方式建构起了不同的世界图景，彼此之间的差异经过媒介转化后呈现出具体、有限、偶然性的一面，从而表达出特定的含义。就语言运用而言，修辞表述的是其本体论的研究——即对表达本身的研究，在更为宏大的话语体系中如何探索以多重方式来认知及建构世界。修辞语言在一定程度上凸显的并非是一种琐碎的体验，而是一种人类的核心创造力：如何更好地传播从而有效地被他人接受的本质能力。具体而言，修辞学在传媒的话语体系中呈现出一种"转化之学"：就平面媒体来说，认知科学的学者在研究 20 世纪 60 年代的一起美国黑人示威的新闻报道之时发现，记者在报道黑人袭击警察之时多用主动语态，通过语言的设置来将黑人明显地放置于"犯罪"的地位，从而表达了黑人野蛮、胡闹的行为，而在警察袭击示威者、殴打黑人之时则选用被动语态，将警察置于非常不显眼的位置。这篇报道通过修辞的方式，隐晦地贯彻了美国媒介一直以来的种族歧视"潜网"。就电视媒介来说，伊拉克战争曾吸引世界的目光，可研究发现在众多媒体中收视率最高的 CNN 和 FOX 却通过传媒的"修辞"来展现了其"强盗逻辑"与"媒介霸权"：文字上，在播出的新闻中直接使用倾向性明显的诸如"敌军""我方"等词汇；编排上，每播出一条反战示威游行后，立马跟随一篇倾向性明显的评论，对反战游行行为加以驳斥；[①] 图片上，其播出的节目尽可能地展示美军高大威武的照片及战争中的"英雄主义"，极少刊登伊拉克平民被无辜打死、暴尸街头的照片。可以说，美国在伊拉克战争中，正是各种媒介语言的修辞才致使舆论变更及国内支持声音不绝于耳，从而强化了其媒介的影响效果。

　　可以说，从传播修辞语言的角度出发是传媒语言学研究的一个传统方法及路径。修辞是语言运用的形式之一，也是一门较为系统的科学。"从本质上看，修辞学就是研究在交际活动中正偏离及负偏离之间的转化关系模式的转化之学。"[②]

### （二）传播演变语言视角

　　如果说修辞语言学立足于语言学的本体视角和路径来进行研究的话，那传播演变的语言视角则站在了其双向研究的角度，从传媒语言及语言演变的视角对社会变

---

　　① 陈科：《传播"修辞学"与"制造同意"的艺术》，载《华中农业大学学报》（社会科学版），2005 年第 5、6 期。

　　② 王希杰：《修辞学通论》，南京大学出版社，1996 年版，第 6 页。

体及语言本身进行分析与研究，因为传播媒介在为语言传播提供服务的同时，也一定程度上制约与影响着语言的发展。在传媒语境的影响下，语言的生存环境及传播方式都发生了重大的变化，其构筑的生态环境都已经成为由传媒为主宰及建构的领域。在语料日益丰富、风格多样变化的今天，多种传媒交融的信息与传播已经成为重要的研究领域，在传媒视域下的演变语言也成为新的研究方法与路径。

从学术脉络分析，结合传媒与语言的演变研究最早可追溯到 1934 年 J. D. Wilson 关于莎士比亚《哈姆雷特》手稿及其传播问题，其认为呈现给读者的应是"原汁原味的哈姆雷特"，而不是经过不同编辑加工后的"学术版的哈姆雷特"，以重建作者的文字，还原历史，研究其蕴含的文化和历史价值。① （笔者译）从萌芽到发展阶段，其演变语言的话语分析一直未能呈现出清晰的脉络。直到 20 世纪 70 年代，以加番迪克（Teun A van Dijk）对多种传媒话语的类型进行的全面研究为代表，其对媒介的多种载体如新闻报道、广告、宣传手册、教科书等当中的认知现象、种族歧视、性别歧视及意识形态等倾向进行了研究，其从批判性的角度所进行的分析极具合理化意义与启发性。随后，奥克兰理工大学的语言传播教授艾伦钟（Allan Bell）于 1981 年进行的"新西兰语言殖民主义"的研究，首次对传媒语言进行了语体研究。② 1983 年，莱特纳（Gerhard Leitner）编著的 *Language and Mass Media* 论文集首次将语言和大众传媒糅合在一起加以研究。③ 1984 年，赖斯（R. E. Rice）在 Mediated Group Communication 一文中首先对"电子邮件语言"进行了研究分析，开电子时代进行语言传播的先河……④学界对于传播演变语言的分析开始呈现出百花齐放之势，无论是对于话语演变实践、媒介演变分析、传媒语言演变等的研究都展现出对于这一领域强大的研究热情。2009 年的 *Language and New Media* 汇集了学界对于多种传播媒介的分析，学者们从新媒体的萌现到语境转变，从不同的语言文本到新、旧媒体之间技术演进的语言变迁，提供了多重研究视角，立足于当时几乎所有的媒介文本，呈现出传媒语言文本的不同变迁。而从实践领域的脉络分析，受到媒介变迁的影响，语言演变往往在很短时间内就能形成一种模板，进而得以在全社会传播——20 世纪 80 年代末，台湾艺人凌峰在央视说了一句"我的长相很中国"，其"副词+名词"的形式因其新颖且有趣，被央视传播后迅速风靡；20 世纪 90 年代，传媒在语言中出现了大量的"动宾式合成词+宾语"的结构形式，如"落户北京""接轨国际"等，其快速表达了极具特

① Wilson, J. Dover（ed.）: *The Manuscripts of Shakespeare's Hamlet and the Problems of its Transmission an Essay in Cntical Bibliography*. Cambridge Cambridge University Press, 1934.

② 参见 http://www. aut. ac. nz/research/research — institutes/icde/people/professor—allan—bell（accessed 9/2/012）。

③ Howard H. Davis & Paul Walton（ed.）: *Language, image, media*. New York City: St. Martin's press, 1983.

④ Rice, R. E. & Associates（eds.）: *The New Media: Communication, Research, and Technology*. Newbury Park CA: Sage, 1984, pp. 33—54.

点的意义，诸多学者如华玉明、刁晏斌等对这一语法变异现象进行了研究，学者们发现这种语法结构的使用频率越来越高，而且"确实已在新闻书面语中流行开来"①，原本应该严肃且起到语言规范性示范作用的新闻媒介因其快速传播的需要而简化语言，"是汉语原有形式在现代新闻媒体作用下，顺应简洁、明快、经济表达需求以及求新尚变的心理追求下的一次触发"②。再往后梳理，如音译的 bar—"吧"、lemon—"柠檬"等，再到"××门"以及诸如"十动然拒""人艰不拆"等网络语言的大规模出现，都在媒体的推波助澜下使得其传播效率大大增加，结构模式在大规模的普及中被接受。可以说，语言在今天依然不断地进行着演进，并在传媒的力量下进行两者有机结合的探索，传媒工具在语言提供更好传播条件的同时，也构筑了彼此新的传播生态环境，从而使得语言的变体进入了语言的一种思维模式中。

### （三）传播分类语言视角

现代学术界认为，历史分类、区域分类和类型分类这三种语言分类法，是对语言进行对比研究的三种合理而富有成果的研究方法。③ 学者们将其沿用到传媒领域，进行了修辞的本体研究、演变的历史研究等，进行分类成为在某一分析媒介载体平面上所共同呈现的，却不具有一切语言普遍特点的类型化语言之一，其根据同型性进行的语言类别划分，使得这些语言在某些方面具有结构上的形似之处，却呈现出了不同的特点。按照传媒的载体划分，我们可以将其分为平面媒体语言类、影视媒体语言类、网络媒体语言类三大类进行分析。

平面媒体语言类是最为通常，也是最为普遍的一种。从接触传媒的界面开始，平面媒体的语言类始于文献传播的研究，从文字到图表、从色彩到板式，其语言在话语分析、传媒教育、碎片化信息传播方面呈现出不断交融的特色与方式，其在诸如报纸、杂志、宣传单、书籍、包装等平面媒体上以纷繁多样的形式渗透与传递着诸多信息。结构主义符号—权利学派认为：人的思维和信息传播受制于传播的基本符号系统——语言，而每个族群、民族、国家成千上万年形成的文化意识和传统，无形地积淀在语言中，通过语言系统的教育而内化成为社会成员的集体心智。④ 在漫长的人类传媒发展历史中，平面媒介（以报纸为代表）曾长期统领过人类的媒介发展，由此形成的具有逻辑排列性的语言始终以解读性、承载性方式传递着信息，从而改变也影响了人类的集体心智。需要看到的是，今天所有的媒介语言都是以平面媒体语言为基础而产生的一种差异化叙事，其在展现传媒发展、凸显语言修辞方面起到了特殊的作用。而从研究路径分析，中国早期对于传媒语言的研究多以平面

---

① 罗昕如：《"动宾式动词＋宾语"规律探究》，载《语文建设》，1998 年第 5 期。
② 沈孟璎：《近 20 年来汉语语法的新变》，载《南京师范大学学报》（社会科学版），2000 年第 3 期。
③ ［英］R. H. Robins：《语言分类史（上）》，林书武译，载《外国语学》，1983 年第 1 期。
④ 丁文：《界面研究：传媒语言的历史追寻与实现》，载《湖南社会科学》，2012 年第 6 期。

媒体语言为主，如 1980 年出现了"新闻标题英语"①"刊物的科技资料翻译"② 等问题的研究，20 世纪 90 年代出现了影视语言研究，21 世纪初出现了网络语言研究。

影视媒体类的语言并非狭义上传统意义上的语言，其更多指代的是传送信息之时所使用的可视或可听的一种影像，它是一种直接性、具体性所产生的影像话语方式，从而建构了一种时空语言观。正如巴赞的影像本体论中所说，人类最为朴素的原始心理在于降服时间。③ 从早期的木偶到雕塑，从绘画到建筑，其本质都为一种留住生活以供形象回忆的"复制"，而影视作为唯一一种人类有意识进行"保存生活"的形象媒介手段，其通过机器设备进行合理复制从而在感光材料的聚合中找到"看"起来与现实"镜子式"相同的一种影像。因此，毫无疑问的是影视媒体可以使用其独有的影像文字语言与画面感的组合，呈现出与文字一样的符号系统来传情达意，其已经具备了形成独立语言系统的一种体系——其释放出来的不同于文字所指的一种意向，以画面感淡化了平面文字能指与所指间的巨大差别。同时，影视类的媒体语言用光和声来记录与临摹人的感知经验，比起平面的文字语言来说更加具有合理化特点，也更加呈现出符合现代传播语境的语言特点。可以看出，影视媒体类的语言是一种形象之语，人人都能懂，人人都能接受，对这类语言的研究是传媒语言研究路径中重要的方式之一。

网络媒体语言类从广义上来说指的是网络传播中所应用或触及的语言，大体可分为计算机和网络有关的专业术语、网络文化现象所诞生的特别用语以及网络特定的表情符号和风格语言等。今天，我国学界对于网络语言的研究并未有完全系统化的梳理和一个统一的标准，目前主要从网络语言的分类、词根构成、媒介传播、语态影响、产生原因以及语言学或传播学的角度切入，进行经验性描述或结论性汇总，缺乏一个权威性与系统性的研究梯度。在哈德森与弗格森看来，语言变体是一种可以与某种外部因素构成特殊联系的"语言项目"或"人类说话方式"的体系④，其在实现"时间共时、空间异地"上呈现出独特的语言链接方式。具体而言，网络语言可基于"形式"而传播，如通过汉语拼音或英文字母的缩写如 GG（哥哥）、MM（妹妹）等，也可通过数字如 886（拜拜了）、66666（牛牛牛牛牛）来表达特定含义，也可基于"变义"而传播，谐音如神马（什么）等都可表达超出本身含义以外的语言意义。而因为传播事件而引发的网络用语的泛滥则更加多元地体现了网络语言的发展，如"楼脆脆""范跑跑""躲猫猫"等都从不同的角度展现了传媒对于网络语言的影响。可以说，从总体的体系看来，国内外尚未对传媒网络语言进行系统性的归纳，对于该领域的研究依然处于初级阶段。这个新的领域的发

---

① 朱文俊、刘小康：《新闻标题英语》，载《现代外语》，1980 年第 11 期。

② 于雅：《谈谈目前一些刊物上的科技资料翻译》，载《现代外语》，1981 年第 2 期。

③ 黄荣怀、郑兰琴：《隐性知识及其相关研究》，载《开放教育研究》，2004 第 6 期。

④ ［加］罗纳德·沃德华：《社会语言学引论》，雷红波译，复旦大学出版社，2009 年版，第 29 页。

掘对于网络文化抑或是语言传播都具有极强的意义，也是一个新的研究方法与视角。

## 第二节　传媒叙事学研究

### 一、叙事学概述

20 世纪的叙事学雏形诞生于法国，后来在结构主义的大背景下，受到俄国形式主义影响逐渐成为风行世界的学术思潮之一。"叙事学"这一新词最早由托多罗夫提出，在其发表的《〈十日谈〉语法》中写道："……这部著作属于一门尚未存在的科学，我们暂且将这门科学取名为叙事学，即关于叙事作品的科学。"这种最初的萌芽分析后来被汇总。而关于叙事学完整的定义，新版《罗伯特法语词典》认为是"关于叙事作品、叙述、叙述结构以及叙述性的理论"。而七卷本的《达拉鲁斯法语词典》则认为："人们有时用它来指称关于文学作品结构的科学研究。"[①] 从这些零碎的定义我们可以发现，叙事学是以诸如神话、杂文、故事、小说、文字符号等叙事材料为研究文本，分析其叙事话语与结构，并在这些叙述中阐述其文本理论并作一定的技术分析的学科门类，具有多学科性、符号性、时空性等特征。就学科发展而言，叙事学的产生是结构主义和俄国形式主义共同影响的结果，两者既从事物内在诸多元素的聚合来考察整体，又以形式化的方式去确立研究路径，随后符号学、形态学、语言学等学科的研究思路纷纷进入叙事学，以各自的方式影响该学科的发展，对叙事学的发展起到了重大的作用。

20 世纪 80 年代中期叙事学开始进入中国，诸如陈平原、罗刚等学者在借鉴西方叙事理论的同时也展开了对中国特有的传统文学资源的挖掘与再造，形成了中国特有的叙事话语形式，丰富了叙事学的学科理论。在叙事学进入中国之初，其运用范围主要集中在古典文学、文献学、现当代文学等文学领域，叙事学对当代的文学创作产生了极大的影响，使得文学在叙事框架、叙事视角等领域产生了巨大的变革，多元叙事、内外交叉、引导叙事等方法大量出现在先锋文学的创作之中，其在文学领域的影响深远。而与叙事学同时期诞生的广播电视学也深受其影响，正如电视理论家萨拉·克兹洛夫指出的："广播电视从发明、问世到不断成熟的这几十年也是对新批判领域内一门学科的发展起着主导作用，也就是叙述学，简言之就是叙事理论。"[②] 就更为广义的传媒叙事学来说，主要是指叙事学在媒介领域的研究，

---

① 参见百度百科"叙事学"词条，http://baike.baidu.com/link?url=_Tt1DLW38O269cVaZuCyxdylDa1f-Y9NIMke2rXvObj7PN0DLL9os93DWyhAOZ_SE-F1Ctu2d4doP5kbZbeeiq。

② Sarah Ruth Kozloff：Narrative Theory and Television，in *Robert C. Allen Channels of Discourse*，the University of North Carolina Press，1987，42. 并参考麦永雄等译《重组话语频道》，中国社会科学出版社，2000 年版。

其探讨的是传播媒介领域在其过程中的叙事行为、叙事角度等，甚至涉及媒介自身的规律与方法，其包含目前所有的以媒介叙事形式为研究对象的学科，其内容涉及新闻叙事学、网络叙事学、电视叙事学、新媒体叙事学等等。

## 二、叙事学研究的基本视角

### （一）新闻叙事学视角

虽然叙事学的研究范围主要集中于文学领域，但作为大众接触最为广泛的新闻，其自身便是最为普遍，且最有影响力的叙事文。法国结构主义叙事学的代表人物热奈特把新闻算成是纪实性叙事的一种①，而我国著名记者，新华社原社长穆青也表明"新闻是一种叙事文"②。但相比于其他的叙事类型，新闻叙事包含着对象的客观性、媒介的权威性、时间的接近性与符号的易读性等诸多独有的特征。

#### 1. 新闻叙事的话语研究

新闻叙事的话语研究认为："新闻是一种再现的话语。"③ 不少学者从新闻语言的本身来对新闻叙事进行研究与分析，是一种较为常见的研究方法与角度。新闻叙事话语包含着新闻使用的字词、标点、句式及语言背后的思想偏向与意识形态等，它是一种经过人工加工的典型编码建构，且不同的人会产生不同的编码特点，而受众则会在不同的编码符号中解构出看似客观公正背后的诸多隐匿信息，产生不同的意识特点。如新闻的字词选择一般要求形象客观，且具有一定的可视性，因为新闻的具体符号可以很大程度上影响其主体对信息的理解和接受，准确地使用符号可以减少新闻解读过程中的"噪音"。

如一见到"钱财"这个词，读者脑海中常常会浮现出红红绿绿的纸币或者金光闪闪的金银等形象，也可以想到豪车别墅、美女云集等具体场面，同时也可以联想到社会地位、生活富足等抽象概念。实际上，早在1923年莱夫利和普雷西便根据人们对单词的熟悉程度来标明其使用指数，指数越高，日常生活使用频率也就越高。④ 除了字词以外，句式也是新闻叙事的研究重点之一。新闻事实的建构主要表现在语法结构和信息结构两个方面，如何用简洁的句式表达更清晰的意义是研究关键。如新闻中使用的短句越多，易读性越高，信息结构中也应合理地分配话题与说明比例。而如何使用新闻叙事符号来合理地表达、隐藏、暗喻其事实建构的意识形态成了叙事研究的核心，话语既是表达，也是一种意识形态栖身与抗争的场所。

新闻叙事的图片研究：在视觉文化的冲击下，重视新闻图片的叙事逻辑与风

---

① ［法］热奈特：《虚构叙事与纪实叙事》，朱立元等：《二十世纪西方文论选：下卷》，高等教育出版社，2002年版，第95页。

② 穆青：《新闻散论》，新华出版社，1996年版，第76页。

③ Fowler, Roger （ed.）: *A Dictionary of Modern Critical Terms*. London and New York: Routledge&Kegan Paul，1987，p. 10.

④ 转引自张国良：《现代大众传播学》，四川人民出版社，1998年版，第168页。

格，形成"两翼齐飞"的格局成为所有新闻人的共识。在这个"有图有真相"的时代，图片不仅是新闻的组成部分，也不断在制造一种视觉奇观。因此，新闻图片的叙事模式也成为不少学者研究新闻叙事学的路径之一。

荷兰学者梵·迪克认为传统的新闻按照标题、导语等进行排列形成了假设性的叙事模式，而图片则在一定程度上打破了新闻传统的叙事模式：其一，图片是静态的，它只能反映某一特定时段的状态，需要文字的辅助才能表达事情的前因后果。因此，图片的叙事模式并不是线性的，而是"碎片的""割裂的"，图片只是截取了最为高潮的某个环节来进行叙事，是对传统新闻叙事的一种颠覆。其二，新闻图片在色彩、构图、光纤、线条等方面的运用具有强烈的个人叙事色彩，虽然新闻叙事也带有着个人偏向，但比起图片的符号解读难易程度来说，图片明显更能受到受众青睐，实现符号的引导功能。其三，在新闻的整体叙事过程中，图片因其自身的叙事模式而使得新闻的其他部分，如导语、正文、编者按等遭到压缩，其他叙事环节受到一定的影响，使得图片的"片面化叙事"的效果得以扩大化，不利于新闻的受众理解和传播。可以说，新闻图片的叙事充分体现了媒体叙事的多变性与复杂性——既有着对传统新闻叙事的颠覆，又有着独立的话语权、叙事型被受众解读，从而产生新的权利建构。而图片所展现出的或光怪陆离、或震撼人心、或猎奇审美，都体现着图片强大且自成体系的叙事模式的建构。

### 2. 新闻叙事的故事研究

如果说上文提到的话语研究是指组成新闻的字符、语句等的话，那么在叙事学中"故事"则特指新闻叙述的内容，即符号学中的所指。它是指以某种方式对于新闻素材的描述，它由一个或多个相关联的事件组合而成。[①] 传统的叙事学针对的既是真实的，也可以是虚拟故事上的研究，但就新闻叙事而言，其研究的必须是真实发生的新闻事件。新闻叙事的"故事"研究侧重于新闻事件、场景、人物、叙事节奏、叙事频率、组接方式等方面，是新闻叙事学的传统研究路径之一。

新闻叙事学的"故事"是对客观真实的新闻素材进行编排的结果，这是与传统叙事学的"故事"研究最大的不同，而如何将新闻的场景、事件、人物进行合理的安排配置，讲好一则新闻故事则是其内在的叙事模式，而如何运用图片、导语、编者按、评论、题目等新闻组成部分来更好地在视觉上进行组接、更好地传播其内容，则成为其外在的叙事模式。同时还应注意合理的叙事节奏，做到张弛有度，通过长短句的组接，对白与叙述的穿插来使得新闻既精彩又富有内涵。总之，对于新闻叙事学的故事研究来说，它需要将这个综合的整体进行合理编排，从而将值得的事件聚焦，并进一步延伸与拓展新闻叙事学其自身的学科研究与建构。

---

① ［荷］米克·巴尔：《叙述学：叙事理论导论》，谭军强译，中国社会科学出版社，1995年版，第54页。

### （二）影视叙事学视角

20世纪80年代以来，中国电影电视理论的现代化建构兴起，在引进现代西方理论的基础上广泛地将符号学、文学、心理学等学科的研究方法应用于中国电影电视的阐释实践。叙事学作为其中的一个学术研究分支，其对影视文本与文化的建构起到了较大的影响。今天，影视叙事学研究已经成为新的研究领域，诸多学者从跨文化、理论构建、结构分析等角度，对影视的文本、声音、图像、文化等展开分析，研究如何运用影视语言来讲述一则好的故事。

#### 1. 影视文本叙事研究

文本叙事是影视叙事学的逻辑研究起点。那些在千年的洞穴中发现的壁画、彩陶等，记录着人类活动，表明早在远古时期人类就开始尝试着用影像来进行叙事了。叙事学在文学创作中的"情节"和"结构"同样适用于影视叙事，影视是一门全新的语言，它通过蒙太奇的组接来表达着不同于文字的意义和概念，而文本又是支撑影视创作的基石。因此，在影视叙事学的研究中，文本成为不少学者关注的重点。

作为结构主义的文学理论形态，叙事学奉行能指和所指、深层结构和表层结构、语言和言语等等二元对立观念，并明确认为叙事作品"具有句子的性质"[①]。这点在影视上面依然适用，但影视以截然不同的语言方式传递着信息。比如将一部小说改编而成影视时，文字中抽象的、笼统的概念如何在荧幕上呈现出具体形象；文学中的宏大的叙事表意，夸张的情节设定如何在荧幕上呈现；文学中传递的意境与意义又怎样通过截然不同的蒙太奇语言来表述成为影视语言，成为两者叙事转换的要点，等等。我们需要明白，影视艺术是一种以"固定的和活动的画面"为媒介的作品，它们是多种非语言形态艺术的综合，蕴含着叙事者的表演、音乐、光线等。它们虽都是"画面"，却有着或"固定"、或"活动"的严格界限。与文学在时间中承接符号不同，影视的叙事多以空间中并列的符号来呈现事物，这种转和既是一种技术，也是一种艺术。应该说，对影视叙事手法的语言性质确认最终确定了电影的艺术性质，也使其成为独立的一门学科。

#### 2. 影视声音叙事研究

影视是光影声画组合的最佳载体。在影视中，无论是自然音、音响、背景音乐等影视音都是刻画人物、表达意境、传递情感的最佳辅助工具之一，而影视音在对情节进行延展和对不同的时空进行刻画时也有着独特的作用。可以说，对声音的叙事研究成为影视叙事学的重要分支之一，不少学者甚至将影视声音的重要性等同于画面，从烘托气氛、表达情感、突出人物、延展时空等多个维度，对影视声音进行

---

① ［法］罗兰·巴特：《叙事作品结构分析导论》，张寅德编：《叙事学研究》，中国社会科学出版社，1989年版，第6页。

叙事学研究。

对于声音的叙事研究多从烘托气氛、刻画人物、抒发情感、延展时空等方面着手。电影在营造特定气氛时，声音可以辅助画面对环境进行进一步渲染，营造出和谐、唯美、激烈、悲情、欢快等诸多气氛，如韩剧《来自星星的你》中诸多插曲与音乐的搭配应用，将其浪漫的氛围营造到了极致，让观众如痴如醉，身临其境。而音乐在表现个性化的东西与情感时，也有着其独特的作用，声音能将不同人物的个性进行合理的刻画，是人物刻画的造型符号之一。当影视中某一段音乐响起之时，人们往往能够通过它联想到相关人物。除了人物表演外，音乐也是抒发人物情感、表达喜怒哀乐和其心理活动的重要表现因素。音乐能够表达人物内心情感。在诸多情节中，我们可以通过特定的音乐来了解人物的喜怒哀乐与悲欢离合；而在影视叙事中，除了确定的画面叙事时空外，音乐也可以延伸影视的时空——通过特定的旋律、乐音和节奏的配合，让观众产生联想，形成一种"叙事认同"。而与不同画面的配合也使得影视所表达的文化意蕴、主题思想、理想感悟等上升到了新的层面。

### 3. 影视文化叙事研究

影视文化的叙事学研究属于赫尔曼所描述的，在经历大量方法之后的叙事理论之"变"——它是将影视文化从"辅助文化"提升到"主流文化"的关键。这表明今天影视文化叙事学研究虽然立足于影视文学作品，但其范围却已经拓展到了"文化全球化"语境中去探索其文化意义。这是一种更加宏观的研究视角，其涉及本土文化、全球文化、价值、审美、心理等方面的文化意义，并通过这些去探索文化社会的意义，也就是广义上的文化意义。这种研究路径更加深入透彻，既体现在形式上，也体现在更大范围的审美意义上。

对于文化的叙事研究主要呈现在形式、历史、心理、文化等方面。形式层面，正如前文中所提出的那样，主要探讨在影视叙事中"如何说"的问题。如何才能吸引受众、如何才能讲述得更好，成为其研究的重点。无论是对英国的《哈姆雷特》还是对中国的《黄土地》《霸王别姬》等戏剧电影的研究都奠定了其基本的叙事结构，对后世的形式层面的叙事研究影响较大。历史层面的研究既涉及一定的时空关系，又涉及传统的思潮、道德等方面的研究，它是结合传统与现代的方式来研究叙事伦理及结构。心理层面则一方面以创作者，即传播者的精神心理因素来分析，另一方面从受众对作品的叙事接受来进行探讨，并联系审美的相关体验与风格来分析。文化层面则主要是考察长期文化积淀的产物，通过不同的文化层面的解析来解读不同的影视叙事风格，带有强烈的个人主义和本土主义色彩。

### （三）网络叙事学视角

以互联网为契机的诸多媒体给予了受众新的叙述平台，它将过去的多种叙事信息进行汇总并成为共享资源，改变了人们传统的叙事方式与叙事模式。正如美国媒体理论家莱文森表明的：因特网的出现暗示着，这是一个宏大的包容一切的媒介。

不仅过去的一切媒介是因特网的内容，而且使用因特网的人也是其内容。[①] 而数码叙事学的兴起可以看成是新历史条件下叙事学自身的衍生和发展。

### 1. 网络新闻叙事视角

网络新闻是网络叙事最广为人知的文本之一，也是众多学者经常切入的研究点。作为媒介生态转变下诞生的文本，网络新闻存在着与传统新闻文本诸多不同的特点与方式。从叙述者来说，"作者"身份的变更是其特点之一。罗兰·巴特在《作者的死亡》一文中宣称西方文论从"作者中心"转换成"读者中心"是其理论发展的必然结果，这种预言在今天的互联网叙事中得到了充分的体现。在网络中受众的话语权空前提高，以多种形式参与着新闻的叙事，建构的多维空间构成了多元的叙事的奇观。而由于网络资源的多样性、叙述的互动性等特点，使得其叙事身份、叙事角度等都产生了模糊。从新闻本文而言，"网络文本经过重重转帖，援引和拼合，往往成为一种多作者的无主文本，传统的作者话语便在多重声音的干涉中依稀难辨了"[②]。可见，今天叙述者与接受者身份的变更体现着笛卡尔"心物二元论"的观点，而这种多元叙述在这全新的语境下的特点也成为学者们研究的重点。

### 2. 网络亚文化叙事视角

网络的叙事变革诞生了多重的艺术形式，它们结合各自的文本特点又产生了不同的叙事格局，如网络游戏、广告短片、原创视频等。他们沟通构建的网络亚文化叙事格局以一种新的、超文本的文学形式，从另一个视角丰富了今天叙事学的学科门类与学科内涵。例如，网络游戏中的叙事者加入文本自身叙事建构，将自己纳入叙事符号的方式，以及游戏中网络的"多层""分类"叙事（即通过通关达到另一层面），是传统叙事中所未有的。同时，原创视频个性化的叙事视角、怪诞的叙事元素、多重的叙事策略在让大众话语得到解放的同时，产生了诸多亚文化元素。而广告短片在构思、制作、创意等方面的都对整体网络视频的叙事产生了积极的影响。可以说，今天针对以上提到的诸多网络亚文化的叙事研究已经逐渐"加热"，成为进入新闻叙事学的新的研究路径之一。

## 第三节　传媒符号学研究

### 一、符号学概述

符号学不是一门新学科，却是近 20 年来发展最迅速的人文社会科学。[③] 人类

---

① ［美］保罗·莱文森：《数字麦克卢汉：信息化新纪元指南》，何道宽译，社会科学文献出版社，2001年版，第 53 页。

② 雨彤：《网络叙事：电子媒介时代的文化记忆》，载《青年作家》，2010 年第 7 期。

③ 赵毅衡：《当代符号学译丛·总序》，四川教育出版社，2011 年版，第 1 页。

对于符号的研究源远流长，我国早在先秦时期，就出现了诸如墨子名辩论、道家意言说、儒家正名说等，更流传下"白马非马"的著名争论，而古希腊的亚里士多德和柏拉图也促使了西方符号学的萌芽与发展。到了 20 世纪前期，现代语言学之父索绪尔提出建立"符号科学"的学科设想，在结构主义的思潮下，其符号学理论对诸多人文社会科学产生了巨大的影响。而随后雅各布森、马丁内、皮尔士、卡西尔、莫里斯、艾柯等多位语言学、符号学家前赴后继地推动着符号学的发展。严格说，今天的符号学尚无法与文学、哲学等学科相提并论，但却能为一切科学提供一种工具。同时，其跨学科的特性异常明显，它不仅有着研究对象与范围的跨学科性，其研究方法也是跨学科的。正如卡勒所表示的，索绪尔在语言研究中提出的基本问题以及他所采用的方法，"直接影响了法国人所说的'人文学科'，即研究具有意义的客体和行为的各种学科。索绪尔对符号和符号系统的研究为全面地研究人类行为的构成方式铺平了道路"①。从这个角度来说，符号学是一种元科学。

在 20 世纪发展迅速的还有大众传播学，其与符号学的结姻早已不是理论性的假想。正如罗兰·巴特表示的："可以肯定的是，大众传播的发展在今日使人们空前地关注意指的广泛领域，……符号学在此种情势下呼之欲出，就不再是几个学者的异想天开，而是现代社会的历史要求了。"② 而雅各布森更加确定地指出："如果符号学学科的圆周是包含语言学在内的最近的一个圆周，那么下一个圆圈较大的同心圆就是通信学科的总体了。"这里的通信学科就是传播学。③ 今天，大众传播的繁荣发展为符号学的确立和讨论生成了一种语境，而符号学相关理论又为大众传播学的发展提供了一种方法论，传媒符号学也就水到渠成地形成了。本节将会讨论的是在研究方法上，符号学会给大众传播研究提供何种思路，带来何种积极影响。换句话说，本节梳理了今天多数学者们从符号学的哪些视角、哪些路径切入了大众传播研究，这其中既涉及符号学的相关原理的分析与推导，又涉及大众传播的相关分类研究，两者既互相区别，又相互补充，既可独立分析，又可综合看待。

## 二、符号学研究的基本视角

### （一）基础理论研究视角

由于符号学迄今为止并不是一门确定的学科，尚未有一般学科的"硬度"与基本体系，而与传媒领域的结合又让这个学科在性质、范围、范式等方面产生了拓展与延伸。因此，理清符号学的基础理论在今天依然显得格外重要。不少学者从符号学的基础理论着手，追本溯源地探讨符号学的来源、流派、范围、性质、方法等，并结合新闻传播学的相关概念，通过这种路径对今天的新闻传播学领域下的符号进

---

① ［美］J. 卡勒：《索绪尔》，张景智译，中国社会科学出版社，1989 年版，第 6 页。
② ［法］罗兰·巴特：《符号学原理》，王东亮等译，三联书店，1999 年版，第 1～2 页。
③ 李彬：《从片段到体系：西方符号学研究一瞥》，载《国际新闻界》，1999 年第 6 期。

行梳理。基础理论研究中较为常见的有以下三种研究方法与视角。

## 1. 传播符号学概念视角

这是最为基本的研究视角，是通过梳理符号学中的基本概念来理清其在新闻传播领域的作用与地位。其主要回答"什么是符号""符号学的作用与功能""符号学的模式与阶段""符号学与其他学科流派"等最为基础性的问题与诸如"符号""意义""文本""象征""系统"等基础性概念，是整个传媒符号学的基石。在今天符号学尚未被广泛认知的情况下，其基础性概念研究具有的普及性、解答性的作用显得尤为重要。

西方学者给予"符号学"的定义是："符号学是研究符号的学说。"① 而中国学者赵毅衡则将"符号"定义为："符号是携带意义的感知：意义必须用符号才能表达，符号的用途是表达意义。符号就是意义，无符号即无意义，符号学即意义学。"② 而"符号权的争夺""学科建构的需要""批判理论的补充""精神分析的需求"等等都成为符号学作用与功能的注释。符号学自身同样经历了索绪尔的语言学模式、皮尔士的逻辑学模式、卡西尔的文化符号学和巴赫金的形式文化研究几种模式，其符号学自身也经历了从动物符号、前语言符号、语言符号到文本符号的自身发展历程。③（笔者译）同时，在多重阶段的发展中呈现出宏达的方法论，几种模式融合以及多学科交融的特性。可以说，不少学者从符号学的概念本源出发，去探索符号学自身的诸多价值，并将其延展到了新闻传播学科领域，从符号学去探析"新闻""传播""媒介""网络"等概念，成果斐然。

## 2. 话语分析性原理视角

对文本进行话语分析研究是符号学较为常见的研究路径之一，也是目前符号学主流的研究路径。该研究方法的主要方式在于立足于特定的文本，就传媒领域而言，诸如广告、新闻、会徽、电影、诗歌、书籍等文本都是符号学分析的亮点所在，而学者们利用符号学的推导方式与多模态形式，呈现出与传媒领域研究截然不同的研究特色。

在文本的选择上，除了传统意义上的文本外，不少新的文本如会徽、吉祥物、微电影、宣传画、雕塑等都成为学者们分析的亮点。这些文本随着时代潮流的发展而逐渐成为影响较大的媒介，具有典型的时新性特点。同时，对于文本的分析呈现出多重角度很大部分源于本文自身多符号融合的特点，在传媒领域尤其如此。如广告、电影、纪录片等等都是多符号的聚合体，因此不少学者通常情况下采用多模态话语分析的方式，在符号学自身理论基础上从声音符号（语言、音乐、音响等）与

---

① 这个定义来自索绪尔，他最早建议建立一个"符号学"学科，它将是"研究符号作为社会生活一部分的作用的科学"。

② 赵毅衡：《符号学原理与推演·引论》，南京大学出版社，2011年版，第1～3页。

③ John Deely et al（eds）：*Frontiers in Semiotics*，Bloomington：Indiana University Press，1986.

图像符号两个方面进行阐述，探讨其符号意义。不仅如此，学者们在进行文本分析时，往往以案例、绘图、模型等"更加视觉化"的方式来进行论述和分析，推导出带有着符号学特色的理论与概念。从这个角度来说，符号学的话语分析方式往往更带有理科思维，以逻辑性、线性为立足点，并不是简单的本文特色分析，这是有别于传统新闻传播学的话语分析方式的。

### 3. 必要性意义方法视角

该研究方法从更加宏观的角度来探讨符号学的自身价值与意义，其并不基于符号学的具体研究方法与职业状况，而是探讨与分析如何利用符号学来更好地推动人文社科的发展与研究。换言之，该研究思路探讨的是哲理性上的符号学意义与价值，通过符号学来剖析自身学科与其他人文学科的产品，从而在其象征意义上引导一定的学术思潮与方向。

就该方向的研究路径而言，有的学者从符号学大家如莫里斯、朗格、艾柯等的理论出发，分析他们符号学中的意义观，并以此来折射现在的符号学的意义研究的价值、方向等；有的从其意义的生成原理、文化意义、景观感知等角度切入分析，探讨了符号学对于实际应用的意义所在，并标明符号学在实际运用中具有的深刻作用；有的则将符号学置于其他学科门类中，从学术领域分析符号学对于该学科的意义与价值，认为符号学在完善其他学科如语言学、心理学、新闻传播学等学科体系与门类中具有重要的价值。学者赵毅衡认为，这是一个"高度符号化时代"，符号已经成为定义个人身份、价值、重构生产的关键之一，更为严重的是，在社会各阶层与国际文化竞争中，对"符号权"的争夺，越来越超过其他实力宰制权的争夺。① 因此，研究与梳理符号的意义与价值，探讨符号如何能够进一步传播、如何能够影响受众成为大家的研究关键。研究是为了了解，更是为了弄清实质后的对策分析，这也就是符号学其自身的学科意义所在，也就是符号学的自身价值关键点。

### （二）大众媒介研究视角

大众媒介的研究视角主要从新闻传播学的角度切入符号学领域，在新闻传播学的视域下去探讨符号在新闻话语、新闻事件、传播现象等方面的作用与方式。因为符号学在新闻传播学领域的广泛运用，不少学者将符号学的成就归纳在新闻传播学领域中，认为符号学的兴起很大程度上得益于传播学的兴盛。因此，从这个角度讲，大众媒介的研究视角更像是将符号学看成是类似于量化研究一样的方法和路径，其根本目的还在于研究新闻传播领域的理论、现象与范式。

### 1. 媒介话语视角

该研究视角主要是以报纸、广播、电视、网络、手机等媒介为平台，分析这些媒介独自的符号系统（着重分析新闻话语），探讨其各自特点或相互融合的符号路

---

① 赵毅衡：《符号学即意义学》，载《中国图书评论》，2013年第8期。

径。比起前文所提到的文本视角，这里更多的是站在不同的媒介平台进行分析，立足于媒介话语视角，分析其不同平台的符号特色与叙述方式。在这个媒介融合的时代，如何能让不同的媒介平台发挥共同的作用，如何让其更好地融合，起到更好的传播效果是所有新闻传播学者探讨思考的问题，而融合的基础在于符号，如何将文字、音频、视频等诸多符号系统进行合理的配置成为符号学的一大研究亮点。不仅如此，从这个角度也延伸出诸如"符号美学""品牌传播学""创意符号学"等不同的亚文化符号学研究方向，其对符号学与新闻传播学的学科体系建设均有着一定的补充与完善。而在这样的研究中，如何更好地运用符号、符号应该怎样传播、符号应该在传播中起到何种作用成为分析的要点，这类研究整体上具有较强的实践性与指导性。

### 2. 组织系统视角

该研究视角立足于从符号学的角度去研究大众媒介的组织系统与内部结构机制，从微观与中观的角度去探讨传媒系统的运行与媒介内在结构的符号式发展，梳理和分析环境激变下的传媒系统的变更与适应。从这个角度讲，其涉及组织符号学的相关建构，与结构主义有着一定的关联。其要点在于将符号学的相关概念、分析方法等置于传媒机构的组织系统内部与新闻的内在结构中，从而得出相关的理论概念与框架建构。同时，其研究路径还涉及传媒产业经营领域。在符号学的视域下，分析其在技术推动下的传媒产业亮点与要素，对互联网、手机等新型的传媒产业发展具有一定的促进作用。应该说，这一领域的开拓使得符号学在传统内容研究、媒介话语研究、基础理论研究等研究基础上又拓展了文化产业、审美经济、符号运营等新的发展领域，其侧重研究的审美文化、消费文化与新技术文化激发了这一学科的内在活力。同时与产业相结合的状况使得这一研究思路具有重要的现实意义，拓展了符号学自身的视野与思路。

### （三）话语权利研究视角

该视角从更加宏观的角度来对传媒符号所具有的话语权利进行分析与探讨，认为传媒领域的符号话语权可从其认知功能、交往功能、权利功能三重视角着手。对于话语权利的研究常常涉及大众文化、文化权利等范畴，其以一个话语体系来表达的是包含着隐形权利的话语符号系统。福柯曾对话语与权利之间的复杂关系做了研究，并表明权利是话语形成的基础，一旦某种特定的话语形成，这种话语体系便具备了一种权利。在"符号化"被标榜的今天，研究其具有的话语权利和文化系统，成为建构软实力的核心之一。

### 1. 认知功能视角

从狭义上来讲，符号是各种形式与内容能够被认知的基本条件，也是解读多种含义的基本载体。因此，符号的认知功能彰显了其海纳百川的知识性与动态性，而不同场域下的符号分析成为研究其认知功能的基本路径，而符号认知的动态性所产生的范围波动，也成为解读符号的节点之一。

在符号学大家索绪尔看来，即使在同一符号的内部，也有着不同的符号认知体验，从而凸显不同的事物特征。而这一认知的本质的导源则来自不同的生活体验下，不同情景内在特征的认知解码方式的变化。从这个角度讲，符号的认知功能是我们理解符号的第一步，也是最后一步——它直接关系着解码权力的大小与范围。比如爱马仕的包在中国被很多人，尤其是较有经济实力的人视为是潮流、时尚的代表，甚至是地位与身份的象征，而不少年轻人也为了买一个所谓的名牌包而节衣缩食。从符号的认知视角分析，一个包的使用功能不一定被人关注，但它本身就是一个符号，能被人解读出"时尚""有钱""混得好"等等背后的认知信息。而在国外，对于这个符号很多人也将其认为是"地位"的象征，但是不同点在于，人们更多地会将这个包与"优雅""品位"等联系在一起。换句话说，对于这个符号的认知解读，大家在一定程度上是一样的，但是由于不同的生活环境，国外的人会将拥有这个包的人视为是优雅的，而不是暴发户。对于同种符号的不同解读，体现着其认知的差异。因此，对于符号在不同语境下的认知解读成为了大家研究的路径之一，因为符号的"物化""文本意义""解释意义"等即使在同种语境下也不尽相同，而不同语境下的解读则更显缤纷。

## 2. 交往功能视角

比起索绪尔将符号视为"完全任意性的符号比其他的符号更能实现符号学过程的理想"①，另一位符号学大家皮尔士则从实用主义的角度探讨符号学的建设与意义，皮尔士的符号学的目的就在于通过对各种形式的符号行为的探索来揭示人类行为的条件与结果，而这种实用至上的交往功能从另一个视角探讨了符号作为中介的交往功能，启发了不少学者从此路径进行符号功能的研究——探索符号对象及意义的双重关系。

实际上来说，皮尔士的符号学理论是对人类交往实践的高度抽象与概括。他将符号视为中介来诠释人类交往中的种种语境，同时发现自我来参与这个世界的途径，其交往意义不言而喻，同时，符号的运用也揭示了交往是个人展示、自我修正以及个体行为模式的呈现方式之一。因此，皮尔士将符号视为"通过它获得更多知识的东西""一个符号是交往的中介"②（笔者译），这个观点也影响了不少后来的符号学者，他们将符号视为中介来进行研究，从交往的角度探析不同媒介间路径的转换，从而得出如何更好地降低传播中的"噪音"。近年来，电视中的交往符号日益增多，《非诚勿扰》的亮灯、《中国好声音》的转椅等，都是电视场域中构建的新的交往符号。

---

① ［美］科尼利斯·瓦尔：《皮尔士》，郝长墀译，中华书局，2003 年版，第 96 页。

② Langsdorf L，Andrew R S.：*Recovering pragmatism's voice：the classical tradition，rorty，and the philosophy of communication*，New York：State University of New York Press，1995，p35.

### 3. 权利功能视角

随着以符号为根基的信息爆棚，以信息为资源形式的社会构成了极大的权利场域。"符号争夺"的实质也是文化权利的缩影，而以符号为分析切入点的文化霸权研究也成为透视其权利视角的研究路径之一，而由此所引发的"视觉暴力""符号支配"等信息权利则成为大众文化的研究重点，也是传统的符号权利视角。今天，由符号产生的权利争夺已经被不少学者认识并研究，符号带动的"权利场"被人视为是后现代的特点之一，而由此引发的通过"功能—符号"路径来进行媒介"权利限制"——关注并治理符号泛滥、符号乱用以及符号系统整体等等成为一种新的传播研究范式，其中的符号的权利限制研究呈现出学科上的交叉与内在的深层特性：既涉及新闻传播领域等传统特点，又涉及生态学、法学、公共管理学等学科研究方式，其整体而言作为一个系统正逐渐获得学界的认可与关注。

可以说，对于符号权利的研究虽然早已不是新的研究点，但从中交叉出来的诸多亚文化领域依然有着不少值得关注的亮点。"符号限制""媒介治理""符号疏导"等等都是对于符号权利研究的延伸。从这个角度讲，对于符号的话语权利研究依然有着持续的内在动力。

# 第九章　新闻传播学内容分析法

传媒是信息传播的媒介，与新闻传播活动密不可分，要对传媒进行研究，必然要对其新闻生产、传播的规律以及传播的媒体形式等诸多方面进行分析，这也是传媒研究中最为重要的一项内容。随着信息技术的发展和媒介形态的巨大变迁，这方面的研究非常活跃，也一直在推陈出新，研究成果颇为丰富。本章主要从新闻学、传播学和广播电视学三个学科的研究情况出发，通过一定的归纳和分析，介绍当前传媒新闻学、传媒传播学、传媒广播电视学研究领域的一些常见的研究视角和方法。

## 第一节　传媒新闻学研究

### 一、新闻学研究的主要观点

作为传播各种信息的媒体，传媒担负着新闻传播的重要责任。因此研究传媒，必然要对传媒新闻学进行研究。

新闻学研究在中国的开端，学界一般认为是以 1918 年北京大学新闻学研究会的成立为标志。当时的研究还处在非常稚嫩的阶段，通过几代新闻学人的不懈努力，作为一门学科的核心概念、考察对象、理论体系、研究方法、话语方式等逐步明确下来，特别是 1997 年新闻传播学被列入一级学科以后，新闻学的研究日趋丰富和成熟。[①]

从 1978 年改革开放到 20 世纪末，这一时期的新闻学研究视角可分为经验层面和理论层面。经验层面主要是来自新闻实践的一线人员的经验体会，如新闻采写体会、现场报道应该注意的问题，等等，此类研究的实用性较强，多为小选题，详细说明新闻实践技巧，具有操作性，内容涉及报纸、广播、电视这几个主要的新闻领域，论文数量较多，主要发表于《新闻战线》《新闻与成才》《中国广播电视学刊》《新闻广播》等新闻学核心期刊上。[②] 新闻学理论层面的研究主要是关于新闻事业

---

① 谢鼎新：《新闻学研究演变的路径探析》，载《浙江传媒学院学报》，2008 年第 2 期。
② 陈亦骏：《国内新闻学研究的现状与学科体系构建》，载《高校社科情报》，1994 年第 4 期。

的性质、新闻的功能、新闻的时效性、新闻价值、新闻的真实性、新闻监督、新闻与宣传的关系等。随着研究的不断升级和发展，关于这些方面的研究逐渐深入，对新闻事业的性质、新闻的功能、新闻价值、新闻真实性等大多数议题都有了比较成熟的观点。

由于时代的原因，当时对新闻经验层面的研究发达于理论层面，并且相互疏离，这也是该时期新闻学研究的主要问题，经验层面的研究很有必要，但是仍无法替代新闻理论的研究。当时对报纸新闻的研究较多，对广播、电视新闻的研究相对薄弱一些，还跟不上我国当时广播、电视迅速发展的现实情况。那个时期比较侧重于对传者的研究，如新闻制作、新闻导向等，对受众的研究也逐渐兴起，为后来的受众研究奠定了基础。另外，当时对新闻学的研究主要是就新闻而研究新闻，关于新闻管理、新闻伦理等一些外部的研究还不足，对新闻史方面的资料整理，尤其是新闻史上的个案的研究，还没有像今天这样如火如荼。[1]

不过在 21 世纪以后，新闻学的研究出现了巨大的变化。主要是新媒体出现后，媒介逐步进行融合，新闻学研究的议题得到了极大的丰富，不仅研究其传统的议题，对新闻的定义、新闻生产进行再解读，还增加了网络新闻、"融合新闻"、新闻与公共话语、新闻教育转型等许多新的问题。新闻学研究的方法也发生一定的变化。[2] 在研究方法上，新闻研究方法趋向于实证研究，跨学科研究也较为流行。全球化的大背景把西方传播学理论和研究方法带入中国，引起研究热潮，相关理论被我国的新闻学研究者学习借鉴，有了一些新角度的研究论文。同时，结合社会学、文化学、符号学等进行的交叉学科研究也多了起来，扩大了新闻学研究的范围和视野，丰富了新闻学理论与实践。

## 二、新闻学研究多维视角

根据谢鼎新《中国当代新闻学研究的演变——学术环境与思路的考察》(2007)，他将我国新闻学研究的历史回溯到 19 世纪初期，具体分为萌芽期(1834—1917)、确立期(1918—1937)和分化期(1937—1949)，这段时期的新闻学研究可以概括为：以梁启超等为代表的"启蒙主义"、以徐宝璜等为代表的"新闻本位"和立场坚定、思想统一、具有鲜明的主义和思想的"党报宣传"的研究范式。[3] 新中国成立后，我国的新闻学研究经历过体制化研究的阶段，并向着"大批判"方向变异，直到肃清"左"倾思想后，才重新走上了正常的研究道路。1977年开始，我国的新闻学研究进入反思与自觉阶段，开始建立新闻学知识型话语，在新闻学理论、历史、实务等方面都进入了研究的新阶段。这些研究体现出对 20 世

---

[1] 陈亦骏：《国内新闻学研究的现状与学科体系构建》，载《高校社科情报》，1994 年第 4 期。
[2] 柴葳：《新闻学研究变化规律浅析》，载《新闻传播》，2002 年第 9 期。
[3] 谢鼎新：《中国当代新闻学研究的演变——学术环境与思路的考察》，中国传媒大学出版社，2007 年版，第 148 页。

纪二三十年代以徐宝璜、邵飘萍、戈公振、黄天鹏等为代表的"以新闻为本位"的研究回归，关注新闻的社会功能、意识形态等问题，并讨论新闻自身存在的本体问题，如新闻学的核心概念、新闻价值、新闻的事实性、新闻与宣传的关系，以及新闻传播过程的各个环节等新闻学科的基本问题，进行知识体系的建构。到 1992 年，随着新闻学研究的深化，国内学界对新闻学有了日趋完善的认识和把握，新闻学研究逐步进入了繁荣发展和多元化发展时期。进入 21 世纪之后，对新闻学的研究，更是有着较大的变化和突破，主要是结合新媒体对新闻学进行研究。

以下主要从传统新闻学和新媒体发展后的新闻学两个研究视角介绍新闻学研究的情况。

### （一）传统新闻学研究视角

传统新闻学的研究视角主要是从新闻学本位进行研究，包括新闻的本质、新闻的工作原则、新闻价值、新闻特点等内容。

#### 1. 新闻本质视角

对新闻本质的热烈探讨始于 1991 年，至今，仍然有很多学者对其进行研究。

1991 年，学界对徐宝璜的新闻学思想进行反思，进而出现了一大批相关的研究。徐宝璜在《新闻学》第三章定义新闻为："新闻者，乃多数阅者所注意之最近事实也。"他认为其中包括三层含义："第一，新闻为事实；第二，新闻为最近事实；第三，新闻为阅者所注意之最近事实，而且必须经新闻纸登载得多数阅者之注意后才成为新闻，否则不成新闻也。"很多学者对徐宝璜的新闻定义提出自己的看法，讨论何为新闻。

此后，对新闻本质的讨论主要集中在新闻本质真实的讨论上，并衍生出对整体真实的探讨，这样的研究一直持续到 21 世纪初，主流观点是：新闻真实不是局部真实，而是整体的系统真实。新闻事件真实是指新闻报道反映的现象是真实的（包括新闻的地点、人物、事件等都是真实的），本质真实不仅是指新闻报道反映的现象是真实的，同时对于复杂现象背后的事物本质也必须是真实的。在大部分情况下，事件真实与本质真实应是统一的，偶尔两者会出现分离的现象。只有当事件真实与本质真实相统一时，新闻才可信，才能发挥其作用。如果事件真实与本质真实相脱离，新闻就会误导受众，浪费受众的时间。

随着新闻娱乐化问题的突出，新闻失真的现象频繁出现。真实是新闻的生命，这些失真的新闻违背了新闻真实性原则，其实无论是捕风捉影还是制造卖点，都在考验媒体的公信力。由此，对新闻本质的讨论进入了下一个段落，就是新闻本质的回归问题。

尤其是中宣部、中央外宣办、国家广电总局、新闻出版总署、中国记协五部门在全国新闻战线组织开展"走基层、转作风、改文风"活动以后，对新闻本质的研究进入了新的研究高峰，中国期刊全文数据库目前关于"走转改"的论文有 1000

多篇，其中很大一部分是关于对新闻本质的回归。"走转改"要求要建立完善有利于新闻工作者深入基层、深入群众的制度机制，挖掘到有深刻意义的、真正来自基层的新闻，并把走基层、转作风、改文风作为新闻战线的自觉行动和新闻工作者的职业追求。到"现场"去捕捉生产生活中有价值的事实信息，反映了新闻的内在规律，又是马克思主义关于新闻本质的认识论与方法论的体现。新闻的真实在于不断深入调查、深化理解，透过现象揭示本质。将"走转改"与新闻本质回归进行结合研究是对新闻本质研究的具体应用和深化发展。

### 2. 新闻的党性与人民性视角

坚持新闻的党性和人民性有着重要意义。"坚持党性，核心就是坚持正确的政治方向，站稳政治立场，坚定宣传党的理论和路线、方针、政策，坚定宣传中央重大工作部署，坚定宣传中央关于形势的重大分析判断，坚决同党中央保持高度一致，坚决维护中央权威。坚持人民性，就是要把实现好、维护好、发展好最广大人民群众的根本利益作为出发点和落脚点，坚持以民为本、以人为本。"①

20 世纪 80 年代至今，对新闻的党性、人民性的研究一直都比较均衡地进行发展。从现有的研究资料来看，研究角度也多是围绕下面几个方向：党性与人民性的辩证统一研究，马克思主义新闻观的研究，党性原则的继承、发展与创新研究。

党性原则是新闻工作的重要原则，对于这一点，研究观点比较统一，不过对人民性原则的研究，之前存在一定的争议，那就是党性是否已经包含了人民性。有学者认为党性一词可以涵盖人民性，也有学者认为两者不在同一范畴，应区别开来，李世同在他的《关于新闻党性与人民性的辩证关系》（1990）② 一文中，较为详尽地探讨了两者的关系。

一般来说，对党性和人民性的研究离不开对马克思主义新闻观的探讨。马克思主义新闻观是马克思主义关于人类新闻传播活动规律的总看法，是关于无产阶级政党新闻事业的性质、宗旨、方针、任务等一系列根本问题的基本观点，是新世纪新阶段中国共产党领导新闻事业的理论基础和行动指南。马克思主义新闻观强调了人民报刊和无产阶级党报党刊的基本观点。"人民报刊应该是人民日常思想和感情的表达者，它生活在人民当中，它真诚地同情人民的一切希望与忧患、热爱与憎恨、欢乐与痛苦；报纸要根据事实来描写事实，不能根据希望来描写事实；报纸是社会舆论的纸币，具有流通和中介作用；报纸具有连植物也具有的内在规律性；报纸作为一个整体处在一种有机的运动过程之中；出版自由是一种基本的自由，是实现其他自由的保证等等的新闻观。"③ "党报党刊是重要思想武器和政治阵地，是党的旗帜、党的喉舌和耳目，是党存在和发展的标志；党报党刊必须遵守、阐述和捍卫党

---

① 习近平总书记 2013 年 8 月 19 日在全国宣传思想工作会议上发表重要讲话。
② 李世同：《关于新闻党性与人民性的辩证关系》，载《贵阳师专学报》，1990 年第 3 期。
③ 许正林、李芸：《马克思主义新闻观研究的当代维度与未来取向》，载《当代视听》，2011 年第 4 期。

的纲领方针和政策,按照党的精神进行编辑工作;党报党刊应当真正代表和捍卫无产阶级和人民大众的利益,成为他们的报纸;党报党刊要成为党内批评的强大武器,敢于开展批评是一个党有力量的表现;党报党刊要处理好与党的领导的关系,在党的领导和监督下开展工作;党的组织要加强对党报党刊的领导和监督等等。"①

对马克思主义新闻观要持发展的态度,尤其是在新媒体时代,一定要适应网络时代的新环境,维护意识形态的安全和社会稳定。马克思说:"报刊只是而且只应该是人民(确实按人民的方式思想的人民)日常思想和感情的公开的表达者,诚然这种表达往往是充满激情的、夸大的和失当的。"可见,民意也会犯错,新媒体时代更需要用马克思主义新闻观进行有效的引导。在周平的《网络时代马克思主义新闻观的继承与发展》②中,研究者指出,网络媒体与传统媒体存在共性,要继续坚守马克思主义新闻观,继续坚守"党性原则"和"人民性原则"。"党性原则"是马克思主义新闻观的核心部分,也是指导我国社会主义新闻事业发展的首要原则。新媒体也应当遵守党的纲领路线和方针政策,接受党的领导以及严守新闻宣传工作的纪律,遵守党的组织原则。"人民性原则"是指为人民群众提供最需要的信息,及时反映人民群众的现实生活,体察人民群众的困难和疾苦,充分表达人民群众的意愿和要求的信息。同时网络媒体在传播实践中以其"特性"对马克思主义新闻观进行新的诠释和发展。新媒体具有更强的"交互性",能够使政府和人民更好地交流信息,我国各级政府机关纷纷通过网络向社会公众发布信息,听取民意,公众通过网络参政、议政。同时,因为新媒体有广大的用户群体,并且可以主动参与到传播中来,所以,媒体的舆论监督作用就得到空前加强。媒体技术的发展促成了自媒体时代的来临。人们拥有比以往更多的通过大众传媒发表言论、出版等自由。相应地,因为微博、微信等具很强交互性的社交媒体的发展,新闻信息可以自由地多向多级传播,弥补传统媒体的不足,人们可以从更多渠道了解新闻信息,得到知情权的满足,发展性地体现了新媒体人民性的特点。

在对新闻党性、人民性的研究中,也有学者的研究角度从一定侧面展开,如从业者道德、工作作风等,较为具体,切口较小,也比较具有实践性。

### 3. 新闻价值视角

新闻价值是新闻学中一个很重要的问题,它作用于"由事实变成新闻"的关键过程。新闻价值即能够适应和满足公众需要的各种事实信息素质的总和。判断新闻事实是否具有新闻价值要素要看其是否具有时新性、重要性、显著性、接近性和趣味性,这五要素亦即成为新闻记者在新闻实践中最常用的尺度——新闻价值标准。新闻价值的大小与信息素质级数高低成正比。新闻价值属性本是新闻工作者选择和衡量新闻事实的职业依据,是事实自身所具有的足以构成新闻的特殊素质的总和,

---

① 许正林、李芸:《马克思主义新闻观研究的当代维度与未来取向》,载《当代视听》,2011年第4期。
② 周平:《网络时代马克思主义新闻观的继承与发展》,载《新闻世界》,2013年第11期。

它是新闻之所以成为新闻的内在属性。

对新闻价值的研究主要有：新闻价值的评价标准、新闻价值的实现、新闻价值的变化等。

对新闻价值的评价标准最为常见的是五要素，即时效、与受众接近的程度、新闻人物与事件的显著性、新闻事件的意义和读者趣味。不过对于这一点，很多学者有自己的看法，提出了不同的判断标准，如英国汤姆森基金会（Thomson Foundation）在为第三世界新闻工作者编写的新闻教科书中就列举了20种新闻价值要素。

在研究中，学者提出新闻价值不同于新闻的"传播价值"，新闻价值不是新闻在社会上产生的效果，效果大，新闻价值就大。从逻辑上讲，新闻价值是新闻采写的"着眼点"，它存在于要被采写的事件本身，在采写之前就已经客观存在了。而社会效果发生于新闻发布之后，是新闻引起的社会反映。新闻价值与传播价值有着密切的关系：传播价值是由新闻价值带来的，二者形成一种"前因"与"后果"的关系。在一般情况下，新闻价值的大小与传播价值的大小是成正比的。二者同为"价值"，关系又如此密切，有一定"同质性"，容易混淆。[1]

任何事物都是在运动发展的，所以，新闻价值不是一成不变的。在以阶级斗争为纲的年代，新闻价值观具有强烈的阶级色彩，改革开放以后，新闻价值的阶级性逐步淡化，并不断发生改变，增添了商品性、服务性等色彩。在新媒体环境下，以往的新闻价值判断标准又要适应现在的变化做出改变。现有的研究也更多地在探讨如何在网络社会发掘新闻价值，发挥出新闻的引导力。"不管新闻价值观如何演变，它总是在特定的历史阶段，维护特定阶级的利益。另外，新闻价值判断的标准是客观的，但是，由于传播者和受众是具有主观能动性的生物，而新闻是他们意识形态的产物，再加上现实生活的复杂，多变性，因此新闻价值判断的标准带有强烈的主观色彩。"[2]

### 4. 新闻特点视角

对新闻特点的研究主要分为三个阶段：第一个阶段是20世纪90年代对新闻特点的初步探讨；第二个阶段是21世纪初对各个类别的新闻特点进行分别探讨；第三个阶段是在网络媒体出现后，对网络新闻特点的探讨。

研究者对新闻的真实性、时效性、准确性等特点的看法比较统一，大部分研究者认为，新闻的特点还包括新鲜性、重要性、趣味性，也有人提出了舆论性和教育性[3]等特点。

---

[1] 刘保全：《新闻精品是这样采写成的》，新华出版社，2009年版。转引自王淑洁：《对新闻价值概念的思考》，载《唐山师范学院学报》，2010年第4期。

[2] 林敏：《新闻价值评价标准与新闻价值的实现》，载《重庆职业技术学院学报》，2005年第3期。

[3] 何纯：《试论新闻的教育性》，载《中国广播电视学刊》，1999年第4期。

对新闻的特点进行分门别类的研究，这部分所占的研究比例较大，在分类上有从报纸、广播、电视、网络等不同媒体的形态来探讨新闻的特点，也有从新闻的种类来分别研究，如环境新闻、经济新闻、社会新闻的特点，还有一些更为细致的分类，如企业新闻、英语新闻、气象新闻的特点，等等。例如，经济新闻的特点有：第一，专业性强，包括新闻信息选择、发布与提供的专业性；新闻信息分析的专业性；新闻信息服务方式的专业性。第二，抽象性强，经济新闻有大量的内容有关数字和一些抽象的决策、趋向、预测等，通常借助于图表、曲线、比喻、举例说明等方式来报道抽象的 GDP 情况、股市信息、物价信息等。第三，实用性强，经济新闻要将人们关注的经济信息传播出去，必须考虑受众的接受愿望，所以在传播中，要尽量注意选择那些与人们工作、生活密切相关、实用性强的信息。第四，经济新闻具有较强的不确定性，因为经济指数随时处于变化之中，经济新闻的播报很有可能给受众带来暗示进而影响其经济行为，所以，在经济新闻的制作与传播中要特别注重为焦点事实寻找确切的时态。

结合新媒体来研究新闻的特点是目前的研究热点。在新媒体时代，传播对象、传播手段、传播效果、传播范围等都发生了巨大变化。新闻的真实性要秉承不变，对时效性有更高的要求，在新闻的准确性的把握上遇到了难题。不过在趣味性、新鲜性上又容易走向"歧途"，导致新闻内容过于娱乐化。新媒体时代，受众已经转化为用户。网络媒体、手机媒体飞速发展，进入了"人人皆记者"的自媒体时代，每一个人都可以作为"记者"参与到新闻的发现、编辑、传播中来。在传播手段上，事实证明，近年来，很多热点新闻事件都是由自媒体首先进行公布进而引起关注的，"公民记者"和他们的微信、微博等自有媒体还可以对热点新闻进行深入挖掘和细节补充。[①] 而与此同时，传统的新闻媒体越来越被动，很多媒体记者、编辑也通过自媒体挖掘新闻线索。在新媒体时代，做新闻要深入洞察用户的需求、心理和行为习惯，使得新闻有目标地进行传播。同时，新媒体带来了用户分散化与信息碎片化，越来越少的人去慢慢阅读一份报纸，更多的人倾向于通过微信、微博等新媒体手段进行点击、浏览、点赞、简短评论等，太长的深度新闻受到一定的冷落。这就需要新闻媒体围绕用户来打造自己的深度新闻，或者尽量提供给用户清晰简要的事实和深刻反馈的评论，所以新媒体时代的新闻要求要简短意赅。

## （二）新媒体发展后的新闻学研究视角

承上所述，新媒体的出现和发展使得新闻传播发生了巨大的变化，新闻学研究也进入了崭新的领域。在这个阶段，新闻学的研究角度也有所不同。

### 1. 网络新闻业务视角

简单说来，网络新闻业务视角可分为语言视角、写作视角及流程视角。

---

① 薄立伟：《用户视域下新媒体深度新闻特点探析》，载《中国报业》，2015 年第 4 期。

（1）网络新闻语言视角。[1] 网络新闻的业务操作面临着许多现实中的困惑，网络新闻语言就是其中之一。网络语言在新闻报道中频频出现，急需理论知识的规范和指导，这引发了新闻业界和学界新一轮的争论。

有学者对网络语言的语体特征及语用功能进行了探析。

网络语言由三种语言成分构成：第一，与计算机、网络技术有关的专业术语，如"鼠标""浏览器""聊天室""局域网""因特网""防火墙"等。第二，与网络文化现象相关的新词语，如"网民""网虫""黑客""网络文学""网上购物""网上银行"等。第三，在虚拟网络社区所使用的特殊用语，如"小盆友"（小朋友）、"美眉"（女孩）、"酱紫"（这样子）等，这一类的网络语言把传统词汇进行变异，最为活跃，变化较快，而且也被认为是狭义的网络语言，其使用主体主要是较为年轻的网民，并且以人际交往为主要目的，传递速度快，短时间内就可以扩散，使用时较为随意。[2] 总体上来说，网络语言实质上是网络时代应运而生的一种新兴的社会方言，具有杂交性、创造性、膨胀性、模糊性等特点。[3]

（2）网络新闻写作视角。有学者及时敏锐地总结出网络新闻的写作形态论，分别从新闻更新的特殊性：即时性与全时性；文本形式：注目性与方便性；文本主体：适宜浏览和接受效率；文本传播：便于链接与被链接等方面展开论述，并明确指出研究对象专指由网络新闻媒体撰写与发布的新闻，而不是沿用平面媒体的思维方式，转发剪贴来自传统媒体的新闻。[4]

关于即时性与全时性，网站发布新闻时常常通过几次发布才展示出完整的内容，进而形成层次化的新闻作品、专题和新闻网页等，网络的"超链接"与强大的"数据检索"功能被充分运用，辅以新闻报道的大量背景资料，对事件进行细致、深入的分析，追求即时的网络新闻精深的要求，形成全方位、有深度的报道。

关于注目性与方便性，为了适应网络新闻浏览的需要，在页面设计上不便于大量文字的堆砌，而是有效地利用标题，分层展示新闻，并强调首页的展示功能。网络新闻标题制作有较高的要求：一是要清晰准确地说明一个新闻事实，二是要突出一条新闻中的最为重要的新闻因素，三是要强调一条新闻中最新的变动，四是要揭示新闻中最为本质的变动意义。在实际操作中，这四个要求或许不能同时在一个新闻标题中实现，但是，在一个新闻标题中，这四个要求被实现的成分越多，其新闻标题的质量就越高。[5] 在网络新闻导语的写作上，要将最为重要的内容快速地告知受众，所以要把最新最重要的新闻要素放在导语里。

---

① 董媛媛：《新闻实务研究的创新点——2006年应用新闻学研究综述》，载《新闻爱好者》，2007年第5期。

② 于艳平：《网络语言的语体特征及语用功能探析》，载《郑州航空工业管理学院学报》（社会科学版），2006年第2期。

③ 陈飞鲸：《网络语言的特殊性》，载《东南传播》，2006年第1期。

④ 吴晓明：《数字化新闻的写作形态论》，载《新闻与传播》，2006年第1期。

⑤ 高钢：《怎样为网络媒体写新闻》，载《新闻战线》，2004年第4期。

关于适宜浏览和接受效率，需要突出关键词语，段落要注意分层，新闻一开始就要交代最为重要的事实。对于较长的新闻，注意写上内容摘要，对最为重要的事实要高度简洁地表述，放在网页的第一视觉区域内，吸引受众的方式要结合受众的心理，对其有用，让他们发掘他们想要的信息。在网络新闻的主体部分，层次要清楚，点面结合，并力求生动活泼。[①]

关于便于链接与被链接，网络媒体与传统媒体不同，常常要使用超文本和超链接。这可以使新闻有更强的背景材料支撑，也利于新闻被受众检索到，并扩大新闻传播范围。目前国际互联网上的大型搜索引擎，一般是根据文章前几十个字的关键词语进行数据库信息的收集与编录。数字化新闻写作必须严格遵守诸如"重要结论前置""重要的关键词前置"的基本要求，尽量使用容易引起人们注意的词汇和简洁的句式制作导语，或者制作符合以上要求的概要。[②]

（3）网络新闻业务流程视角。有学者对网络新闻业务流程进行了重新划分，与传统媒体采访、写作、编辑等新闻业务流程不同，网络新闻业务流程被重新划分为采集、呈现、发布等阶段。[③]

采集与采访意义不同。传统的采访是通过实地考察以提高真实度。而网络新闻网站目前少有新闻采访权，所以需要到处采集资料来支撑其发布的新闻和背景资料。在原创性上，网络媒体尽量通过与其他媒体的合作来获得最为新鲜的新闻，并在形式上和深度上做出自己的创新，在呈现方式上最大程度地适应受众的需要。在发布阶段，网络新闻与传统媒体有很大的不同，既可以在固定的网页进行发布，也可以通过搜索引擎进行搜索，还可以利用 APP 的方式进行推送，或者通过微信、微博进行转发，传播方式不一而足，渠道非常多样化。所以对新媒体时代新闻传播特性的研究也较多，如《新媒体视域下新闻传播特点及策略研究》（杨萍，2014），《论新媒体新闻大众自传播的局限》（杨艳琪，2014），《新媒体对新闻传播的影响探究》（李瑞仙，2014），《浅谈新媒体时代新闻传播形式》（张洁，2013）等选题。

2."融合新闻"视角

随着媒介融合的推进和发展，在新闻传播上，把多种媒介的新闻传播活动进行整合，采用多媒体、多渠道的方式传播新闻，从而产生了"融合新闻"。"融合新闻"也称为多样化新闻，在西方新闻传播界已经不是新名词。融合媒介是一个非常广阔的研究领域，关于这个概念，至今也没有一个得到公认的准确定义。2002 年，在美国南卡罗来纳大学召开的一次会议上，西方学者就开始了有关这个概念的争议。2004 年，美国学者提出"融合新闻"这一新兴的研究领域。2006 年，这一理念已经在美国的媒介融合实践层面上得以验证。"融合新闻"的理念最早是由芝加

---

① 高钢：《怎样为网络媒体写新闻》，载《新闻战线》，2004 年第 4 期。
② 吴晓明：《数字化新闻的写作形态论》，载《新闻与传播》，2006 年第 1 期。
③ 张磊：《网络新闻业务流程的重新划分》，载《新闻爱好者》，2006 年第 2 期。

哥论坛公司和媒体综合集团两家媒体公司率先进行实践的，这两家媒体为"融合新闻"的发展探索出不同的发展模式。譬如媒体综合集团就将它旗下的《坦帕论坛报》、坦帕电视台和坦帕湾网站全部集中在一起，成立了坦帕新闻中心。[①]

"融合新闻"促使新闻传播发生了重大的变化，新闻传播主体发生了变化，并不要求是专业的新闻工作者，普通公民也能成为新闻的传播主体，新闻的信息来源更加多样化，开发新闻资源的诸多重要环节发生深刻变化，新闻的采集、制作和发布流程都发生相应的改变，媒介的组织结构也发生了变化。"融合新闻"对媒介规制和内部管理、职业新闻传播工作者和公民的媒介素养都提出了更高的要求。[②]

对"融合新闻"的研究是从应用新闻学的角度对媒介融合的发展进行研究，所以"融合新闻"的研究方向主要是媒介之间的融合方式。在我国，媒介融合与"融合新闻"的研究还处于起步阶段，不过因为其是新鲜事物，并且是今后新闻发展的主流，所以引起学界的关注，相关的研究也较多。

目前，对该领域的研究主要集中在媒介融合的组织融合、资本融合、传播手段融合和媒介形态融合等方面，"融合新闻"的概念、内容与形态特征、类型、报道方式、报道原则、发展前景等方面，角度比较多面。这些研究几乎覆盖了媒介相关的所有方面，包括媒介的外部环境和内部机制，涉及媒介经营与新闻传播的各个角落。[③] 从 CNKI 数据库分析"融合新闻"的研究论文，在数量上，相关文章目前搜索到 222 篇，自 2006 年，已有一些学者开始关注"融合新闻"。到 2008 年，相关研究迅速增加。2008 年有 17 篇相关文章，2009 年增加到 22 篇，2010 年下降为 17 篇，2011 年以后数量又有所回升，增加到 21 篇。2012 年大概保持这样的文章数量。2013 年至今，随着媒介融合的推进，相关研究数量呈现上升的趋势。

在诸多学者中，中国人民大学的蔡雯教授对"融合新闻"的研究较早，其研究成果相对系统和成熟。她对媒介融合进程中新闻传播的变化、新闻传播模式的变革、融合进程中的媒介组织重构以及媒介融合趋势下新闻人才的培养与媒介素养教育等都进行了研究，对该领域的研究具有非常重要的指导意义。蔡雯认为，"融合新闻"的前提和现实基础是"融合媒介"，即"印刷的、音频的、视频的、互动性数字媒体组织之间的战略的、操作的、文化的联盟"，我国学者强调"融合媒介"的真正含义是在数字技术与网络传播的推动下，各类型媒介通过新介质真正实现汇聚和融合。在我国现阶段的新闻传播中，各类型媒介的共同参与和互动为推进"融合新闻"准备了条件。[④] 学者孟建等也对"融合媒介"研究表示关注，他从媒介融

---

①　邹欣媛：《"融合新闻"研究的现状与趋势》，载《新闻世界》，2010 年第 4 期。

②　蔡雯：《大汇流下的"融合新闻"》，载《传媒观察》，2006 年第 10 期；蔡雯：《媒介融合发展与新闻资源开发》，载《今传媒》，2006 年第 11 期。

③　蔡雯：《"融合新闻"：应用新闻学研究的新视野》，载《淮海工学院学报》（社会科学版），2007 年第 9 期。

④　蔡雯：《大汇流下的"融合新闻"》，载《传媒观察》，2006 年第 10 期。

合的现状、媒介融合所引发的媒介的裂变与重组、媒介融合所引发的媒介生产方式的革命等层面切入探讨媒介融合现象，进而分析了由此而来的媒介化社会浪潮和未来发展之路。[①] 也有学者对媒体融合带来的新闻采写和传播模式的变化进行思考，并试着用一些数据、定律来检验操作。

在"融合新闻"的实践操作层面，我国学者与西方学者的研究思路一致，主要从媒介组织和组织内部的人员两个层面来深入研究"融合新闻"。要实现"融合新闻"的运作，首先要有能够驾驭"融合新闻"的主体，所以媒介组织内部需要记者等工作人员具备多种媒介应用技能，无论是日常报道还是突发事件，能够同时驾驭文字、图片、音频、视频等报道任务，为多种不同媒体提供新闻作品。因此，现在也有学者对媒介融合下的新闻人才教育培养进行研究，力求找到改革的思路。不过，对"融合新闻"的研究必然涉及不同媒体形态之间的契合问题，即整个媒介组织层面的研究。"融合新闻"报道如果想被多媒体采用，其中必然会涉及报道如何采用以及各媒体使用的顺序等问题。因此，学者对于"融合新闻"的研究更多地转向了媒介之间的融合研究。

另外，对"融合新闻"的研究中，还有一部分是对国外"融合新闻"研究的介绍和引入，如《美国融合新闻的内容与形态特征研究》（方洁，2011），《浅析融合新闻外延下的全媒介联动新闻中心——以美国佛罗里达州坦帕市坦帕新闻中心为雏形》（宋宣谕，2013），《从"超级记者"到"超级团队"——西方媒体"融合新闻"的实践和理论》（蔡雯，2007）等。国外"融合新闻"的研究呈现出多样化的视角。有从技术融合角度展开的研究，从媒介所有权融合角度展开的研究，从媒介文化融合角度展开的研究，从媒介组织结构融合角度展开的研究，从新闻采编技能融合角度展开的研究等。这些研究包括媒介的外部环境和内部机制，涉及媒介经营与新闻传播的各个角落。[②] 如美国西北大学戈登教授从媒介组织行为和从业人员的角度，以所有权融合、策略性融合、结构性融合、信息采集融合和新闻表达融合归纳近年来美国融合新闻的五种类型：（1）大型传媒集团在所属的广播、电视、报纸和网站不同的媒介之间实施内容互推和资源共享；（2）所有权不同的媒介互推一些内容和共享一些新闻资源；（3）记者和编辑到合作方做节目或撰写稿件，对新闻进行深入报道与解析等多种合作。多媒体的新闻产品打包后出售给不同的媒介；（4）记者以多媒体采访技能完成新闻信息采集；（5）记者和编辑运用多媒体的、与公众互动的工具完成对新闻事实的表达。[③]

从总体上看，我国对于"融合新闻"的研究还比较分散。基于我国媒体之间的行业壁垒及体制方面的原因，"融合新闻"在实践层面还比较难以操作，也给研究

---

① 孟建、赵元珂：《媒介融合：粘聚并造就新型的媒介化社会》，载《国际新闻界》，2006年第7期。

② 蔡雯：《"融合新闻"：应用新闻学研究的新视野》，载《淮海工学院学报》（社会科学版），2007年第9期。

③ 张晓频：《从媒介融合看融合新闻》，载《媒介观察》，2008年第3期。

工作带来一定的难度。从研究的方法上看，由于媒体仍在不断尝试"融合新闻"的全面运作，媒介内部"融合新闻"的运行规则和管理方式并不成熟，所以"融合新闻"的研究主要采用定性分析和个案研究，主要是进行现状描述，介绍一些比较有突破性的个案，如《2013年全国"两会"报道研究——一次"融合新闻"的成功实践》(任媛媛，2013)，《浅析"融合新闻"报道的运作与特点——以新浪新闻中心对中共十八大的特别报道为例》(陈昊冰，2014) 等，并且注重对媒介"融合新闻"具体运行方面的实践经验探讨。[①] 目前，"融合新闻"的研究还不能完全上升到学理层面，研究的重复性也比较强，在跨学科研究上，还没有打破在本学科领域内探索研究的框架。

## 第二节　传媒传播学研究

### 一、传播学内容分析的丰富性

传播学这一概念在 20 世纪 50 年代被翻译引入我国，因当时处于特殊的历史时期，对其研究并没有开展起来，直到 1978 年，对传播学的研究才逐步开展起来，到现在已近 40 年。传播学给传媒研究带来了全新的研究方法和研究角度，对我们了解传媒的本质及其运作的规律有着非常重要的作用。同时，传媒的不断更新发展使得传播学得到充分的发展，两者相辅相成，携手前进。

不过，中国还没有发展属于自己的传播学理论，研究者大多套用西方的传播理论来解释中国的传播现象，或者用中国的传播事实来证明西方的传播理论。段京肃在《传播学基础研究和学科生命力》中表示："我国传播学研究目前存在的主要问题恰恰是基础研究的薄弱，一些急功近利的、为学术行政服务的选题成为本学科的主体，而属于传播学本体的基础研究被严重忽视了。独立的学术精神缺失所导致的学术研究的实用化和功利化影响了传播学在学术研究领域的地位和影响力。"[②]

虽说传播学存在以上的问题，但是其对传媒发展的研究已经十分丰富。目前传播学研究在方法的运用上，主要倾向于实证研究，也有文化研究和批判研究。在研究的角度上，对受众和效果的研究较多，但是不局限于这两种，研究的内容与理论视角呈现多元化的趋势。20 世纪 90 年代，媒介技术的飞速发展使传播学对媒介功能与媒体特性的研究较多。本节主要从传播主体视角、传播受众视角、传播效果视角和传播生态视角，介绍学者利用传播学对传媒进行研究的情况。

---

① 邹欣媛：《"融合新闻"研究的现状与趋势》，载《新闻世界》，2010 年第 4 期。
② 段京肃：《传播学基础研究和学科生命力》，载《国际新闻界》，2009 年第 1 期。

## 二、传播学研究基本视角

### （一）传播主体视角

对传媒的研究，从传播主体的视角进行切入是比较自然的一种研究思路。截至
2015 年 6 月，中国知网与传播主体相关的论文有 99 篇，对新媒体时代的传播主体
变迁进行研究是现在的热点，如《浅析新媒体时代新闻传播主体的变迁》（张聪然，
2015），《信息社会语境下新媒体的传播主体变迁——浅析新媒体发展的"以人为
本"趋势》（马宁，2015），《新闻传播主体在新媒体视角下的变化》（华祥州，
2015）等。此类的研究较为密集，主要是对传播主体的变迁、性质进行探讨。主流
观点主张，在新媒体时代，由于新媒体的互动性加强，分众化、个性化突出，实现
数字化传播，所以传者和受者的地位发生变化，角色不固定，甚至发生了互换。在
这样的激荡变化之中，会带来种种的益处，例如信息的流动性加强，减少了信息的
垄断，特色、小众的信息也有一定的市场，同时，这样的变化也带来一些弊端，如
信息的把控不严、虚假信息泛滥等诸多问题。也有研究探讨传播主体的多元发展问
题，指出传统媒体与新媒体互补共进，增加了信息的扩散化传播。媒介的多样性也
必然使传播主体具有多样性。

以网络新闻传播为例，其传播主体包括专业的新闻传播机构、从事新闻传播的
非专业机构、网络个人新闻传播。专业的新闻传播机构包括采用网络技术的传统新
闻传播机构和没有依托传统新闻机构而单独通过网络从事新闻传播的专门机构，前
者比较好理解，例如我国的报刊、广播电台、电视台、通讯社都建立了自己的网站
或推出手机 APP 进行新闻信息的传播，后者是一些比较特殊的新闻网站、网络电
视台等，1999 年 6 月我国设立的第一家网络电视台——中国虹桥网就属于这种类
型的新闻传播主体。从事新闻传播的非专业机构，是一些持续发布新闻报道的门户
网站，或在某一特定时期内对特定事件发布新闻的某些政府网站、机构等，如新
浪、搜狐、雅虎等门户网站。这些网站一般没有自己的新闻编采网络，不过可以与
传统媒介和通讯社签约，以获得新闻使用权，这样提供新闻的数量、信息的覆盖范
围甚至超过专门的新闻传播媒介。在极少数的情况下，这类机构为了获得独家新闻
也曾委派临时工作人员对个别突发事件开展采访活动。[①] 网络个人新闻传播是指个
人也可以作为传播主体在网络上发布新闻，这类主体分布很广，消息源广泛，从总
体上数量较多，但是这类传播主体存在一些问题：具体到个人力量有限，大部分人
没有接受过专业训练，信息把控不准确，甚至会主动散布一些虚假的信息。

也有的研究将传播主体进行细化，分不同情况进行研究，如《全球化背景下中
国政治传播主体意识研究》（荆学民、李彦冰，2010），《新媒体环境下政府传播的

---

① 邹声文：《网络新闻传播主体多样化及其影响初探》，中国社会科学院硕士学位论文，2000 年。

新变化——基于传播主体视角的考察》（毛湛文、刘小燕，2015），《新媒体传播个体的身份变革与主体性界定——信息社会视角的"网民"刍议》（马宁，2015），《西方在华新媒体传播策略分析》（王眉，2013）等，有中国传播主体、西方传播主体、政治传播主体、个人传播主体、政府，等等。其中，以《全球化背景下中国政治传播主体意识研究》[①]为例，主要研究了政治传播主体在政治传播中，基于其特定的政治目的进行自觉传播。政治传播主体带有主体意识，利用媒介以劝说、灌输等方式使受传者接受其观点，并转变相应的态度和行为。作为传播主体的媒体"要敢于在坚持政治传播中应有的政治立场，对政治事实的报道要有必要的政治价值判断，从而正确引导受众的政治价值取向"[②]。并指出"强化政治传播主体意识的策略是：保持政治传播的主体意识与受众之间的适度张力；摆正媒体的角色和位置，发挥媒体塑造政治传播主体良好形象的作用"[③]。

对媒介作为传播主体进行研究还要研究其行为特征、传播心理和传播行为规范等问题。如在《新媒体影像传播主体的行为特征与社会伦理责任探析》（周建青，2013）[④]中，作者指出新媒体影像传播主体行为表现出与传统媒体主体行为不同的特征：不确定性、自由性强、影响广泛、功利性强，因此，对于媒介素养不高、自律性差的传播主体，在保障其自由精神的前提下，要从社会伦理方面加强其责任意识，培养其人文精神和专业精神，以防止传播主体通过媒介从事不良的传播行为，影响人们的价值观与世界观，对个人成长与社会发展带来弊端。《新媒体传播的道德失范现象及对策》（王雯雯，2013）等相关研究也倾向于对媒介行为的约束和规范，这类研究并不在少数。

对传媒进行传播主体视角的研究，也间或采用个案研究的方式，如《新媒体环境下传统国际传播媒体对公民新闻的介入与修正——以 CNN iReport 栏目为例》（曾苑，2011），《国际自媒体涉华舆论传者特征及影响力研究——以 Twitter 为例》（相德宝，2015），《从 Bridge Blog 看互联网时代全球传播主体的改变》（杨海蓓，2009）等，皆以一些较为知名的媒介为研究对象，分析其传播主体地位、特征、传播主体行为等。也有研究是对新闻工作人员这一群体的从业生态进行研究，如陆高峰的《中国新闻人从业生态研究》（2013）。

### （二）受众视角

因为受众是大众媒介传播最为核心的内容之一，所以对受众的研究，是传媒传播学研究中成果最为丰富的一个部分。据不完全统计，截至 2015 年 6 月，中国知网上关于传媒受众研究的论文有 1200 多篇，仅 2014 年就有将近 200 篇，有关的著

---

① 荆学民、李彦冰：《全球化背景下中国政治传播主体意识研究》，载《现代传播》，2010 年第 4 期。
② 荆学民、李彦冰：《全球化背景下中国政治传播主体意识研究》，载《现代传播》，2010 年第 4 期。
③ 荆学民、李彦冰：《全球化背景下中国政治传播主体意识研究》，载《现代传播》，2010 年第 4 期。
④ 周建青：《新媒体影像传播主体的行为特征与社会伦理责任探析》，载《中国出版》，2013 年第 3 期。

作和译著已有 300 余种。对受众的研究多从受众心理、受众行为、受众市场、受众媒体素养等角度进行分析。

受众视角的研究中，受众心理研究占很大的比重。"传播学关于受众心理的调查研究，是用社会学、政治经济学、普通心理学和社会心理学的理论与方法对受众心理进行科学研究和客观分析。"① 受众不同的心理需要推动了不同媒介采用不同的方式进行发展，促进了传播活动的分众化和媒介的专门化，受众对媒介信息的选择性注意、理解和记忆，直接影响了信息的传播效果，所以对受众心理的研究一直方兴未艾。我国目前的受众心理研究，主要是对基本问题的初步研究。按研究范围来分，主要有宏观受众心理研究和微观受众心理研究。"宏观受众心理研究主要运用社会心理学、大众传播学理论和方法，研究受众心理的一般社会性反映规律，如一般受众的从众心理、逆反心理研究等，比较注重理论思考和科学抽象；微观受众心理研究主要运用认知心理学、接受心理学、统计学甚至语言学的理论和方法，研究受众对具体问题的反映特征，如青少年观众收看电视的心理分析、新闻字幕类型与记忆、广播配乐对受众理解新闻的影响等等。"② 除了《电视媒体如何根据受众心理进行突发事件报道》（周伟，2014），《受众心理对社会新闻的影响》（荆婵，2009），《真人秀电视节目受众心理分析及对策》（张力方，2014），《受众心理角度的电视综艺节目创新思考》（魏兰，2013）等受众心理的分析运用类研究，还有《媒体受众心理的比较研究》（张婷婷，2014），《论新闻传播受众心理研究的意义》（郭青春，2003），《受众研究与心理学理论的对比解读》（朱学佳，2010）等纯理论性选题。此外，媒介受众心理研究还在不断拓展研究空间，如在《受众与媒介人物准社会关系的研究进展——我国受众心理研究新视阈》（2011）③ 中，就将受众与媒介人物建立起来的情感联系用西方的准社会关系进行研究。准社会关系理论于20 世纪 70 年代在西方出现，在我国还处于探索期，尚未有系统化的研究，将其放入受众心理研究中，可以更好地理解受众的媒介使用行为。

受众研究离不开对受众市场的研究，因为占领受众市场是各种传媒进行传播的主要目的。了解受众市场的情况是创造精品传媒的重要因素，要成为一个成功的媒体需要很多条件，但是对受众调研成果的运用是其中最不能缺少的因素。《受众市场的细分与电视频道专业化》（包郁盛、张弘，2001），《潜在受众的转化：受众市场培育的核心与关键》（樊亚平、王彪，2006）等选题都是针对受众市场进行开展的。

此外，对受众的研究还可以从受众行为、受众媒体素养、受众生态等方面开展。如《中外社交网站受众行为模式对比》（杨玉琼，2011），《受众行为的反沉默

① 郭青春：《论新闻传播受众心理研究的意义》，载《电视研究》，2003 年第 4 期。
② 郭青春：《论新闻传播受众心理研究的意义》，载《电视研究》，2003 年第 4 期。
③ 阴军莉、陈东霞：《受众与媒介人物准社会关系的研究进展——我国受众心理研究新视阈》，载《新闻界》，2011 年第 8 期。

螺旋模式》（刘建明，2002），《受众为王，赢在信息消费时代——浅析全媒体时代的受众行为》（李晶，2014），《媒介素养的认知：保护受众和影响媒介》（王天德，2008），《新媒体时代受众生态的变迁》（宫承波、田园，2014）等。

网络时代的到来又把受众研究向前推了一把，新媒体受众作为一个崭新的群体被不断进行调查和研究，如《网络媒体受众调查浅析》（赵莹，2014），《论新媒体环境下受众规范与媒体发展》（朱志勇，2014），《新媒体受众心理倾向与传统报刊的新媒体转型》（朱海燕、李洋一，2014），《网络受众心理研究——基于群体极化现象》（张钰，2014）等，关于网络受众的研究这几年数量增长较快，而且研究的角度也比较多。

在受众研究的形式研究方法中，最常用的是实证研究方法，如《不同类型受众体育信息媒介接触的实证调查》（李军、辛鹤、李木子等，2013），《新旧媒体受众的观念现实差异实证研究——以报纸和微博为例》（管登峰，2012）等。也有采用思辨研究的，如《关于大众传播的议程设置功能》（郭镇之，1997），《社会转型期的受众分析》（谢静，1996）等。

在这里需要补充一下，西方对受众的研究有四种基本的范式，包括美国传统经验主义受众研究、法兰克福文化工业批判学派受众研究、英国文化研究学派受众研究和传播政治经济学的受众研究。其中，美国经验主义学派的受众研究把大众传媒与社会调查、社会心理学实验、统计分析等方法相结合，通过实证的方式来研究受众，不过因为其是建立在传统的单向传播的基础上对传统媒介进行研究，所以对于互动性的媒体传播研究具有一定的局限性，在20世纪70年代以后受到了广泛的质疑，其受众观受到了极大的挑战。《从"大众"到"商品"：西方传播受众观的基本研究范式透视》（张江彩，2013）、《经验学派效果研究中的受众主体概论》（汪行东，2014）、《经验研究与文化批评——影视受众研究的两种范式》（阎立峰，2005）等论文都对经验主义研究方法进行了分析和研究。

法兰克福学派的受众研究是在对文化工业的批判之上进行的，其站在精英主义立场批判大众文化，认为文化工业下的文化受众被纳入了整个资本主义体系，并被灌输了虚假的意识，只是对权力进行遵从。我国学者也对该研究范式进行了积极的研究，如何言宏的《批判的大众传播理论——法兰克福学派大众传播思想研究》(1997)，周波的《无望的救赎——从马尔库赛反观法兰克福学派的媒介权力批判》(2009)，孔令华的《论媒介文化研究的两条路径——法兰克福学派和英国文化研究学派媒介文化观差异之比较》(2005)等。

第二次世界大战后，英国文化研究学派兴起，"其代表人物多是工人阶级出身，希望能够帮助工人阶级了解自己的真实状况，而不至于被文化政治营造出来的幻觉所欺骗"①。这也牵涉出该学派后来对受众主动性的关注。符号学方法及葛兰西的

---

① 蔡骐、谢莹：《英国文化研究学派与受众研究》，载《新闻大学》，2004年第2期。

文化霸权理论为该学派的受众研究提供了有益的借鉴，从该学派代表人物霍尔的《编码，解码》中就可以看出其对受众解读的立场，即学界耳熟能详的"主导—霸权立场""协商立场"与"对抗立场"。后两种立场推进了后来的受众主动性研究，并颠覆了以往阿尔都塞结构主义思想，主张意识形态与被统治者的社会经验之间在不停地博弈，受众不再是一种盲目状态，相反，其要不断积极地为自身定位，具有主动性。后来的学者莫利、伊恩·昂、拉德威以及费斯克等都对霍尔的受众解读模式从不同的角度进行研究，突破了经验主义受众研究，并把研究的重心放在了"文本"与"受众解读"的关系上。不过，在受众研究方面，批判学派对文化研究学派的受众研究具有深刻的影响，尤其是其文学批评思想，引起了研究者对受众地位的重视。如《看与被看：后现代媒介文化中受众的认同空间》（陆道夫、胡疆锋，2007），《受众解读与媒介文本——文化研究派对受众的研究》（胡明宇，2002），《表征与合法化的双重危机——电视新受众研究"民族志"方法论批判》（李鹏，2013）等选题都倾向于文化研究。

最后一种是传播政治经济学研究范式，传播政治经济学研究学者是从政治经济学的思路来考察媒介和媒介的传播行为，其主张"受众商品论"。代表人物达拉斯·斯麦兹认为，受众在接受媒介内容时创造了价值，付出了时间，并承担经济责任，因此受众是商品。不过后来学者艾琳·米翰对这个观点进行了修正，认为实际的商品并不是受众，而是收听率、收视率等，由媒介与广告客户进行交易，而受众无论如何也是具有商品属性的。对于这种研究模式，我国也有学者进行了研究，如范磊的《试论受众商品化与注意力商品化》（2012）、高亢的《关于新媒体环境下"受众商品论"作用机理的思考》（2013）等。

一些个案研究将受众研究与传媒研究结合得十分紧密，如《受众心理与节目策略——以中央电视台〈今日关注〉为例》（鲁健，2009），《受众参与对新闻传播的影响——以 BBC 的实践为例》（顾洁、朱宏展，2014），《电视栏目受众导向的成因分析——以江苏广播电视总台品牌电视栏目为例》（徐浩然，2006）等。这些选题直接对某一媒体、某一频道、某一节目等进行受众分析，分析其媒介接触、心理状态、行为方式等。其中，《受众心理与节目策略——以中央电视台〈今日关注〉为例》[①] 一文中，作者分析了《今日关注》的受众对象和收视群体，通过了解受众的年龄、职业、性别、关注点、个体需求差异、兴趣点等，在节目制作上尽量与这些受众的不同的需求层次靠近，做好节目策划和反馈工作，及时对节目进行调整和创新，并适时推出重点节目和系列节目，拓展报道的手段，从而使节目更具有竞争力。

---

① 鲁健：《受众心理与节目策略——以中央电视台〈今日关注〉为例》，载《现代传播》，2009 年第 3 期。

### （三）传播效果视角

传播效果包括传媒的信息、节目传播效果，也包括了其广告的传播效果，传播效果研究主要是对传媒提高传播效果的途径进行探讨，包括如何提高传统媒体和新媒体的传播效果，并对不同传播模式的传播效果进行比较，这部分与媒介受众研究紧密相关，常常放在一起进行研究，研究的成果也较多，如《受众认知心理与新闻传播效果异化》（夏云，2012），《从对受众的认识角度梳理大众传播效果研究》（耿延庭，2014），《传媒与受众互动的形式及效果分析》（张效利，2012）等。

"子弹论""议程设置功能"理论、"沉默的螺旋"理论、"培养"理论、"知沟"理论等都是对传播效果进行研究而总结出来的理论，内容非常丰富，对我们了解媒介运行和媒介传播有重要的实践意义。现有的大量研究是与这些理论息息相关的，如《微博的议程设置功能探究——新媒体的大众传播功能和效果研究》（杜金泽、李楠，2013），《关于电视媒体广告的传播效果研究——对受众的使用与满足理论分析》（刘子维，2015），《微博受众的"使用与满足"诉求探析》（任晖，2013），《各传播时代议程设置权的流变更替》（孔玮，2012），《新媒体环境下管窥宏观传播效果的改变——从"议程设置"与"沉默的螺旋"理论说起》（金琳，2015），《浅析"培养"理论在娱乐节目的运用——以深圳卫视〈年代秀〉为例》（王菊荣、周秦玉，2012），《网络传播中的知沟理论再探》（王晓晴，2006）等。

因为传媒的经营水平与广告的投放情况、传播效果紧密相连，所以对传媒广告传播效果的研究较多，占了此类研究的半壁江山，如《媒介广告效果的多视角研究——基于媒体、受众情感、受众性别、年龄之维度》（蒋晓丽、颜春龙，2010），《网络广告品牌形象传播效果探讨》（郭颖，2010），《社会化媒体语境下网络广告传播效果实现机制》（乔占军，2014）等选题均对广告传播效果进行研究。如《媒介广告效果的多视角研究——基于媒体、受众情感、受众性别、年龄之维度》[①] 一文中，作者指出，媒介传播广告，广告是否能够被受众所接受并起到劝服消费的目的，需要得到受众的情感认同。对不同媒体的广告，受众的情感认同是有巨大区别的，例如对网络广告就存在着极大的不信任，而对杂志广告的信任度就较高，电视广告处于两者之间，所以杂志广告的传播效果最佳。除了媒体的区别，受众的年龄、性别等因素对广告传播效果的影响也较大。例如18岁以下的少年接触网络更多，所以对网络广告没有成年人那么排斥，反而因为其对报纸的接触最少，所以对报纸广告的信任度最低。在性别上，女性对媒体广告的表现形式和创新方式比男性要求严格，对广告中的价格信息也更加敏感。所以各类媒体要提高广告的传播效果，就要仔细分析目标受众的特点及不同受众之间的差异，使得广告的形式和内容都更有针对性。

---

[①] 蒋晓丽、颜春龙：《媒介广告效果的多视角研究——基于媒体、受众情感、受众性别、年龄之维度》，载《西南民族大学学报》（人文社科版），2010年第10期。

　　还有一部分研究内容最近较为热门，就是对融媒时代的传统媒体和新媒体传播效果的研究，以及两者的比较研究。新媒体的发展给传统媒体带来了冲击，两者在传播状态上发生了巨大的改变，面对着各种新媒体，传统媒体的传播效果被极大地削弱，如何提升其传播效果成为最为重要的问题之一。在中国知网上查阅，关于电视的传播效果研究就有 200 余篇，如《最佳传播效果与电视节目的播出关系分析》（王辰，2015），《提高电视新闻传播效果的创新策略研究》（时红燕，2015），《电视公益娱乐节目的传播效果分析》（张红梅，2009），等等。这些研究对不同的电视节目类型、电视节目制作的各个步骤、电视节目主持人形象等各个方面都有所涉及，并努力在新媒体方面实现对接和创新。对新媒体传播效果的研究是学界目前最为时髦的研究方向，不论是微博微信，还是 APP，都日益成为中国人日常的生活方式。新媒体带来了传播模式的突变和传播渠道的多样化，传播效果更加多层和深入，并且给原来的传播效果理论带来变化，如媒介所传播的不只是主流意识形态的声音，大众可以前所未有地表达自己的观点，不再是沉默的大多数，打破了"沉默的螺旋"的传播效果。受众的选择性加强，传播内容分众化明显，"使用与满足"的传播效果得以延伸。较有代表性的选题有《新媒体语境下对"反沉默螺旋"现象的思考》（孟威，2014），《从微信的新媒体平台功能探寻受众需求》（刘颖娇，2013），《新媒体环境下大数据驱动的受众分析与传播策略》（聂磊，2014），《新媒体时代提高政策传播效果的策略》（罗月领，2014），《基于内容营销的微信传播效果研究》（崔智颖，2015），等等。另外还有对传统媒体和新媒体进行比较的研究，如《传统媒体与新媒体的新闻信息传播比较》（李明宇，2014），《新媒体与传统媒体公共政策议程设置的比较研究——以单独二胎政策产生过程为例》（张允、王辰月，2014），《传统媒体与新媒体之巴西世界杯报道比较——以中央电视台和腾讯网为例》（高贵武、滕泽人，2014）等。其中，以《传统媒体与新媒体的新闻信息传播比较》[①] 为例，作者首先否认了现在"传统媒体消亡论"的悲观观点，主张传统媒体有着独特的优势：传播的消息较为准确、价值观较为统一，符合传统的审美、传播具有明确的指向性、恪守新闻的客观性和真实性。这几点都是传统媒体能够准确、有效起到传播效果的关键因素，因其准确、真实，所以就有较高的公信力，建立良性的传播渠道，因其传播指向明确，受众较为稳定，减少了对其他人群的干扰和信息的无效传递。而这些都是新媒体新闻信息传播很难做到并力图改善的。

## （四）传播生态视角

　　20 世纪中期，多伦多学派率先提出了传播生态理论，该理论多以隐喻、比拟的方式，通过历史、文学、戏剧等来表达。紧接着，20 世纪六七十年代，纽约学派通过对媒体社会生活的探索，分析了以电视为代表的媒介所体现的传播特征。[②]

---

① 李明宇：《传统媒体与新媒体的新闻信息传播比较》，载《中国广播电视学刊》，2014 年第 9 期。
② 于凤静：《大卫·阿什德传播生态理论的当下解读》，载《河北大学学报》，2013 年第 9 期。

进入互联网时代，阿什德传播生态理论产生。大卫·阿什德是美国著名媒介研究学者，1995 年，他在《传播生态学——控制的文化范式》中指出："传播生态实际上就是信息传播所依赖的各类环境的有机统一。"他关注信息技术和传播范式与社会行为之间相互影响的过程和关系，力图阐明社会行为反映一些新技术的方式以及这些行为所伴随的逻辑，并且揭示社会生活因此而改变的一些方式。[①] 在网络社会里，人与媒介技术处于相互影响的一种状态，不同的社会事件媒介有不同的表达方式，进而影响人们的思维方式和行为。对于传播生态，我国学者也在逐步开展研究。在国内，清华大学尹鸿教授率先提出了媒介生态的概念，"人处于生态学的大环境之下，而媒介作为人类的延伸，自然而然地产生一种特殊的生态学，即媒介生态学"[②]。之后，浙江大学邵培仁教授也对媒介生态学进行研究，提出了媒介生态学的五大观念：整体观、互动观、平衡观、循环观及资源观。[③] 冯菊香、冯广圣在《电视传播生态与生态传播新闻与传播研究》（2010）中指出，"传播生态是指社会信息传播系统各构成要素之间、各构成要素与其外部环境之间、社会信息传播系统与其外部环境之间关联互动而达到的一种相对平衡的结构状态"，并提出了电视传播生态的四个维度：制度维度、经济维度、文化维度和技术维度。

大卫·阿什德《传播生态学——控制的文化范式》的译者邵志择先生认为："传播生态其实就是传播行为发生的具体环境，这种环境除了人自身的因素外，最重要的是信息技术媒介的特性，信息技术的开放性和易接近性使得人们能够非常容易地获取信息、交流信息，在人与信息技术的互动过程中，传播生态环境逐渐形成，而一旦这种环境成为另一种'实在'，它就对现实环境产生影响。"[④] 还有学者提出传播生态的其他看法，也有学者对传播生态加以分类研究，如《新媒体语境下广播电视媒介生态研究》（冯莉，2015），《对中国网络媒体生态传播现状的思考》（胡铁生、马继，2010），《中国新闻业新的传播生态》（李良荣，2009），《轻博客的传播特点及对传播生态的影响》（王月，2014）等，更有一些研究将传播生态放在一种节目形式中进行考察，如《我国电视军事报道国际传播生态探析》（赵志刚、张鹏飞、王菲菲，2009），《传播生态视阈下民族地区的新闻评论》（乌琼芳，2013）等。传播生态建设也是传播生态研究中的一个常使用的研究角度，如《"传者多源化"对传播生态环境的破坏与建设》（乌琼芳，2011），《媒介素养教育与现代传播生态重建》（汪潇、桂世河，2008）等。

传播生态中非常重要的一环是传播技术，传播技术的发展为传播生态带来巨大的变化。"当我们将传播技术和传播理论放到人类发展的整个历史长河中来考量的时候，发现从 19 世纪中后期到 20 世纪 40 年代这段时间的确是人类历史上一段非

① ［美］大卫·阿什德：《传播生态学——控制的文化范式》，邵志择译，华夏出版社，2003 年版。
② 邵培仁：《论媒介生态的五大观念》，载《新闻大学》，2001 年第 5 期。
③ 邵培仁：《论媒介生态的五大观念》，载《新闻大学》，2001 年第 5 期。
④ 吴志文、张茧：《传播生态与新闻范式》，载《韶关学院学报》，2006 年第 4 期。

常特殊的时期，其最为明显的特征之一就是现代传播技术的大量涌现和快速发展。"①

"在全球文明史上，传播、媒介和技术进化是三个高相关的历史文化现象。"②机械式印刷机带来了报纸的繁荣，无线电和三极管技术促进了广播的发展，影像扫描技术和光电效应催生了电视媒体。因为传播技术的发展，传媒的世界日新月异。到20世纪90年代，媒介技术又一次迅猛发展，新媒体异军突起。每一次传播技术的发展，都导致了媒介的变化，因此也带来了学术界对这些问题的讨论与研究。20世纪末至今，对新媒介技术的发展与应用研究一直是热点，如《90年代中后期新传播技术的发展趋势及影响》（郭庆光，1997），《传播技术对广播的影响浅析》（王灿，2013），《新媒体·新奥运·新传播——数字技术背景下的北京奥运传播初探》（陆虹，2006），《电子传媒的数字化浪潮》（闵大洪，1997）等选题。以《传播技术对广播的影响浅析》③为例，作者主张传播技术对广播节目生产、传输、接受环节，对广播节目和广播观念，对广播管理体制都发生了影响。广播经历了从电子管技术到半导体技术、集成电路技术的发展，先后出现了调幅广播、调频广播、立体广播、专业化广播等。从20世纪90年代开始，广播又采用了数字化技术，开始了数字广播，由单向传播方式发展为交互式传播方式。广播技术的发展使广播节目形式多样化，传播的内容也愈加广泛。

数字化传播技术也使媒介融合成为可能，报纸、广播和电视依靠网络平台拓宽了发展渠道，强化了其传播的内容，而网络媒体又对传统媒体的内容资源进行利用，传统媒体和网络媒体共享了数字通信网络和终端，界限慢慢模糊，逐步实现媒介融合。而媒介融合就是我们当前媒介生态的一个重要特征。《媒介技术创新引领媒介融合未来——2013首届媒介融合与创新论坛会议综述》（袁媛、藤依舒，2014），《论媒介融合的传播技术路径》（鲍立泉、吴廷俊，2001），《从技术、管制与受众角度看媒介融合的发展趋势》（梁岩，2009）等文章皆对这个问题进行了讨论。

除了传播技术，还有传播内容、媒介文化、媒介伦理，以及前面提到的传播主体、传播受众等诸多因素一起构成了媒介传播生态。在这里，简要介绍一下传播内容。"传媒的基础是内容，内容可以创造品牌，可以成就未来，可以给人们的生活带来有价值的信息。"④媒介的发展归根到底还是要看内容，因为内容是呈现给受众的，非常直接、显性。在"内容为王"的时代，更要做好传播内容的研究。20

---

① 韦路、鲍立泉、吴廷俊：《媒介技术演化与传播理论的范式转移》，载《当代传播》，2010年第1期。
② 李羲珍、楚雪、胡辰：《传播之"路"上的媒介技术进化与媒介形态演变》，载《新闻与传播研究》，2012年第1期。
③ 王灿：《传播技术对广播的影响浅析》，载《中国科技信息》，2013年第17期。
④ 萨默·雷石东：《世界传媒业的过去、现在和未来》，中国网 http://www.china.com.cn/chinese/2002/Jul/181124.htm。

世纪 90 年代，新媒介技术不断给传播实践带来新变化，大众传播内容更加丰富，学界对传播内容的研究也有所增多，如《媒体公众号的"大内容"传播》（卿志军，2015），《对大众传播中"内容为王"的追问》（敫丹娜，2011），《社会性媒介内容传播过程基本特征分析》（冯丙奇，2012），《三网融合趋势下手机电视内容传播探析》（刘颖，2014），等等。在传播内容上的积极探索，无疑会给整个媒介的传播生态带来有益的"粮食"和"营养"，维持整个生态系统的正常运转。

## 第三节　传媒广播电视学研究

### 一、广播电视学的主要内容

广播电视学具有相对独立的研究对象，研究广播电视系统、广播电视传播活动及其规律。作为大众传媒中的一个主干力量，广播电视仍然是传媒中的强势媒体，就社会历史条件来说，收看广播电视节目至今仍然是人们生活中的一个重要组成部分。因为广播电视学是后来独立出来的学科，所以按照原有习惯，有学者将广播电视学纳入新闻学与传播学范畴，包含广播电视史、广播电视理论、广播电视业务、广播电视播音和其他相关学科等，其中，广播电视业务又包括采访、写作、编辑等。现在有另一种较为常见的观点，主张广播电视学包括广播学和电视学两大学科。[①] 随着传播科技的演进和社会结构的转型，广播电视学的外延有所拓展，将当前新兴的视听新媒体纳入其范畴，同时，也将广播电视技术和广播电视艺术作为其研究客体。"从广播电视的现象和定律来看，广播电视学应该研究广播电视的系统运作、传播活动及其规律，包括传者（广播电视台）、传什么（宣传、节目、编采播）、用什么传（技术设备）、怎么传（管理）以及受者（听众、观众）等诸方面的内容。因此，广播电视学应该涵盖广播电视宣传学（广播电视新闻学、广播电视文艺学等）、广播电视技术学、广播电视管理学和广播电视受众学等。"[②] 也有学者对广播电视的研究对象进行了更为细致的划分，"广播电视学的研究对象应以广电节目为中心，分为五个层次：第一层次，广播电视节目研究——广电节目学（采、编、播、导或广电新闻学、广电评论学、广电文艺学、广电播音学、广电广告学）；第二层次，节目的制作和接受研究（广电人才学、广电受众学）；第三层次，广播电视台研究（广电管理学）；第四层次，广播电视系统研究（内部纵横关系、体制、运行机制等也属广电管理学）；第五层次，广播电视与外部（国内、国际）环境关系的研究（广电社会学、广电文化学、广电法学等）。以上五个层次的研究均含有

---

① 艾红红：《建议将广播电视学列为一级学科——"广播电视学学科体系建设研究"课题论证会综述》，载《现代传播》，2010 年第 11 期。

② 石长顺、柴巧霞：《广播电视学：作为学科的内涵与知识体系》，载《现代传播》，2013 年第 7 期。

基础理论研究、基础应用研究和历史研究三个方面"①。应该说，这一种对广播电视学研究对象的归类更加科学和严谨。对广播电视学的研究与新闻学、传播学研究常常结合进行，三者有着密切的关系，广播电视新闻是广播电视学中的一个重要研究内容，同时广播电视学也离不开传者、受众、内容生产、媒介属性、传播效果等方面的研究，广播电视学的研究内容还涉及文化学、社会学、技术等诸多方面。

20 世纪 80 年代以来，广播电视研究逐步发展，已经有多个研究机构，很多从业人员和学者都加入了对该领域的研究。高校是目前广播电视学研究的主力，另外，目前中国广播电视协会是规模最大的广播电视研究团体，是全国性的广播电视社会团体，拥有多个专业委员会，并在各省、自治区、直辖市分设了省（市）广播电视学协会。

对于广播电视学的研究，相关成果也比较丰富，在广播电视学基础理论、广播电视实际应用等方面都有较为丰富的著作，如欧阳宏生的《广播电视学导论》(2007)，郭镇之、苏俊斌的《当代广播电视学》(2012)，黄匡宇的《广播电视学概论》(2014)，徐帆、徐舫州的《电视策划与写作十讲》(2009)，傅正义的《电影电视剪辑学》(2002) 等。广播电视管理经营方面的著作有周鸿铎的《广播电视经营与管理模式》(2005)、《传媒产业市场策划》(2003)、陆地的《中国电视产业启示录》(2007)、《中国电视产业的危机与转机》(2002)、罗霆的《媒体管理：理论框架与案例分析》(2008)，以及胡正荣的《21 世纪初我国大众传媒发展战略研究》(2007) 等。广播电视史学方面的研究，如赵玉明的《中国广播电视通史（第 2 版）》(2006)、《中国广播电视图史》(2008)，郭镇之的《中外广播电视史（第 2 版）》(2008)、乔云霞的《中国广播电视史》(2007) 等等。另外，在广播电视艺术、广播电视文化等方面，也有较多的理论成果，如欧阳宏生的《电视文化学》(2006)、《电视艺术学》(2011)，张凤铸的《中国当代广播电视文艺学》(2004)，仲呈祥的《中国电视文艺发展史》(2014)，王雪梅、张凤铸的《中国广播文艺理论研究》(2011)，苗棣的《电视艺术哲学（修订版）》(2015)，彭吉象的《影视美学（修订版）》(2009) 等。相关的学术论文也是颇为丰富，硕果累累，还有一些研究广播电视的专门期刊，如《中国广播电视学刊》《现代传播》《中国电视》《当代电视》《电视研究》等权威期刊都为前沿的广播电视研究提供了学术平台。

## 二、广播电视学分析的基本视角

### （一）广播电视体制改革与经营管理视角

长期以来，与一些西方国家公共广播电视和商业广播电视的双轨制不同，我国实行的是单一的广播电视体制。西方国家因为要照顾到广播电视的多重属性，所以

---

① 赵玉明：《谈谈广播电视研究和广播电视学学科建设》，载《现代传播》，2007 年第 4 期。

将商业利益和公共利益、公民权和消费者主权之间的关系进行平衡。一方面用公共广播电视制度来维护公共利益，满足公共需求，以收视费、国会拨款、捐助、少量的经营性收入等作为主要的经费来源；另一方面，又设立商业广播电视制度来维护商业利益，市场自由调节以提供多样性的商业服务。在我国的单一广播电视体制中，主要强调广播电视以社会效益优先，并兼顾经济效益。但是在实施过程中，作为"经济人"的一些广播电视主体难以抵制市场经济带来的物质利益，往往以经济利益为先，从而忽略了其应有的社会效益，两种利益在互相较量中消解了其应有的社会价值。现有的广播电视在公共服务上还有许多待完善之处，如对地处偏远地区的人群没能提供充分的信息服务，即使有，所提供的信息内容也不够丰富。在节目内容上，偏重于政治性的内容和经济性的内容，对文化性内容和社会服务性内容有所忽略。还有一种现象，就是在广播电视的四大功能中，更加偏重于娱乐功能，娱乐化、低俗、媚俗的现象严重，对信息传播、教育、提供服务等功能重视不够。之所以出现今天的问题，和我国广播电视体制的制度设计有一定的关系，在公共服务与商业利益、社会效益与经济效率的博弈中间没有找到一种平衡的办法，这亟须进行广播电视体制改革加以解决。

对广播电视体制改革的研究一直都是广播电视学者们的研究热点。邓炘炘在其《动力与困窘：中国广播体制改革研究》（2006）中，从社会、政治、经济和传播等观察维度，结合转型期的社会变化与传媒生态、政治管理视野下的广播新闻传播运行，对改革开放以来中国广播体制改革的发展和变化进行研究，为正处于社会转型期的中国广播体制改革的运行，构建一个对之进行观察和认识的透视框架。也有研究对国外的广播电视管理体制进行借鉴学习，如国家广播电影电视总局发展研究中心课题组的《发达国家：广播影视管理体制和管理手段研究》（2007）[1]、《国外广播影视体制比较研究》（2007）[2]。还有大量的论文对我国的广播电视体制改革进行思考，如高传智、谢勤亮的《"第三条道路"与中国广播电视新闻体制改革——对现有广播电视体制缺陷的制度规避》（2006）、孙宝国的《两台合并台网联动制播分离——2014年中国广电的体制机制创新》（2015）、马雨农的《论广播电视集团化与体制创新》（2003）、李其芳的《三网融合视域下的广电体制创新》（2013），等等。在涉及广播电视体制改革创新中，对制播分离的研究一直都占很大的比重。同时，也有大量的论文是对国外的广播电视体制进行比较研究，从而对我国广播电视体制改革提供可借鉴的经验，如万琳、刘峰的《欧洲电视传媒在新媒体时代的创新发展》（2014）、张春华的《美国广播电视体制的反思与中国启示——基于公共利益与体制变迁的视角》（2011）、洪丽的《论英国广播电视的多元化发展体制》

---

① 国家广播电影电视总局发展研究中心课题组：《发达国家：广播影视管理体制和管理手段研究》，中国传媒大学出版社，2007年版。

② 国家广播电影电视总局发展研究中心课题组：《国外广播影视体制比较研究》，中国国际广播出版社，2007年版。

（2012）等。

从广播电视经营管理视角进行传媒研究也是常见的研究角度，尤其是 21 世纪初，随着我国广播电视传媒集团化改革热潮的到来，对这方面的研究比较集中。1999 年，国家广播电影电视总局明确提出"要本着优化结构、优势互补、增进效益、壮大实力的原则，按照社会主义市场经济的要求，抓好广播影视组建集团的工作"。集团化有益于优化资源，完善广播电视产业的架构形态，加大产业规模，提高管理效益和规模效益。因此，无锡广播电视集团挂牌运行，上海文化广播影视集团、湖南广播影视集团等也相继成立。之后，在广播电视经营方面出现了大量的研究成果，较有影响力的著作如周鸿铎的《电视频道经营实务》（2005）、《广播电视经营与管理》（2010），李秀磊的《经营广播》（2010），黄升民、王兰柱、宋红梅的《中国广播产业经营管理研究》（2008），支庭荣的《电视与新媒体品牌经营》（2007），唐世鼎的《中国特色的电视产业经营研究》（2009）等。其中，《电视频道经营实务》[①] 以典型案例为背景，以频道制和频道专业化为核心，全面分析了频道制的具体内容和运作方式，并全面分析了频道专业化经营管理的技巧。近几年，仍然强调广播电视的产业改革，同时也出现了一些对地方广电媒体的经营经验进行总结和对成果进行推广的研究。另外，对广播电视经营，还有较多的学术论文成果，如左占平、李双成的《广电传媒产业多元化经营与绩效实证研究》（2014），李熊熊的《广播电视业经营模式探析》（2002），朱惠鹏、吴光辉的《广播电视产业化经营探究》（2002），赵德全、曾舟的《广播电视产业经营的发展走向》（2004）等。根据欧阳宏生、戴蔚、陈丽丹的《改革转型增活力电视传播新发展——2013 年中国电视发展研究报告》（2014）和李岚、黄田园的《集约理性多元转型——2014 年广播电视产业经营情况盘点》（2015），现有的广播电视经营的范围更加广泛，除了传统的广告产业、电视剧产业、纪录片产业、动画产业，还增加了综艺节目产业，并引入了版权交易模式，在资本市场的建设上，也更加灵活和全面，延伸到网络运营、证券交易，甚至房地产、电子游戏等产业中去。

### （二）媒介融合视角

广播电视媒介的技术特性和传播特性在新媒体出现后都发生了巨大变化，信息传播的内部过程和外部生态环境也有所不同，尤其是国家对三网融合的推进，加速了广播电视在这方面的变化。在实践上，从中央到地方，广播电视媒体正在媒体融合的大环境中摸索前进。

从近几年对广播电视媒介的研究来看，结合媒介融合对广播电视进行研究是现在研究的主流。此类研究也涉及多个方面，最为常见的是对广播电视媒体未来的发展趋势进行探讨，如黄楚新、王丹的《媒体融合时代下的广播电视转型》（2015），

---

[①] 周鸿铎、夏陈安：《电视频道经营实务》，经济管理出版社，2005 年版。

陶世明的《三网融合与广播电视发展》（2010）等。对于广播电视媒体未来的发展趋势，在学界中主流的观点是在媒介融合的大背景下，广播电视必须要积极转型，向全媒体方向发展，同时，还要继续保持其原有的公信力和品牌价值，并在内容生产上有所突破和创新，进而保持其影响力。

也有将媒介融合与广播电视产业发展相结合进行的研究，如欧阳宏生、姚志文的《媒介融合：广播电视产业创新的路径》（2008），刘祥平、张昆的《三网融合语境下广播电视公益性事业与经营性产业的协调发展》（2012）等。在《媒介融合：广播电视产业创新的路径》中，作者主张媒介融合给中国广播电视产业创新提供了良好的契机，媒介融合带来了产业的融合，无论是市场定位、组织机构、生产模式、营销模式还是竞争模式，广播电视产业都要进行积极的创新，同时广播电视体制要不断进行改革以跟上创新的步伐。

舆论是一种软性社会控制力量，社会大众通过对一些公开事件或社会现象进行表达，而产生有一定影响力的意见。舆论对社会发展有着重要的作用，利用大众传媒进行舆论引导是最为常见的方式。以往，广播电视具有强大的影响力，所以在很大程度上担当了舆论引导的责任，不过现在庞大的网络用户和移动互联网规模，使广电媒体受到剧烈的冲击，主流媒体日益边缘化，如何强化广电媒体的舆论引导力是一个重要的研究方向。在媒介融合的形式下，广播电视原有的舆论引导运作方式要相应地进行变革，在新的媒介情境中引导新型受众。对此，很多学者展开了研究，如段鹏的《广播电视的媒介融合背景下提升我国广播电视舆论引导能力的策略分析》（2015），乔保平、邹细林、冼致远的《媒介融合：广播电视舆论引导的转型与突破》（2014）等。在乔保平、冼致远、邹细林的《再论媒介融合时代广播电视舆论引导能力的提升》（2014）中，作者指出，提高广播电视媒体的舆论引导力要从五个方面入手："第一，积极推进三网融合的发展进程，确立广播电视在三网中内容生产和流通的优势地位；第二，加快广播电视媒体转型，实现从传统媒体到融合媒体的升级；第三，传播方式体现互动性，进一步提升广电公信力及专业主义品格，确保舆论引导的权威性与实效性；第四，加强媒介间议程设置管理，对互联网等新媒体舆论实施引导，营造共同的舆论场；第五，改善广电舆论引导方式，构建大众传播与人际传播相结合的范式，提高舆论引导效力。"①

还有一些研究从人才的角度出发，考察媒介融合环境下的广播电视人才培养问题，如孙宜君、刘进的《媒体融合环境下广播电视新闻专业人才培养的思考》（2010），余林的《融合型广播电视记者的平台化培养模式》（2013）等。在媒介融合后，广播电视传播模式变为多种媒体一对多、多对多的传播模式，其传媒组织结构、技术平台和信息管理模式也不同以往，导致原来的广播电视人才培养模式已经

---

① 乔保平、冼致远、邹细林：《再论媒介融合时代广播电视舆论引导能力的提升》，载《现代传播》，2014 年第 1 期。

不适应现有的需求。现在需要的是能熟练运用多种技术工具的"全媒体"型新闻传播人才，在多媒体环境中整合营销的高级营销管理人才和具有复合知识结构并有较强信息分析力的整合传播人才。对此，我们要反思我们的广播电视专业教育情况，并积极地进行改革，以根据社会的需求不断调整专业方向和定位，更多地开设与媒体融合相关的课程，并进一步强化实践教学环节。

还有一些研究是从对媒介融合下的广播电视媒体进行规范的角度出发，如肖赞军的《媒介融合时代传媒规制的国际趋势及其启示》(2009)、李丹林的《论媒介融合时代广播电视法律制度的几个基本问题》(2012)等。媒介融合不能以牺牲国家意识形态和文化安全为代价，而应该满足国家、社会、公众各方面的根本利益需求，要实现这一点，就必须对其进行必要的法律规范，使之在法律的框架体系内进行运作和发展。

### （三）广播电视业务视角

这主要是从微观层面对广播电视进行研究。包括广播电视新闻的生产、广播电视播出的方式、广播电视综艺节目的制作、广播电视节目包装方式、广播电视广告形式，等等，内容丰富，并且角度多元，紧跟时代发展的步伐。对广播电视业务的研究，很大一部分也是站在媒介融合的背景下进行探讨，如胡祖军的《全媒体时代广播电视的新闻内容生产》(2015)、曹溪月的《三网融合下广电新闻评论的创新》(2010)、罗雪蕾的《媒介融合时代下的新闻直播活动》(2012)，等等。这些选题的切口较小，多从实践的角度对广播电视内容制作进行经验分析和总结，对广播电视新闻业务具有指导意义。如在胡祖军的《全媒体时代广播电视的新闻内容生产》(2015)中，作者指出，在全媒体时代媒体全方位深度融合，覆盖面广、媒介载体多元、技术手段丰富，受众传播面最大化。虽然在整体上表现为大而全，但是针对受众个体其服务又是细分的，并且倾向于个性化服务，小投入大收益。在广播电视新闻内容生产上，其内容资源丰富，"海量的信息源为内容创新提供了内容基础，而且节目被转换为数据流，不再受线性播出的局限，变为随时定制收听、收看"[①]。信息在传播上具有双向互动性，受众消费信息更加碎片化和快餐化，并且在当今的网络技术条件下，用户也会对资源进行内容生产，原有的新闻生产模式业已发生变化，节目的使用价值被二度开发。与此同时，因为网络信息的不确定性、自由性、及时性、交互性等，也会有很多冗余信息掺杂其中，造成一定程度的负面效果，给广播电视新闻的内容生产带来一定的障碍和难度。

电视真人秀节目的制作和传播研究是近几年研究的一大热点。随着《爸爸去哪儿》《奔跑吧兄弟》《我是歌手》等节目的热播，此类研究方兴未艾。在中国知网以"电视""真人秀"为关键词，搜索核心期刊一类的相关论文就有400多篇，可见研

---

① 胡祖军：《全媒体时代广播电视的新闻内容生产》，载《中国广播电视学刊》，2015年第8期。

究成果较多，研究的时间也较为集中，主要是 2000 年以后。2013 年以来，随着《我是歌手》率先引入海外版权掀起新一轮真人秀热潮后，相关研究又集中起来。其中，有分析其叙事特征的，如乔艳的《真实的戏剧性——电视真人秀的叙事特征》（2015），欧阳宏生、李茂华的《公益性电视真人秀节目的叙事特征与社会价值》（2014）等；有分析其节目元素的，如尹鸿、陆虹、冉儒学的《电视真人秀的节目元素分析》（2005），于巍隽的《浅析电视真人秀中的暴力元素及影响》（2011）等；有分析其移植与创新的，如刘慧的《从真人秀看境外引进电视节目的本土化——以〈中国好声音〉为例》（2014），陈欣钢、田维钢的《电视节目形态的跨国流动与本土重构——以真人秀节目为例》（2012）等；有对其进行文化分析的，如汪豪、许志江的《电视真人秀兴起的文化背景分析》（2010），阎安的《拟态生存中的真人秀——对"真实电视"的一种文化解读》（2003）；有对其进行价值判断的，如周建军、陈一的《电视真人秀节目的价值批判》（2007），张庆的《电视娱乐传播的价值取向分析——兼评 2013 年中国电视娱乐真人秀节目》（2014），张永洁的《电视真人秀节目核心价值的体现——以〈中国达人秀〉为例》（2012）等；有分析其传播模式的，如李四方、李苗的《电视真人秀模式化生产与社会化传播——以〈爸爸去哪儿〉为例》（2014），张忠仁的《当前电视真人秀的传播困境与解决之道》（2010），叔翼健、张琦试的《论电视真人秀节目的情感传播》（2015）等；有进行美学分析的，如高敏的《从美学角度审视真人秀节目的配乐——以〈奔跑吧兄弟〉为例》（2015）、张爱凤的《论国内电视真人秀节目建构的城乡文化生态——基于生态美学的视角》（2015）等；有进行符号分析的，如吴雁的《电视真人秀节目中的符号互动传播——以江苏卫视〈非诚勿扰〉文本为例》（2013），何双百、刘樟民的《明星符号在电视真人秀节目中的消费能指》（2015）等。以上各个角度，不一而足，而且其中个案研究较多，主要是针对某一知名真人秀节目具体进行分析。

综上，广播电视学是一门独立的研究学科，对传媒广播电视开展研究有深远的学术意义和实践价值，本章选取了广播电视体制改革与经营管理视角、媒介融合视角、广播电视业务视角三个具有代表性的视角进行分析，以期对该方面的研究起到抛砖引玉的作用。

# 第十章 政治、社会、文化内容分析法

传媒本身就是人类社会发展到一定阶段的产物，其产生、发展、运行与社会活动息息相关，有着复杂的运行环境和因子，也同时深受各种因素影响。任何国家的传媒都必然受到意识形态的控制或者渗透，所以本章的分析研究采用了意识形态研究这个角度进行切入。同时，因为社会是传媒存在和发展的大背景，传媒无法脱离社会环境而单独运行，所以通过社会学角度来分析传媒也在情理之中。本章主要从意识形态和社会学这两个角度进行阐述。

## 第一节 传媒意识形态研究

### 一、意识形态及与传媒的关系

#### （一）意识形态研究

何为意识形态？这个问题在社会科学领域一直被不断提起和进行研究。关于意识形态的概念非常复杂，也比较多样，目前尚无一个标准定义进行概括。不过这并不妨碍学界和业界通过意识形态的角度对政治、经济，以及社会各类现象进行探讨，以挖掘现象背后的深层原因。对传媒的研究亦是如此，通过意识形态对传媒现象展开探讨，有助于我们发现事物运行的本质规律和深层原因，对研究工作来说是大有裨益的。

我们对意识形态最为熟悉的界定是来自马克思主义的观点，即意识形态是建立在一定经济基础之上形成的对于世界和社会的系统的看法和见解，它是上层建筑的重要组成部分。意识形态来源于以生产劳动为基础的社会物质生活，体现为政治思想、法律思想、道德、艺术、宗教、哲学等，并不断随着经济基础的变化而变化，各种意识形态形式相互联系，相互制约，构成意识形态的有机整体。不过，最早提出"意识形态"一词的并非马克思、恩格斯，而是法国哲学家托拉西。托拉西于18世纪末期在其论著《意识形态的要素》中最早提出了"意识形态"一词。他主张建立"观念科学"，所有的观念以此作为哲学基础，借以研究人的心灵、人的意识和人的认识产生、发展的规律。其中，意识形态是用于客观评价观念是如何产生和发展的，可以对人的观念的产生、发展进行解读，而避免神秘化理解的倾向。在法国拿破仑称帝时期，意识形态的含义逐渐出现了变化，并有贬义化倾向，特指那些有意粉饰现实、掩盖事实的观念和思想。

当然，随着人们对意识形态认识的加深、理论的不断发展，意识形态的概念就更加复杂化。其中，较为经典的就是意大利马克思主义者葛兰西提出了以文化霸权为核心的意识形态理论。在葛兰西看来，"文化霸权不但是意识形态方面的传播过程，更是将统治阶级将其意识形态融入其他各个阶级中的一个过程，社会虽然由许多利益互相冲突的阶级构成，但是，统治阶级通过媒介制造的利益一体化的骗局，他们能够运用霸权，使自己的利益变为社会的普遍利益，被社会认可和接受"①。这是对传统马克思主义"每个社会的统治阶级的意识形态，都是占社会统治地位的意识形态"的延续。

马克思主义哲学家阿尔都塞对意识形态的研究更加具有创新性，在该方面的研究颇具影响力，他用结构主义观点来理解意识形态，是意识形态理论的著名代表人物。1969 年阿尔都塞在其《意识形态与意识形态国家机器》一文中对意识形态进行了深入的研究，提出了意识形态渗透方式的思想。阿尔都塞主张，意识形态的本质功能是维持制度的再生产、维护统治阶级的统治，在各种意识形态渗透下，这个目的得以实现，非常隐蔽。

在我国学者李继东、胡正荣的《中国政治意识形态与传媒改革：关系与影响》(2013) 一文中，对意识形态进行了较为详细的解读。其主张："意识形态是关于世界的一套信念②，体现为个人、组织和阶层的思维方式特征。正如德国社会学家卡尔·曼海姆所认为的那样，意识形态可以分为具体或特别的个人观念与超越个人层面的阶层、组织和社会等全面或整体观念等层次。③ 同时，意识形态也是可以分领域的，经济、政治、文化意识形态等。其主要功能包括对现存社会秩序予以解释，即世界观；塑造美好社会远景和规划政治变迁及其影响，关乎政治信仰和理念体系、执政理念、社会各阶层利益分配观等④，集中在世界观、价值观、权力结构观、利益观和治理观等。"⑤ 这也是对马克思主义意识形态理论的进一步理解和发展。

除了以上的观点，关于意识形态还有很多讨论，如意识形态终结和意识形态重建，等等。意识形态终结是 20 世纪 50 年代以丹尼尔·贝尔为代表的西方学者提出来的，其认为第二次世界大战后德、意、日的法西斯主义、纳粹主义思想体系的垮

---

① 白菁：《意识形态分析下的大众传播媒介》，载《今传媒》，2013 年第 5 期。

② [美] 道格拉斯·诺斯：《制度、制度变迁与经济绩效》，刘守英译，上海三联书店，1994 年版，第 379 页。

③ Franz Schumann：*Ideology and Organization in Communist China*. University of California Press，1973，p. 18.

④ Andrew Heywood：*Political Ideologies：An Introduction* (Second edition)，Macmillan Press LTD，1998，p. 12，p. 8.

⑤ 李继东、胡正荣：《中国政治意识形态与传媒改革：关系与影响》，载《新闻大学》，2013 年第 4 期。

塌是"意识形态"的终结，而后的苏联解体、东欧剧变，又掀起了"意识形态终结"的新一轮思潮。其核心观念是代议民主制度是非意识形态，社会物资的丰富、社会福利的实现也会消解意识形态的存在，可见，在这种观点中，意识形态的内涵和外延完全不同于马克思主义对意识形态的看法。不过，从20世纪四五十年代到今天，民族主义、恐怖主义、宗教冲突、新帝国主义等问题一直纠缠不断，因此，有学者认为意识形态又在以各种形式进行重建。

## （二）传媒与意识形态密不可分

大众传媒是传播的工具和手段，不过它不限于此，它还是特定意识形态的载体，传媒与意识形态密不可分。

意识形态是现代社会理论的一个支点，是社会价值的背景，其涉及历史、政治、艺术、文学等诸多领域，而具有强大社会影响力的传媒，也在其辐射范围之下，任何传媒都有自身的意识形态范畴。意识形态不但渗透在媒介的存在和发展之中，而且大众传媒也主动地发挥着意识形态影响力，逐步地向人们进行意识形态渗透，以变革人们的思维方式和思想观念。"由于现代社会和文化媒介化的趋势，大众媒介承担了社会象征形式生产与传播的主要功能，意识形态的战场也逐渐以大众媒介为中心展开。事实上，各种意识形态都在借助大众传媒的力量，借助于其形象化再现，从而呈现空前活跃的状态。而各种媒介都以自己的方式打造被发送的对象，将其改变为该媒体特有的表达方式。"[1]

大众传媒最为重要的功能之一就是舆论引导功能。这种舆论导向功能可以是一些新闻事件的报道角度、评论的立场，也可以是一些政治人物的直接亮相、公开的辩论，等等。前者，如阿尔都塞所说的，大众传媒以渐进的、间接的方式，对大众产生了潜移默化的影响，大众传媒正在"润物细无声"地使受众在无意识状态下接受传媒给予他们的意识形态，后者是较为鲜明地直接进行意识形态引导，例如政治人物通过电视、广播、网络等现代传媒手段宣传其价值主张。"人民大众已成为一种营运的资源，它被有效的排除于公共讨论的与决策进程之外，领导人和政党偶尔靠传媒技术的帮助从中取得足够的赞同，使他们的政治纲领与妥协合法化。"[2] 马尔库塞在《单向度的人》中阐述："高层文化与世俗化的文化的关系，高层文化由于受到大众媒介的冲击逐渐被削去了反抗与不同性，而趋于世俗化的文化和世俗文化。"[3] 在大众传媒意识形态功能强大的背景下，媒介的受众逐渐成为单向度化的人，不断趋同并丧失独立思索的能力。葛兰西主张，被统治者对统治者的意识形态的接受体现了一个社会制度的真正力量，这种意识形态的领导权形成文化霸权，而

① ［美］J. 希利斯·米勒：《土著与数码冲浪者——米勒中国演讲集》，易晓明译，吉林人民出版社，2004年版，第98页。
② ［英］约翰·B. 汤普森：《意识形态与现代文化》，高铦译，译林出版社，2005年版，第125页。
③ ［美］赫伯特·马尔库塞：《单向度的人——发达工业社会意识形态研究》，刘继译，上海译文出版社，2008年版。转引自黄广顺：《大众传媒与意识形态》，载《贵州社会科学》，2007年第3期。

大众传媒正是宣传这种意识形态领导权的重要机构。

虽然大众传播不是意识形态运作的唯一场所，但是媒介权力如此之大，导致现代社会意识形态扩散必须把传媒放在重要位置。所以拥有媒介权力的力量常对传播内容进行控制，进而达到其一定的目的。马克思、恩格斯提出"喉舌论"，列宁主张无产阶层新闻媒介的"党性原则"，毛泽东提倡"全党办报""群众办报""政治家办报"，均认识到媒介对阶级利益、国家权力的巨大影响，以及对塑造国家意识形态的作用。而以美国为首的西方资本主义国家也一直把意识形态渗透到其传媒产品中去，扩散到全球，在时间和空间上占据了优势，并深刻地影响了各国的受众。在当前社会，其媒介权力也由传统的"政治意识形态话语"向"科技话语"和"消费话语"转移，并有扩大化的趋势。

说到意识形态的转换，其与传媒发展也息息相关。现今，世界大部分国家都将注意力集中在经济发展、科技进步和提高综合国力上，以至于感觉意识形态领域的争斗慢慢消退。对此，当今学界主张应该将意识形态扩大化理解，理应去认识一种更为强大的意识形态力量，即消费社会意识形态。"意识形态决不仅仅等于极权主义或某种理想化的价值观念，消费社会意识形态才更具有某种本质特征。"① 随着电子传媒的发展和消费文化的兴盛，消费主义意识形态渐渐深入人心，吸引大众。在大众传媒的大肆倡导之下，这种意识形态空前强大，兴起一种思想潮流，即人生活的主要目的和意义是消费。美国文化批评家杰姆逊指出，"在过去的时代，人们的思想、哲学观点也许很重要，但在今天的商品消费时代里，只要你需要消费，那么你有什么样的意识形态都无关宏旨了。我们现在已经没有旧式意识形态，只有商品消费，而商品消费同时就是其自身的意识形态"②。

由以上可知，媒介可以体现意识形态。但是媒介是否本身就是意识形态呢？这存在较多的争议。法兰克福学派认为，媒介是意识形态工具的同时，媒介本身就是意识形态，执行着意识形态的功能。该学派曾将包括媒介在内的科学技术也视为意识形态。法兰克福学派的观点，相比于旧的意识形态理论有一定的进步性，其所涉及范围更广，同时承认了媒介具有巨大的意识形态影响力，指出了其对人们社会生活、精神世界的巨大影响，甚至可能会超过宗教、政治、艺术等传统意识形态的影响，这种观点具有一定的积极意义。不过其主张"媒介即意识形态"，这样概括传媒的本质与功能比较牵强，在理论上难以使人信服，在实践当中也会遭遇种种指责和障碍。所以较多学者秉持了不同的看法，倾向于主张传媒是一种物质，是社会的大型信息系统，而不是一种观念本身，其生产出来的产品可能会带有意识形态的烙印。同时，"一个传媒的产品能否在完全意义上被称为意识形态，还要看其所占有

---

① 刘水平：《媒介社会与意识形态变迁》，载《贵州社会科学》，2007年第3期。

② ［美］弗里德里克·杰姆逊：《后现代主义与文化理论》，唐小兵译，北京大学出版社，1997年版，第29页。

并支配其的主体的背景"①。"因为，这些产品像所有的象征形式一样，本身并不是意识形态的；只有在特定的社会—历史环境里当它们用于建立和支撑统治关系时才是意识形态的。"②

## 二、内容分析的基本视角

### （一）意识形态功能视角

传媒与意识形态密不可分，传媒是意识形态传播的工具和手段。意识形态借助于媒体话语形式，通过媒体制造的拟态环境，让受众自觉或不自觉地对现有的社会秩序和权力关系进行认同。因此，传媒从来都是统治阶级引导舆论的重要工具，具有鲜明的阶级属性。因此，传媒尤其是主流媒体在对意识形态进行传播时，担负着一定政治职能和社会职能。从政治职能的角度来看，其倾向于保护统治阶级的权力和地位，传播其政治主张和观念，起到舆论引导的作用，在一定程度上有利于国家的稳定和发展，有利于社会关系的和谐与社会秩序的稳定。从社会职能的角度来看，传媒所传播的信息不排除有社会教化、弘扬先进文化等方面的作用，特别是传播文化信息时，有利于提高全民思想素质，改善社会风气，有一定的教育功能和审美功能。③ 在当今社会，传媒传播意识形态的社会功能更加突出。

法国学者布西亚说："19 世纪塑造出了工人，20 世纪塑造出了消费者，塑造消费者的一大手段就是电视广告，在大众传媒的推动下消费文化逐渐取代传统文化成为社会的主流文化。"④ 毋庸置疑，我们人类已经进入一个消费社会时期。消费成为社会生活的目的和意义，与每个人息息相关。随之而来，意识形态的控制也发生变化，从生产领域渐渐转移到消费领域。"消费主义成为弥漫于大众社会各个领域中的一股思潮并逐步演变为主流话语，与传统权威性、强制性、灌输性的意识形态相比，以消费主义为表现形式的意识形态更为隐蔽和柔和。在保持和重建社会凝聚力，保持和重建社会政治权力合法性方面也更有效。"⑤

所以当今的传媒既要符合政府权力的控制，又要满足市场经济的需要，或在两者中间徘徊。于是，政府借助于传媒把其意图和政策形成舆论进而引导受众，以利于证明其制度和政策的合法性、准确性。同时，消费市场下传媒不断宣传消费理念，鼓励大众消费，传播消费主义文化，让消费成为社会发展的动力，代表着一种新的生产力。

从意识形态功能视角来研究传媒的论著也较多，如《论"消费社会"中大众传

---

① 黄广顺：《大众传媒与意识形态》，载《齐齐哈尔大学学报》（哲学社会科学版），2009 年第 11 期。
② ［英］约翰・B．汤普森：《意识形态与现代文化》，高铦译，译林出版社，2005 年版，第 290 页。
③ 刘晓伟：《媒体的话语统治与传播效益》，载《当代传播》，2003 年第 6 期。
④ 郑也夫：《在人生观提供者大转换的时代：反省快乐批判消费》，载《博览群书》，2004 年第 3 期。
⑤ 徐海波、王萍：《论"消费社会"中大众传媒的意识形态功能》，载《深圳大学学报》（人文社会科学版），2009 年第 2 期。

媒的意识形态功能》（徐海波、王萍，2009），《大众文化的意识形态功能研究》（王迎新、平章起，2012），《新自由主义之基本理解、承载典型及其传播中的大众传媒功能》（魏崇辉，2012），《论大众传媒的政治社会化功能》（邓集文，2004），《用批判的态度分析大众传媒对不同受众意识形态的"塑造"》（李珍珠，2015）等。其中，《论"消费社会"中大众传媒的意识形态功能》一文中，作者主张应研究大众传媒的意识形态运作逻辑，进一步解读大众传媒的意识形态功能，探讨获得意识形态强势话语权的缘由和过程。文中指出："大众传媒有效地承载了意识形态的功能，而且由于大众传媒的意识形态功能表现出娱乐性、感官享受性等特点。大众在借助大众传媒乐此不疲的获得愉悦的过程中，忘却了经济上的差异和政治上的对立。在我国构建政党政治和政府治理的合法性是我国大众传媒的社会责任之一。因此，如何利用大众传媒的优势保持和重建社会政治权力的合法性，防止传媒权力异化，成为我们需要思考的问题。"同时，在资本市场大规模发展的情况下，在传媒集团化的发展趋势下，还要警惕资本对大众传媒的控制，不能被少数利益集团所利用。对这方面的解决措施主要是健全相关的法律机制，确立监管制度，明确市场秩序，对传媒资本市场的准入和退出进行规范，加强国家对该行业的宏观调控，以避免市场失灵导致的资本对传媒的任意操纵，避免传递错误的价值观和偏离社会责任。所以在当前形势下，我国要掌握意识形态的领导权，就必须充分利用传媒构建主流意识形态的合法性。这里面要努力的方向有很多，为迎合大众将主流文化通俗化、感官化远远不够，还要"利用大众传媒先进的媒介技术创新文化形态，在将主流文化符号化的过程中，突出主流文化的人文特征和对大众日常生活的关怀，为实现主流文化与商品的结合创造可能，并且通过大众传媒的话语优势将这种可能变得自然合理，实现主流文化与商品的融合，从而扩大主流文化的社会影响力，实现主流文化对消费领域的影响和控制，顺应消费时代意识形态控制的新形式和新途径，进一步确保社会关系的和谐与社会秩序的稳定"①。

不过也有观点认为，在传媒实现意识形态功能角度，传媒的力量被夸大，法兰克福学派的大众文化理论、阿尔都塞的结构主义意识形态理论都持有这种看法，其认为受众的主动性被低估，传播的接受过程被忽视，媒介社会中意识形态的真实存在状态没有被看清，其实媒介不能完全执行意识形态功能从而对社会秩序进行维护。② 约翰·B. 汤普森主张，大众媒介产品的日常占用情况是唯一真实的传播情景和结果，所以对此要特别关注。我们不能设想用某种方式构建起来的一切信息将被一切背景下的一切接受者都以某种方式来理解，我们不能声称或佯装忽略传媒信息的结果而只关注这种信息的结构和内容。这种分析意识形态的方法是"内在主义

---

① 徐海波、王萍：《论"消费社会"中大众传媒的意识形态功能》，载《深圳大学学报》（人文社会科学版），2009 年第 2 期。

② 刘水平：《媒介社会与意识形态变迁》，载《贵州社会科学》，2007 年第 3 期。

的谬误"①。费斯克认为，受众具有极大的主动性，受众是媒介文化的真正生产者，媒介文化商品虽然具有意识形态性和支配性，但是，文化不等于产品本身，大众对媒介产品只是"权且利用"，虽利用，但是还是自己去寻找文化商品的意义，"裂解文化商品的同质性和一致性，袭击或偷猎文化商品的地盘"②。在我国相关的论著中，《意识形态批判视野中的大众传媒》（张孟镇，2011），《用批判的态度分析大众传媒对不同受众意识形态的"塑造"》（李珍珠，2015），《媒介社会与意识形态变迁》（刘水平，2007）等都对大众传媒的意识形态功能进行了反思。

## （二）意识形态传播视角

对传媒的研究也较多从意识形态传播的视角进行，尤其是主流意识形态传播的视角，如《主流意识形态网络主导地位的建构策略》（杨文华，2012），《从理性到反理性：意识形态视域下的大众媒体与传媒研究》（熊慧、陈露缘，2012），《意识形态分析下的大众传播媒介》（白菁，2013），《在终结与重建之间：大众传媒的意识形态框架分析》（池岩，2011）等专著和学术论文均从这个角度进行研究。

长期以来，在中国的政治、文化、思想等领域，意识形态传播一直占有重要地位。在国家公职部门、国有企事业单位等进行意识形态（主要是主流意识形态）传播和教育是一种常态。中央和地方各级党委以及政府机构，在机构设置、人员配备、制度安排和经费投入上都对意识形态传播进行支持。

除了单位传播，意识形态还进行社会传播，主要是媒介传播，借用传统媒体（包括广播、电视、报纸、杂志等）以及新兴媒体（网络媒体和手机媒体）进行传播。虽然意识形态传播有多种方式，但是借助媒介传播是其最重要的传播路径，其在传播的广度和传播的效率上都具有先天优势。而且随着市场经济的发展和媒介技术的推动，中国意识形态媒介传播的方式愈加多元化，传播内容和形式也日益丰富，当然，同时也带来了传播监管复杂化等问题。

从传统媒体到新兴媒体，从报纸、杂志到广播、电视，再到网络媒体、手机，信息传递更倾向于快捷化、影像化、符号化，意识形态的传播发生了较大的变化。约翰·B. 汤普森认为："思想观念的变化改变了意识形态的内容，传播技术的发展则改变了意识形态的展开形式和传播方式，而要研究意识形态的发展变化，不应仅仅专注于其思想内容的变化，同时也应考察其展开形式和传播方式的变化，这样才能具体把握处于动态传播中且与现实生活紧密结合在一起的意识形态现象。"③ 他还认为："如果我们以象征形式推动的意义有助于建立和维持统治关系的方式来考虑意识形态，那么我们就能看到大众传播的发展对于意识形态现象的性质与范围具有巨大的后果。随着大众传播的发展，象征形式的流通日益脱离某个共同的具体地

---

①　[英] 约翰·B. 汤普森：《意识形态与现代文化》，高铦译，译林出版社，2005 年版，第 25 页。
②　[美] 约翰·费斯克：《理解大众文化》，王晓珏等译，中央编译出版社，2001 年版，第 168、34 页。
③　刘少杰：《新形势下意识形态传播方式的变迁》，载《吉林大学社会科学学报》，2011 年第 5 期。

点，因此意义的运用越来越能超越象征形式在其中产生的社会背景。只是有了大众传播的发展，意识形态才能成为大众现象，也就是，能影响多样而分散的背景下大量人的现象。"① 这种具有象征性的符号化的传播方式被认为是一种感性传播方式，感性传播方式正大行其道。

对我国来说，意识形态传播的变化会对我国主流意识形态的传播带来比较严峻的挑战。长期以来，我国主流意识形态传播都秉持着政治化思维的方式，在意识形态舆论宣传上常常出现报喜不报忧、内容空洞模糊、更关注领导、对百姓关注不够、传播方式过于生硬等问题。加上我国正处于社会转型期，社会矛盾比较突出，在住房、医疗、就业、社会保障、土地拆迁、环境保护等诸多领域出现一些社会不满和复杂难题，还有在公权机关及其工作人员中出现一些贪污腐败的违法行为，一旦媒体报道不当，就会加剧人们的逆反心理。所以很多受众对此并不满意，甚至会出现否定的态度。"信息与传播技术的扩散，使得人们使用或利用现代的媒介技术并主动搜集有关的符号资源，并向互联网络上传资料，使用社会性媒介扩大宣传，寻找并联系有关的媒体工作人员采访调查，向社会知名人士反映情况请求支持等。在有些社会事件中，甚至出现先由外媒报道引发关注然后国内主要媒体大批跟进的被动局面。"② 当传播途径增多、传播内容丰富后，受众会更加规避对主流意识形态的接受，使主流意识形态的传播效果每况愈下。对此，主流意识形态的传播应当尊重大众传媒具有市场化的一面，去重视大众传媒的正确利用，在了解舆情、了解大众心理的前提下，及时对各种社会问题作出灵敏的反应，并在传播形态上提高趣味性、贴近性、可视性，通过文化认同、情感认同等方式在更广泛的层面引起受众的共鸣，从情感认同到行为认同，把主流意识形态真正传播出去。

对于媒介技术推动所带来的意识形态传播的变化，现有的研究成果也较多，如《互联网技术的政治属性与意识形态传播——对互联网与意识形态研究的批判与反思》（程同顺、张文君，2013），《关于新媒体时代社会主义意识形态传播的思考》（郑萌萌，2014），《论我国主流意识形态传播新机制的建构》（李海、范树成，2014），《新形势下意识形态传播方式的变迁》（刘少杰，2011），《新时期国家意识形态传播策略》（关丽兰，2011），等等。

在全球化和信息化的国际背景下，西方资本主义意识形态也在不停地进行全球化渗透和传播。其意识形态传播方式不断升级，大众传媒有效地利用了其强势地位，在全球范围内力图实现媒介霸权、话语控制和价值观渗透。对此，有学者对以美国为代表的西方国家意识形态传播进行研究，或进行反思，或进行借鉴，如《国外意识形态传播新路径探析——基于后现代编码/解码理论的视角》（王贤卿，2014），《在中西文化交流背景下应对西方意识形态传播》（任宇红，2013），《好莱

---

① ［英］约翰·B. 汤普森：《意识形态与现代文化》，高铦译，译林出版社，2005 年版，第 20～21 页。
② 尹辉：《大众传播时代关于中国主导意识形态的审思》，载《兰州大学学报》，2015 年第 3 期。

坞影视与美军软实力传播》（詹庆生，2011），《西方传媒"3·14"事件报道的选择框架与意识形态偏见》（周庆安、卢朵宝，2008），等等。

另外，意识形态的传播还要考虑到传播的诸多环节。"意识形态的传播与接受，涉及意识形态本身、传播者、传播媒介、传播渠道、传播环境、接受者等许多因素。"① 例如《意识形态的传播与接受问题研究——兼论中国马克思主义的传播与接受》（朱兆中，2007），《马克思主义大众化实现路径新探——基于阿尔都塞意识形态理论》（郭小香、闫立超，2011），《微博在意识形态传播中的角色探析——以新浪微博为例》（齐秀珍，2013），《对我国喉舌论演绎至今的传播环境分析》（李铁锤、柯小艳，2008），《社会主义意识形态传播过程中受众的心理机制研究》（刘春雪，2009）等几篇论文就是从不同的角度对意识形态的传播进行分析，相关的研究还有很多。前面也曾提到，意识形态传播还存在一个被接受的问题。意识形态通过传媒进行大规模传播，主要目的是被大众所普遍接受或者信奉。在人类社会实践中，满足接受者的利益诉求、引起价值共鸣的意识形态最易被接受，因为从物质到情感上都得到了认同，所以更容易在社会上进行广泛传播，深入人心。

### （三）社会主流价值观建构视角

传媒研究中也有一部分从社会主流价值观建构的角度进行。中国知网上以"主流价值观""传媒"为关键词搜索，相关论文有近百篇，如《简论传媒消费主义对社会主流价值观的消极影响》（李贤斌，2009），《主流意识形态传播与文化多元主义下的媒体自觉》（赵敏、黄洪雷，2013），《开放条件下社会主义意识形态的影响方式与传播途径》（张丽芬，2009），《主流价值观的创新传播方式——浅析娱乐节目在传播主流价值观中的作用》（杜淦焱，2011）等。相关的专著主要有林辉的《断裂与共识：网络时代中国主流媒体与主流价值观构建》、杨立英和曾盛聪的《全球化网络化境遇与社会主义意识形态建设研究》等，主要围绕网络崛起的时代背景下对中国主流价值观建设进行思考。

在此，有必要对社会主流价值观进行解读。价值观是指人们对周围的人及客观事物的意义及重要性的总体评价和看法。主流价值观是一个人、一个团体、一个国家或民族长期秉持的一套根本原则。社会主流价值观则反映了国家意识形态和社会道德的基本取向。现阶段中国的社会主流价值观是坚持马克思主义指导思想、坚持中国特色社会主义共同理想、坚持以爱国主义为核心的民族精神和以改革创新为核心的时代精神、坚持社会主义荣辱观。

随着市场经济的发展和改革开放的深入，加上国内外一些思潮的冲击，我国社会主流价值观正面临着巨大的挑战。在政治理论方面，国内外有一些别有用心者宣传"中国威胁论"和"中国崩溃论"，攻击中国共产党和社会主义制度，出于政治

① 王贤卿：《国外意识形态传播新路径探析——基于后现代编码/解码理论的视角》，载《毛泽东邓小平理论研究》，2014年第9期。

目的阻碍中国走中国特色的社会主义道路，鼓吹西方政治模式、政党制度、抽象民主和普世价值观。同时，一些西方发达国家妄图以其话语霸权地位和先进的信息技术，通过电视节目、影视作品等将其意识形态向中国传播，使国内一些人对西方的文化、价值观和行为方式进行崇拜，从而消解我国的主流意识形态，进而对人们的价值观产生重大的影响。在思想道德方面，大众传媒的发展使得信息量增加、观点多样，人们受到不同观念和行为的影响，这就使过去统一的价值观、世界观等向多元的意识形态转变，不过因为网络等新媒体在信息真实性、准确性的把控上还存在一定的弊端，一些错误的思想观念容易大行其道，无形中挑战着我国主流意识形态，一些人的价值观功利化倾向明显，利己主义、享乐主义、拜金主义等观念在一些地区有很大的市场，贪图享乐、奢靡之风在一些人群中盛行。

在我国，社会主流价值观的传播渠道主要是党组织、学校和大众传媒。因为大众传媒的强大影响力和影响范围，其对社会主流价值观的传播和建构至关重要。美国社会学家赫伯特·甘特指出："媒体不仅仅是报道正在或已经发生的事实，还在或明或暗地提倡什么，反对什么，以其理想的图景力挺主流价值观。"①（笔者译）大众传媒中一般通过主流媒体进行传播社会主流价值观。因为非主流媒体更倾向于从经济利益上考虑其传播内容，常常为吸引受众眼球而宣扬享乐主义、拜金主义等，其传播信息的可靠性、准确性和权威性也难以得到保证。而主流媒体往往具有较强的公信力，其传播的信息更加可靠、健康和准确，利于传达正确的价值观、世界观，保障我国主流意识形态的传播，同时以其自身的权威性、可靠性，主流媒体还可以对其他传媒的内容进行监督，及时纠正错误的信息和思想观念。一般来说，中国的主流媒体主要有以下特点：第一，具有专业的操作理念和方法；第二，具有文化自觉性，主张弘扬主流价值观；第三，内容以严肃新闻为主，休闲娱乐、低俗内容较少。各党报、广播电视综合台、教育频道、新闻频道等都是比较典型的主流媒体。不过目前我国的主流媒体在市场竞争中表现出一定程度的不适应，还需要进一步结构调整和观念更新，以做强做好。在具体的措施上，林晖在《中国主流媒体与主流价值观之构建》中提出了四项建议：改革传媒属性，建立雅俗分赏模式；改革党报，实现内容更新和党报独立；管理传媒市场，提升都市类媒体的品位；与新媒体进行互动建设，创造健康的舆论环境。② 目前很多主流媒体也意识到改革的重要性，纷纷展开一些措施进行自我调整，如在与新媒体互动建设方面，很多主流媒体都开通了官方微博，借助新媒体发布信息，并传播主流的价值观。同时，我国也在积极地进行传媒改革，在媒介的属性、行业结构、运营模式和机制等方面都尝试进行最优化设置。如李继东、胡正荣在《中国政治意识形态与传媒改革：关系与影响》（2013）所说，如今经济、社会和技术迅猛变化，传媒改革又有了新的诉求，

① H. T. Gans：The Message Behind News, *Columbia Journalism Review*，1979（1）.
② 林晖：《中国主流媒体与主流价值观之构建》，载《新闻与传播研究》，2008年第2期.

特别是信息传播技术的迅猛发展和应用并辅之以不断深化的全球化进程，媒介业将迎来一场革命性的变革，这也会促使价值理念与社会的变化，传媒改革与转型也将更加快速和剧烈。不过，中国传媒改革始终与政治变迁密切相关，在任何时候，"党管意识形态"在我国都是一项重要的原则和制度，任何时候都不能动摇。[①]

当然，也不能把其他媒体排斥在传播社会主流价值观之外，相反，现在需要努力做的就是怎样发挥这些媒体的传播优势，使其在社会主流价值观的传播中起到独特的作用。在杜淦焱的《主流价值观的创新传播方式——浅析娱乐节目在传播主流价值观中的作用》(2011) 一文中，作者指出："电视具有传播信息、文化娱乐和社会教育三大基本功能。电视娱乐节目对观众来说除了娱乐功能之外同时还具有社会教育功能。社会主义性质下的娱乐节目，收视率不是唯一的标杆，要更加重视电视的社会教育功能，充分履行在传播社会主义主流价值观中的职责和使命。"[②] 这需要电视不断对其节目进行创新，将主流价值观和节目的贴近性、趣味性等成功融合，改变人们对以前社会主流价值观说教味道过重的刻板印象，才能减少对抗式解码，取得良好的传播效果。

## 第二节　传媒社会学研究

### 一、社会学研究的主要内容

#### （一）传媒社会学研究的产生、发展

社会学用精确、控制的方法科学地、系统地研究社会。其研究关注社会结构、社会系统、社会活动、构成社会与社会系统的群体、机构以及社会文化、生活方式等。[③]（笔者译）社会学研究的主体不仅是个人，而且包括各种"职业群体""民族""阶层""阶级""家庭""组织""社区""国家"等。社会群体是在一定的社会结构下，各种主体通过交往而形成的一定的社会关系。社会学一方面要通过各种主体之间相互作用的社会行为来研究社会群体的存在、运动和变化，另一方面从社会群体的整合机制来研究各种主体社会行为的一般特征。社会学研究的基石是社会群体的形成、社会群体之间及其内部的关系以及他们对个人行为的控制。

通过社会学的角度对传媒进行研究，在 20 世纪三四十年代就在美国出现了，芝加哥大学的社会学家们从杜威的实用主义观点出发，把媒介作为社会制度的一个部分，结合当时出现的一些社会问题对媒介进行过研究。这是社会学媒介研究的开

① 李继东、胡正荣：《中国政治意识形态与传媒改革：关系与影响》，载《新闻大学》，2013 年第 4 期。

② 杜淦焱：《主流价值观的创新传播方式——浅析娱乐节目在传播主流价值观中的作用》，载《新闻界》，2011 年第 5 期。

③ Watson, James and Anne Hill: *A Dictionary of Communication and Media Studies*, London: Arnold, 1997: 214.

始。芝加哥学派的代表人物几乎都对媒介与社会互动进行研究，并影响深远。

　　20 世纪 30 至 50 年代，社会学在美国发展迅速，从该角度对媒介的研究还在进一步发展，在这个时代，社会学家主要关注的并不是媒体本身，而是媒体对公众所产生的影响。如保罗·F. 拉扎斯菲尔德从社会应用的角度开展了传播效果研究，在《人民的选择》一书中，拉扎斯菲尔德提出新闻通过二级传播的模式对政治选举进行影响，主要由意见领袖来实现影响。他还创新使用了大量的社会研究方法，如定性方法和定量方法、参与性观察和深度访谈、内容分析和个人传记、专题小组研究和焦点访谈结合等方法。罗伯特·默顿将欧洲的社会学知识和美国的大众传播研究结合起来，发展了功能主义模式，把媒介研究置于更广阔的历史背景和社会系统中去，突破传播效果研究，探讨媒介在社会历史中所担当的角色和媒介的政府功能。沃尔特·李普曼探讨了媒介现实与社会现实之间的关系、传媒对社会民主的影响。"从媒介社会学的角度来看，因其对微观媒介与宏观社会的同时关注，可被称为媒介社会学领域最早的开创者。"[1] 后来的学者运用社会学对传媒进行研究的范围不断扩大，研究也更加深入。到 20 世纪七八十年代，这方面的研究进入繁盛期，塔奇曼（Tuchman）、甘斯（Gans）、莫洛奇（Molotch）、莱斯特（Lester）、费斯曼（Fishman）、舒德森（Schudson）、吉特林（Gitlin）等优秀学者出版了大量著述。21 世纪以来，又有学者出版了该领域具有影响力的著作，如甘斯的《民主与新闻》（2003），吉特林的《无限媒体》（2002）和《知识分子与旗帜》（2006）、舒德森的《新闻社会学》（2002）等。[2]

　　在欧洲，法兰克福学派对美国的媒介实证研究进行批评，其研究着力点在传媒与社会权力运作、政治经济结构、意识形态、历史文化深层含义的关联。如其代表人物霍克海默和阿多诺主张，媒介是实现国家权力控制的工具，是国家的喉舌，媒介传播虚假的内容在不自觉中控制人们的思想和行为。马尔库塞也认为媒介具有统治和奴役人的社会功能。哈贝马斯在其公共领域观点中表达了媒体是实现宣传效果的工具。

### （二）传媒社会学研究理论和范畴

#### 1. 传媒社会学研究理论

　　英国传播学家丹尼斯·麦奎尔对媒介与社会的研究进行总结，有大众社会理论、媒介与社会规范等。我国学者邵培仁、展宁在《探索文明的进路——西方媒介社会学的历史、现状与趋势》一文中对麦奎尔的观点进行总结，并结合学术动态，重新梳理了媒介社会学的流变，提出了大众社会理论、媒介的社会功能理论、媒介与社会规范的理论、马克思主义媒介社会的理论、批判的传播政治经济学理论、英

---

[1]　邵培仁、展宁：《探索文明的进路——西方媒介社会学的历史、现状与趋势》，载《广州大学学报》（社会科学版），2013 年第 5 期。

[2]　陈沛芹：《美国的新闻社会学及其对新闻生产的研究》，载《新闻界》，2008 年第 4 期。

国文化研究的理论、美国和欧洲媒介文化研究的理论、传播技术决定论和媒介生态学、发展传播学理论、新闻社会学与建构主义路径十大理论成果。①

其中，大众社会理论于 20 世纪 20 年代就出现了，主要主张媒介创造了一个替代的或虚假的环境，成为操纵人们的有力手段，并同时帮助人们的心灵在困难中依然生存。② 大众是一个不同于以往的概念，人数庞杂，分布广泛，组成不断发生变化，这个庞大的群体缺乏自我认同和自我意识，成为媒体操纵的目标，媒体是绝对处于支配地位的，在社会学的观点来看，这个群体是应声而倒的"靶子"，这也契合同时流行的"魔弹论"。该理论后来也进行了修正，麦奎尔看到了受众对媒介控制的抵制，公共领域学说也被运用到该理论之中。

媒介的社会功能理论比较直观地反映了媒介与社会之间的关系，体现了媒介对社会的政治、经济、文化、教育等方面的影响。拉斯韦尔、赖特、施拉姆、麦奎尔、拉扎斯菲尔德等都提出了自己的媒介社会功能理论，对了解媒介对社会的作用提供了有益的视角。

媒介与社会规范的理论是关于媒体如何运作以及为了社会公共利益如何进行有效组织的，"从早期新闻自由的观念将媒体看作是'第四权力'到 1947 年哈钦斯委员会高举社会责任论认为传媒应该使公共权利优先，都对媒介与社会的规范理论产生了影响"③，美国学者弗雷德里克在《传媒的四种理论》中指出，媒介如何组织和发展主要还是依赖当时的社会制度。

马克思主义媒介社会的理论沿袭着经济基础决定上层建筑的思想，认为媒介的经济所有权决定了媒介的意识形态，其性质是阶级统治的工具，其内容是为维护统治阶级利益服务的。在媒介社会学领域，法兰克福学派、阿尔都塞的结构主义学说和葛兰西的文化霸权理论分别对马克思主义的媒介社会学理论进行拓展：法兰克福学派着重研究媒介的意识形态功能对思想的影响；结构主义马克思主义者阿尔都塞提出了意识形态国家机器学说；葛兰西主张统治阶级通过大众媒介把统治所需要的意识形态传递给公众，形成被普遍接受的主流文化观。

批判的传播政治经济学理论关注媒介的社会经济、政治、文化背景，从媒介的所有权、经济结构、媒介文化产品生产、媒介产业、媒介权力、媒介与民主等方面展开的媒介研究，运用社会学、政治科学、经济学的论证方法，沿袭并发展了新马克思主义学说。其研究焦点是"媒介产业的经济结构与机制同媒介意识形态内容这

---

① 邵培仁、展宁：《探索文明的进路——西方媒介社会学的历史、现状与趋势》，载《广州大学学报》（社会科学版），2013 年第 5 期。

② ［英］丹尼斯·麦奎尔：《麦奎尔大众传播学理论第四版》，崔保国、李琨译，清华大学出版社，2006 年版，第 67 页。

③ 邵培仁、展宁：《探索文明的进路——西方媒介社会学的历史、现状与趋势》，载《广州大学学报》（社会科学版），2013 年第 5 期。

两者之间的关系上"①。

英国文化研究的理论与法兰克福学派的理论、传播政治经济学理论不同，法兰克福学派的理论轻视受众能动性，传播政治经济学侧重结构主义的分析方法，而英国文化研究的理论是从人类社会行为的经验中，确立了受众在传播活动中的主动性，分析受众是如何解读文本的，霍尔的编码解码理论是其代表，承认受众在接受传媒时是有自我判断能力的行为主体，符合日常的生活情境。

美国和欧陆媒介文化研究的理论，其中美国媒介文化研究代表人物凯瑞主张，"传播是社会实践的一个整体，它以观念、表达方式和社会关系为切入口，这些实践建构了现实"②。因而，传播不局限在信息传递上，从宏观来说，传播反映了社会发展的过程。欧洲大陆的媒介文化研究以鲍德里亚、布尔迪厄、福柯等为代表。其中，布尔迪厄《关于电视》一书被学术界所熟知，其批判了在当代社会中大众媒介的符号暴力特征，揭示了电视的权力话语特征，并指出其本质是一种反民主的文化霸权。福柯的媒介权利话语理论对媒介分析和话语分析都有重要的影响。

此外还有传播技术决定论和媒介生态学。传播技术决定论的代表人物是麦克卢汉，他沿袭了英尼斯的泛媒介观点，第一个提出了"地球村"的概念，并主张"媒介即讯息""媒介是人的延伸"等。"地球村"是媒介存在的社会情境，媒介决定了文化的类型和影响了社会的现实生活。沃尔特·昂和尼尔·波兹曼根据传播技术决定论发展出了媒介生态学，主要观点是媒介对人类社会行为的影响是巨大的，越来越多的社会行为发生在传媒建造的文化之下。"电子媒介的广泛使用造成了地域的消失，人的地域感、空间感等随之发生了变化，这种环境塑造行为的影响程度将远远超过媒介传递的信息对人的影响，媒介也会对它所出生的政治或经济结构有深刻影响。"③

发展传播学理论主要是以现代的和传统的传播技术，营造一种传播环境，进而进行社会动员和政治参与，促进社会政治、经济、文化的发展。代表观点有勒纳的现代化理论、罗杰斯的创新与扩散模式等。

最后是新闻社会学与建构主义路径。新闻社会学兴起于 20 世纪 70 年代的美国，主要关注媒介组织与新闻生产，包括新闻组织机构、新闻从业者、专业意识形态之间的相互关系，如怀特的把关人理论就属于新闻社会学的范畴。这种新闻生产的视角也是现代社会学研究大众媒介的主要视角。塔奇曼、甘斯、班尼特、吉特林等学者从不同的角度对新闻生产进行解读和研究，将传媒社会学研究推向一个新的

① ［英］丹尼斯·麦奎尔：《麦奎尔大众传播理论：第四版》，崔保国、李琨译，清华大学出版社，2006 年版，第 69 页。

② Carey J W：*Communication as Culture：Essays on Media and Society*，Revise Edith. New York and London：Routledge，2008. p. 65.

③ Meyromitz J：*No Sense of Place：The Impact of Electronic Media on Social Behavior*，New York：Oxford University Press.

领域。

### 2. 传媒社会学研究范畴

根据谭明方在《社会学"基本问题"范畴初论》(1996)中对社会学基本范畴的梳理，主要包括两大范畴，一是关于社会学主体的范畴，他称之为行动者的范畴；二是关于社会群体的，他称之为社会共同体。社会学主体方面，"行动者之间如何相互识别对方的行动符号""行动者个体依据什么因素的制约来发生其社会行为""行动者个体之间的相互作用是怎样的一个过程"等一旦上升到社会学理论，则会展现为确定行动者"身份与地位"的理论、行动者个体之间"社会互动"的理论、"社会交换"的理论，以及这种过程中"社会冲突"和"社会协调"的理论等。社会群体方面，如"社会共同体一般是通过哪些具体形式对行动者个体的社会行为发生制约作用""社会共同体的各种具体形式对行动者的社会行为发生制约时，有什么具体的特征和特定的制约过程""社会共同体的各种形式对行动者发生制约的有效性和变异性"等问题，上升到社会学理论则体现为"角色理论""社会结构理论""社会组织理论""社会制度理论""社会文化理论""社会问题理论""社会变迁理论""社会控制理论"等。[①] 那么从社会学角度的传媒研究也可以推论出来，主要集中在这两个方面进行，即以社会学主体、社会群体的角度来研究传媒，探讨传媒中的"身份与地位"问题、"社会互动"问题、"社会交换"问题，并把"角色理论""社会结构理论""社会组织理论""社会制度理论""社会文化理论""社会问题理论""社会变迁理论""社会控制理论"等应用到传媒的分析中去。这样的研究目前已经有较多，如传媒中的社会地位的研究有《反思大众媒体的社会地位赋予功能》(王翼伟，2010)，《媒介在娱乐化场域中对女性形象的建构》(黄良奇，2009)等；传媒社会互动问题的研究有《电视与传统文化的社会互动研究——基于女书村落的民族志调查》(陈峻俊、何莲翠，2012)，《论新媒介生态下受众、媒体和社会的多维互动》(姚必鲜、蔡骐，2011)等；传媒与社会冲突的研究有《全球化语境下中印媒体对社会冲突的再现之比较——一个传播政治经济学角度的分析》(宋晶，2009)，《新媒介环境下舆情事件的生成及扩散规律分析》(高宪春，2012)等；传媒与社会变迁的研究有《"媒介化社会"中的传播与乡村社会变迁》(孙信茹、杨星星，2013)，《价值观框架分析——研究媒介和价值观变迁的可能途径》(刘晓红、孙五三，2007)，《新媒体时空观与社会变化：时空思想史的视角》(何镇飚、王润，2014)等；媒介与社会控制的研究有《论新媒介生态下的大众媒介与社会控制》(张娇，2014)，《媒介暴力的正负效应及社会控制》(郝雨、王祎，2009)等；对媒介与社会问题的研究有《社会性突发事件：转型期社会问题的媒介再现》(张淑华，2014)，《新媒体场域下的社会问题新闻报道》(党东耀，2009)等；对媒

---

① 谭明方：《社会学"基本问题"范畴初论》，载《社会科学研究》，1996 年第 5 期。

介与社会风险的研究有《社会风险媒介化传播的反思》（刘玮，2013），《多元传播环境下的媒介化社会风险》（刘玮、王戒非，2014）等。关于媒介与社会责任的研究更是丰富，如《媒介社会责任研究：现状、困境与展望》（严晓青，2010），《媒介"社会责任"的解构与重构》（朱清河，2013），《从媒介伦理角度看现代传媒社会责任》（冯常生，2013）等。

对媒介与社会的研究，已经形成媒介社会学这一具体学科，主要是运用社会学理论，分析传播过程，研究媒介和社会的相互作用、相互影响的规律。20 世纪 80 年代，英国学者戴维·巴特勒的《媒介社会学》传入中国并被译为中文，在这本书中，巴特勒运用了大量的调查实例、数据及图表，阐述了媒介社会学的发展和探索、传播媒介的社会效果、媒介产生的社会环境等问题，对传播媒介的作用以及社会对媒介的影响作了系统分析。目前，有学者主张媒介社会学是传播学的一个分支，也有学者主张其应突破传播学的限制去追求更广阔的发展空间。我国也有学者对现阶段的传媒社会学进行解读，如张宁的《媒介社会学：信息化时代媒介现象的社会学解读》等。

可见，社会学宽阔的视角为传媒研究提供了广泛的探索空间。我国学者在传媒社会学的研究方面进行了不断的努力和探索。以下主要选取几个具有代表性的角度，阐述社会学视角的传媒研究。

## 二、社会学研究的基本视角

### （一）社会群体视角

社会群体属于社会学的概念，是指"人们通过互动而形成的由某种社会关系连结起来的共同体，在这个共同体中，成员具有共同身份和某种团结感以及共同的期待"[①]。大众传媒一直通过大量的新闻报道体现了对社会群体的关注，这些群体既有比较传统的按照生理上分类的群体，如儿童、女性、老人等，也有一些按特定身份分类的群体，如官员、教师、学生、明星、新闻工作者、农民工等；还有按照兴趣和行为习惯分类的群体，如网民、球迷、追星族等，此外还有很多分类方式。社会学领域学者划分社会群体的标准有很多，在此不一一赘述。大众传媒对社会人群进行关注，传媒研究自然也会研究大众传媒对社会群体的报道。

大众传媒对社会群体的报道虽然比较广泛，但是更加偏爱一些容易制造噱头的选题，如灾难、婚姻爱情、伤亡、纠纷、另类行为，等等，这类的主题往往具有较大的市场价值，其涉及的社会群体容易吸引眼球，如灾民、女性、犯罪嫌疑人、农民工、富二代等。相应地，学者们对媒体的这种行为进行研究，也对大众传媒对不同社会群体的报道展开研究。有学者主张，媒体偏爱对一些社会群体的报道，如女

---

① 王思斌：《社会学教程》，北京大学出版社，2003 年版，第 109 页。

大学生、富二代等，甚至对某些群体进行污名化，很大程度上是因媒体过度追求市场效益。此类的研究较多，如《市场经济与新闻娱乐化》（林晖，2001），《网络媒体的道路——关于社会效益和经济效益关系的思考》（刘连喜，2005），《广播媒体低俗化现象及对策》（花晨峰，2011），《传媒低俗化：受众中心论下媒体对受众的迎合与误读》（胡连利、白树亮、彭焕萍，2010）等。此外，媒体在社会群体的选择上，也往往偏爱弱势群体，对此，媒介研究主要从媒体报道方式、报道效果等方面展开，为维护弱势群体利益献计献策，如《舆论监督过程中弱势群体权益的媒体维护》（朱清河，2012），《弱势群体新闻报道的价值取向分析》（许向东，2006），《关于弱势群体报道研究的分析》（李明文，2009）等。

研究大众传媒对不同社会群体的报道，这样的研究比较细化，范围也比较广，暂不能一一阐述，在此举例进行说明。以涉及女性的报道研究为例，学者们从女性主义、文化解读、媒体的性别特征、新闻报道的框架等不同的角度对这些报道展开研究，如《试论女大学生的价值观教育——基于现代传媒中的性别呈现特征》（冯丰收，2013），《广告中的女性形象与现代传媒中的性别失位》（周虹，2009），《大众传媒中女性形象塑造的跨文化解读》（吴越民、余洁，2009），《大众传媒中的性别歧视》（刘伯红，1999）等。中国传媒大学媒介与女性研究中心的刘利群教授著书《社会性别视野下的媒介研究》，对不同媒介中呈现的女性形象进行研究，并对"剩女"传播现象、女性主义媒介研究等进行介绍。除此之外，还有较多其他的著述，如《镜像与她者：加拿大媒介与女性》（蔡帼芬，2009），《媒介与性别：女性魅力、男子气概及媒介性别表达》（徐艳蕊，2014），《国际视野中的媒介与女性》（刘利群，2007），等等。研究发现，大众传媒以何种价值观念和标准来报道女性，直接影响了受众性别观念的形成。因此，大众传媒有必要采取一定的措施，成为宣传男女平等文化的阵地。

又以农民工群体的报道研究为例，学者们从报道特色、报道角度、议程设置、人文关怀、社会群体形象建构等多维视角展开研究，如《我国农民工维权报道现状及建议》（李道荣、徐剑飞，2015），《"农民工"报道的媒体视阈反思》（胥宇虹、蓝东兴，2011），《农民工报道中属性议程设置的变化》（包晓云，2005），《一个"差异人群"的群体素描与社会身份建构：当代城市报纸对"农民工"新闻报道的叙事分析》（李艳红，2006），等等。这些研究中大都提出保障农民工利益、加强报道水平等相关建议。如在郑素侠的《论农民工利益表达中传媒的作为》中，作者指出："构建和谐社会所面临的一个现实问题，就是如何建立一个适合我国国情的社会利益表达机制，畅通各社会群体特别是农民工群体的利益诉求渠道，以防止和解决'强势群体'与'弱势群体'的两极分化以及由此带来新的社会矛盾。就农民工的利益表达而言，当前存在着制度化表达渠道不畅、体制外的非理性表达居多等问题。大众传媒作为公共信息的传播渠道与社会舆情的建构工具，理应成为农民工诉求合法权益的平台和载体。国家应为农民工的利益表达提供媒介政策支持；传媒自身应树立平等的受众意识，处理好经济效益与社会效益的关系，提升新闻从业人员的职业素养等。"[1]

当然，对社会群体报道的传媒研究不仅局限在上述范围，随着社会的发展变化，一些新的社会群体也会陆续出现，并成为报道的内容和传媒研究的对象。总之，对大众传媒关注的社会群体展开研究是传媒研究的一个重要角度。

### （二）社会角色视角

社会角色在社会学意义上是指在特定的社会关系中的某一行动体所处的身份和地位，以及根据该身份和地位其所具有的权利和义务。社会角色具有一定的外在强制性和内部建构性的特点。

本书所阐述的社会角色，主要指大众媒介所担当的社会角色。大众媒介是传递新闻信息的载体，自产生的那一刻起，就给人类社会带来深远的影响，其已渗入社会的每个角落和人们的各项活动，贯穿社会结构体系。大众媒介的功能被我们所熟知：传播信息、舆论监督、传承知识文化、提供娱乐等。大众媒体一个重要的特点是能聚焦、放大社会事件，团结聚集个人力量[2]，为公众参与社会事件提供了有效的平台。因此，大众媒介必须认清自己的社会角色和责任，具有社会担当的精神。对这一点，我国传媒界的学者有着一定的共识。当前我国大众媒介的社会角色及其定位呈现出多重特征，很多学者对此也开展了研究。

王长潇在《新时期传媒业的社会角色与人才机制》中指出，我国大众媒介目前的多重性定位体现在其具有实体组织与事业单位双重地位、个体与社会双重身份、传播与经营双重功能、国内与国际双重领域。[3] 不过目前我国大众媒介这种多重身份，可能会使其社会角色发生混淆而导致错误定位。在产业化运作的环境中，大众传媒更容易认同其投资与利润分配的经济行为，进而忽视其社会文化功能和社会责任。传媒在研究市场的时候，更直观看到的是市场需求，至于传播内容的社会影响是其次进行考虑的。但是传媒理应对受众的即时需求与长远需求、低级需求与高级需求进行准确判断，作为精神产品的生产主体，在市场的分析中应更关注受众的内心成长，为受众特别是未成年受众设身处地地考虑，哪些事实、资讯与观点会对他们产生心理影响及行为示范。[4]

目前对大众媒介社会角色的研究非常丰富，以"传媒""角色"为关键词在中国知网上进行核心论文及以上等级论文的搜索，相关论文约有120篇。而其中约四分之一的研究是分析大众媒介在国家政治、政府管理这些大角度下的社会角色，如《主体性：国家治理体系中的传媒新角色》（李良荣、方师师，2014），《大众传媒在

① 郑素侠：《论农民工利益表达中传媒的作为》，载《郑州大学学报》（哲学社会科学版），2010年第6期。
② 刘妤：《论大众传媒在我国公众参与立法中的作用》，载《中国报业》，2011年第18期。
③ 王长潇：《新时期传媒业的社会角色与人才机制》，载《新闻界》，2007年第5期。
④ 陈红：《大众传媒的社会角色》，载《新闻爱好者》，2006年第6期。

政治发展中的角色与功能——基于阿尔蒙德结构—功能主义理论视角的分析》（吴乐杨，2013），《论政府信息公开与大众传媒的角色定位》（纪新青，2004），《新信息安全观下政府公共危机管理的传媒角色研究》（张蕊、王银芹，2015）等。还有较大一部分研究是从社会公共领域构建和社会发展的角度进行展开，如《新闻传媒如何扮演民主参与的角色？——评杜威和李普曼在新闻与民主关系问题上的分歧》（单波、黄泰岩，2003），《中国传媒在公共空间建构中的角色考察》（罗以澄、姚劲松，2012），《新闻传媒在美国公民社会建构中的角色考察》（姚劲松，2013）等。也有学者对文化传播和人文精神传承中的传媒社会角色展开研究，如《文化媒介化中现代传媒的角色和责任初探》（陈辉、张淑华，2013），《大众传媒在文化身份再现和建构中的角色探究》（石义彬、吴世文，2011）等。在一些突发事件和热点社会事件中，传媒也担当了重要的社会角色，因此也有学者从这个角度展开研究，如《公共卫生危机事件中的传媒角色》（刘大颖，2011），《突发事件报道中传媒的角色调适》（尤红，2010），《法治热点案件讨论中的传媒角色——以"药家鑫案"为例》（陈柏峰，2011）等。除此以外，在市场经济、城市发展、环境保护、公民日常生活、儿童教育等诸多方面都有相应的研究，有的研究不仅研究传媒的社会角色，还要进一步研究传媒人的社会角色，在此不一一进行列举。总体来说，从大众传媒所担当的社会角色为视角的传媒研究方兴未艾，获得了丰富的理论研究成果。

### （三）社会变迁发展视角

总体上说，社会是一套稳定而持久的系统，但是又在不断发生冲突和持续变化。现代社会也是在不停的变迁中形成它今天的社会结构。一直以来，社会学都将社会变迁作为其研究领域中的一个重要内容。社会变迁是指社会结构的重大变化，更广泛地说，是指一切社会现象的变化。从社会变迁的角度进行研究，有利于全面并深刻认识各种社会关系和社会活动，进而探寻社会运行、发展的规律。

关于社会变迁，在社会学领域已形成比较系统的理论。大卫·波普诺在其著作《社会学》中将社会变迁理论分为四种：社会文化进化论、循环论、功能论和冲突论。[①] 进化论学派的代表人物有孔德、滕尼斯、斯宾塞、迪尔凯姆等，主张社会是进化而来的，社会变迁是连续的，并且有一定的次序，是从简单到复杂的过程。循环论学派的代表人物有索罗金、斯宾格勒、汤因比等，他们主张社会变迁是无方向的，在产生、发展、成熟、衰落的变化模式中进行循环，如同潮涨潮落。功能论学派的代表人物是帕森斯，他主张社会是一个相互依存的体系，在这个体系中各组成部分努力实现均衡以维持社会的稳定，当系统失调的时候就需要进行有效的社会控制加以校正，结果导致社会系统的变迁。冲突论学派的代表人物是马克思和达伦多夫等，该学派主张社会是不平等的、存在冲突的，因此社会变迁不可避免。马克思

---

① ［美］戴维·波普诺：《社会学》，李强等译，中国人民大学出版社，1999年版，第624~628页。

认为，社会变迁过程是自然历史过程和主体活动过程的辩证统一，在阶级社会中直接表现为阶级之间的冲突，社会变迁有不同的类型、不同社会形态的演变。[①]

大众媒介作为整个社会体系的有机组成部分，它的兴起、发展和运行都离不开社会发展的大环境，深受社会经济、政治和文化机制等方面的制约。所以，从社会变迁的角度来研究媒介是一种较为重要的研究视角。尤其是我们身处一个空前激烈的社会变迁的时代，当前中国社会正处在建立社会主义市场经济体制的社会转型时期，从传统社会向现代社会进行转变。同时，全球化浪潮和新技术革命声势浩大，对我国社会也产生了深远的影响。

从目前的研究情况来看，用社会变迁角度分析传媒，较多是在社会变迁过程中分析大众媒介的功能。如张峰在《浅论中国社会变迁中公共领域的构建》[②]一文中主张，在社会变迁中需要整合媒体并加强其作用，同时要开发利用网络等新媒体，以促进人民对社会冲突的各种议题进行呼应和关注，把大众媒介作为构建中国公共领域的突破点。风笑天、邓希泉在《大众媒介在社会变迁中的功能分析及其模型》中指出："社会变迁形成大量信息，对信息的需求则构成传播活动，传播活动借助大众媒介吸取大量的社会公众。大众媒介作为广大公众作用于社会变迁的工具和中介力量，始终贯穿于社会变迁的全过程，并且随社会变迁的不同阶段而发挥不同的主导功能。大众媒介的自身发展离不开社会变迁，同时又反作用于社会变迁。大众媒介所发挥的主要功能分别是：在预备阶段是引发功能；普及阶段中发挥变革功能；正式组织阶段中发挥催化功能；制度化阶段则发挥着巩固功能。"[③]不过，大众媒体在社会变迁中只起到部分的促进作用，而不起决定作用。大众媒介不能离开社会经济结构、文化结构和权力结构独立地促成社会变迁。[④]

2012年、2013年复旦大学新闻学院分别以"传播革命与社会变迁——新媒介技术语境下的学科理路""新媒体与社会融合：新闻传播学视野下的社会变迁"为主题举行了学术会议，较为集中地呈现了媒体与社会变迁相关的研究。围绕这两个主题，研究者从各个层面对传媒和社会变迁间的关系进行分析和论述，而其中较为集中的研究体现在新媒体的发展对现今社会造成哪些变化，以及其在社会变迁中所扮演的角色。除此之外，《国际新闻界》也刊登了一些以传媒与社会变迁为主题的研究成果，如《社会变迁下的澳门传媒发展》（林玉凤，2009），《清末民间媒体关注"公共事务"与晚清社会变迁》（曹晶晶，2009），《新媒体时空观与社会变化：时空思想史的视角》（何镇飚、王润，2014）等。

---

① 赵文龙：《浅析马克思的社会变迁理论》，载《西安电子科技大学学报》（社会科学版），1999年第2期。

② 张峰：《浅论中国社会变迁中公共领域的构建》，载《华东师范大学学报》（哲学社会科学版），2009年第1期。

③ 风笑天、邓希泉：《大众媒介在社会变迁中的功能分析及其模型》，载《株洲工学院学报》，2002年第2期。

④ 朱增朴：《传播与现代化》，中国新闻出版社，1989年版，第15~16页。

还有一些研究是从社会变迁的角度来研究传媒改革、创新的，如《当代社会转型与中国传媒业改革》（张涛甫，2005）、《"碎片化"时代背景下的传媒创新》（万会丽，2015）、《中国社会转型期传媒发展的逻辑与使命》（李明，2013）等。

（四）社会风险视角

我国目前的社会发展正处于转型期，发展与矛盾、冲突俱在，还有很多不和谐的因素。同时，全球化的时代各国为自身的利益会频繁地博弈和较量，中国已然进入风险社会。大众传媒遍布我们生活的每一个角落，随着新技术的不断应用，更加全方位地向人们生活的各个方面快速渗透，打破了时空局限，使世界变得越来越小，使人们的生活空间越来越大。[①] 大众媒介在风险社会中扮演着双刃剑的角色，既有可能成为新的风险源，又有可能协调各种冲突、降低社会风险。大众媒介作为社会信息的传播平台，那些带有风险的信息同样也成为传播的内容。刘玮、王戒非在《多元传播环境下的媒介化社会风险》一文中指出，媒介带来的风险包括两类：一种是媒介传播风险内容被公众认知后产生社会风险，另一种是媒介化过程中所制造的风险。前一种情况如公共卫生类、事故灾难类和社会安全类社会风险被媒介进行传播，媒介是信息源，引起公众的关注，建构了公众对风险的认知，并指引了公众的风险判断。后一种情况是指媒介在传播信息中出现了谣言、媒介暴力、舆论煽动等情况，这种情况干扰了正常的信息传播秩序，威胁到了社会的安定和人们的正常生活。[②] 近年来，微信、微博等传播方式的应用极大地便利了谣言的传播，出现了较多的具有代表性的个案，所以对网络媒体谣言传播研究一直是学术界的热点。不过，研究的落脚点一般还是在风险控制、规范风险报道等层面上，相关的著述非常丰富，如《当代中国社会的网络谣言研究》（周裕琼，2012）、《数字新媒体环境下突发性群体事件的谣言传播研究》（蔡盈洲，2014），等等。

传媒既能带来社会风险，也能处理一定的社会风险。在《风险社会下传媒功能的扩展与深化》（黄晓军，2012）、《风险社会中传媒协助治理群体性事件的思考——基于相对剥夺理论的视角》（张彦华，2013），以及《风险社会中传媒对"仇富心理"泛化的纾解》（李春雷、杨莹，2014）等研究成果中，学者们都对传媒在风险社会下的作用进行了肯定，力求通过媒体力量减弱或在一定程度上化解社会矛盾，充分展示传媒的正能量，彰显舆论监督的威力。在这方面的研究往往也与传媒的社会责任相关，而传媒社会责任的研究也是社会学视角传媒研究的一个重要方向。

社会学是一个博大精深的学科，同时也是一个发展迅速的学科，需要不断地去学习和认识。本节只是从一些角度探讨社会学传媒研究的路径，还无法涵盖学科的整个研究视角，希望本研究能起到抛砖引玉的作用，从而吸引更多的学者对该领域

---

① 陈红：《大众传媒的社会角色》，载《新闻爱好者》，2006年第6期。
② 刘玮、王戒非：《多元传播环境下的媒介化社会风险》，载《现代传播》，2014年第7期。

进行研究。

# 第三节　传媒文化学研究

## 一、文化及传媒文化

文化这一概念始终居于人文科学的核心位置。这一概念很让人迷惑，因为它常常以不同的方式被使用着。在不同的语言、不同的学术传统中，它的侧重点也各不一样，文化理论的一个要点就是指出文化及相关概念的含义在历史上发生了怎样的变化。[①] 可以说，人类学家、历史学家、艺术学家、社会学家对于文化的理解是截然不同的，因为在不同的文化传统中，文化有着不同的含义，也有着不同的分类。

在汉语语境中，文化一词最早可追溯到《易·象传》中的"小利而攸往，天文也；文明以止，人文也。观乎天文，以察时变，观乎人文，以化成天下"一句。它表明文化是人文转化而成，人居于其中间地位，其中的天文、地文与人文又成为中国原始文化认知的三重范畴。可见，文化一词自萌芽起就包含着精神、物质、制度等文明的不同层面，其意义是异常丰富的。而在西方语境中，对于文化的定义的传统源自 19 世纪英国诗人和文学批评家马修·阿诺德。随后的诸如伯明翰学派的理查·霍加特、雷蒙·威廉斯以及斯图亚特·霍尔等都尝试着定义并且追溯文化这一词的概念及源头，其中流传较为广泛并且引用丰富的当属美国阿尔弗雷德·克洛伊博和克莱德·克拉克洪在 1952 年出版的《文化：概念和定义批判分析》一书中所定义的文化概念。该书列举了上百条不同的文化定义，并将其进行归类与分析，总结出了哲学、艺术、教育、心理、历史等 9 种基本的文化概念范畴，为后世对文化这一概念的研究梳理了最为基本的类别。

而被认为具有划时代意义的，第一个具有现代意义上的文化定义来自于英国人类学家爱德华·泰勒在 1871 年《文化的起源》中所描述的："文化或者文明，从其广泛的民族志意义上而言，它是一个错综复杂的总体，包括知识、信仰、艺术、道德、法律、习俗和人作为社会成员所获得的任何其他能力和习惯。"[②] 由此可见，文化自身便包罗万象，是一种有机的总体文化，其边界是模糊并且无限广泛的。正如索绪尔的结构差异理论所推导的一样，人们早期认为文化的产生更多源自它所存在的场域。在 1982 年的第二届世界文化政策大会上，联合国教科文组织成员国给文化下了一个定义，认为文化在今天应被视为一个社会和社会集团的精神和物质、知识和情感的所有与众不同的、具有显著特色的集合总体，除了艺术和文学，它还

---

① R. Williams：*Keywords*：*A vocabulary of culture and society*，London：Fontana，1976.

② ［英］爱德华·泰勒：《文化的起源》，纽约：哈泼和罗出版社，1958 年版，第 18 页。

包括生活方式、人权、价值体系、传统以及信仰。① 从官方给出的定义中我们发现，对于文化的理解产生了一定的偏转，它不再拘泥于过去的经典，而将生活中的元素加入进来，价值体系等的提出证明了经济在文化中的作用，而信仰又表明了文化的前进方向。可见，今天人们对于文化的理解经历了从简到繁，从浅到深的过程，并已经逐渐意识到文化的经济产业、社会消费以及文化流通等诸多属性特点，并且表明了文化并不是"曲高和寡"而是"普罗大众"都可以直接享受的，它涉及我们生活的方方面面，并将最终的归属指向我们的大众日常生活。事实上，以上这些观点对我们理解下文的传媒文化都有着重要的意义。

传媒文化研究，顾名思义是指文化领域的传媒学研究。事实上，文化的多元性和复杂性决定了不少社会文化思潮、文化学家们的观点、文化批判力量等都对传播和媒介领域影响重大——马克思主义、结构主义、后现代主义、女权主义、符号学等各种文化思潮使得新闻传播研究风起云涌；德里达的解构主义、福柯的知识考古学、弗洛伊德的精神分析、鲍德里亚的消费主义等名家观点让新闻传播研究拓宽了视野；而文化霸权的批判、公共领域的分析、民族主义研究、第三世界文化研究等批判力量又让新闻传播研究产生了一定的转型。

可以说，传媒和文化的结盟，贯穿了两者的发展史。传媒研究一直以来都是文化研究的主流与核心，而文化研究的方法又或多或少地影响着传媒领域。

在文化学视阈下新闻传播领域中，法兰克福学派和伯明翰学派两大基本流派贡献突出。法兰克福学派起源于思辨色彩浓厚的德国，其秉承利维斯主义并带有马克思主义倾向，以政治经济学批判与意识形态批判相结合的研究方式从精英主义的视角对大众文化与工业进行了批判。伯明翰学派起源于学术气氛浓厚的英国，涉及社会学、经济学、政治学等学科领域的伯明翰学派宣布"将文化研究纳入理性的地图"，"穿过现代性与后现代性的一路纷争，成为当代学术的显学"②。在研究方法上，伯明翰学派动员了社会学、人类学、符号学等跨学科的研究方法，深入研究媒介文化现象。莫利、费斯克等人将民族志的研究方法加以应用，使得文化研究更具实证化；而费斯克的符号学方法又围绕着"意义"解读各种媒介文化现象，让文化现象在这种方法下更加厚重与深刻。但我们需要明白，传媒文化领域的研究方法并不仅限于两大学派的研究方式，从本质上来讲，只是两者将传媒文化研究从"工具性"提升到了"价值性"，更显人文关怀，两者所运用的研究方法也是大众最需要了解的研究方法。

近年来在我国很多学者都投入了传媒文化研究，这是最具活力的学术研究方向之一，很多学者都在该领域进行开拓，很多有新闻传播专业的高校也纷纷成立了传

---

① ［加］夏弗：《文化：未来的灯塔》，退肯汉：金刚合金出版社，1998 年版。（D. Paul Schafer, Culture：Beacon of the Future, Twickenhan：Adamantine Press, 1988.）

② 陆扬、王毅：《文化研究导论》，复旦大学出版社，2006 年版，第 109 页。

媒文化研究中心，所以在这方面的成果颇丰，如蒋晓丽的《传媒与文化：文化视角下的传媒研究》（2008），周宪的《中国当代传媒文化研究》（2011），陈龙的《传媒文化研究》（2009），蔡骐、谢莹的《文化研究视野中的传媒研究》（2004），董天策的《传媒与文化研究的学术路径》（2012），等等。

## 二、文化学研究的基本视角

### （一）法兰克福学派研究视角

法兰克福学派通常被认为是"批判理论"的源头。它继承了马克思主义理论的原则与辩证的方法论，站在精英角度的立场，以异化的思路来批判与解析大众文化。在法兰克福学派的眼中，大众文化因其达不到合理的审美趣味而招致的政治无能必然会产生抵制与超越。霍克海默、阿多诺、本雅明、马尔库塞等学者的研究看似是对大众文化的审美批判，实质上是对文化工业所产生的"工具理性"的批判，学者们看到的是技术进步所带来的文化异化，并在这一过程中以批判大众文化作为一种思想佐证，这一过程被视为是"除去魅影"。在法兰克福学派的研究中，其究竟采用了何种研究方法来得出如此丰富的成果并且影响后世，成为我们今天阐述的重点。这些方法有时并非法兰克福学派所独有，其中有着与其他学派诸多的重叠与断层之处，其经历的漫长演变体现着从文本到事实的转化。法兰克福的研究方法的核心在于通过考虑文化与社会权利的关系来试图对文化进行反思，帮助我们理解文化的意义与价值，完成了类似于文化体验的一种探索性思考与论证。

法兰克福学派代表之一的霍克海默认为，哲学应该成为社会哲学，社会哲学必须同时吸收哲学和社会学的优点，将两者辩证统一起来，实现持续性的渗透式发展。可以说，霍克海默的社会哲学方法为法兰克福学派奠定了研究路径与方法。[①]社会哲学的研究方法从哲学上去阐述了生活共同体中人类命运的兴衰变迁，从极为广义的理论层面去解释物质经济生活、精神文化和个体组织等之间的关系。这一研究方法拓宽了哲学研究的范式与领域，成为法兰克福学派形成与发展的基础条件之一。当马尔库塞、弗洛姆等在马克思《1844 年经济学哲学手稿》发表后，对历史唯物主义哲学进行人本化解读时，阿尔都塞明确提出，马克思主义哲学不是前科学的意识形态，而是科学。[②]法兰克福学派认为社会哲学发轫于德国古典哲学，其基本建构是独断、自主和主观理性的批判，希望从艺术、宗教、社会等生存整体出发，理解生存的价值和意义，霍克海默将上述观点很好地进行了汇总，并认为这点与法兰克福学派整体的学术观点不谋而合。

---

①　陈宝、单传友：《在哲学与社会科学之间：法兰克福学派社会哲学的初始定向》，载《兰州学刊》，2013 年第 5 期。

②　俞吾金：《历史唯物主义是哲学而不是实证科学——兼答段忠桥教授》，载《学术月刊》，2009 年第 10 期。

面对社会哲学研究的困境，霍克海默认为社会哲学就是要在多学科的基础上，回复其应有的有效性从而达到对社会现实问题的真正解决，指出了社会哲学研究应该研究具体的如国家、社会、家庭等社会问题，并做出客观的事实判断，但不能论及"现实性和这些现象的价值"。简言之，研究者应该在正确的科学研究方法基础上去探讨更大的哲学问题，在他们实体性工作中去修订或限定他们的问题，并且在无失更广泛的背景基础上发展新的方法。[①]（笔者译）

法兰克福的政治经济批判方法主要是从西方马克思主义的立场出发，紧扣"谁控制媒介、操纵传播"的命题，主要从政治、经济两个大点上来进行研究与探析。西方马克思主义的鼻祖卢卡奇早在20世纪20年代便提出了"物化"这一概念，认为资本主义社会中最集中的表现就是商品拜物教，其观点具有极大的前瞻性意义。随后的法兰克福学派继承了卢卡奇等人的观点，进一步探讨了这个问题。它们公开承认采用马克思主义的观点，广泛采用多种学科的成果与研究方法，力图解释媒介在维护阶级统治中所扮演的诸多角色。比起西方马克思主义论述的极具宏观的哲学历史性，法兰克福学派探讨的更为具体，也更加实在。学者们集中讨论"谁（who）在控制""为什么（why）控制"等问题，表现出政治经济学的相关观点来阐明传播中的控制与操纵意向，并涉及媒介的结构、运作以及社会背景等诸多方面。

法兰克福学派代表霍克海默和阿多诺在《启蒙辩证法》一书中提出了"文化工业"这一概念。他们敏锐地指出，当资本主义发展到高度组织化的阶段，大众文化不仅是人们闲暇的中心，更是具有政治、经济的一种基本社会机构，它们的兴起离不开相应的经济体制的支撑。同时法兰克福学派的本雅明提出"只有被救赎的人类才知道它过去的完满性，它的过去才变成了随时都可引用的东西"[②]，表明只有让现实取得政治上的合法性，新的审美批判才有可能。学者们最初用其政治学与经济学观点，通过对启蒙理性的探讨与对文化工业意识操纵的揭示，产生了一种影响深远的文化批判理论，其中不乏类似于阿多诺的"否定辩证法"（认为理论的目的在于以其否定力量来对抗世界[③]）等较为极端的观点。可以说，在法兰克福第一代学者的影响下，从政治经济学角度来分析大众文化与审美情趣成为影响不少后世批判学者的方法之一。

法兰克福学派通过对文化产品和文化媒介的特殊性的分析，讨论其具有的意识形态性以及这样的形态意识所具有的社会影响力等方面。法兰克福学派首开先河地

①　Max Horkheimer：The Present Situation of Social Philosophy and the Task of an Institute for an Institute for Social Research, *Between Philosophy and Social Science*, tans, Frederick Hunter, Matthew s. Framer, and John Torpey, The MIT Press，1993.

②　［德］本雅明：《历史哲学论文集》，转引自［美］理查德·沃林：《文化批评的观念》，张国清译，商务印书馆，2000年版，第17页。

③　［德］阿多诺：《否定的辩证法·导论》，选自陈学明：《二十世纪哲学经典文本——西方马克思主义卷》，复旦大学出版社，1999年版，第182~233页。

运用意识形态的批判方法来研究文化形式、文化实践、文化机构与社会的变迁，分析这些文化产品对大众的影响，在这其中大众媒介则成为研究的焦点，并延伸出了其对大众文化、艺术手段、电子技术等方面的影响。

例如，早期的阿多诺将大众文化、低级艺术、民间艺术放在同一范畴内进行考察，站在审美和政治的角度对文化工业进行了意识形态的批判，认为"高级艺术的严肃性因为追求功效而被毁，低级艺术的严肃性则随着内在固有的反抗性抵制受到文明的限制而消失"①；而后期的本雅明则在 20 世纪 30 年代中期就已经意识到电子技术成为新的艺术生产力，并承认新的电子媒介的解放潜能，并体会到这种现象已经超越了艺术审美的意义范畴了。同时，本雅明将法西斯主义政治审美化的手段颠倒为审美政治化，继承了黑格尔的辩证法和马克思主义的立场，从理论上救赎了所谓的"机械复制时代"的文化以及"无产阶级化的大众"，通过对大众文化意识形态、深层心理的分析来展开对大众文化非大众性的批判。② 可以说，意识形态的研究方法贯穿了法兰克福学派研究的全过程，这种方法让学者们辩证地看待艺术手段的两面性，既看到机械复制带来的文化衰落与品格的降低，又看到文化被"救赎"的一面。

法兰克福学派对中国学界产生了深刻的影响，在我国文化研究领域也多有学者对其研究，如田林的《综艺节目对法兰克福学派大众文化理论的扬弃——以交友真人秀节目"非诚勿扰"为例》（2012）、王小岩的《法兰克福学派的大众文化批判理论及其启示》（2010）、陈立旭的《法兰克福学派与英国文化研究：对中国大众文化研究的启示》（2010）等。针对传媒文化研究的选题有谭好哲的《当代传媒技术条件下的艺术生产——反思法兰克福学派两种不同理论取向》（2013）、牟维珍的《传媒集中化的文化批判》（2008）、董天策的《传媒与文化研究的学术路径》（2012）、万丹的《对现代传媒的文化批判》（2000）、潘知常与袁力力的《文化研究：传媒作为文本世界——西方传媒批判理论研究札记之一》（2003）、潘知常与彭海涛的《意识形态理论的视境：传媒作为权力世界——西方传媒批判理论研究札记之二》（2003）、陈全黎的《现代性的两副面孔——论传媒批判学派与经验学派的分野》（2003）、杨华的《论法兰克福学派的媒介批判和文化批判》（2005）、刘春的《法兰克福学派与大众文化批判》（1992）等。

## （二）伯明翰学派研究视角

在伯明翰学派四十年的发展经历中，其研究范围涉及社会研究、文本研究、传播主客体研究，以及受众影响等方面。从研究路径上分析，其与法兰克福学派有着

---

　① ［德］阿多诺：《再论文化工业》，选自保罗·莫利斯、苏·索娜姆：《媒介研究读本》，爱丁堡大学出版社，1999 年版，第 31～37 页。

　② 尤战生：《非文化与反大众：法兰克福学派对大众文化的批判》，载《山东大学学报》（哲学社会科学版），2007 年第 6 期，第 45～50 页。

诸多的共同点，但伯明翰学派从一开始便不满法兰克福学派的精英主义立场，他们在面对大众文化现实时，从自身"平民"的角度来做出了诸多反应。同时，伯明翰学派采用历史主义的现实态度，凸显工人阶级自身的力量，并努力求证着工人阶级自身的文化合法性。可以说，文化研究从法兰克福学派到伯明翰学派的转折中，看似介入的只是不同立场、不同角度、不同方法，但实际上体现的是当代文化批判的一种潮流，伯明翰学派涉及的亚文化研究、女性主义研究、民族主义研究，等等，都可以看成是文化研究的一种转折。

就研究路径方面，伯明翰学派提出了许多影响后世的文化研究方法来对文化产品进行分析、诠释和批判。民族志研究、文化实证研究等通过实地调查，考察了电视技术形式与文化等方面的变迁，跨学科的研究方法将不同学科的领域联系起来，为文化研究拓展了新的路径与方式。

伯明翰学派展开民族志的研究方法。在马林诺夫斯基的特罗布里恩岛土著研究之后，民族志研究成为人类学研究的基本方法之一。它是一种写作文本，是指通过田野调查等方式对一个族群的文化进行资料获取与分析，并进行合理的分析理解。通常需要进行文化的描述，包含着观察、访谈、系谱、主客观点等具体方式。民族志方法并非一套系统的方法，它更多地像是对研究过程的改造，使之在不同的学科领域呈现出不同的特点，呈现出新的面貌。就媒介领域来看，传媒业界和学界通过此方法来记录和诠释传播数据、受众文化的丰富性与全面性，从而反思现实，发掘新的理论。在其方法的演进中，伯明翰学派在20世纪中期展开的对大众文化的亲身体验和分析成为其自身的特色之一，也带领着民族志的研究方法进入了传媒领域。

不同于美国"实验室"般的定量分析研究，伯明翰学派的学者一开始就置身于其研究的社会环境中，如威廉斯、霍加特等学者都将研究目光转移到了日常生活的大众文化中，在实际的生活体验中得出了大众文化产生于阶级、性别、种族、经历、学历等众多社会关系抗争中这一结论。而伯明翰学派的莫利对于家庭收看电视行为的研究更是民族志研究具有里程碑式的意义的一次研究，莫利通过民族志研究对家庭收看电视这一行为进行了观察与记录，在诸多访谈、归类后得出了对于遥控器的掌控、对于电视节目的选择等无不体现着性别权利的关系这一结论。同时莫利通过这一研究结果的呈现告诉我们，在研究宏观权利关系和受众时，不仅应该通过合理的文本来解读，还应该考虑受众的生活情境，离开具体情境的研究是无法获得可靠数据与结论的。不仅如此，伯明翰学派在对诸如亚文化领域、女性主义、民族领域的研究中都广泛采用了民族志的方法，将日常生活、细节和情境作为自己研究方法论的立足点，从而提供更加深入且具备启发性的理论认知。

孔德在1842年出版的《实证哲学教程》中拉开了实证主义运动的序幕并形成思潮，其所推崇的是科学结论的客观性与普遍性，强调知识必须建立在观察和实验的基础上，通过数据或者模型来揭示一般性规律，同时其结论应具有可证性。文化实证研究顾名思义就是对某种文化现象或者思潮，借用观察法、谈话法、测验法、个案法、实验法等实证分析与纯粹理性分析相结合的方法来研究具体文化现象的一种研究方法。西方国家将这种方法广泛应用于研究女权主义、黑人族群等一系列现实存在的问题。① 文化实证的研究方法不仅应用于大众文化的研究领域，而且也是伯明翰学派广为人知的研究方法之一。

伯明翰学派奠基人之一的雷蒙·威廉斯在《电视：科技与文化形式》一书中以实证研究的方式分析了电视文化所产生的效果，以其犀利的文笔批判了电视所产生的一系列诸如暴力、效果等大众文化，首开以实证的方式研究电视文化效果这一领域，风靡学界。威廉斯认为相对于"正统的大众传播学"强调经验与实证主义相结合的研究方法来说，对于社会和文化研究来说建立关于过程的意识应该是首位的，确立研究顺序、重点、核心等应该是文化实证研究的关键。不仅如此，伯明翰学派1978年出版的《女性有话说》（*Women's Studies Group*）标志着女权主义与文化研究合作的开端。女权主义研究者将权利、家庭等政治概念纳入私人领域，是对当时现行秩序的一种颠覆，从而造成了对文化研究理论和方法持久性的破坏，这一现象一直持续到富兰克林1991年出版的《离开中心：女权主义与文化研究》一书，才标志着女权主义与文化研究之间实现了一定的融合与交流。而伯明翰学派也将文化实证研究运用于亚文化研究、民族研究、种族研究等其他领域。

伯明翰学派研究还采用跨学科的研究方法，其强调着跨学科性、超学科性和政治批判性。伯明翰学派在阶级研究、大众传媒研究等诸多领域中所取得的成果都具有跨学科研究的鲜明特征。伯明翰学派的学者常常将政治经济学、社会学、文化人类学、哲学、影视研究、艺术史等结合起来，共同探讨不同社会中的文化现象，这些都可以在其研究方向、方法论、课程设置方面得以体现。以1964年伯明翰当代文化研究中心（CCCS）成立后的第一份报告为例，报告列出首要研究的7个项目，分别涉及气候、传媒（报业）、音乐、社会文化（小说）、体育、青春文化等学科领域，跨度之大可见一斑。

在文化研究中心创立之初，伯明翰认为能够把不同领域的学者聚集在一起讨论问题并容纳各方观点，但是却发现无法实现预期的对话。为了实现这一交流，伯明翰学派自身便做出了较大的努力。文化研究之所以要如此彻底地跨学科，是由于它研究关系超越又构成了语境的抽象性。② 由于霍尔等学者的努力，伯明翰学派的研究者们幸运地能够从多个角度获取灵感。在莫利看来，正是媒介与文化研究内在的特质决定了没有一个单独的学科可以完全揭示其"真相"，只有适当借鉴各种研究

---

① 姜国峰、费艳颖：《从文本到事实：文化研究方法的理论变迁》，载《理论月刊》，2014年第2期。

② 史岩林、张东芹：《文化研究的跨学科性与全球化——美国格罗斯伯格教授访谈》，载《文艺理论研究》，2011年第1期。

方法和理论资源，才能对问题展开全面的分析探讨。[①] 可以说，拆除人文学科的壁垒，强调和认知学科整合这一趋势，对今天发展中国媒介和文化研究至关重要。伯明翰学派所强调的跨学科性对于今天的中国极具启发意义。

在中国，在这方面的研究也开展起来，如位迎苏的《伯明翰学派传媒文化研究的嬗变》（2008），《伯明翰学派的受众研究》（2008），邹威华、伏珊的《斯图亚特·霍尔与"大众媒介"文化理论》（2013），宋瑜的《后现代语境下的传媒研究——论戴维·莫利媒介理论对中国媒介与文化研究的启发》（2013），等等。

---

① ［英］戴维·莫利：《传媒、现代性和科技——"新"的地理学》，郭大为等译，中国传媒大学出版社，2010 年版。

# 第十一章　文学艺术内容分析法

新闻传播学科始终受到多种学科的影响，其脱胎于文学，与艺术学有着千丝万缕的联系，而在学科发展的支路上又和美学有着多重交叠。内容如此，其方法亦然。本章的传媒的内容分析方法汇集文学、艺术学及美学三门学科的研究方法，将学者们对于这三门学科的方法进行了一定的梳理，从而表明其在新闻传播内容领域是如何借鉴这三门学科研究方法来研究与之相互交融的内容的。更为关键的是，通过此次梳理我们可以清晰地分析出新闻传播领域中丰富的内容，尤其是通过何种方法将内容完美呈现的技巧。从这个角度讲，本章既具有一定的理论意义，同样也具备着一定的实践意义。

就传媒文学领域来说，本章从文学理论、超文本研究、文学批评与文学史论四个维度入手进行了分析，表明传媒在叙述与符号呈现中与文学的天然联系，并通过文学的研究手法呈现出今天的传媒的诸多方法。同时，文学亦受到传媒影响，其中的超文本研究就是文学领域新的研究方法。在艺术学领域，本章基于五大基本艺术形式，通过对这些传统艺术的研究来呈现出其各自的研究方法与对新闻传播领域的研究影响。在传媒美学领域，本章则通过对美学的梳理来表明今天传媒领域结合社会科学方法所构筑的价值—情感观，呈现出具有形式、社会、自然、艺术等的美学特征与研究视角。

## 第一节　传媒文学研究

### 一、文学内容分析概述

传媒文学研究，属于人文社会科学范畴内的一门交叉性研究。一般认为以传媒中的文学样本、文学现象、文学理论、文学发展史为研究对象，是在文学研究的基础上，与传媒领域的"结姻"的研究态势，是与传媒与文学两个领域性质、特点、功能等完全不相同且有着自身发展规律的相对独立的交叉研究领域。

当人们在阅读文学作品时，小说带来的跌宕情节、诗歌带来的意蕴深长、散文带来的唯美浪漫、戏剧带来的生动形象等无不让人在"即视感"中体味着作者对于人生酸甜苦辣的感悟。人物生动形象、事件历历在目、环境逼真如画、言情喜怒哀乐，如此种种在文学中加以呈现，表达着不同的情感——读小说《三国演义》中的"滚滚长江东逝水，浪花淘尽英雄"时，似乎看到长江翻滚着向东流去，浪涛奔涌之时的波澜壮阔；读诗歌"落花人独立，微雨燕双飞"时，一个寂寞之人倚靠在自家树旁，看着落花飘散，在细雨中低飞的双燕，一种清闲落寞之情油然而生；读散文"月光如流水一般，静静地泻在这一片叶子和花上。薄薄的青雾浮起在荷塘里。叶子和花仿佛在牛乳中洗过一样，又像笼着轻纱的梦"时，似乎我们也站在荷塘之前，看着月光如水倾泻而下，体味着作者渴望超脱现实却又苦闷的心境；读着"原来姹紫嫣红开遍，似这般都付与断井颓垣，良辰美景奈何天，便赏心乐事谁家院"时，我们感觉到一个在腐儒教育下成长起来的少女突然的青春觉醒所展现的一种无奈与心酸。因此，文学以极具审美意义的态度展示着不同的生活，传媒也是如此。与文学的文字符号相比，传媒将所有的意境加以具体化，将所有文学中描述的片段通过现代技术呈现在观众面前，表现出了不同于文学想象，但是却依托于文学的具体符号。因此，文学与传媒有着较大的相同之处，这也是两者在研究方法上能够互通的基础。

就具体的传媒文学研究而言，虽然两者在反映与表现生活的方式上有所不同，但两者反映与呈现的客体对象，影响生活的着眼点却呈现出一致性。传媒文学研究的对象不仅是传媒领域中文学的样本，更是在传媒领域中文学呈现的思维与范式，其性质具有交叉性与包容性，融合着文学的思辨性、理论性、逻辑性与传媒的视觉性、传播性等特点。传媒文学既可以看成是文学的"传媒化"，也可以看成是传媒的"文学性"——两者是相互包容且各为补充。对于文学来说，想要让其内容得到更大范围内的传播，更为广大受众所接受，那么将其转换，并找到更为广泛的传播载体则成为必然。新闻的短小、快速，广播的灵动、轻松，电视的活泼、娱乐都使得文学得到了进一步的传播，被更广泛地接受。而对于传媒来说，文学是其母本，是其发展的最为基础的本源之一。即使到了今天，传媒中的诸多领域都离不开文学的支撑与帮助。在传媒创作前期，都需要进行本文研究，电影剧本、小说改编、栏目分镜头等都是基础的文学创作，而在拍摄中期，其拍摄思维，蒙太奇运动等也都离不开原有的文学逻辑。可见，两者具有的交叉性是传媒文学诞生的基础，而两者的研究方法又以其共通性成为传媒文学的基础性方法。本书立足于研究方法，将其基本的研究视角分为理论视角、超文本视角、文学批评视角和史学视角，四个视角分别从其各自的方向着手，对于传媒文学的文本进行研究，并呈现出各自截然不同的研究成果与意义。

## 二、文学内容分析的视角

### （一）文学理论视角

文学理论，属于人文社会科学范畴的一门理论学科。一般以为，它与文学批评、文学发展史共同构成了狭义上的文艺学（或称文学学）。① 文学理论以广泛多样的文学现象为研究对象，是对多种文学活动的实践总结。在一定程度上来说，是对文学这种独特的精神现象的各种表现形式、本质、规律及其与其他学科关系的总结。文学理论最为本质的目的就是客观地将各种复杂的文学现象加以汇总和抽离，从而帮助人们更好地认识文学本质，进而从事诸如文学批评、赏析、创作等活动，以便更好地发挥其特殊的社会作用。从研究方法来说，文学理论视角是文学研究中最为基础的视角，也是对所有文学现象研究的起点，任何文学现象的分析都离不开文学理论的支撑。而文学理论在发展上受到马克思主义的影响较大，其以辩证唯物主义和历史唯物主义为指南，具有鲜明的科学性、开放性、实践性。马克思主义文学理论从历史与美学的观点出发，对文学的普遍现象进行分析，既看到了唯心主义给文学制造的泡影，也看到了文学不仅是简单的机械规范，其对于人性有着极大的促进与提升作用。文学理论自身就是一个不断修复、完善、实践的动态系统，其具有相当的科学性。

传媒文学理论，顾名思义是对传媒领域中的文学理论进行分析与诠释的方法。对于新闻传媒领域来说，其文学理论是基于文学分析的一种基本视角，具体来说就是对传媒整体运作、传媒内容生产、媒介系统运营等领域中涉及的文学现象、文学思潮、文学批评等进行合理的理论分析。与单纯的文学理论相比，传媒文学理论的区别主要有以下三点：其一，就角度来说，传媒文学理论始终以传媒为核心，在该领域文学理论是为传媒服务的，文学理论在该领域的出发点应是如何让传媒文本更好地呈现，如何让传媒更好地为受众服务。比起单纯的文学理论来说，传媒文学理论的角度将有所变化。其二，从方式来说，传媒文学理论的研究视角更加多元，因为传媒本身就是一种多元化的符号呈现。报纸的铅字字符、广播的声音系统、电视的画面系统、网络的整合传播、手机的"碎片化"报道等，使得传媒文学理论在表达方式上要远远丰富于传统的文学理论。这不仅是由于传媒文学理论本身的出发点与传统的文学理论不同，也是由其理论的服务对象的变化而导致的。其三，从落脚点上来说，文学影响社会生活的方式多是"晓之以情，以理服人"，通过其本身对于生活的呈现来陈述一定的道理与方法，并以此来影响读者。而在今天的传媒领域，传媒在一定程度上发挥了启迪思想、影响受众的功能，但传媒提供信息更多地像是一种知识普及，进而影响受众，其落脚点更加大众化。

因此，传媒文学理论的研究方法更多地像是一种基础性研究，其研究的传媒文学特性，具体可以有诸如电视电影故事情节、人物形象、符号表演语境、主题题材、叙事策略、电视电影作品诠释、文学媒介等领域，以及彼此诸多要素之间的关系，其以元素如舞蹈、动作、歌唱、音乐、道具等为切入点来分析其具体的时间性、空间性与视觉性，并以人为核心来诠释媒介的本质特性。同时，传媒文学理论

---

① 曹延华：《文学概论》（第三版），高等教育出版社，2010年版，第1页。

的研究方法也有着内涵与外延双重部分——就内涵来看，其主要在于研究文学本体要素及传播，以上的诸多例证都是其内涵要素的集合与呈现；就外延来看，传媒文学理论则主要兼顾与历史传统、社会环境、社团流派、传播方式及传播学自身建构的传者、符号、受众、信道等方式的互动，其蕴含着文学传播、传统文学继承、文学家族流派等一系列的深入问题，甚至延展至统治阶级的意识形态控制。因此，传媒文学理论的研究方法与范围是较为广泛的，它不仅研究的是传媒与文学从符号到心理的互动，还涉及接受美学与读者反馈。

可以说，文学的千变万化的母题呈现出人类共有的精神现象。而传媒的诞生则使得不同民族文学对"公共知识"的传承有了新的渠道与范式，而对传媒文学理论的探究是其基础，它能够帮助我们更深刻地理解传媒文学的价值与意义。

## （二）超文本研究性视角

作为游离于主流文学样式之外的一种形态，超文本研究常常被学者所忽略，而要探析传媒文学的研究方法，超文本研究又是一个无法忽略的存在。作为数字时代语境下一种崭新的书写方式，超文本最初起源于计算机信息技术，指的是一种基于非线性链接的数据库，网络便借助这种超文本技术突破时空的界限把"地球"变成了"村落"，"后信息时代将消除地理的界限，就好像'超文本'挣脱了印刷篇幅的限制一样。数字化的生活越来越不需要仰赖特定的时间和地点，现在甚至连传送'地点'都开始有了实现的可能性。"[①] 今天，超文本不仅是一种技术性存在，更是一种理念，它渗透到生活的方方面面，其中文学便是最先有实体表现的领域之一。对于"超本文"这一概念，最早是由纳尔逊在《文学机器》一书中对其进行了定义，即"非相续著述，即分叉的、允许读者做出选择、最好在交叉屏幕上阅读的文本。正如通常所想象的那样，它是一个通过链接而关联期待的系列文本块体，那些链接为读者提供了不同的路径"[②]。（笔者译）从整体来看，超文本是一种具有非线性的网络结构，多媒体性是其最为通识的一种形式。

今天，国内外均有不少学者从超文本角度切入了传媒文学研究，他们或从技术入手，或从科学入手，或从内容入手呈现出对于该方法的研究路径。国外具有代表性的作品有巴雷特的《文本、上下文与超文本：计算机写作》（Text，Context，and Hypertext：Writing with and for the Computer）、埃罗拉的《怀旧的天使：再论超文本写作》（Nostalgic Angels：Rearticulating Hypertext Writing）、霍尔兹曼的《数字镶嵌：数字空间的美学》（Digital Mosaics：The Aethetics of Cyberspace）、阿塞斯的《赛博文本：遍历文学透视》（Cybertext：Perspective on Ergodic Literature）、尼尔森的《超本文与超媒体》（Hypertext and Hypermedia）、

---

① ［美］尼葛洛庞帝：《数字化生存》，胡泳等译，海南出版社，1997年版，第194页。

② 转引自 George P. Landow：*Hypertext 2.0：Convergence of Contemporary Critical Theory and Technology*. Baltimore and London：The Johns Hopkins University Press，1997，p. 3。

德拉尼和兰道合编的《超媒体与文学研究》（Hypermedia and Literary Studies）、兰道的《超文本：当代批评理论与技术的荟萃》（Hypertext：The Convergence of Contemporary Critical Theory and Technology）、莱恩编写的《赛博空间文本性：计算机技术与文学理论》（Cyberspace Textuality：Computer Technology and Literary Theory）等等。[①] 而国内的学者研究超文本中影响最大的应该是厦门大学的黄鸣奋和中南大学的欧阳友权。黄鸣奋教授的《超文本诗学》对超文本进行了综合性研究，从多个角度对超文本进行了全方位的剖析，是大陆研究超文本较为权威的一部著作。欧阳友权教授的《网络文学本体论》则运用了本体论哲学思维来分析网络文学，聚焦其"存在本质"，从现象本体探讨其价值本体。除此以外，陈定家的《"超文本"的兴起与网络时代的文学》、费多益的《超文本：文本的解构与重构》、詹丽的《超文本文学特征及其价值研究》等都是站在超文本的不同角度来探索传媒文学的研究路径。

从目前的研究方法呈现分析来看，学者们从超文本角度切入传媒文学研究的视角主要有以下几种：其一是超文本的美学研究。这部分研究的关注度最高，中国学者多借鉴后现代主义文学理论，并以此演变出对于文本性质、美学价值、审美意义等方面的思考，西方则以兰道的研究为代表。其二是超文本内容生产研究。其主要围绕着文本创作与接收，即超文本的写作。主要围绕着作者、受众等主体展开研究，以阅读方式的变更为梳理中心，表明其具有的超阅读性质。其三是超文本的写作设计研究。该研究领域比较注重实践性，以研究超本文如何设计，如何呈现等具体技巧为主，侧重形式与技巧。这方面的研究大陆涉及较少，台湾的理论多是在创作基础上延展出来的，一批重要的理论研究都依托在创作基础上，其指导实践的意义较强。其四是从媒介的角度展开。这一角度侧重于从媒介出发，以媒介和写作的变迁与发展来挖掘文学、文化的变革，其涉及的范围是最为广泛的，多以纸质文本、电子文本为研究对象，对思考数字媒介对文学的影响有着较强的实践意义。

## （三）文学批评视角

作为文学研究的范式及研究文艺学三大板块之一的文学批评在传媒业空前发展的今天，也成为介入传媒文学研究的路径之一。今天，传媒文学批评不同于传统的文学批评，其超越了时空限制，使得创作表达与接收表达产生了革命性的分离。从媒介方面看，不同的载体也呈现出了不同的批评范式——传统的文学批评载体多于报纸、杂志等纸质媒体，它们使得文学批评依然保持着精英文学的品格，呈现出较强的专业性、人文性特征。而当广播电视乃至更为新型的互联网、手机等"电子媒介"成为新型的文学批评舞台之时，其对文学批评自身也造成了颠覆性的效果，大众在此平台上以民间文学、口头评论为主，并不时为书面化的批评提供素材给养，

---

① 国外研究现状的概括与总结参见黄鸣奋教授科研成果，黄鸣奋：《超文本诗学》，厦门大学出版社，2002 年版，第 503~510 页。

这两种不同的文学载体使得传媒文学批评呈现出各自不同的范式。丹尼尔·贝尔就进行过这种比较，他表明："印刷媒介在理解一场辩论或思考一个形象时允许自己调整速度，允许对话。印刷不仅强调认识性和象征性的东西，而且更重要的是强调了概念思维的必要方式。视觉媒介——我这里指的是电影和电视——则把它们的速度强加给观众。由于强调形象，而不是强调语句，引起的不是概念化，而是戏剧化。"①

因此，学者们在进行传媒文学研究之时，其进行的文学批评主要从三个方面着手。其一是媒介的差别。哈贝马斯认为："与印刷传播相比，新媒介传送的节目以一种奇特的方式剥夺了接受者做出反应的权利。……公众分裂成由专家组成的少数人群，以及庞大的消费大众，前者以非公开的方式使用理性，而后者的接受性虽然公开却毫无批判精神。"② 对于媒介载体与平台差异的比较，以及带来的影响成为传媒文学研究中批评的主流渠道。其二是模式的差异。传统的文学批评多以学院派为主，其以教育的传承表现出对特定话语与工具的保护，而其模式也多为师承关系，有着特定的传承体系，文学批评不仅是对于知识的传递，更是对于某种传统的延续。而在传媒文学兴起的今天，传媒发挥的是引发变革的作用。这里的变革不是传媒传递出的话语，更多的是其本身传承的效应。因此，对两者模式的批评（尤其是后者）成为今天不少学者剖析的亮点，而从后者衍生出的诸如电视批评、电影批评等不同的批评类别也可以看成是对传媒本身的一种批评表达。其三是比较的不同。目前的传媒文学批评研究，一方面是强调批评严肃度的学科化建构的学院式批评，另一方面是强调社会批评属性，注重参与的大众式批评，两个类型如同两条平行线，各自呈现出不同的范式。对比两条线路呈现的差异、优缺点、范式、细节等成为传媒文学研究的另一条批评路径。应该说，文学批评是文学中不可或缺的一种研究方式，传媒文学批评的研究视角更多地是将这种方法运用到媒介领域，在媒介影响力日趋强大的今天，其文学批评也因传媒差异而呈现出不同范式之时，其不仅在学科领域有着极其重要的意义，在现实层面也具有一定的价值。

## （四）史学视角

前文已经提到，如果说传媒文学作为一种具有科学性的研究领域，那么就一定离不开其纵深性的史料梳理与史学角度。从历史学的角度来看，文字的出现标志着文明的产生，文字是断代历史的界限，在此之前只能算是史前时代。而传媒文学的发展史梳理更带有一种现代性的史料价值，其呈现的将是以技术为佐证的传媒与文学的史学价值。李欧梵曾就中国现代性的引入谈及媒体的作用，他表明"我觉得现

---

① ［美］丹尼尔·贝尔：《资本主义文化矛盾》，赵一凡等译，生活·读书·新知三联书店，1989年版，第156～157页。

② ［德］哈贝马斯：《公共领域的结构转型》（英文版），转引自［美］马克·波斯特：《第二媒介时代》，范静哗译，南京大学出版社，2000年版，第68页。

代化在中国的呈现是从印刷文化（即报章杂志）出来的，而不是从抽象的思想出来的"。"我们从当时的印刷文化可以看出当时的人大量的对于新的世界的一种憧憬，一种幻想。而这些幻想从哪里来的呢？是从西方的杂志、小说、报纸来的。"① 由此可见，对于传媒文学的史学研究不仅涉及其媒介载体的发展研究，还包括在此基础上延展而来的关于现代性文化复兴的历史梳理，以及从这些经历中诞生的思想及物质影响。这些影响促成的是通过技术手段及围绕传播体制来实现文化的传播，从史学价值来说具有一定的创新性。

同时，从传媒角度切入也能发现，在不同的承载平台其具有的意义是截然不同的。在纸页的传播中，文本是一本"圣经"，是一种俨然等同于法律与宗教等的权威性领域的呈现意义，多数被印刷术与纸张定位的传播内容都是其文艺领域中的权威者，其门槛较高。其史料收集较为容易，也更为权威。而进入电子媒介时代，文学更多地带有了一种表演性质，其传播的权威性被削减的同时传播者很难再以一种高姿态来面对着公众。当史料变成了以收视率为考量的传播效果时，其将被赋予新的意义与方式，进而生成新的文化权利逻辑。可以通过相应的比较来呈现一种文化权利机制。如今天的"手机依赖"与古代依靠着文化资源的垄断而形成的专制制度在一定程度上都是由于其文化传承而产生的文化现象，这背后的历史逻辑与脉络值得我们去思索与探寻。可以说，任何一门研究领域都离不开史学的支撑，史学的变更决定着这个学科的硬度。对于传媒文学来说，其史料的梳理可以从不同的研究路径着手，每一个路径都是对于该类研究领域的丰富，也决定着该研究领域的深度与高度。

## 第二节　传媒艺术学研究

### 一、艺术学内容分析概述

艺术学作为一门独立的学科形成于 20 世纪初，是在融合了实证主义美学、心理学美学、实践美学、实践艺术等的基础上发展而成的。"艺术学"的概念最早由德国学者马克思·德苏瓦尔（Max Dessoir）提出，他在 1906 年出版的《美学与一般艺术学》中宣告了艺术学作为一门独立学科的成立。这部著作将艺术学的范畴一分为二，一部分是美学，另一部分则是一般艺术学。其所谓的一般艺术学即我们今天广义上的艺术学。因此，本书认同并延续了该学者的分法，将艺术学分为艺术学研究与美学研究。我们今天的艺术学已经覆盖了多种学科门类，我们按照学科门类的架构的不同，可将艺术学按照横纵双向进行分类。按照艺术学的"纵向"分类，即带有原理性的核心性分支学科，艺术学可分为艺术原理、艺术史学、艺术审美、

---

① 李欧梵：《未完成的现代性》，北京大学出版社，2005 年版，第 59 页。

民间艺术学、艺术评论学，等等；按照艺术学的"横向分类"，即学科之间形成的诸多"边缘、交叉学科"，艺术学可分为艺术文化学、艺术考古学、艺术心理学、艺术经济学，等等。① 本节所涉及的研究方法就是艺术学科"横向分类"中的传媒艺术学，其具有交叉性与互联性，是传媒学科与艺术学科之间交叉的学科范畴。同时，作为一种文化现象，艺术的表现与传媒紧密相连，艺术的本质只有通过它本身及传播渠道才能得以展现。艺术对世界的认识涉及存在的各种价值领域，其价值的彰显也极为复杂。因此，需要用各种研究方法来对其进行研究，从不同的角度切入来呈现其多元性。

应该说中国的艺术早已有之，源远流长。从有文字记录开始，统治者们就将"礼、乐、歌、舞"作为教化方式，建立了封建王朝的礼乐制度及艺术教育，而春秋战国的"礼崩乐坏"使得孔子以"六艺"（礼、乐、射、御、书、术）来完善儒家审美教育和艺术传统。可见，中国的艺术传统源远流长。而艺术学学科的发展相对而艺术本身来说则显得较为短暂。中国的艺术学经历了从接纳到移植，再到融汇的过程。20 世纪初，王国维发表了《叔本华之哲学及其教育学说》一文，在文中首先论述到了"美术之知识"，他表明："故叔氏之视美术也，尤重于科学。盖科学之源虽存于直观，而既成一科学以后，则必有整然之系统。……故在在得直观之，如建筑、雕刻、图画、音乐等，皆呈于吾人之耳目者。"② 王国维在文中表述了其美学的本质论，并以美术为契机提到了学科之系统。王国维的论述虽然有着诸多不足，但毕竟是国人接纳西方艺术学的开始。随后，梁启超在 1929 年写下了《美术与科学》《美术与生活》等涉及艺术学思潮的文章，同时，大量的知识分子开始接纳西方的艺术学知识，并有意识地进行内化与普及。而将艺术学真正作为一门独立学科引入我国的是宗白华。20 世纪 20 年代从德国归来的他任教于东南大学（此大学后来建立了我国第一个艺术学博士点），并在高校首次开设艺术学的课程。从《宗白华全集》中收录的讲稿及文章中可以发现，宗白华将西方的艺术学与中国的思想进行了合理融合，并初步构建了艺术学的框架体系，让艺术学真正作为一门学科而被他人所认知。到今天为止，中国的艺术学得到了空前的发展，其既表现出了普遍性，也兼顾着时代性与民族性，使得中国艺术学呈现出从研究到实践的全面繁荣。

而传媒艺术学，是指自摄影术诞生以来，借助工业革命之后的科技进步、大众传媒发展和现代社会环境变化，在艺术创作、传播与接受中具有鲜明的科技性、媒介性和大众参与性的艺术形式与品类的学科。③ 该学科的立足点在于其传媒技术带

---

① 易存国：《艺术学学科建设发展论纲》，选自"艺术学"编委会：《后现代思考：艺术的本质与未来》，学林出版社，2006 年版，第 3 页。

② 刘刚强：《王国维美学论文选》，湖南人民出版社，1987 年版，第 31 页。

③ 胡智锋、刘俊：《何谓传媒艺术》，载《现代传播》，2014 年第 1 期（该文定义的是"传媒艺术"，本书借鉴该定义，定义其学科概念）。

来的视觉性与艺术性，是分析今天传媒领域内的诸多艺术现象、艺术思潮、艺术动态等的一门交叉性学科，其具有科技性、媒介性与大众参与性。可以说，传媒艺术学是由艺术学领域下的传媒板块发展而来，大众传播的兴起使得曾经微小的视觉艺术开始逐步兴起，并发展成为蔚为壮观的艺术组合。作为前沿的传媒艺术学，其研究的不仅仅局限于传统艺术学中的种种，更将视野拓宽到了现代艺术、古典艺术、民族艺术等领域，同时研究的视角也延展到了传媒领域，涉及传播的过程与接受，也涉及传播的艺术，架构起了从宏观到微观的研究体系。而作为一种跨学科的文化视野，传媒艺术自身也经历了从机械化到电子化，再到数字互联化的过程，其不仅逐渐形成了以技术为导向，兼顾艺术实践与文化批判的理论性研究建构，同时也在西方传媒教育领域中发展出对于艺术学教育模式的变革和传媒领域中的新型文化视野。

今天，不少学者从不同的角度进入传媒艺术学的领域研究，诸多的研究方法呈现出该领域全新的研究态势，本节汇总了主流的研究角度，诸如形式角度、技术角度、对比视角、过程视角及史学视角。希望通过这样的梳理，帮助读者了解这个新兴的领域。

## 二、内容分析的基本视角

### （一）艺术形式

比起传统的艺术形态，传媒艺术更加具有大众性、消费性、世俗性的倾向，这些审美风格体现在其新兴的诸多艺术形式中，更多呈现在与媒介介质相关的传播平台上，其具有这一新兴艺术族群的特征。从形式上来分析传媒艺术，可细分为摄影艺术、电影艺术、广播电视艺术、新媒体艺术等，而从这些形式中诞生的诸如电影艺术学、广播电视文艺学等成为目前传媒艺术研究的最为主流的视角与方法。

按照形式的划分，有利于对传媒诸多板块的具体分析，不同艺术形式会诞生不同的研究范式，从而产生不同的研究。如摄影艺术，因为摄影是静态的，具有强烈主观性的审美领域内在诉求，因此其抓住的是一瞬间的艺术美感，摄影是添加自然与人为共同因素的一种艺术，其中既有创作者对于景色自然的选择拍摄与后期运用，又有景色自有的艺术美感。摄影艺术背后呈现的是科学、艺术与哲学的三维统一，而电影艺术作为确立电影美学的核心问题，自其诞生以来就被不少学者反复探寻。电影是由"运动的独立画面"所承载的，它可以看成是一种可传达的信息载体，却又是利用信息来进行的一种心理过程。构成电影的画面、色彩、线条、声响等隐喻的美学因素使得电影更像是一种"意境"，而其叙事而产生的蒙太奇手段与场面调度，又为传媒艺术提供了新的叙事语言与信息表达；而广播电视艺术从其本质上来说，是另外一套"视觉的跳跃与内容反映的结合的编解码策略"，广播电视让观众听、看到的是另外一个"虚拟的世界"，与电影艺术不同的是，广播电视受众可以随时抽离其所处的"艺术环境"，广播电视在时空分割性、仪式性、立体性及所涉及的边界性与电影还有所差别。同时，广播电视因其空前的普遍性使得它的艺术形态要远复杂于电影艺术，其类型如电视剧、新闻类节目、社教类节目、服务类节目等都具有不同的艺术形态。而 20 世纪 80 年代到 90 年代发展起来的新媒体艺术的艺术形式与本质则更加丰富，比传统的艺术形式更加注重观众的参与性，其载体本身也不再取决于实体形式。多技术的融合与实时的交互传播给予了新媒体艺术广泛性参与的审美特征，不再是简单的"读图"，其传播的信息更加立体丰满。今天，从新媒体载体微信、微博等中诞生的艺术形式已经改变了人们既有的思维方式，激发着受众对于不同艺术的思辨。可以说，艺术形式的不同会产生截然不同的研究领域，不少学者以此为研究路径切入到传媒艺术领域，站在各自不同的学科背景下对于不同的艺术形式进行着艺术性的探讨，以此启发着人们的思维。

### （二）艺术科技

传媒艺术与传统的艺术族群相比，其区别特征之一就是科技性。科技是奠定传媒艺术发展的基石，也是传媒艺术得以传播与接受的先决条件之一。今天，传媒艺术的科技性主要体现在如下三个方面：一是在创作上走向机械化、电子化、数字化的无损与自由复制创作；二是在传播上走向非实物化的模拟，即虚拟内容的传播；三是在接受上走向人们审美感知方式的"重新组合"①。

应该说，今天我们讨论的传媒艺术很大程度上都立足于科技的发展。从其发展史来说，诸多艺术形式的出现首先是因为有了科技的雏形，两者的共生关系如同"鸡与蛋"，其彼此的相互适应呈现出与以往艺术族群截然不同的范式，艺术逐渐适应了科技的支撑，而科技又使艺术得以发展与还原，传媒艺术对于科技的依赖则更是如此。我们很难想象没有当年的光学技术与感光材料的运用，摄影与电影如何起源；没有当年的电子技术和通讯技术的支撑，广播与电视又该如何普及；没有今天数字技术与互联网的支撑，我们所谓的新媒体又是何物。可见，传媒艺术的科技性是其基础的支撑之一，更是其发展的核心要素。同时，我们也要看到，科技性并不简单地等同于技术性。从整体上看，传媒艺术"科技性"的内涵要远远大于"技术性"，科技性不仅仅包含将自然科学技术引入并运用于艺术活动，更包含着其引入后对传媒艺术本体所产生的一系列的"裂变"——它使得传媒艺术传播更加广泛、规模更大，它使得传媒艺术呈现的方式、意义、作用、价值等与传统艺术出现了根本性的分裂。从微观上看，诸多新型技术（如当年的摄影摄像、剪辑录音等自然技术）的介入，使得传媒艺术有了实体的支撑，变得更加多元。同时借助着实体的技术，传媒完成了从内容生产到大众传播，从符号生成到受众反馈一系列完整传播系统的建立，使得艺术变成了传播更广泛的，更具有价值意义的组织结构。

可以说，传媒艺术的科技性包含着科技在传媒领域中如介质、材料、手段、方

---

① 刘俊：《论传媒艺术的科技性——传媒艺术特征论之一》，载《现代传播》，2015 年第 1 期。

法等全方面的介入，更是变更了诸如艺术本体形态、传播接受方式、内容符码生成、信息价值实现等艺术的生态圈层，其产生的影响是不言而喻的。因此，不少学者选择从科技性的研究视角入手，从宏观（诸如传媒艺术科技生态、传媒艺术科技概念等），中观（诸如传媒艺术科技发展史、传媒艺术与科技的共生等），微观（诸如传媒艺术的具体技术、传媒艺术中的科技范式等）来对其进行分析，呈现出兼顾多维思考的技术哲学范畴，表现出与传统艺术族群截然不同的研究范式。

### （三）艺术对比

比较方法是人文社科类专业常用的研究方法之一，其在文学领域内的运用较为广泛，甚至形成了专门的比较文学专业。当然，传媒艺术也不例外。在现在的传媒艺术对比中，主要涉及两个维度的比较。其一是横向的艺术领域对比。该对比又分为两种领域：一是以中国和西方的传媒艺术对比为主，从中西方的宏观的文化语境、传媒生态，到中微观的具体艺术的对比，呈现出两者不同的对比范式，从而启发中国本土的传媒艺术；二是以传媒艺术与现代艺术的对比，通过以现代艺术诸如音乐、舞蹈、戏剧、雕塑等具体领域的对比来呈现传媒艺术的不同，传媒艺术中涉及的现代艺术范式成为对比的核心。其二则是纵向维度的传媒艺术与古代（古典）艺术的对比，其对比的核心在于发展的历程，即通过不同艺术的发展梳理来呈现并预测传媒艺术的发展态势。

从其自身的发源来看，比较研究方法始于 1886 年，新西兰奥克兰的一位名叫波斯奈特（Hutcheson Posnett）的英国籍教授写了一本题为《比较文学》的书。无论从哪种语言来看，这是首次对比较文学领域所做的广泛的方法论研究。[①] 随后，比较的方法开始流行于诸多的文学领域并产生广泛的影响。就但从文学的角度考察，吉亚尔、科修斯、雷迈克、阿尔德里奇等人在定义"比较文学"时涉及了其中的五种对比的研究方法，分别是对比研究主题或神话、对比研究类别或形式、对比研究运动或时代、对比研究文学与其他学科的相互关系、对比研究文学如何发展成为文艺理论和批评。这些研究方法和角度对于今天的传媒艺术对比研究有着较为深刻的启发意义。在今天的传媒艺术研究中，研究的侧重和边界尚未完全区分，不同种类的艺术门类之间千丝万缕的联系成为对比研究方法的切入点——如中西类型电影的对比、中西电视剧符号的对比、不同派别纪录片风格的对比、中国现代与古代小说创作的对比，等等。这些不同的艺术门类形成的截然不同的艺术风格相互启迪，彼此牵连着发展，而作为将不同艺术风格融合于一身并且将其合理呈现的传媒艺术来说，运用对比方法能够更加清晰地帮助研究者厘清诸多概念，进而有选择性地进行呈现和传播。更为重要的是，传媒艺术的创新多在对比中产生——如果没有荧幕上高呼"梦想、成功、励志"等节目的铺垫及观众的审美疲劳，就一定不会有

---

① ［美］罗伯特·克莱门茨：《比较文学的渊源和定义》，黄源深译，载《文艺理论研究》，1981 年第 4 期。

以亲子、家庭为载体的《爸爸去哪儿》系列的火爆。可见，对于传媒艺术来说，对比不仅仅是一种核心的研究方法，更是其艺术推陈出新，不断拓展的方式之一。

### （四）艺术过程

传媒艺术过程视角将研究点放在艺术与媒介的创作、传播、接受的全过程中，是一种以系统性的逻辑来分析两者（艺术与媒介）过程的研究方法，是最突出传媒艺术"媒介性"与"传播性"的研究角度，其以独特的"系统规划"特点来呈现出传媒艺术特定的思路、方式、手段，进而有效地实施传播意图，表达传媒艺术深层蕴藏的智慧与哲理。

从宏观的角度分析，应该说传媒艺术的过程视角更像是一种系统视角，其是指传媒艺术实践从产生到演变的经过，其终极目标可经特定的处理手法而获得的结果。在整个过程中，从概念诞生到实践操作、从理论生产到系统运用所遇到的阻碍和困难，都必须经过系统的"自我整合"来实现整个局势的稳定，并在其中选择最有利的路径来完成目标。尤其是现在以视觉为蓝本的影像媒体的兴起，使得无论是其内容生产还是传播过程，乃至于受众需求都需要有全面且合理的过程系统分析为支撑，才不至于让文化在视觉传播中迷失路径。我们需要明白，艺术过程的分析不仅仅来自于媒介，还包括人体反应等一系列整套运动的过程处理，是一种双向性的互动过程与想象营造。同时，传媒艺术的过程视角不仅仅是"横向型"的，其也存在着"纵向型"的系统过程，即传媒体制的管理。这是涉及传媒艺术自身运营与活力的自身系统，也是一种自上而下的封闭式的系统，其过程也涉及诸多的方面。在传媒艺术的过程中，体制的管理一定程度上影响着艺术的兴衰，国家今天提出的"百花齐放、百家争鸣"的文艺发展战略，在一定程度上体现着国家体制对于传媒艺术的影响，也可以看成是自上而下的一种艺术勃兴。

从微观的角度分析，媒体形态千差万别，传播方式丰富多彩，每一种媒介系统，甚至传媒艺术的每一次传播都可以看成是一次或从点到面，或由小到大的信息传播。而不同的媒介性质——商业私营、国家公营、公私并营都有着不同的传媒艺术传播路径或目的，其方式也有着诸多的差异。而每一次媒介传播过程当中可能涉及的信息干扰、传播杂音等都是影响传媒艺术传播的因素。按照麦克卢汉的"媒介延伸理论"来分析，任何媒介都是人体某种功能的延伸，而任意媒介的"延伸"都是一次过程。媒介内容与操作在系统分析与过程传播的各种阶段都涉及人的各种感受。在今天以受众体验为核心价值的内容生产中，对于传播过程及人的感受的分析是至关重要的。因此，所谓的传媒艺术过程视角在一定程度上表现出来的是对人自身各种感受的提炼，架构与分析传媒艺术过程的本身就是对其传播效果产生的核心受众的分析考量，其过程与系统的开放性与渗透力，决定着媒介的成败，也决定着艺术的成败。

### （五）艺术史学

任何一门学科有了史学的支撑方能显示其既有的硬度与深度，传媒艺术也不例

外。在过去的 180 年中，传媒艺术经历了机械时代、电子时代和数字网络时代社会
文化与技术革新的推动，逐渐形成了极为独特的媒介性、现代性、科技性和大众参
与性的艺术形态。① 对于传媒艺术史的梳理可以在一定程度上看成是对传媒艺术本
身源头的探寻，也是为其形成一门学科所奠定的基石。因此，对于传媒艺术史学的
研究成为一大路径与方法。

德国卡尔斯鲁厄艺术中心学者彼得·威贝尔从历史谱系的角度提出了关于传媒
艺术发展历史的一个模型，他将 1839 年摄影术的发明看成是传媒艺术的开端。②
摄影术的发明使得图像的制作与传播批量化生产成为可能，它是将现代技术、媒介
生产、艺术创作完美结合的标志。应该说，摄影术的发明改变的是空间艺术和视觉
艺术的关系，带来的是从传者到受众一系列变化的转折，它使得本雅明所说的"机
械复制时代的艺术"的来临。随后电子媒介化的到来，使得传媒艺术大规模的复制
生产成为可能，随着这一媒介浪潮出现的电影、录音、电视等深刻影响并改变着人
类的生活，标志着视觉时代的正式来临。而再后来的数字化、网络化的传媒艺术时
代，则促使机械、电子化视听艺术最终汇流到多媒体和交互的艺术当中，并在全球
化的艺术浪潮中引发更为广泛的影响。③

应该说，今天不少学者都从史学的角度对传媒艺术进行着研究，并从诸如史学
教育、史学题材等角度对传媒艺术进行着探寻。如陈莉的《以史学促进技能提升
以技能深化史学感悟——传媒艺术类专业新闻传播史课程教学探索》、舒敏的《革
命历史题材纪录片〈永远的红军〉研讨会综述》等文章都从史学的不同维度反映了
历史谱系中的传媒艺术学。从整体看来，在对于历史演进的分析与梳理中，学者们
多从三种路径进行着分析：其一是技术演进路径，即从技术进步与变更的角度来探
寻历史上的传媒艺术的足迹，并以此为划分标准，总结出不同的步骤；其二则是艺
术研究路径，即从再现与创作、设计与生产、表达与诠释的视角，对传媒艺术的本
体特征、传播行为进行分析与解读的路径④；其三是文化批判研究路径，即从传媒
艺术的文本与话语构成展开与意识形态、霸权、后殖民主义、女性主义等理论的对
话与分析⑤。

---

① 胡智锋、吴炜华：《传媒艺术的历史演进、研究路径及学科回应：一种跨学科的文化视野》，载《现代传播》，2013 年第 12 期。

② 参见 Weibed, Peter: The world as interface. *In T. Druckrey, Electronic Culture*, New York: Aperture, 1996.

③ 本段参考胡智锋、吴炜华：《传媒艺术的历史演进、研究路径及学科回应：一种跨学科的文化视野》，载《现代传播》，2013 年第 12 期。本段参考该文的内容较多，特此说明。

④ 参见 Visualist 2012: International congress on visual culture: new approaches in communication, arts and design: Digitalization, Mar. 7—9, 2012, Istanbul. (2012). Pianoro (Bologna): Medimond.

⑤ 参见 Carpentier, Nico &Soinoy, Erik: *Discourse theory and cultural analysis: media, arts and literature*. Cresskill, N. J.: Hampton Press, 2008.

## 第三节 传媒美学研究

### 一、美学内容分析概述

美学一词源于希腊语 aesthesis，意为感觉与感知。从传统意义上讲，美学的范畴极为广泛。美学一词最早出现在 1735 年，由德国哲学家鲍姆加登在《哲学的沉思》一书中首先使用，随后 1750 年出版的《美学》一书可以看成是"美学"作为学科名称诞生的标志。鲍姆加登认为："美学是以美的方式去思维的艺术，是美的艺术理论。"[①] 鲍姆加登将当时所有的领域如文学、修辞、辩证法、算术、天文、地理等都看成是一种艺术，与我们今天的狭义的美学概念相比，他对于美学范围的界定要宽得多。同时，他把美学作为一种认识论提了出来，并规定了当时美学的研究对象。到了 18 世纪，欧洲对于美学有着诸多的称呼：美的科学、艺术哲学、Aesthetica 等，人们开始对于美学本身进行研究。19 世纪德国著名的美学家费舍尔的美学鸿篇巨制《Aesthetik 或美的科学》将美学定义为一门与美、艺术和哲学密切相关的学问。他认为："美学的根本问题与艺术哲学的根本问题是截然有别的东西。"并表示"艺术只有通过其切合它的态度才能够考察其全部内容"[②]。可见，美学在当时开始作为一门学科逐步兴起，学者们在研究中将其研究对象、范围、方法逐步进行了界定与呈现。

正如上文所提出的，美学曾在源头上与艺术学有着天然的联系，在艺术学刚刚兴起之时甚至将其与美学画上了等号，两者谁包括谁的问题的争议一直未断。1900 年，格罗塞出版的《艺术学研究》提出了运用诸如民族志或者民族学的方法来进行艺术研究，这表明艺术事实的特殊性导出的普遍性与美学是截然相反的。随后德国哲学家马克思·德索在《美与一般科学》中提出美学与艺术学的范围是不一致的，主张艺术学与美学并列。所谓的传媒美学，我们认为是对于传媒领域中所有以美的方式去探寻的一种思维，是兼顾理性与感性的一门科学。本章认同美学与艺术学的不同，并表明传媒艺术学与传媒美学也有着不同之处。其一是研究的对象不同。传媒美学研究的对象是传媒领域中的美的现象、本质与规律，涉及审美关系、艺术与现实等诸多要素，包含着审美活动、审美经验、审美心理、审美接受及审美的传媒意义，等等，而传媒艺术学的研究对象则是艺术领域发生的创作规律、批判维度及艺术的种种关系，相对而言，传媒艺术学的研究领域更加狭隘。其二是研究的范围不同。传媒美学的研究除了包括传媒艺术外，还包括传媒中所呈现的形式、社会、自然等诸多领域的美，而传媒艺术学则只针对的是艺术领域。传媒美学对于不同维

---

① 朱光潜：《西方美学史》（上），北京：人民文学出版社，1963 年版，第 297 页。
② ［日］竹内敏雄：《美学百科辞典》，池学镇译，黑龙江人民出版社，1987 年版，第 68 页。

度与不同形式的美感的研究要大于传媒艺术学，其呈现的方式也更加多元。其三是研究方法的不同。传媒美学采用的是自上而下的研究方法，从一般到特殊，从抽象到具体，其涉及的方法论要更加的宏大，蕴含着普遍性与特殊性的共同交织。可以说，传媒美学的研究方法既涉及柏拉图哲学上的"理性美学"，又存在毕达哥拉斯学派的"美是数的和谐"，同样还涉及体现人本主义和结构主义的现代美学，既偏于理性又涉及抽象与思辨思维。而艺术学的研究方法前文已经总结，可以看出艺术学的研究方法更加感性，也更为具体，具有一定的实证性。其四是目标不同。"美学最重要的任务之一，是找到研究审美客观化了的哲学原理的方法，创造以艺术理论为基础的直觉哲学理论。"① 可见，传媒美学的本质任务是探寻传媒领域涉及的美学真理性内容，并且力求总结和归纳传媒领域不同的美学思潮、发展规律和特殊规律，从而创造出传媒美学中以审美理论为中心的一套客观评价体系和方式。相比而言，传媒艺术学则更多的是立足于文本，探讨艺术创作、批评、赏析的基本规律，研究传媒艺术学的理论体系与发展脉络，两者最终的落脚点是截然不同的。

事实证明，多种方法研究与多种理论架构的并存与竞争是美学发展的客观条件与巨大动力，而传媒作为汇总巨大的平台对于美学的探究是必不可少的。其客观性与必要性已经不需再多言，我们需要明白的是传媒美学并不完全等同于传统美学，它是在信息传播效果最大化的过程中催生出的现代美学之一，是一门由"传媒"与"美学"交织融汇而逐渐形成的新型学科。它既是一种"传播的美"，又是一种"美的传播"；既是一种"形态之美"，又是一种"美的形态"；既是一种"文化之美"，又是一种"美的文化"。今天，许多的传媒研究者已经密切关注到这一领域，卢蓉在《电视艺术时空美学》中指出："美学必须超越古老的艺术问题，涵盖日常生活和传媒文化。"② 吴志翔则在《肆虐的狂欢——传媒美学谈》中系统全面地论述了现代美学的前沿问题。这一新兴的传媒领域有着太多的问题值得我们去探索和研究，在研究中完善。而研究方法作为切入这一领域的路径，则成为我们必须要总结与研究的领域。传媒美学想要取得进展，就应该在研究方法上有所总结与突破。

## 二、内容分析的基本视角

### （一）形式之美

传媒美学的形式之美是指在传媒内容生产或传播中普遍存在的，由一定的符号元素如色彩、音乐、台词、画面等构成的形式之感——如整齐、对称、均衡、比例、协调、层次、完整、相似等多样的统一。形式的"美"存在着两种逻辑——符号自身有着独立的审美价值，它们独特的美感呈现着各自的价值。同时，它们的组合又能产生新的美感，从而产生新的意义逻辑。今天，我们探寻传媒美学的形式之

---

① ［俄］巴赫金：《哲学美学》，晓河等译，河北教育出版社，1998 年版，第 331 页。
② 卢蓉：《电视艺术时空美学》，中国传媒大学出版社，2006 年版，第 260 页。

美，不仅要研究其规律与特征，更重要的是通过不同形式的组合美感来表现其合适的内涵意义，呈现形式之下的意义之美。

例如整齐，画面音乐的整齐给人强烈的美感，其体现着整齐、有规律的数量关系的变化，按照毕达哥拉斯学派的观点："美是数的和谐。"整齐是审美不可或缺的一环，它不仅是一种物理存在，还是一种唯心之感。又如对称，传媒画面与音乐的布局考究，拍摄时的平衡呈现都给人以均衡之美。今天我们在环境布局、画面设计等诸多方面，对称的美感大量存在，且带给我们舒适之感。又如比例，比例中部分与整体，在大小、粗细、宽窄等适量方面呈现的数量关系，在长短、时值上呈现的时间关系都能带给人强烈的美感，其中产生的如"黄金分割率"则是其量化下的美学呈现。比例的多少并不重要，重要的是在比例呈现中表明的和谐，赫拉克利特表示："美在于和谐，和谐在于对立的统一。"和谐的美感更像是一种哲学范畴的思索，其存在着结构、功能、关系、行为等诸多方面。又如层次，画面与音乐若无主次则显得杂乱，井然有序的层次错落才能呈现整体的和谐。李成在《山水决》中的"先立宾主之位，次定远近之形，然后穿凿景物，摆布高低"，彰显着画家的层次布局。在传媒中要依靠合理的主次布局构建的组织程度来呈现特定的结构之美，从而显示出一个有机系统的行为规范。再如相似，作为较为后期发现的一种形式美，相似是一种依存于不同类型的"亚形态"，人们可以通过发现的相似来呈现原型的自身美感，也可以通过两者的比较来产生变化。而在今天传媒领域，男生反串的青衣、女性扮演的关公都是一种相似性的转折，无不表现出新的美学之感。

可以说，传媒的形式之美以符号为载体呈现于方方面面，更为关键的是，其多样的统一产生的新的形式能够产生更多的美感。而如何统一、如何变化都是美学研究的范畴。多律的变更、多形的组合、多态的转化、多变的和谐都呈现出不同的形式美感。形式美感自身既有着独立的审美价值，又可以与广泛的传播内容相结合，从而产生新的美学意义。今天的传媒领域离不开这些形式之美，多样的统一表现的是 1+1>2 的效果，呈现的是内容与形式结合的美学统一。

## （二）社会之美

传媒是社会的复眼。作为反映社会现状的载体，传媒呈现社会的丰富多彩与千姿百态是必然的，而所谓的社会之美指的是传媒以直接或间接的方式展现多种形态的社会这种复杂体的美感，其既涉及以人为主体的美感，也涉及社会中的实物的美感。传媒美学的社会之美是一种综合的呈现，对于它的探讨具有深刻的理论意义。

社会之美首先是人体美。人的生理构造是自然界的一种美，陈望道在其早年著作《美学概论》中将人体美单独列为美的一种，与自然美进行着并列。今天，人体的阳刚、健美、阴柔、匀称都能给人以强烈的美感呈现，而在诸如影视剧、体育比赛等呈现中，这种美被放大并得以崇拜。在长期的自然进化中形成的诸如黄白黑人种的差异，不同朝代的审美标准，不同民族的人体美差异等都是人体的不同之美。进化至今，人们开始崇尚健康、结实、灵巧的人体美感，传媒所表现与提倡的人体美在很大程度上决定着人们对于自身美的认知与方向。其次是装饰与时尚之美。时尚的斑斓装点着社会的美感，其呈现的色彩与光芒如同活力与生命的象征，装饰能够增强人的美感，并蕴含着一定的内容。今天，装饰或者时尚符号更多的是作为一种文化而呈现，彰显着主人的人种特征、智慧与体能、社会地位、个人情趣、甚至是性能力与性特征。同时传媒将这种装饰时尚之美呈现，引领出今天的诸如奢侈品浪潮、珠光宝气的社会审美效应，从这个角度讲，传媒美学更多的是一种集体无意识，但是却变革着人们今天所定义的人伦关系与审美需求。再次是道德思想之美。人的精神品质是在客观的社会条件下形成的，其在传媒中具有的感性形象与表现出的真善美是社会之美的核心体现之一。今天所传播的社会主义核心价值观一定程度上就是道德思想之美，其架构的伦理精神体现着社会对于人性的审美观感。除此以外，人们内涵所表现的聪慧之美、文化之美、教养之美、性格之美，以及人类外延中创造的社会物质之美、家庭之美、群体之美等都是社会美的集中体现。

可见，今天传媒将这些美进行集中展示并进一步的传播，展示着人类社会独特的诸多美感。同时，传媒呈现的诸如体育赛事、选美比赛、服装展示、艺术展示等都以此为契机，展现着不同的社会之美，让这个社会在传媒的放大下愈加和谐美丽。同时，不少学者也从诸如社会学、人类学、民族学等角度探讨着今天传媒美学中的社会之美，呈现着不同学科交叉下的美学意义。社会之美的核心在于人，是人的生命、人格、力量和理想的集中展现，努力提升与发展着社会之美，就是努力讴歌与塑造以人为中心的美学特征。

## （三）自然之美

如果说社会之美是以人为核心而建构的，那么自然之美则是不以人的意志为转移的美学领域。两种领域相互交织，既呈现出独特的审美价值，又共同彰显着和谐的美感。何谓传媒美学的自然之美？一言以蔽之——天然之美。其与人工创造的东西是相对的，是一种非人工创造的美感呈现。明月清风、落日余晖、椰岛海林、飞石清泉等自然景观的美带给人们强烈的感受，传媒将其加以呈现，成为传媒美学的组成部分之一。

中国古代一直都有"天人合一"之说，其本质便是自然与人类的和谐统一。对于自然美的理解上，先秦时代有"比德"之说，意将自然之美与社会之美进行对比，例如松树象征着君子坚强、挺拔，竹子象征着君子傲寒、独立，梅花象征着君子高洁、谦虚，等等。不仅如此，西方古希腊柏拉图认为一切美的事物都早已存在于各种事物的"理式"之美中，其之所以美，是由于其美的理性存在。由此看出古人理解的自然美是与其他事物相互关联的，这表明自然之美一直被包含在美学完整的体系之中且从未远离。自工业革命后，人类开始系统地改造自然，人类认可的美也随之变成了自人工改造后所呈现的美感，对于自然之美开始逐渐否定，而今天人类再一次意识到自然的力量以及人类对此的依附时，自然的运动、生命的力量开始变成一种有机的系统而被加以运用——传媒中大量展现的自然美景，唤起人类保护自然的渴望。大漠孤烟、长河落日唤起人们对于自然的探索与发现；雪域高原、神山圣水唤起人们内心虔诚的渴望与朝拜。一景一木，一山一水，传媒展现的是人类出现之前的一种美学，一种超脱并且承载着人类美学系统的一种物质之美与精神之美。

有的学者表示，自然界之所以有美，是因为自然人化了。这里所说的"自然的人化"，仅仅是指"人类经过几十万年的生产斗争，到今天就整个社会来说，自然已不再是危害我们的仇敌，而日益成为我们的朋友"①。这表明人类对自然的态度从曾经的征服转而成为一种欣赏，其蕴含的象征作为一种形式被今天的传媒所运用。同时，自然美也是一种多元的统一，它是多种元素引起的一种综合性的愉悦感情。从认识论的角度看，传媒美学展示的自然之美具有的认识价值，首先是帮助受众认识自然，了解自然；其次是引起我们的愉快感情，帮助人们激发艺术灵感；最后则是将自然之美的实用价值进行传播。可以说，今天不少学者从许多角度对于传媒美学的自然之美展开了分析，为传媒美学的研究开辟了新的方法与视角。

### （四）艺术之美

美是艺术的重要属性，艺术是美的集中表现、核心范式与高级形态。艺术之美美于其形态，美于其内容，美于其对于生活的集中反映与美学提纯。艺术既是一种主观的创造作用，又是一种兼顾情理与感性的创造过程，在传媒美学创造过程中，艺术之美的呈现始终居于核心的位置，并表现出融合与创新的路径构成。

艺术之美首先表现于对现实的反映。无论是对于壮美山河的呈现、对于英雄人物的讴歌、对于历史遗迹的展现，还是对于人物品德的凸显，无不彰显着其艺术之美。它展现的是现实生活中存在的客观的美感并集中表现于艺术之中，其中蕴含的哲学思想彰显着人类对于艺术的追求和美的渴望。其次则是创造者（艺术家）自身生活经历的形象化表现。在艺术作品中，艺术家们将具有正面价值的诸多思想、情志、意义等加以形象化呈现，塑造了诸多脍炙人口的艺术形象。周星驰电影中的小人物、李连杰电影中塑造的英雄形象等都可以看成是艺术家们对于生活的理解和艺术塑造。艺术家们将生活的美进行了提纯，将具有正面价值的思想感情以形象化的方式集中展现，是一种典型的形象认知论。再次是艺术家们理想情怀的形象化表现。在艺术创造史上，有着两种主要的创作倾向，一是现实主义，二是浪漫主义。高尔基曾说："如果从既定的现实中所抽出的意义上面再加上——依据假象的逻辑加以推想——所愿望的、所可能的东西，这样来补充形象，那么我们就有了浪漫主义。"浪漫主义营造的是艺术家们主观范畴下的对于生活的理想化的探寻，甚至以诸多神话般的方式来呈现出对于某种艺术形象的塑造。梁山伯与祝英台的化蝶飞，焦仲卿与刘兰芝的孔雀东南飞无不彰显了人们对于一种生活中美好生活的极致向

---

① 黄海澄：《艺术美学》，中国轻工业出版社，2006 年版，第 64 页。

往，从这个角度分析，自身的生活经历更像是一种唯物主义，而理想化的展现则是典型的唯心主义。两者都呈现出艺术家们自身强大的创造力和对于美的思考与意识。

今天，对于艺术美感的创造与分析在传媒美学领域正日益壮大，其中涉及的艺术多种形式、角度、价值的美正成为不少学者关注的新的研究领域，对于艺术之美的研究方法上文已有详述，故不再赘述。

# 第十二章　经营管理内容分析法

传媒作为跨领域极具影响的作用力，其发展离不开诸多学科的支撑与发展。这些学科在对传媒领域进行补充的同时，自身也延展出诸多范式与方法。本章将会系统梳理传媒管理学、传媒经济学及传媒法学领域的研究方法，讨论这些不同领域对传媒的影响，尤其是研究方法上的变更，力图给读者呈现出不同学科交融的范式、方法与理念。

创建于 20 世纪 50 年代的传媒经济学，其致力于研究经济和金融力量如何影响传媒体系和媒介组织。[①] 该领域以实践与理论双向为支撑，将经济规律与传媒理论结合起来，突破了该学科既有的深度与广度，并在不断延展中突出着各自学科特征。而传媒管理学则在今天特殊的环境下从内外双向角度探讨了媒介关于自身的诸多管理与改革，并从体制、品牌、人才、风险、文化等视角分析了传媒管理学的研究路径与尺度，表明今天传媒管理所呈现出的架构与发展轨迹。此外，法学作为极大的学科领域，关于传媒与法学关系的探讨一直没有结束过，其中涉及的法律责任权利、监管权力、教育素养、伦理道德的分析与研究等，都呈现出对于传媒法学的思考与研究。可以说，本章将要涉及的三个学科领域都是自身独立且有着较为完善体系的，传媒对其的研究为双方都提供了许多有益的思路与方法。

## 第一节　传媒管理学研究

### 一、管理学内容分析概述

自 1911 年弗雷德里克·泰勒所著的《科学管理原理》的发表标志着管理作为一门学科及科学的诞生后，管理学作为一个由西方引入的学科在百年的发展当中呈现出不同的学科模式与研究范式。其间对于管理学自身学科性质的争议长期以来并未间断。泰勒及其追随者们一直将管理学视为一门科学，为此苦苦探索严格、规范化的管理模式及理论，并以理性的态度去建构学科模式，广泛吸纳诸多学科知识。

---

① 杭敏、[瑞典] 罗伯特·皮卡特：《传媒经济学研究的历史、方法与范例》，载《现代传播》，2005 年第 4 期。

而以德鲁克为代表的另一派管理学家则认为，管理学是一门人文科学，是"集人类价值与行为准则之大成的或是集社会秩序与智力探索之大成的完整学科"①。管理学发展至今，其内部各个学派在架构自身理论体系时所采用的研究方法均有所不同，几方相互融合、相互借鉴，共同在系统论的指导下达到组织自身发展的核心目标。从这个角度看，管理学自身便是具有活力与内核动力的学科，各学科的交融与冲突都是为了寻找更为有利的组织发展模式，因此彼此都采用了合理性的假设来进行架构并努力适应着竞争中的发展——古典管理学派把管理作为一门科学来进行理论研究，其提炼的理论对今天管理的过程、职能及技能等方面依然具有指导作用；管理科学学派擅长运用数学建模和程序来解决问题，特别是运用信息情报系统来进行科学管理，从而大大提升了管理效率；决策学派从"效果"理论出发，习惯站在受众的视角来探讨管理"效率"与"效能"，从而促进管理效率的提高；经验管理学派则多运用实践案例分析，通过案例的比较与提炼来分析同类条件下有效管理的方式，并表明高效管理组织的运用是基于管理者自身的有效性。不仅如此，不同的管理理论的侧重点也不尽相同。系统管理理论强调系统的分析与管理，认为管理是一种"可控性"行为，而权变管理理论则表明希望根据不同的实际情况临时调整管理政策与体系，看重的是管理的灵活性与机动性。可见，管理学自身的学科体系中便存在着诸多方法与角度，它们都从不同的理论与视角来阐释着对于管理学自身的学科建构。

而作为跨学科产生的传媒管理学，代表着将管理学的理念注入新闻传媒领域的研究中，是双方学科理论研究的深化。随着传媒生态的变更与媒介组织的大量融合，诸多制度的创新和媒介企业的融合使得管理学的研究成为必然。对内来说，管理学在传媒领域的运用使得管理的技术优势变成了现实竞争中的传播优势之一和最可靠的内部运营的手段，保证着媒介企业在竞争和发展中处于优势与主动地位。对外来说，管理学的运用保证了传媒战略规划实施，使得传播成为一场战略管理，极具市场实践价值。而管理学中的市场细分、用户满足、市场占有率、受众主体、利益最大化、综合平衡等概念与运用都对传播管理有着相当的启发。而媒体资产重组、优化媒体资产、媒体知识转化、媒体品牌建构等更为深层的营销管理则是管理学与传播学深度建构的策略表现。可以说，传媒管理学的诞生与架构对于两个学科来说极具理论与实践意义，是双方学科理论的进一步深化与延展。

今天我们论述传媒管理学的学科、框架、范式等，以及下文将要汇总的传媒管理学的研究方法，其最终目的都是探讨传媒管理学自身的学科意义。目前，学界和业界都认为传媒管理学既是一门科学，又是一门艺术。但在本应"艺技"结合的传媒管理学自身的学科研究中，其工具性在不断扩张，并且在科学主义话语霸权逐渐占主导的同时，传媒管理学自身意义逐渐荒芜。今天的传媒管理学领域的研究方法

---

① 转引自王兴成：《知识革命与知识经济》，载《国外社会科学》，1998 年第 6 期，第 12 页。

始终侧重于实证与定量研究，始于"霍桑效应"的"人性之光"在管理学中始终居于核心地位，越来越多的工具性掠夺占领了传媒管理学中本应有的人文情感与价值关怀。曾经在管理学领域出现了诸如亚当·斯密的"经济人"、梅奥的"社会人"、马斯洛的"自我实现人"及沙因的"复杂人"假说，现在只有"经济人"还残存着影响。传媒管理学中始终应该以人为指向的价值标准开始发生偏移，人被降到了"物"的层面，成为组织管理中的一个简单客体和对象，沦为管理组织中的一个零件。今天，我们认为传媒管理学应该始终以人为核心来进行建构，应呈现出管理学应有的人的境界，呈现出人格为上的管理层级。对于起梳理路径作用的传媒管理学研究方法而言，本章从传媒体制、传媒品牌、传媒人才、传媒风险和传媒文化五个视角进行切入，梳理这个学科基本的研究角度和方法，并表明今天的传媒管理应该是一个系统性的工程，应该有着较大的体系与开阔的视野，兼顾实证与理论的方法，呈现立足现实与展望未来的态度，表现今天新的传媒时代所呈现的资源整合范式。

## 二、内容分析基本视角

### （一）传媒体制管理

对于传媒体制的研究是传媒管理学一个重要的方面。在行政权力较大的中国，传媒的实践与突破离不开体制管理的支撑，不同时期的体制改革也引导了传媒发展的走向。我国的传媒体制改革始于 1978 年《人民日报》等中央级报纸要求试行的"企业化管理"，在实践背景的突破下，今天传媒体制具有的"双重属性"与"混合体制"在一定程度上促进了传媒自身的发展，诸多传媒集团借力资本市场，通过价值化与市场化来打造各自的传媒品牌，实现物化资本，完善自身的经营活动，诞生今天中国传媒市场上诸多的传媒品牌，实现了规模扩张与资本提升。但同时作为政府与传媒间的"联合产物"，传媒体制在产业扩张的背景下，其单一的事业单位属性也在一定程度上限制了传媒自身的发展。因此，从传媒体制管理的角度来切入传媒管理学，是一种基于公共性的结构观来分析我国传媒的系统的一种中观视角，为我们的传媒体制改革和传媒管理学的丰富提供了新的方法和思路。

今天我国的传媒体制是政府主导下的国有公共体制，是以政府对传媒的领导为基本特征的一种宏观结构。政府及相关的职能部门有权在宏观政策、中观的行政管理及微观的节目制作与发行等相关渠道，甚至其经营方式、人员安排、财政支出、节目审编等领域进行合理的安排，是一种典型的政府垄断下的官办传媒体制。然而随着市场化程度的加深政府制度安排的不足开始逐步显现，以往制度福利的既得利益也逐步衰退——传媒集团化一定程度上实现了跨地域与跨媒介的规模化整合与发展，但报业集团普遍化的亏损使得对报纸体制改革的命题提上日程；广电媒体集团沿用着传统产业经营模式，少有大规模改革，即使是上市的公司涉及的影视节目制作的毛利润也呈现出下降趋势，广电的庞大体系如何精简并且提升效率成为关键；

新媒体强势崛起的同时挤压着传统媒介的生存空间，急速发展的同时也存在着监管漏洞与体制不健全之问题。可以说，今天的中国无论是新媒体还是传统媒体都或多或少存在着体制管理的漏洞，如何解决并发展成为今天传媒体制管理的核心。不仅如此，今天中国传媒的经营与体制管理依然多是以产品经营为基础的传统发展模式，其缺乏具有合理性与可行性的创新经营模式的同时又与体制内的制度设计存在着一定的冲突，这种冲突在今天表现为传媒内在与改革动力的不足，以及发展目标的缺失。因此，今天传媒体制管理问题的核心并非简单的传统媒体生存危机或者是新媒体的监管问题，其本质是今天中国传媒集体的发展困境，如何解决这个困境才是传媒管理的症结所在。

面对传媒市场主体不明确、产权关系模糊、资源配置较低及传媒产业水平整体不高的现实困境，不少学者及从业者都提出了对传媒管理体制改革的建议与探索路径，如将传媒的"公益性"与"产业性"分开，运用市场而非行政手法管控传媒等。这些方法从某个角度讲，是将传媒体制放在了改革的核心位置，具有相当的前瞻性。而就学界来说，研究传媒体制的改革也是传媒管理学设计中的一个重要环节，如何设计完善的管理体制，解决政府在传媒改革中的摇摆与担心是今天传媒管理学研究者们必须承担的责任与义务。

### （二）传媒品牌管理

《今日美国》王牌记者凯文·曼尼在《大媒体潮》一书中提出了科学性的预测：21 世纪的媒介品牌将成为激烈争夺的目标之一，媒介市场竞争的核心实质就是品牌的较量与争夺。品牌是现代媒介国际化竞争时应该"珍视、重点培养、重点保护的国宝"[①]。随着今天媒介市场化浪潮的兴起，对于媒介品牌的建构、保护、培养与竞争成为传媒管理学的研究亮点，媒介的核心之一就是直接体现在品牌的经营理念中，并渗透到其各个制作过程里。

从普通的媒介产品到影响力巨大的媒介品牌，其构成过程便是一个综合的结合过程，其中包含着品牌核心价值的打造、品牌符号识别系统、品牌传播推广、品牌的分众传播，等等，任何一个角度都是切入品牌管理的路径。媒介品牌应该基本包含三大核心要素：其一是确立品牌基础。品牌基础包括基本的硬件条件、广阔的覆盖人群、强势的运营公司等"硬实力"，也必须包括树立强势品牌的决心、清晰的定位受众、核心的价值理念等"软实力"，其中涉及的品牌个性、自身产品质量和一以贯之的形象建构都是确立一个品牌的基础，有了基础才能涉及之后的一系列运营及管理。其二是媒介品牌经营理念的形成。媒介经营理念是一个较为宏观的概念，它的核心目的是要让消费者产生强烈的情感需求与认同，进而促成其认牌购买。在今天的媒介市场中，无论是经营者还是生产者都需要建立经营理念，以树立

---

① 转引自陈兵：《强势媒介品牌的构成因素和特征分析》，载《当代传播》，2002 年第 3 期。

品牌为目标来进行传媒管理与运作。其三是注重品牌的营销及传播包装等。传播者应该以受众为核心，注重品牌自身的包装和营销，与受众建立良好的互动关系从而与媒介资源、资本运营等联合起来，组成强势的媒介品牌。在这个过程中，媒介本身需要建立一套系统化的生产流程与体系，以相对高的质量水平来满足消费者对内容及品牌的渴求，在完成生产的同时应该建立一系列完整的营销传播体系，通过合理的包装来达到品牌营销的目的。在今天的中国广电领域，湖南卫视的"快乐中国"、江苏卫视的"情感中国"、陕西卫视的"秦风古国"、四川卫视的"红色中国"、广西卫视的"时尚中国"等价值较高的品牌都有着自身明确的品牌定位与发展，并在长期的实践中形成了一套合理的营销体系与传播方式，以各自不同的经营与包装传播着自身的品牌，增加着自身的品牌价值。今天不少学者从品牌的角度切入传媒管理，既是对市场竞争的创新，又是对形象建设的提升。如何打造、运营好一个品牌，同时形成完善的品牌产业链，是今天研究者们需要思考的问题。

### （三）传媒人才管理

高效且人性化的管理是一个传媒集团得以发展的基础。人才管理是传媒集团管理的一部分，也是人力资源管理的一个重要的管理模式。所谓的传媒人才管理是指运用管理学及人本思想的理念，通过各种有效途径成功地组织与运用传媒集团内的人力资源，从而实现传媒集团内部有效配置。传媒人才管理既需要满足其内部及组织成员对传媒资源的需求，同时也需要实现传媒组织机构的效益及内部成员各自发展的最大化。我们需要明白，传媒行业是极具创意与流动性的产业，其人力的管控与人才的管理是有区别于传统的人事管理的，其核心表现在传媒集团对其组织内员工的管理使用、培训晋升、思想行为、政策管控等一系列综合运用，其范畴超越了人事管理的范畴。而对于传媒人才的管理一直是传媒管理学研究的重点之一，也是一种普遍性的方法与视角。

编辑记者经过媒体选拔、培养并进行内容生产，最后产生实际的价值与效用，可以说他们的职业素养和业务能力是一个传媒集团综合能力的本质体现，他们自身的水平也决定了媒体自身的发展战略与平台。如果一个媒体没有清晰的发展目标和合法的竞争理念，对于人才管理只是停留在浅层的话，这个媒体必定遭遇人才流失与管理失败。而一个失败人才的举动可能使得整个传媒集团承担责任，一个核心人才的流失也可能对一个传媒集团造成不可估量的损失——当年华谊王京花跳槽，带动其旗下数十位艺人跟随跳槽，使得华谊传媒股价震动，引发公司大动荡；2013年《新快报》记者陈永洲被警方带走，《新快报》连续发布声明"要求放人"，舆论层一边倒地支持陈永洲，然后事件的反转却是陈永洲刻意捏造损害企业的声誉，给《新快报》造成了不可估量的信誉损失；而凤凰卫视原总监刘春被搜狐百万年薪挖走，原星空卫视高管加盟乐视网，光线传媒前总裁张昭加盟乐视网等都给业界带来了震动，也为传媒人才的管理敲响了警钟——人才的流失不仅涉及集团利益的损失，核心人才的变更带来的甚至可能是一个行业与生态的转折与影响。

因此，建构合理的传媒人才管理模式，包括完整的从业人员规划体系、招聘体系、培训体系、薪酬体系等在当前的传媒人才管理领域具有重要意义。目前对于传媒人才这方面的问题研究较为匮乏，业界与学界都并未引起足够的重视，更别说诸如管理效能、激励政策等较为细节化的管理安排的研究了。根据目前的研究成果显示，对于传媒人才的管理研究将成为传媒管理学未来的研究方向之一，是涉及整个传媒管理生态链的核心组成部分之一，是实现媒体自身发展战略规划与管理的重要环节。

### （四）传媒风险管理

德国社会学家乌里希尔·贝克（Ulrich Beck）针对着当今社会诸多的自然风险和社会风险提出了著名的"风险社会"的观点，提醒与警示着人们关注社会当中不确定因素的影响，而传媒作为社会环境的检测者、人类发展的瞭望者、社会关系的协调者等众多身份的集合，对诸如飓风、海啸、地震等自然灾害和核泄漏、疾病流行乃至某些群体事件等社会灾难的传播报道和报道管理都责无旁贷。今天，传媒风险管理的研究较少，不少学者仅仅将传媒风险聚焦于个案分析或感性经验的总结，缺乏对风险关系系统的预估与判断，造成了传媒风险管理的问题与失误。可以说，对于传媒风险管理在当今"风险社会"中是一个全新的命题，其涉及的对于传媒风险的预估、传媒风险报道、传媒风险的管控等诸多领域的研究都较少，更缺乏对于风险传播管理足够的理论建构。

传媒风险管理有着两层维度的含义：其一是指传媒对自然及社会风险报道与传播的管理。根据美国传播学者迈克尔·舒德森（Michale Schudson）"新闻作为放大器"的观点，传媒的核心在于面向社会的信息传播与报道。那么面对这些可能引发全球恐慌的信息时，在报道过程中传媒如何管控报道内容，如何管控报道的力度与范围，如何通过集中式报道而不制造新闻恐慌成为传媒风险管理的核心命题之一。查尔斯·艾略特（Charles Elliot）认为由于大众传媒通过真实记录、耸人听闻、特定故事和说教式导入导致了更多的恐怖主义和恐怖活动。[①] 可以看出，在面对这些信息传播之时，如何避免大众传媒自身因为竞争需求而刻意吸引受众，如何规避人为的炒作、凸显，甚至是炮制风险也是传媒风险管理需要面对的问题。今天在诸如计算机千年虫、全球化风险、疯牛病、埃博拉病毒等全球性的传媒事件中，传媒自身由于传播所引发的"夸张的恐惧"要比自身的事件所产生的影响力更大。其二则是对传媒自身由于诸多非定向性因素而产生的诸如人员波动、品牌受损、内容举报等"非可控性"风险事件的管理。如《新快报》发生的陈永洲事件、央视直播中的黄健翔事件、央视主持人毕福剑"偷拍门"，等等。面对这些影响较大、可控性较小的传媒风险事件，传媒如何应对并管控，如何最快地降低影响，成为传媒

---

① ［美］查尔斯·艾略特：《次日：美国"911"事件的头版报道》，转引自［印度］S. 温卡塔拉曼：《媒体与恐怖主义》，赵雪波译，中国传媒大学出版社，2006年版，第109～136页。

自身必须面对的课题。由此可见，传媒风险管理议题的提出不仅是面对着社会，更是面向着传媒本身。该路径与角度具有强烈的实践态势与社会意义。

（五）传媒文化管理

在传媒以集团化、企业化形式发展的今天，企业文化已经成为不可或缺的一部分。目前，传媒文化管理在吸取了西方文化管理精髓的同时，以中华五千年的历史作为其扎实的基础，逐步探索出了具有自身特色的文化管理模式。对于传媒文化管理而言，既有着外在的形象树立与企业文化传播，又有着内在的企业文化建构与企业文化内化的过程。可以说，传媒文化是传媒集团"软实力"的核心体现之一，而传媒文化管理则成为传媒管理学不可或缺的部分之一。

受到今天社会转型期的影响的传媒集团，其文化建构更多地成为沟通受众与集团的桥梁，在形成良性的互动关系之前，文化管理首先应该打造的是传媒的公信力。传媒公信力是指媒体活动中所表现出的一种公平、正义、效率、人道、民族以及责任的信任力，公信力是传媒的无形资产，它表现的是一个媒体存在的权威性以及发布信息的可信度、认可度及受众的影响力等特征。在当下这个信息爆棚的时代，传媒的公信力打造与管理显得更为重要，因为传媒公信力是媒介争夺受众的基础，也是媒介传播自身文化的基石。除此之外，媒介文化管理还应该中西交融——既要合理运用西方先进的管理经验与管理方式，科学地运营与创建相应的文化管理机制，同时又需要明白中国自古"人治"的管理核心，在科学管理的基础上要以中华传统的人伦纲常为基础，建构起一套具有中国特色的传媒文化管理模式。这既是中国社会现状的需求，同时也是竞争于世界传媒业的必要条件。在运用具体的研究方法及管理渠道时，我们应该明白传媒文化的综合性特征，建构的方式也应该多元化：其一可以凸显传媒集团领军人物个人的魅力，将个人进行品牌符号化从而凝聚人气。今天东方风行、阳光集团都是通过突出李静、杨澜等领军人物的个性魅力来呈现出集团优质的文化传播与管理。其二是传播媒体企业的社会责任感，通过具体的事件来建构呈现出企业自身内部的文化机制，传递出负责任的企业形象。在2018年汶川地震发生后央视举办的救灾晚会上，加多宝集团捐出1.1亿的巨款，通过这种形式彰显了负责任的企业形象，让加多宝在市场上树立了良好的口碑与声誉，极大地提升了企业自身形象，建立起了与消费者的良性互动。其三是可以建立跨文化的沟通交流的机制，将自己置身于国际大环境中，以诸如资本运作、文化管理、相互共建等多种方式来建构传媒集团国家化视野的文化精髓。总体而言，传媒文化的管理是一个较为新的研究路径，整体缺乏系统性的梳理，是学界目前较为空白的研究领域之一。

## 第二节　传媒经济学研究

### 一、经济学内容分析概述

在 20 世纪 50 年代西方创建的传媒经济学，在短短的几十年里从一个简单研究报业体制的议题发展成为了今天一个极具活力与跨学科的研究领域与研究议题，其研究的广度与深度已经超过了人们的预想，变成了架构在不同经济学理论与研究方法之上的，横跨传媒与经济两大学科领域的应用型学科。从其发展历史来看，传媒经济学最早的研究开始于 20 世纪 50 年代，主要致力于报业竞争与广播电视结构、管理的分析研究，到了六七十年代开始运用政治经济学方法来对传媒领域内的诸多问题进行探析。到了 20 世纪 80 年代，大量的关于该领域的书籍开始涌现，其研究路线改变了原来的将传媒企业作为商业和经济机构的状况，很多研究者将传媒企业从内而外的组织运营、企业间的竞争等都纳入了研究范畴，并对传媒领域内的垄断和集中进行了合理化分析，为后续的研究提供了理解和认识的基础。同时，从学术领域看，1987 年罗伯特·皮卡特（Robert Picard）等人创办了《传媒经济学刊》（*Journal of Media Economics*），该刊 1998 年出版了第一期，成为传媒经济学领域第一本核心刊物。20 世纪 80 年代的学界主要以论文与著作的方式向世人介绍着关于传媒经济的概念和方法，以媒体中的结构变革为关注焦点呈现着媒介行业（特别是电视行业）中的融合问题、多样化问题及市场问题。到了 20 世纪 90 年代，学术重点从基本的市场导向开始研究，新的概念和方法被引入这个领域，新的议题如战略分析、传媒公司价值探讨、传媒内容定价、电影电视市场竞争、全球化议题等开始从传媒经济学领域发轫，并逐渐影响今天整体的传媒研究。

今天，传媒经济学已经拥有了完整的学科体系、研究对象、研究路径和研究方法，其学科定位也非常清晰——传媒经济学就是研究传媒生产领域中内容资源的有效利用和配置，以及由此产生的社会生产关系和人类福利问题的经济学分支。面对纷繁复杂的传媒环境，传媒经济学研究的对象就是市场经济条件下，传媒生产以及同传媒生产直接相关的经济行为、经济关系和经济规律，包括传媒产品和服务的生产、交换、消费过程中的一切规律。传媒经济学将要解决的是传媒生产和再生产过程中"这些问题的表现形态会发生怎样的变化，产生哪些特殊的现象"①。而就研究方法而言，今天的传媒经济学实际上更多地是将一般经济学的研究方法运用与嫁接到了传媒领域，并以传媒产业独特的个性为指针，来进行着具体的运用。传媒经济学的研究方法的个性之处在于，因为传媒产品的特殊性，其研究方法涉及具体的实证分析与规范研究，它不能简单地运用一般经济学的理论框架，而需要在一般经

---

① 金碚：《新编工业经济学》，经济管理出版社，2005 年版，第 2 页。

济学理论分析中引入抽象化的因素和现象，并以跨学科、跨文化的思维来建立诸多的传媒元素，从而勾勒出丰富而灵活的产业分析框架。在今天西方的传媒经济领域，常见的有理论型、应用型和批判型三种范例。[①] 这些范例基于不同的学术基础与研究议题，呈现出了不同的研究侧重点及不同的延展范式。如理论型常从古典主义经济学的角度来探讨制约与推动传媒体系的力量，对传媒的影响力进行预测性及制约性研究，起到优化体系与完善逻辑的作用。应用型则常常以企业为导向，探究传播行业及其市场结果，以极具实践性与指导性的特色对传媒经济的宏观趋势及微观的逻辑进行探索，为政府、行业或公司制定战略及政策提供相应的支持，帮助消费者在经济行为中尽快做出反应。而批评型的范例来源于社会评论及经济学家的批评论点，它集中应用于传播学研究领域，以强烈的社会责任感及民族国家使命来探讨诸如传播经济中的垄断、文化影响、工业经济等问题，受到了大家的关注。可见，今天的传媒经济学研究无论是在学科建构的意义与目的、研究内容与方法，还是学科背景、学科框架、学科范式上，都已经形成了较为完整的体系，成为无论是新闻传播学还是经济学学科当中不可忽略的存在力量。

## 二、内容分析基本视角

### （一）媒介政策研究

从制度方面分析，媒介政策属于公共政策层面。所谓的公共政策是指"国家机关、政党及其他政治团体在特定时期为实现或服务于一定社会政治、经济、文化目标所采取的政治行为或规定的行为准则，它是一系列谋略、措施、办法、条例的总称"[②]。而媒介政策则是指为了指导传播制度而设立的一系列社会规范。可以说，我国的传媒经济在改革开放以后先后经历了以新闻工作为中心、事业型结构变化，以及市场化结构调整等不同阶段，而每一个阶段都是在不同的政策领导下进行改革与递进的。因此，媒介政策视角不仅是传媒经济学的基本切入点与研究路径之一，更是窥探政党对于新闻的管理与态度的基本视角之一。

1978 年党的十一届三中全会以后，我国进入了改革开放的新阶段。1981 年 1 月，中共中央颁布《关于当前报刊新闻广播宣传方针的决定》，要求贯彻"双百双为"方针，明确要求传媒为社会主义物质文明与精神文明服务。可以说，在传媒政策的引导下，我国传媒经济首先经历了以新闻工作为重心的阶段。随后，1983 年中共中央颁布《关于批转广播电视部党组（关于广播电视工作的汇报提纲）的通知》，确定了广播电视体系中的"四级办"的事业建设体制，1996 年国务院颁布的《关于加强新闻出版广播电视业管理的通知》、1997 年的广播电影电视部发布的

① 杭敏、[瑞典] 罗伯特·皮卡特：《传媒经济学研究的历史、方法和范例》，载《现代传播》，2005 年第 4 期。

② 李丹林：《媒介融合背景下我国传媒政策与法律研究论纲》，载《南京社会科学》，2014 年第 2 期。

《关于县（市）广播电视播出机构合并的意见》，以及 1999 年国家广播电视总局《关于加强广播电视有线网络建设管理的意见》等政策都深刻地影响了中国的传媒经济发展，并形成了以事业型结构为主的媒介发展阶段。2001 年 8 月，中共中央宣传部、国家广播电视电影总局印发了《关于深化新闻出版广播影视业改革的若干意见》。2003 年 7 月，中宣部、文化部、国家广电总局发布《关于文化体制改革试点工作的意见》的通知。之后，国家广播电影电视总局印发了《关于促进广播影视产业发展的意见》，新闻出版总署印发了《新闻出版体制改革试点工作实施方案》等，标志着我国传媒进入了以市场化结构调整为主的阶段，开始了传媒经济从理论化到市场化的改革与发展。

可以说，媒介政策曾经长期，甚至是长远地影响了我国的传媒经济的发展，在我国这种政体及党领导下的传媒市场现状来看，关于传媒政策的研究是传媒经济中不可或缺的一环，因为传媒经济发展后期所呈现的政治价值的弱化、经济价值的凸显、文化价值的提升等趋势都与传媒政策是密切相关的，甚至可以说是具有决定性作用的。而今天，对于媒介政策的研究的价值不仅仅在于对于传媒产业的梳理与总结，更有着对于传媒经济系统化与政府规划、公共利益等多方互动的预测与判断。

## （二）媒介经营研究

媒介自诞生以来就以一个社会组织的形态存在并运行。如何高效地运行、管理、经营这个兼具政治属性、社会属性、经济属性、文化属性的团体一直是所有媒体从业者们思考与研究的问题。在今天媒介融合、三网融合、跨媒介经营、大数据浪潮等兴起的背景下，媒介经营的研究更成为大家所关注的核心之一，其中诞生的诸如整合营销、融合生产等全新的概念影响着媒体产业经营的发展与变化。可以说，媒介经营管理视角是从媒介的内部入手，从媒介个体出发来分析其发展与运行的规律与方式，探索其盈利模式、经营方式与受众服务体系的一种方式，对媒介经营的研究与分析是一种微观的研究视角与路径。

从发展历史来看，英国工业革命后人类以新的生产方式划分出不同的文明时代，当时以平面印刷媒体为代表的传播工具开始了大规模的信息复制活动，媒介经营在资本主义的市场化中得以兴起并逐渐重视。随后，媒介组织与机构在市场中逐渐形成了具有巨大经济效应与学术价值的行业发展格局，并在不断发展中演绎了诸多经典的经营案例。进入 20 世纪 90 年代后，以数字化为基础的技术浪潮开始深刻影响着媒介的经营与发展，其引发的多重模式、经营理念的变化及越来越细分的市场引起了媒介经营者们的思考，而媒介其与生俱来的商业化特质又使得经营开始变成一个核心命题，如何在数字化时代经营、运作好媒介成为业界与学界的研究热点之一。可以说，在数字化浪潮及新媒介的影响下，媒介自身发生了一系列的变化与革新——呈现出了传播内容与形式的多样化、信息组织范围的拓展化、传播方向的互动性、传播效力的扩大化等一系列的变化，这促使着媒介经营在盈利模式、运营方式及受众互动三个方面产生了极大的变化：盈利模式开始变得多元，广告传播的方式得到了多重发展，同时改革媒体的产品并进行收费，在提供客户产品服务时挖掘消费者自身需求，形成新的增值服务。运营模式则转变了信息提供者、载体与受众的不同关系，体现出"受众为王"与"平台为王"的特征，使之转变成为以受众为核心的价值指标。同时，对于受众服务与管理方式，媒介经营也更加重视双向性、群体性等特征，表现出数字化浪潮下与传统经营极大的不同。

由此可见，对于媒介经营的研究是从媒介内部的变化着手来探讨的一种微观视角，表现出了经营者们自身对于媒介的风险管控与盈利变革，具有一定的前瞻性与系统性。而从研究方法来说，媒介经营自20世纪80年代以来就是切入传媒经济的研究路径与方式之一，是一种传统的研究方法与视角。而在新的信息时代大背景下，这一方法愈加凸显出现实意义，也呈现出新的学术亮点。

## （三）媒介产业研究

传媒产业发展是传媒经济的支柱，也是传媒经济的"经济基础"。在过去的很长时期，因为新闻媒体始终承担着"党和人民的喉舌"的作用，必须"始终把坚持正确的舆论导向放在首位"，因此，媒介产业更多地被视为"新闻事业"①。然而随着媒介市场化的不断加深，传媒产业更兼具了"混合经济产业"的特征，其产品既有着公共信息，也有着商业信息的特性。对于媒介产业的研究已经不仅仅是对其传统性质的探析，不同学者从诸如产业价值链、产业特性、产业融合、产业延展、产业集群等多种角度进行分析，从产业研究的不同视角切入传媒经济学的研究之中，呈现出新的研究范式与研究方法。

所谓的"媒介产业"是指从单纯的文化、精神生产事业媒介单位沿着经营和理性的轨迹向企业状态过渡的一种现象。② 因为传媒具有的特殊属性，媒介产业从产业的续存状态、载体形式、传递环节、对象区间、系统构成、价值形态等各个方面③，都更多地脱离了传统产业的形态及传统产业的使命。因此，随着市场的变更与观念的转型，传媒产业首先是具有了文化产业的属性，它是文化产业的最核心构成部分之一。普拉特博士曾把文化产业链归纳为内容的创意、生产输入、再生产和交易。这四者相互交融构成了庞大的文化产业生产体系。④ 而按照这个体系，传媒产业几乎与之完全契合，任意一种传媒形态都能在其中找到合适的定位。其次，媒介产业也是信息产业的内容组成部分。美国信息产业协会（AIIA）认为："信息产业是依靠新的信息技术和信息处理的创新手段，制造和提供信息产品、信息服务的生产活动组合。"从这个角度讲，传媒产业不仅是信息产业的组成部分，而且它与

---

① 新华社：《国家"十一五"时期文化发展规划纲要》，2006年09月14日。

② 黄升民：《重提媒介产业化》，载《现代传播》，2000年第5期，第1页。

③ 邵培仁：《媒介生态学研究的新视野：媒介作为绿色生态的研究》，载《徐州师范大学学报》（哲学社会科学版），2008年第1期，第137~138页。

④ ［英］安迪·C. 普拉特：《文化产业：英国与日本就业的跨国比较》，林拓、李惠斌、巷晓源：《世界文化产业发展前沿报告》，社会科学文献出版社，2004年版，第208~218页。

信息产业的关系是相互补充与相互促进的。信息传播技术决定着媒介产业的发展，而媒介产业的发展又客观上促进了信息产业的更迭。综上所述，今天对于传媒产业的研究已经深入到了这个领域的方方面面，每一个方面都是对传媒产业自身研究的补充。而对于传媒经济学来说，传媒产业研究领域的开辟，丰富了整体学科的框架与厚度，也凸显了传媒产业对于传媒经济学的意义。对于当今传媒经济领域的研究来说，传媒产业的研究是较为新颖的一个研究视角，它意味着传媒经济学的重大转折，标志着传媒经济学有了更具实体性与产业性的学术支撑与学术发展。

### （四）媒介市场研究

媒介市场是媒介产业的最终落脚点，也是传媒经济最为突出的体现场所。随着市场化进程的加快，中国大多数的传媒都被推向了市场，为了争夺更多的"受众注意力"，各大传媒在市场上展开了白热化的角逐。在此背景下，对于媒介市场的研究已经不仅仅是学术上的争鸣与探讨，而是涉及各大传媒集团的生死存亡的实践问题。纵观今天的传媒市场，市场体系不规范、结构不均衡、市场的内容覆盖偏差等问题都困扰着研究者及从业者们。对于媒介市场这个领域的研究，不仅是指出今天媒介市场中的种种问题，更是为传媒集团提供一种实践的思路与方法，为其自身的规范与更好地领导传媒经济提供新的视角与思路。

何谓媒介市场？它可以理解为由媒介产品联系起来的传媒生存、发展空间和消费者进行消费的渠道和场所。[1] 也可以理解为由报纸、杂志、广播、电视、电影以及新媒介等各种大众传播媒介共同组成的既有合作又有竞争的行业市场。[2] 狭义的媒介市场则特指媒介产品、媒介阅听人和购买媒介物理空间、时间传播广告的广告商之间的经济关系的综合。而媒介企业在本行业产品生产之外的其他行业的生产和市场行为，可以归入广义的媒介市场的范围。[3] 今天我们梳理对于媒介市场的研究发现，学界主要是从市场结构、创新途径、格局演变、数字化浪潮、新技术影响等多方面着手分析，呈现出不同的分析脉络与角度，同时表现出了对于中国媒介市场当中诸多问题的反思与突破路径的研究。例如，应解决市场的寡头垄断与结构失衡，在体制与市场的重合中寻找突围路径；主动创新，在新媒体浪潮下进军全新的领域，同时以模仿等方式主动地进行创新，进行合理定位设计；在充分分析市场的前提下，以体制改革来促进市场化发展，推动市场结构的发展平衡；改革市场所占比重，以多重结构与方式来打造媒体核心竞争力，完成"碎片化"语境下的传播力量重建等。可以说，这些措施或以宏观或以微观的角度对今天的媒介市场语境进行了合理化的分析，以学界客观冷静的分析与实证化的统计，表达与预测了对于今天媒介市场的种种聚合与发展，起到了分析市场、提供策略、指导实践、预测趋势等

① 支庭荣：《媒介管理》，暨南大学出版社，2000年版，第94页。
② 胡正荣：《媒介管理研究——广播电视管理创新体系》，北京广播学院出版社，2000年版，第98页。
③ 胡正荣：《媒介市场与资本运营》，北京广播学院出版社，2003年版，第2页。

作用。同时，媒介市场研究视角与方法的开辟，也丰富了传媒经济学的学科领域，使得传媒经济学有了更为微观与具体的视角，得以进行更为实践化、统筹化的分析与呈现。

### （五）媒介安全研究

在今天风险社会的场域下，媒介安全已经成为国家安全、公共安全和群体安全的核心要素之一，它是伴随着信息安全、产业安全、市场安全的变化而诞生的。而随着传媒经济市场化的变更，传媒经济安全也变成了关系媒介整体生态的链条之一，因此媒介安全角度成为近年来传媒经济学的一个全新研究视角与研究方法。它与实践紧密结合，与媒介安全中的媒介营造、媒介恐慌、媒介信息、媒介生态等紧密结合，呈现出极具价值认知与实践路径的全新研究方向，表达出关于媒介话语变量的不同层级与方式，是今天传媒经济学下的一个新的研究方法与视角。

麦奎尔表示："人们认为媒介是'伤害'社会（引发冲突和失序）以及对社会有益的可能性（维持秩序和社会整合）。"[1] 媒介安全不仅关系到媒介自身的运营安全、经济安全、系统安全等，还关系着社会整体的秩序和运行方式的安全，媒介的不安全性会引发各类系统的动荡与不安，也会引起社会的恐慌与不安全性的递增——哈德利·坎特利尔的《外星人入侵地球：广播恐慌研究》已经表明了媒介安全对于社会安全的意义，在第一次世界大战中，对于媒介安全的争夺已经上升到了国家安全的层面，第二次世界大战后期无论是霍夫兰对媒介效果的控制研究，还是拉斯韦尔对宣传品的内容分析，抑或是施拉姆在为统计局（战时新闻局的前身）和为罗斯福总统起草广播讲话稿中都体现着媒介安全对于国家整体系统的意义。如此案例，不胜枚举。可见，对于媒介安全的研究自传播学兴起之日就有，并且长期存在于新闻传播学的研究中。近年来，对于媒介安全的研究延伸到了传媒经济领域，对于传媒经济中的媒介安全体系有了新的价值认知，即以信息安全和网络安全为出发点的传播安全视角，该角度着重研究今天新闻传播中以安全性为技术保障的经济管理问题，涉及多重视角下的经济安全与经济提升。对于传媒经济学来说，这一视角的开辟具有一定的现实意义，对于实现与管控媒介安全起到了一定的启发作用。

# 第三节　传媒法学研究

## 一、法学内容分析概述

法律通过媒介的传播古已有之。早在鸦片战争之前的 1833 年，德国传教士郭守腊（Gutzlaff，1803—1851）就创办了中国内地第一份中文期刊《东西洋考每月

---

① ［英］丹尼斯·麦奎尔：《麦奎尔大众传播理论》（第四版），崔保国、李琨译，清华大学出版社，2006 年版，第 122 页。

统计传》，该期刊首次将西方宪政法学和诉讼法学等学科知识引入大家的视野中。随后，丁韪良翻译了众多法学著作并开设《万国公法》课程，将西方大量的近代法学知识通过媒介传递给近代中国。从历史发展来看，法学最早通过媒介而加以传播与普及，使得媒介一直是法学传播的最佳平台之一。而到了近现代时期，当传媒力量日益凸显并逐渐显示出在社会系统内极大的影响力之时，作为社会约束力与公信力之一的法学与传媒的关系在不停的博弈中互相变更与消解。而近年来，随着媒介组织、媒介管理、媒介经营、媒介侵权等诸多媒介领域的加深与市场化的推进，诸多弊端开始显现并呈现出扩散趋势。在这样的大背景下，我们迫切呼吁传媒法律的出台与规范，并迫切需要传媒法学学科的建设与发展，以应对传媒领域乃至法学领域的诸多延展性问题。2004 年，中国传媒大学召开了"传媒法学热点问题与教学内容研究"的研讨会。在国内，对传媒法学内容进行大规模的研讨，并选择在中国传媒领域具有巨大影响力的高校举行，该会议尚属首次。此次会议掀起了国内传媒领域对于法学的研究热潮。我们欣喜地发现，此次会议中所探讨的传媒法热点问题、传媒法学教学体系与内容、传媒法学体系建构、传媒法学特点与地位、方法研究等都对传媒法学具有极大的前瞻意义，在这样的问题与体制之下，传媒法学开始逐步成型，并且逐步被学界与业界所接受，进而形成了一股新的学术浪潮，开辟与形成了新的学术领域。纵观今天的传媒法学研究，其已然成为一个横跨两大学科体系，具有跨学科性、理论性、科学性、实践性的新型研究领域，其无论在法学领域还是传媒学领域都是具有较大影响力的学术阵地。而梳理关于传媒法学的文献我们发现，今天的传媒法律研究的领域已经极为广泛，涉及传媒法律的本质属性研究、中西传媒法的对比呈现、传媒法律人才培养、传媒法分支法律比较、法律伦理道德以及传媒法律个案研究等不同领域，表现出了极大的学术生命力。

　　传媒法学的研究离不开传媒法律体系，这是传媒法学作为一个系统而呈现出的基本表征。这些体系中又包含了传媒组织法、传媒管理法、传媒经营法、传媒侵权和惩戒法四个子系统。① 从不同的视角看，这些子系统内部还可做不同的系统分类，从而架构起整个传媒法学的底层框架。应该说，传媒法律体系的建构应以自由为其首选的价值目标。传媒作为启迪人民心智、传递人民知识的有效途径，其自由的传播应该与法律相辅相成，来奠定传媒法律的内在肌理。秩序的建构也应该是传媒法律体系所追求的目标，传媒法律在规范媒体运行、媒体传播行为、媒体风险管理、舆论媒介审判等方面应该做到持续性、预见性与统一性，对于媒体的运作与传播行为不仅应保持法律独特的独立性，学会管控媒介所存在的潜在风险，同时还应对政府的管制进行必要的限制来保证媒介的自由发展。可以说，今天的传媒法学应是一把"双刃剑"，既要学会保护媒体的适当与合法权益，也要学会管控政府的过多干预。此外，公平是传媒法律体系的另一个价值目标。今天媒体处于一个较为尴

---

① 李丹林：《传媒法学学科建设刍议》，载《现代传播》，2005 年第 1 期。

尬的境地：媒体的经营处于市场化变革之中，而其非市场功能又被政府所控制，不允许它掌握在市场中合理的资源，根据权利、义务和责任对等的法理公平内涵，传媒法学还应该进一步推动媒介在市场中取得公平地位，促使媒体的权利、义务和责任相互一致并且协调发展——不仅要保证媒体相应且合理的权利，保障媒体在某些领域必要的采访权与应用权，使得媒体成为促进社会民主建设与经济繁荣的最有利的力量之一，同时还应督促媒体履行其合理的义务与责任，让媒体有着"自律"以外的"他律"，监督着媒体承担一定的责任义务。可以说，今天传媒法学的体系建构出的是法律层面对于媒介既帮助又监督的方式，展现的是法学理念在传媒领域的架构——既对媒体实行合理的管控，保障法律所拥有的强制力与约束力，又对媒体相应的义务进行规定，促使媒体树立社会责任感。

而依照着方法论，具体到更为细分的研究方法而言，该学科从一般意义上来说，首先要确定的是辩证唯物主义的认识论和方法论，其次要提倡研究方法的多元化，借鉴相关学科已有的成果，再次是坚持运用系统论的观点和方法，强化学科的系统性，最后是坚持思辨与实证相结合的方法，同时注重个案研究。[①] 这些方法在其他学科领域的运用前文已经说明。对于传媒法学而言，本章遵从中国传媒大学的李丹林教授的分类方式，从传媒组织法、传媒管理法、传媒经营法、传媒侵权和惩戒法四个角度入手来分析今天传媒法学的建构与研究方式，分析今天学界已有的研究成果及研究态势，为后面学者对于该领域的研究起到抛砖引玉的作用。

## 二、内容分析基本视角

### （一）传媒组织法

以《中华人民共和国全国人民代表大会组织法》及《中华人民共和国国务院组织法》等为标志的组织法，是指专门规定某类国家机关的组成和活动原则的法律，属于实体法中的一种。今天，尚未有任何一部具体的法律来规定一个媒介组织或者团体自身应该如何架构与组织，但从宏观的宪法及相关法律所规定的中国媒介的组织架构来看，媒介整体属于国家所有，媒介建构及所开创的事业都被纳入国民经济计划，按照全国统一的事业建设方针实行管理。当然，随着三次媒介整体的调控，传媒逐步走向市场化，朝着集团化、市场化、竞争化的趋势不断发展，但整体而言传媒的宏观组织受到国家的统一规划，成为国民经济的一部分，其组织的大规模变更与转型也受到国家政策的宏观影响与管理。而法律对于微观到具体的某一个媒介组织结构则没有太多的明文规定，今天法律对于传媒主要在于具体法律、国际法律、行政法规的管控，对于具体的媒介组织形式而言则较少涉及。今天各个媒介的组织多由自我进行设定，大多包含了党政系统、制作系统、发行经营系统、技术系

---

① 李丹林：《传媒法学学科建设刍议》，载《现代传播》，2005 年第 1 期。

统等几大组成部分。如图 12-1、图 12-2 所示。

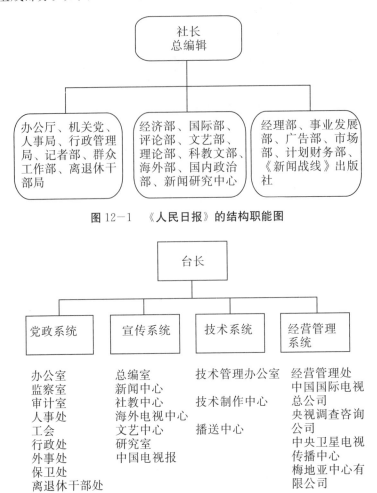

图 12-1　《人民日报》的结构职能图

图 12-2　中央电视台的结构职能图

　　从图中我们能够看到关于今天传媒集团大致的媒体组织构成。而随着越来越多的传媒集团的兴起，其组织机构也呈现出了简单化、扁平化的特征，更为重要的是在不同的体制之下，媒体的地位、资金、业务范围、与政府的关系等都会深刻影响媒介的组织形式，而这些又恰恰是法律涉及的相关规范。所谓的传媒组织法视角主要指在传媒领域深刻变化的今天，无论是传媒具体的业务范围还是其组织形式都会随着改革的深化而出现新的变革，其喉舌功能、知识传播功能，表达功能等都会被适当区分并且综合，那么此时非常需要法律通过对其组织的变更、宗旨、功能与作用的界定来推动传媒内在深层变化，通过法律确定媒体与政府的关系，从而实现法律"双刃剑"的作用：既能够有效地管控媒体，实现特殊国情下的媒体作用，又能不妨碍媒体的自主经营和公民的表达自由。应该说，今天诸多媒体事件产生的原因之一就是媒体责任与义务的不清晰界定与组织形式相互的穿插与忽略，如何让法律来确定媒体的组织方式，如何让法律来呈现媒体的变更逻辑是传媒组织法领域所亟待解决的问题，也是一个新的研究方法与思路。

### （二）传媒管理法

现代传媒的管理不仅涉及现代企业管理的具体要求，更关系到传媒特殊功能的组合与发挥。在传媒愈加国际化的今天，传媒管理也愈加呈现出与国际接轨的趋势，观念的管理、机制的管理、人才的管理、知识的管理等一系列的管理模式愈加规则化，而这一切都离不开法律的规范与管控。没有法律保障与约束的传媒管理就如同缺乏监管的市场一样，必然会出现大量的管理漏洞与疏忽。因此，传媒管理法应该主要是对各类媒体传播行为的管理的法律条款，具体到传播行为规范、传播行为标准、政府具体管控许可、政府对传媒的产品的监管、行业标准的设定、传播技术产权、传媒设备管理等一系列涉及传媒管理的法律，将各种法律渊源系统化到同一的平台之上，有助于法律有体系、有方式、有统筹地进行合理化协调，进而形成强大的法律力量来对其进行约束。

从业界角度分析，传媒的规模由小到大，结构从简单到复杂，功能从单一到复合，其涉及的管理范围也会越加扩大，传媒管理的内容也会随之更加丰富和复杂。尤其是随着信息化的到来，传媒管理从对于"人"的管理变成了对于"知识""信息""人"的全方面、综合性的管理。这个变化促使很多法律的界限变得模糊，在信息管理愈发现代化的传媒领域，从"信息侵权"到"版权模糊"，涉及互联网的信息使得传播变成了法律的盲点之一。从这个角度讲，传媒管理法的研究一定程度上是对今天互联网信息传播的规范，一方面规范的是媒介组织自身内部的信息生产、信息建构、信息传播，另一方面规范的则是媒介组织在传播过程中的规范。通过法律的方式来明确合适的领域，确定哪些内容可以被传播，哪些渠道可以用于传播等，是现代管理学在社会主义市场经济发展下的现实需要与更新路径。

从学界角度分析，传媒管理学的研究是对两大学科各自的补充与拓展，是现代传媒管理走向世界的客观要求，也是传媒自身发展壮大的必然选择。可以说，在今天跨学科、跨领域研究的浪潮下，传媒管理学是一个横跨两大学科，纵跨体制、机制、效应、环境、文化等诸多研究领域的新型的学科范畴。其中既涉及诸如网络管理、制度建设、信息化等具体管理层面的建构，又涉及在"互联网＋"的思维下的人的情感交流与情感建构。从本质上来说，法律管理学既要兼顾在变革中的管理应用，更要呈现一种人文情怀，一种在实践当中的非理性化思考的特征。

### （三）传媒经营法

传媒经营在20世纪80年代经历了快速的发展，其适应性的市场结构转变反映了传媒集团化、市场化、产业化的变更与特色。今天，传媒经营学已经成为显学，无论在实践领域还是理论领域都取得了长足的进步。大量传媒集团的组建为传媒经营提供了大量的实践数据与一线资料，使得传媒经营学变成了学界与业界持续的关注点。今天当我们再次梳理关于传媒经营的整体研究时发现，这个领域已经涉及传媒产业、传媒投资、传媒融资、传媒税收、传媒进出口、传媒市场结构、竞争秩序等一系列的问题，而每一个问题的出现都或多或少与法律的监管漏洞和现有法律的疏漏有关，可以说传媒经营是一个亟待法律进入并管控的领域，也是学界一个尚未完全开辟的领域。

今天如何经营传媒是横在所有集团面前的问题，也是横在学界的一个问题。今天不少学者基本达成了一定的共识，即传媒发展的主要问题在于传媒经营（管理）方式的变化。因此，面对报业集团利润不断降低、广电集团利润两极分化的现状，诸多学者将视角投向了传媒经营的研究热点，如传媒经营方式的改革、传媒经营产业链的建构、传媒经营思路的探析、传媒经营市场的变化等领域，却鲜有针对规制传媒经营的约束性力量——传媒经营法的研究。在不少传媒集团"粗放式"发展的今天，法律的进入将带来的不仅仅是传媒管理进一步的系统化与规范化，更是对传媒管理进一步的细分化。在"传媒"与"经营"的接口上呈现出以法律强制性为特征的一种管理手段，而如何以这种手段进行管理、规制、疏导成为一门横跨法学、管理学、传播学的新的学问，其具有着重大的现实意义与现实效果。

在本书进行传媒经营法的构想之时，学界对此尚未有系统的研究与定论。于是我们可以大胆地对传媒经营法进行构想。促进传媒经营的良性发展，首先就必须要建立传媒集团经济技术的指标的组织法，要全面、真实、客观地反应传媒集团经营的现状与成果，并且具有真正的可操作性。其次，应该建立合理的关于传媒集团人员的奖励与处罚的相关机制的法律法规，包括荣誉奖励、经济奖励、地位奖励，等等，加强以人为主体的核心内部动力。在建立这个经营法之时，我们需要明白：首先，不能排斥建立现代传媒企业制度，因为这个制度是促使传媒在市场化浪潮中稳固的保证。其次，应以立法的形式将实施对象与责任对象指向有直接经营责任的部门或人员，建立一整套相关的监察、考核、处罚的相关法律，由国家统一的监察考核部门直接运营。再次，责任与权力应对等呈现，即在经营法规制下的传媒集团，法律也应该以多种形式承认集团总裁、企业家或相关员工拥有集团财产、信息、传播的使用、支配权等。

### （四）传媒侵权和惩戒法

2009 年年底，《侵权责任法》被全国人大通过并定于第二年实行。此法案在公开意见中曾掀起过传媒界与法学界的一场争论，核心争议便是"媒介侵权"的法律权限与责任。传播法学研究者徐迅表示：以《新闻（媒体）侵权否定说》一文和《关于〈侵权行为法〉是否需要单列"媒体侵权法"的意见》为代表，反对将相关内容纳入该法；以《论中国新闻侵权抗辩及体系与具体规则》一文及中国政法大学传播法研究中心举行的《侵权责任法（草案）》研讨会上的主流意见为代表，主张

《侵权责任法（草案）》对媒体侵权问题有所规制。[①] 可见，关于"媒介侵权"的研究在两个领域都存在着一定的争议。

比起前三个方面，从传媒侵权和惩戒法来进行分析是一种较为微观的视角。其中涉及法律的领域主要为在媒体进行信息传播的过程中，会形成的媒体间的互动及与当事人、传播者、从业人员、受众等在不同的场域中的法律关系。在这些法律关系中，各种各样的利益相互交织必然会导致各种侵权纠纷、违法情况，甚至是犯罪行为。面对大众传播侵犯人们财产权、人身权等诸多违法行为，法律侵权与惩戒法需要对其进行合理性的约束。在法律过程中所涉及的，造成公众秩序混乱与国家利益损伤的行为，应依法惩处。可以说，传媒侵权与惩戒法的本质就在于对传媒交流场域中诸多违法行为的管控与限制，此领域法制的规范与完善是一个国家法制化程度的体现，也为传媒行业整体健康发展提供了不可或缺的法律保障。

---

① 魏永征：《从"新闻侵权"到"媒介侵权"》，载《新闻与传播研究》，2014年第2期。

# 第十三章 传媒选题方法研究

科技进步对传媒发展有着巨大的推动作用，媒介平台更新换代的频率也越来越高，在这种情形下，传媒理论与传媒实践相比总是处于被动追逐的状态，并且较难抢占先机。在不久前，学术界也曾发出这样的质疑，是不是当今的新闻学与传播学真的要变成对"传媒工具"的研究了。由此我们可以看出，传媒领域每分每秒都在发生着变革，而我们作为新闻传播学领域的学子，应当具备发现热点、关注热点的能力，同时更要有做基础研究、以不变应万变的本领，这就是在强调掌握科学的传媒研究方法的重要性。在前面的章节当中，我们着重对各种类型的研究方法做了分门别类的介绍，但是，最终体现研究质量的还是论文成果，因此，我们这一章将对论文选题的要点和注意事项进行方法论的分析。

## 第一节 选题的意义

谈到选题的意义，我们这里应当对这一概念进行分解式的阐述。首先，"选题的意义"代表的是选定题目对于整个学术研究过程的重要性；其次，"选题的意义"暗指的是一个题目本身应当具有何种意义、目的与研究价值。所以，在这一节当中，我们将对这两层意思进行集中性的阐述，尽可能全面地对其内涵进行解读，因为在一个完整的学术研究过程中，以上两点都是我们在研究之初所要思考清楚的内容。

### 一、选题的重要性

在前文中我们已经提到，选定题目对于整个学术研究过程具有决定性的作用，也是顺利展开研究的基础，在研究的初始阶段，选定题目其实就是划定一个研究范围，以便作者能够在这一界限之内进行资料收集。所以，在这一阶段，选定的题目并不具有精准性，只是圈定一个大概的研究方向，帮助作者在一个较小的范围内开始准备工作。那么，选定题目对于整个研究究竟有哪些具体的作用呢？我们接下来将对其进行分别阐释。

#### （一）选题是研究者能力的体现

谈到选题的重要性，首先一点则是：选题在第一时间呈现出了研究者的思想内涵与个人能力。随着高等教育的发展与国家对学术研究的重视与支持，多种学术活动的举办都在为研究者提供着交流的平台，学术期刊、杂志的种类也越来越多，我们接触到研究成果的途径也日趋丰富。在大量浏览学术成果的同时，我们不仅积累了与本专业相关的学术知识，同时也掌握了当下的学术研究热点，面对不同的研究课题，我们往往会在看到题目的时候就对作者本身的研究履历产生兴趣。在人文社科研究领域，对于同一问题的看法与研究切入点会有非常多的角度，那么，作者所选择的立场与角度肯定是最直接的体现其思想认识与学术观念的，由此我们可以看到，选题是读者了解文章内容与研究者的最直接途径，同时也是作者研究能力的直观表现。

例如当下对微信等新型传播平台的研究就非常多，我们在知网搜索会发现大量的相关成果，可是就在这成千上万条的搜索记录中都鲜有完全重复的题目，比如《借力微信：传统报业营销模式转变》就是对传统媒体面对微博、微信等新型媒介的冲击之时如何做出转型而展开的探索[1]；《微信公众平台在国内图书馆服务中的应用实践研究》[2] 关注的就是微信这种交互性传播平台在图书馆服务当中所扮演的角色，这里在强调微信媒介特性的同时也没有忽视它本身的平台特质。以上两个选题都是关于微信的，但是二者关注的角度却完全不同，这就向我们彰显了不同学术背景的研究者看待问题的差异性，因此选题是传递研究者信息的重要介质。

由此得出，无论是从学术研究严谨的角度还是从作者自身发展的角度，选题都应当是被高度重视的一个环节。虽然说选题是直接体现研究者能力的一个标志，但这并不意味着宏大的、看起来较难理解的题目就代表着研究者的水平更高。从我们日常研究经验来看，决定选题大小的是课题研究本身的需要，同时也考验着研究者的驾驭水平。一味地追求高难度却又不能做出合理的阐释，这种题目我们在现实当中见得不少，同时也有很多看似涉及范围小却能够细致深挖发现别人所没能发现内容的选题，这种鲜明的对比向我们揭示了选题揭示研究者能力的重要性，无论题目大小只要能够自圆其说，这就是对研究者学识与能力的肯定。反之，不能够有效选择符合自身研究能力的题目，一味地求新求大，折射出的就是研究者本身缺乏经验与积累。

## （二）选题是展开研究的基础

传媒领域涵盖的内容非常丰富，作为专门研究传媒发展的学科自然是不缺乏热点话题的，但是落在具体的研究工作上，如何从众多的话题当中选择出适合自己的，这本身就是一个需要克服的难关。俗话说万事开头难，确定选题无疑是整个研

---

[1] 匡文波、李永凤：《借力微信：传统报业营销模式变革》，载《中国报业》，2014 年第 17 期，第 37 页。

[2] 王保成、邓玉：《微信公众平台在国内图书馆服务中的应用实践研究》，载《图书情报工作》，2013 年第 20 期，第 82 页。

究的开端，也是奠基工作，如果选题没有过关，那么后面的一系列工作都是没有意义的。

选题作为整个研究的基础，除去确定研究方向以及划定资料搜索范围以外，最重要的是确立一个合理的逻辑范式。我们都知道，真正开始做研究的时候往往不担心没有思路，反而是可参考的成果与资料太过庞杂而导致了无处下手的局面，这就要求选题能够有效地划定研究范围，以减少查阅大量文献的工作量。除此之外，选题应当是经过严密的逻辑论证的，并且应当是尽可能言简意赅的，虽然说经过长期的写作锻炼已经不会再出现跑题的情况，但是选题当中涉及的因果关系应当是合理的。在现有的学术成果当中，不乏有很多题目复杂的文章，部分论文的题目都要反复揣摩才能理解其真正的内涵，可是再对照后面的正文看，却发现作者对题目当中涉及的关键词以及逻辑关系都不能进行合理的解释与论证。由此可见，题目是研究内容的浓缩性呈现，是该研究给读者最先留下印象的部分，拟定题目的时候一定要精简语句、保证逻辑畅通。

题目当中的关键词其实就是全文的关键词，因此在文中一定要对它们分别有所阐释，与此同时，我们也经常看到有副标题的文章，副标题一般都是起到一个强调以及限定范围的作用。比如在《电视新闻频道的理念与运作——以央视新闻频道为例的研究》[①] 一文中，我们看到文章的主旨是对电视新闻频道的理念与运作展开研究，但是我们都知道，电视频道又分央视、省级、市级等，这样广泛撒网未免研究范围太广，因此作者选择央视的新闻频道作为典型案例进行研究。这是一篇博士论文，虽然论文的篇幅较长，但是作者还是有意识地缩小了研究范围，选取了最有说服力的案例——央视新闻频道，我们在日常的研究当中也要善于在选题的时候限定范围，这样才有助于研究的迅速展开，因此说，选题是整个研究的基础。

## 二、选题的意义

在前文中，我们对选题的重要性进行了相关阐释，因为只有明确了选题对于整个研究的重要性才能够更加慎重的确定题目并展开研究。经历了相当学术研究的人都有类似的经验，选定题目只是一个研究的开始，但是它与后期的各项工作有着密不可分的联系，因为选定题目的意义不仅在于确定研究范围，它还关系到这一课题是否真的具有研究价值，以及能否产生学术影响力等相关的问题。由此，在这一部分内容当中我们将主要针对"题目本身的意义"展开论述，也借此明确一些衡量选题价值的要素。

### （一）是否提出新问题

在选题的过程中，我们常常会查阅大量的相关资料，从已有的研究当中获取灵

---

① 刘成付：《电视新闻频道的理念与运作——以央视新闻频道为例的研究》，复旦大学，博士学位论文，2006 年。

感、得到指引，这是一个较为便捷的方法，因为很多的相关研究已经对该领域进行了一定程度的总结，有利于我们较快地掌握资料，做到心中有数。但是在搜集资料的同时也会带来困惑，接触的相关研究越多就会发现想要创新越难。随着高等教育的发展、国家对于学术研究的重视，各类学术交流平台涌现的速度逐渐加快，各大会议、论坛、报纸杂志都在为学术发展注入养分，再加上新闻传播领域得益于技术发展的推动，热门话题、新的研究领域频频出现，造就了当下新闻传播学发展的百花齐放盛况。在这种情形下，我们每每在搜索资料的时候都会感觉到自己所关注的内容已经被咀嚼得"所剩无几"，似乎很难再发现新的问题，但凡我们能想到的话题看起来都已经被开辟过了。

但是我们在衡量一个选题是否具有研究意义的时候通常会以"创新程度"作为初级指标，如果能够提出一个全新的问题，那么这肯定是最大的创新，因为在当前的这种情形下可以先人一步发现新问题，这本身就是一种具有极强的学术自觉性与开拓性的表现。所以，我们在选题的过程中首先要考虑的就是，自己所关注的这一话题本身是否具有创新性，是否能够让人耳目一新。在很多时候，创新就是开展一项课题的全部理由，在我们阅读文献达到一定数量之后就会感知到发现新问题是多么的难能可贵，正是因为有了这些开拓者的存在，我们的学术发展才能够不断走上新台阶。

翻阅现有的学术期刊，我们会发现大数据、微信、微博、融合媒体、复合型人才培养等话题已经占据了大部分的版面，最先进入这些领域的人就可以先人一步出成果，较晚接触此类话题的人或许就失去了再深入研究的机会。因此，发现新问题不仅是在推动整个学术研究的发展，同时也是在为我们自己开拓新的研究阵地。

（二）是否发现新线索

上面我们提到了研究当中是否发现新问题，但是正如前文所分析过的，发现新问题的难度颇大，有的学者甚至在一生当中也就只有一两项开拓性的研究，因此，在大部分的研究当中我们只是在无限接近"创新"这一要求，运用各种方式来和创新挂钩。发现新的线索、选择新的视角、运用新的方法，让已有的话题迸发出新的色彩，这是当下大部分研究者所采用的途径，因为这样的目标更容易实现，可借鉴的方法也更多。本书在前面所论及的研究方法正是在为创新性研究服务，因为各学科内部是相通的，所以他们在研究过程中也会有不同程度的融合，比如新闻传播学和文学、社会学、心理学等学科常常会产生交叉，在研究理念与方法上也会有不同程度的参考与借鉴。

在选题的过程中，如果题目本身不能够实现彻底的创新，那就不妨在展开的线索上有所改变，不仅可以避免与其他研究雷同的情形出现，同时还可以增加本研究的创新点，提升研究的价值。以新的视角切入话题是我们当下比较常见的一种研究方式，比如新媒体发展冲击了传统媒体，催生了媒体转型与融合媒体等话题的出现，就有研究者在这样的背景下找到了可研究的副线，那就是媒体转型与媒体融合过程中对媒体从业人员提出的新要求，由此而引出对于新型媒体人才进行培养的话题。如《新媒体时代传媒及创意人才培养模式的再考量》[①] 一文，即是作者在新媒体迅猛发展的背景下对高校传媒人才培养模式提出的新思考，文章不仅梳理了技术发展对传媒演进的巨大推动作用，同时也提出，传播媒介的发展已经对传播学学科本身提出了更高的要求，那么在传播学科创新发展的同时就必然要涉及人才培养观念的革新。在《新媒体与信息网络专业人才培养的策略创新》一文中，作者结合新媒体发展所带来的要求提出了当前情形下人才培养的几点看法：其一，人才培养的理念由"一专多通"细化成"以专立身，以通结群"；其二，通过跨院合作与院媒互动来提升师资力量；其三，课程的设置应该注重理念传授，同时，应该重视行业法规、国家政策的掌握；其四，增强学生团队意识，提升本专业人才的传媒观察与数据分析能力[②]。

以上我们所列举的选题都有一个共同的特质，那就是从被普遍提及的题目当中找到适合自己的路子，在不脱离研究热潮的前提下能够另辟蹊径，做到不重复、不雷同，有自己独特的学术视角。这也是我们在研究选题价值的时候强调找到新线索的一个重要原因，学术创新可以是循序渐进的。

### （三）是否得出新认识

判断一个选题是否有意义，其所依据的问题是整个研究的出发点，其所展开的线索是整个研究的主要框架，但是，除去这些要素，我们同样可以用研究最终产生的成果来判断其是否具有价值。那么，对于研究成果的价值衡量我们又应当采取何种体系呢？一般情形下，我们主要看一项研究是否发现新的事实，是否提出新的认识、得出新的结论，也就是说该项研究能否在观念和认识上对已有的学科内容产生颠覆性的影响，这样的研究毫无疑问是具有极大的科研价值的，同时也对学科本身不断地发展与进步产生了积极的推动作用。

提出新的认识一般分为以下几种情况，第一种就是挖掘出了以往学者们没有发现的事实，或者是对已有的被普遍认可的事实提出拷问，并且给出新的答案，而且这种信息的更新对于整个学科的传统认识及已有的研究都产生了连锁式的反应。在我们目前的研究经验当中，大家对于很多常识性的内容都会自觉地将其作为已被验证的、合理的情形而存在，殊不知这当中还有值得挖掘和考据的地方，某些学者正是以这种敢于质疑与推翻的勇气作为自己研究的动力的。提出新认识的第二种情形则是，在已有的学科大背景和知识体系下，研究者用和其他人一样的原始材料展开分析，最终得出了不一样的结论，不仅丰富了本学科的理论构架，同时也极大地开

---

①  吴信训：《新媒体时代传媒及创意人才培养模式的再考量》，载《新闻与传播研究》，2013 年第 4 期，第 118 页。

②  燕道成：《新媒体与信息网络专业人才培养的策略创新》，载《湖南师范大学社会科学学报》，2013 年第 5 期，第 138 页。

拓了学者们的学术视野，带来了全新的学术灵感。

根据以上的分析我们可以看出，得出新认识并不是一件容易的事情，因为无论是当中的哪种情形都是具有颠覆性的，这就要涉及研究者本身的学术积淀与影响力的问题了。通常情况下，在学术界有一定影响力的学者，他的学术积淀就相对深厚，也更容易在现有的研究当中发现问题，从而将其更正过来，并且得到学术界的认可。而其他学术影响力较弱的学者在发现类似问题的时候往往会引发较多质疑，更正旧有认识的道路也就更加漫长，因此，提出新认识这一点并不是那么容易做到的。

（四）是否运用新方法

本书的主体就是对传媒研究的相关方法展开研究，正如我们在前面的章节所谈到的，传媒研究的方法是多种多样的，而且各学科之间并不是孤立存在的，它们是有内在联系的，因此学科之间在研究理念与方法上也常常会有交融和借鉴。就好比新闻传播学与社会学、文学、心理学及医学等学科均会产生不同程度的碰撞，这不仅是对本学科的一种拓展，同时也促进了其他学科的传播与进步，比如新闻传播学对文学写作要素的借鉴、对社会学理论以及统计方法的运用、利用心理学的相关知识来展开受众研究、运用医学的相关成果来达到有效传播的目的等。在研究当中运用新的方法进行阐释，一个最直接的途径就是采用跨学科的方式进行创新，引入其他学科的研究理念与方法，从而达到让人耳目一新的效果。

在真正的研究实践当中，学科之间的借鉴与融合非常普遍，而且这样的文章通常都会取得不错的传播效果，主要的原因还是在于思路上的创新打开了不一样的学术大门。如《接受美学视角下财经报道翻译中新闻味与汉语化的融合——以〈参考消息〉为案例研究对象》[1] 一文，即使没有阅读全文，我们也可以感知到这篇文章中涉及了较多的关键词。首先，这篇文章的直接研究对象是财经新闻报道；其次，该研究关注的是接受美学视域下的外文财经报道被翻译为汉语的相关问题。因此，这篇文章同时涉及新闻学、美学与语言学等多个问题，这就是一个运用新方法展开研究的案例。正是因为研究者采取了跨学科研究的方法，才使得一个原本较为单一的选题变得丰富起来，在《多元文化视野下的中国少数民族新闻学研究——评白润生〈中国少数民族新闻传播通史〉》[2] 一文中，作者想要对《中国少数民族新闻传播通史》一书展开评介，于是他找了一个支点，那便是"多元文化视野"，将其作为整个评论展开的基础。在当下的研究中，新闻学以文化的视野展开研究已经是非常普遍的事情，但从本质上来说，这两者之间并不完全隶属于同一个学科范畴，所

① 黄樱：《接受美学视角下财经报道翻译中新闻味与汉语化的融合——以〈参考消息〉为案例研究对象》，上海外国语大学博士学位论文，2014年。
② 傅宁：《多元文化视野下的中国少数民族新闻学研究——评白润生〈中国少数民族新闻传播通史〉》，载《当代传播》，2011年第2期，第109页。

以这也是一种跨学科研究的案例。

在以上的分析当中我们可以看出，跨学科展开研究的案例非常多，这种研究方式被运用的频率也相对较高，而且因其涵盖的内容较为广泛，所以很多类似的案例都可以被囊括进来。除去对其他学科理念与概念的借鉴，我们可以看到很多研究只是借用了对自己有利的方法，比如在传媒研究的过程中采用调查研究、自然观察、控制实验及比较研究等方法，这些方法并没有非常严格的学科属性，因此其可以被灵活运用到新闻传播领域当中来。比如《中西方新闻价值观的对比与分析——以新华社、美联社"十大国际新闻"遴选为例》① 这一研究，其主旨就是在用比较的方法研究中西方新闻价值观的异同，只是分别借助了中西方两家比较有代表性的媒介机构来作为分析对象。当然这种比较研究的方法不仅出现在新闻传播领域，在电影、电视等相关研究当中也较多。比如在韩剧风靡的阶段，我们的学术研究当中就出现了很多对"中韩电视剧创作理念"进行比较分析的成果（除去创作理念还有对拍摄、剪辑、服饰及主题曲等多种相关元素的比较研究），因此我们发现，运用新的方法展开研究不仅可以有效地帮助研究者发掘选题，从本质上来说这也是一种增强学科自身张力的有效途径。

至此，我们在上面的篇幅中对选题的重要性和意义进行了相关论证，当然，选定研究题目是一个复杂的过程，但是明白其意义是我们展开后续研究的一个重要基础。所以，我们在本章的第一节对其重要性进行了集中式的呈现，后面我们将对选题涉及的其他细节问题展开论证。

## 第二节　选题的类型

明确了选题的重要性之后，在进入正式的选题环节之前我们要探讨的是选题的类型，了解选题的类型是我们有针对性地展开研究的重要前提，因为每一个题目都有自己的特质，所以我们选择其必定有专门的目的。因此，明确选题的类型，抓住其所关注的特定领域及所能带来的学术影响，是帮助我们有目标、有计划地展开研究的重要因素。正如我们在前文所说的，各学科之间是有很强的相通性的，那么学科内部各领域之间的联系必定更是千丝万缕的，因此，我们在此处所探讨的选题的类型其实与选题的意义有着非常直接的关系，甚至在某种程度上二者是互相诠释、互相决定的。在后面的探讨中，我们将对此类关系的讲解穿插在相应的正文当中。

### 一、选题分类的意义

翻开学术期刊、打开知网搜索，每一个学科下的研究成果可谓是硕果累累、不

① 柳晓娟：《中西方新闻价值观的对比与分析——以新华社、美联社"十大国际新闻"遴选为例》，复旦大学硕士学位论文，2009年。

可胜数，而且这些文章都各有新意，都能够在本学科的研究当中尽量做到创新发展、言之有物。但是问题也随之而生，无论是从学科发展的角度还是个人研讨学习的角度来看，机械式的对每一个具体的题目进行学术判断都会带来非常庞大的工作量，由此便凸显了对学术成果进行选题分类的重要性。在传媒研究领域我们就更应当将这种选题类型化的理念贯彻起来，因为传播媒介的快速发展会不断地催生新的研究热点，我们几乎不可能掌握全部的研究成果，但是如果采用对选题归类判断的方法，在节省时间的同时还可以对当下的学术发展情况做到心中有数。

### （一）利于掌握学术发展的整体动态

谈到选题分类的意义，首先，从宏观的角度来看，选题分类可以将大量各种类型的题目进行统一归类，达到对号入座、一目了然的效果，在此基础上便于大家掌握当前的学术发展动态与趋势。传媒研究领域从来都不缺新的、热点话题，因为它本身就是一个动态性极强的学科，其内部的理念与知识架构更新换代的频率也非常高，这就造成了相关学术研究极其蓬勃的景象，同时也给我们从宏观上掌握学科动态带来了新的挑战。

因此，对选题进行相关分类有利于我们较快地掌握当下学术研究的整体情形，减少工作量。事实上，这种学术研究的意识并不是新近才产生的，与此类似的有年鉴、综述及学术热点归纳等，这都是对一段时期内的研究情况进行整体梳理的案例，当然，年鉴及综述都是相对来说工作量较大的，对学术热点的整理出现的频率就要高一些。有了以上的统计成果，我们在开展一项研究的时候就可以大大减少工作量，因为查阅相关的成果梳理文集就可以对眼下的学术发展动态有所把握，再对照相应的选题分类就可以知道自己的研究应当往哪个方向发展了。

### （二）利于有目的的展开研究

前面我们提到对选题的分类可以帮助我们迅速掌握学术发展的趋势，此外，选题的类型化可以帮助我们在实际的研究过程中有目的的展开研究。在后面的论述当中我们将对选题的具体类型进行举例分析，知道了自己所选题目所属的具体类别，有利于我们采用更有针对性的方法进行下一步工作。

我们都知道，从大体上粗略地来分，选题主要可以分为理论研究型和实践应用型，单纯的以这两个类型进行举例我们就可以发现二者在具体的方法运用上有很大的不同。理论研究型肯定更偏重于文献梳理与知识点的串联，因此，在做此类选题的时候我们应当更多地把精力放在书本方面，注重对相关的知识点进行掌握和积累。但是如果选定的是实践应用型选题，除去在文献上有所准备以外，还应当将更多的时间拿到案例分析和实地调研上，因为实践应用型选题看中的就是研究成果在实际操作当中所能产生的影响。因此，对自己的选题类型有一个明确的类型定位可以帮助我们迅速而准确地找准自己的工作重心，从而有效地展开后续研究。

## 二、选题的具体分类

以上我们对选题分类的意义进行了简要阐述，当然，如果我们具备一定的科研基础的话，这种有效分类的好处是非常容易感受到的，因为在展开一项研究的最初阶段，对于完全处于混沌状态的研究者来说，能够迅速找到切入点是非常重要的。假若我们知道了自己所选题目的属性，就可以按照已有的研究范式展开工作了，并且能够迅速地投入到研究当中。在接下来的内容当中，我们将对几类选题展开阐述。

### （一）以理论研究为主要内容的选题

如前文所说，选题从大范围上主要分为"理论研究型"和"实践应用型"两类，因为这两种选题在本质上还是有较明显的差别的，顾名思义，理论研究型主要是针对"知识点"展开的相关研究，其本身是学理性的，主要阵地就是各类文献资料。这两大类选题在出发点和研究目的上有着本质性的差别，由此引发了在研究方法上的极大不同，所以我们在此处分别进行论述。在以理论研究为主要内容的选题当中又可以分为三类，作为理论型选题的内部分支，这三类选题在基本特质上是非常相似的，主要是针对理论建构方面展开研究，也正是因为三者在后续的研究方向上产生了分歧，因此又产生了一次分类。

#### 1. 对已有理论的新型解读

虽然说在这个学术繁荣的时代，想要发现从选题到内容都能够完全创新且与众不同的成果并不容易，但是这样的优秀成果还是有的，即使数量不多，也是我们在做研究的过程中应当追求的较高境界，"创新"是学术进步的灵魂，也是学术精神的重要内容。那么，应当如何界定一个选题是否属于理论创新型呢？我们认为可以主要通过以下四个指标展开：选题新、观点新、方法新、资料新。

选择题目的重要性不言而喻，这是整个论文写作围绕的唯一中心，拟定一个全新的题目，做到不雷同、不重复，而且能够有自己完全创新的出发点，这在当下是非常难能可贵的。

观点新相较选题新而言降低了一些要求，即使你选定的题目并不是一个完全新的东西，也可以从中生发出一些全新的看法，如果不能创新选题，那就创新观点，这是一个退而求其次的选择。但是也不能因此而否定其价值，无论创新的高度如何、程度如何，只要有这样的想法与追求都是值得尊重的。

方法新，方法的重要性不言而喻，我们整本书都在解读这个问题。创新方法其实是一个可以多元解读的词组，一是你完全可以依照自己的题目自创成熟可适用的研究方法，二是可以根据选题的特点借鉴其他学科的方法，实现已有方法的全新运用，这也是"方法新"的另一种模式。

资料新，"大数据时代"的信息搜集有了完全不同的路径，这种高效率和全面性是以往的查阅方式所不能匹敌的，在这种情况下，能够迅速适应新形势的学者就有了优势。从互联网上查找来自全球的相关资料都变得非常便捷，这为后来的学者提供了在资料选取上创新的条件。

## 2. 对已有理论的进一步探索

在理论研究型选题的内部，对已有理论的进一步探索还是很常见的，主要是因为其展开研究的对象是已有的，但是还有继续研究的必要和价值的选题。由此我们得出，此类选题就是对已有理论进行的更进一步的延伸和拓展，同时也具有创新的意味在里面，只是这种创新和探索是纵向深化的。理论发展型选题的特质就在于它的出发点非常明确，追求的就是对已有观点的进一步探讨，可以说是典型的立足于他人成果之上的研究，与其他的在出发点和立意上都追求完全创新的研究有所差别。

当然，做理论发展型选题对研究者的理论积淀与学术能力都有一定的要求，试想，想要对已有的理论研究进行更深入的阐释，其前提必然是研究者对此学科的产生、发展及理论内容都有了全面的了解，在这样的基础上才能够有足够的底气进行"生发"，否则的话，连基础的内容都没掌握好，又何谈"更进一步"呢？由此我们也可以总结，理论发展型的选题是较为纯粹的学术型选题，这不仅要求选题要有一定的质量，同时对研究者本身的学术素养也提出了更高的要求。此外，已有的理论通常都是有较高的普及率和接受程度的，所以，想要在这种情形下让自己的新观点站稳脚跟，这本身就是一种挑战，一种新的学术观点在发表之初必然会引起一定反响，这些评价性的言论当中有质疑也有探讨。这就要求研究者发布的新观点必须是有较强的学术支撑及严密的思维逻辑的，因为它要经得起推敲才算得上是有价值的"发展"，同时也才能叫作一次完全的学术研究，否则的话，研究者花费大量精力进行的"创新"其实早已被提出过，或者是刚发表就充满了质疑声，而且对方能够以强有力的证据进行反驳，这就几乎是一次失败的学术尝试了。因此，做理论发展型选题看起来思路清晰简单，资料获取的途径单一且方便，实际上要求却颇高，对选题的理论价值有着较高的衡量标准，这也是大部分最初接触学术研究的人不选择做理论发展型选题的主要原因，可能是自身的学术积累还不够，随着时间的推移在这方面自然会有自己的独特见解。

## 3. 对同一理论的不同看法

此类选题在本质上也是学术意味非常明确的一类选题，主要指的是研究者所涉及的领域已经拥有相关的成果，但是其展开研究的初衷就是研究者与其他学者在某些方面看法不同。因此，我们可以理解为，这些选题出现的主要原因就是研究者想要发出不同的声音、表达自己独特的看法，并且与已有观点形成争鸣与辩论的局面，所以，"争鸣"这一提法既是对该类研究产生缘由的暗示，也是对其主要内容的彰显。

　　争鸣型选题的可贵之处就在于它敢于提出不一样的看法，在我们的日常研究当中经常有类似的经验，对于被大家所熟知的观点和理念都是按部就班的接受，很少会提出质疑甚至是从对立面展开研究，尤其是在接触学术研究不久的同学当中，处于学习阶段的时候还不会产生太多自己的思考。这也就更加体现出了"争鸣"的重要性与可贵性，与其他类型的研究相比较，争鸣型的选题不仅要求研究者在学术上有所积累，更重要的是要有思辨性，根据我们自身的经验，没有思考就不会有问题，那么又何谈"争鸣"呢？所以，做争鸣类的选题不仅要具备做其他选题的基本素质，还应当具备更强的逻辑思维能力，善于发现问题、并且有较强的探索能力，尝试解决问题。同时，做争鸣型选题还应当有强大的勇气，很多时候我们都习惯了发出和别人一样的声音，羞于表达自己的真实想法，这种长期以来形成的习惯也使得我们产生了惰性，觉得创新与质疑并没有必要性。所以，我们可以看到很多阐述型的、调研型的研究，但是争鸣型的却并不常见，因为既然要质疑他人就一定要有相应的能力与理论支撑才可以做到有理有据。

　　在我们接触的资料当中，这类选题还是有其存在的空间的，不乏学者大胆提出自己的思考供大家评介，在《信息货币：大众传媒的功能新论》一文中，作者就基于以往对传播媒介功能的研究提出了自己的观点。文章开篇就对拉斯韦尔、拉扎斯菲尔德，以及施拉姆对于传播媒介功能的论述进行了阐释，随后结合当前的媒介发展态势，作者提出自己的看法："如果一项功能其他机构也具有的话，那么这就不是大众传媒的独特功能，更不能称之为本质功能，相反，只有那些大众传媒所有而其他机构所无的特征才可以称之为本质特征。从这个角度来观察，上述经典传播学家所概括的媒介功能中，没有一个是大众传媒所独有的。"[①] 由此，在接下来的论述中他提出了自己的观点："大众传媒作为信息货币"，然后他围绕自己的观点进行了论证，并列举了大众传媒与货币相似的特质以证明自己的说法。

　　与其他选题相比，争鸣型选题的难度确实要大一些，因为它不仅要求研究者有学术上的积累，有自己的看法，更重要的是得有敢于发声的学术自信，否则的话，再好的理念都不能够问世。因此，在学习的过程中学会质疑、培养自信，应当是我们在今后的学习过程中有意识地进行培养的素质，同时也是一位优质的学者应当必须具有的素质。

## （二）以业务研究为主要内容的选题

　　从本质上来说，理论研究型选题应当是传媒研究领域的主要内容，因为学术研究最终还是为了极大地丰富学术内涵，更好地建构学术理念。但同时我们也应当意识到，理论来源于实践而又指导实践，当前的传媒领域发展如此迅速，做纯学术型的研究难免会与实践脱节，所以，在重视理论研究型选题的同时我们也应该适当地

① 潘祥辉：《信息货币：大众传媒的功能新论》，载《中南民族大学学报》，2013年第5期，第169页。

把精力投入到对业务研究型选题的关注上来，使得理论成果可以有效地投入到实际操作当中，起到较好的指导作用。

这一类选题主要是对实践案例展开的研究，通常表现为个案分析，但也不乏以大量实践案例为分析对象而展开的总结性的研究。总而言之，实践应用型选题就是围绕"现实课题"而展开的研究，它可以是对于优秀案例的分析解读，也可以是对于实践当中遇到的各种困境展开的探索，总之此类选题的缘起与落脚点都是"实践"二字。虽然说业务研究型选题关注的大都是操作层面的问题，但不可否认做这类选题也要有一定的理论支撑，否则的话，这一选题就不是学术层面的探讨了，而是变成了技术层面的探索，严格来说这并不符合学术研究的基本要求。学术研究的内核永远是"学理"的，无论其关注的是理论方面的问题还是实践方面的问题，最终都是要与现有的学术理论产生联系的，表现出来可以是用理论来完善理论、用理论来指导实践或者是用实践来推进理论。

可以说，以业务研究为主要内容的选题是传媒研究当中不可或缺的一部分，因为传媒本身就是一个与实践联系非常紧密的学科，如果与实践有了差距必定会迅速落伍，而且不利于本学科的不断发展进步，所以，业务型选题所具有的现实意义是我们应当予以肯定的。在众多的研究成果当中，这种应用性较强的选题出现的频率非常高，而且也是当下的高校与学术交流平台比较肯定的一种研究方式，在我们国家的学术研究当中理论与实践之间始终有着一道鸿沟，所幸的是当下的大部分学者都意识到了这一问题，并尝试逐渐缩小二者之间的差距，而且大部分的学术期刊都专门增设了业务研究版块。

在《"治理"的兴起及其内涵衍变——以其在中国传媒领域中的使用为例》一文中，作者将"治理"这一概念的理论渊源进行了较为全面的回溯，并且参照了经济学、公共管理学以及政治学等学科中的相关理念，将其与中国传媒的发展实践进行了有效的结合，同时试图探讨我们国家当今传媒发展中的"治理""管理"以及"统治"这三者之间的关系[①]。这一选题就是相对较为典型的将学术理念与传媒实践进行结合的例子，而且该作者尝试探求当下传媒管理中出现的相关问题的解决之道，因此，实践应用型选题在很大程度上是一种将实践和理论进行结合的有效途径。

在本节内容中，我们对选题的不同类型进行了相关的举例论证，同时也强调了对选题进行类型化研究的重要性，这是帮助我们有效的找准研究切入点的重要准备工作。

---

① 殷琦：《"治理"的兴起及其内涵衍变——以其在中国传媒领域中的使用为例》，载《国际新闻界》，2011年第12期，第37页。

## 第三节  选题的确定

在本章当中，我们关注的主要内容是选题方法研究，在上面的内容当中已经分别对"选题的意义"和"选题的类型划分"进行了阐释，接下来进入的就是最终的选题确定环节。明确了选题的目的、意义及类型，我们已经知晓了如何找到适合自己的研究领域，以及该运用何种方法展开研究，那么现在要谈到的就是确定选题的原则以及路径，这是我们正式进入研究阶段的最后一步。

### 一、选题的原则

在从事学术研究的过程中，不仅要针对题目本身展开目的、意义及类型划分等研究，更重要的是要了解当前学术发展的大趋势，从而确保自己的研究在整个大环境中都是有意义的，还应当保证所选的题目是符合自身的学术条件的。所以，在这里我们就要涉及学术研究选择题目对于主客观原则的考虑，这也是保证一项选题能够稳妥的落到实处的重要因素。

#### （一）客观性原则

客观性原则的指向很明确，其指的就是在排除了作者本人的各种影响之外，该选题是否具有深入研究的价值，甚至是判定一个选题是否有展开的必要的关键要素。本质上来说，客观性原则关注的主要内容有两个方面，一是选题与学术研究潮流之间的关系，二是选题与整个社会发展趋势之间的关系。只有确认了这两组关系的合理性之后，一个选题才能够被证实是真正具有研究价值的，同时也确保了各方面的时间、精力的投入是有实际价值的，否则的话如果选题本身就有问题，却没有及时纠正，一再的花费精力，那就是在做无用功了。

首先，要理清选题与学术研究潮流之间的关系。每一个圈子都有属于自己的生态，学术研究领域也不例外，在不断的理论探索过程中，学术研究在稳步发展的同时也会在各个阶段呈现出不一样的景象，如果我们对传媒研究的相关内容进行阶段化的梳理与总结，就会发现其在某一阶段会集中式地关注特定的领域。因此，我们此处所谈到的选题要与学术研究潮流相契合也是这样的道理，如果你所选择的题目符合当下的学术潮流，就说明你对本学科有着较为持久的关注度，并且能够敏锐地感知当下学术发展的趋势，从而有计划地展开研究。当然，这里需要明确的是，关注学术潮流、探索热点问题并不等于随大流、从众，从学习的角度来说，关注热点其实就是汲取新的知识和养分的一种方式，这种"赶时髦"是融合了作者自己的诸多思考的，并不是盲目的跟随。所以，选定课题要考虑的第一客观要素就是自己的题目是否与本学科当下的发展方向趋于一致。

其次，要明确自己的选题是否符合当下的社会发展需求。我们在前面曾提到过，选题分为理论研究型和实践应用型，传媒领域作为一个和实践密不可分的学科，其当中涉及的很多课题都来源于传媒实践，所以，传媒研究的整个理念也在不断地变化，一直都在探求与实践能够有更好的契合。因此，现有的很多传媒研究选题都在努力地和实践靠近，试图解决一些实际的问题，这也是对"学以致用"这一信条的新型解读，毕竟在当下这样一个市场争夺和平台竞争异常激烈的时代，传媒行业更需要的是能够切实地改变现状，具有借鉴性意义的研究成果，而不是一味"纸上谈兵"。因此，能够针对传媒行业当中一系列现实的问题而展开的研究必定是极其容易被认可的，同时也可以产生实际的意义，这应当是未来的传媒研究发展的大方向，也是我们今后在做选题的时候应当注意的部分。

　　（二）主观性原则

　　选题的客观性原则关注的是整个学术大环境及社会发展的需求，与此互补，主观性原则强调的则是对研究者个人素质的重视，因为不管一个选题多么的优秀、出众，最终也是要经由研究者的大脑来进行完善，而且不同的研究者可以将同一个选题做出完全各异的风格。因此，在很多时候，主观因素对研究成果的影响远远超过客观因素，因为很多时候选定题目只是设定一个研究方向，而里面的具体内容还要研究者来填充，那么这些后续添加进去的材料则是对研究者个人特质的集中式呈现。在主观性原则当中，我们要阐述的主要有两点内容，一是研究者个人的学术积淀，二是研究者的思维习惯，这两者是确定选题大方向的重要参照。

　　首先，研究者的学术积淀。在众多的影响因素当中，研究者自身的学术能力其实是最核心的，正是因为每一个人在日常的学习过程中所关注的重点各不相同，才会在同一个学术领域当中出现多样化的选题，最重要的是，学术积淀的不同直接关系到作者是否能够驾驭该选题。在众多的选题当中，其实是有大小与难易之分的，有的选题就需要作者有较为厚重的学术底蕴与较强的科研能力，而有的选题则强调作者在拥有适度的学术积累的同时要有较为丰富的实践经验。因此，个人的科研能力决定了作者对选题大小与难易程度的选择倾向。当然，我们在此处对此进行论述的目的就是提醒大家在选定题目的时候，一定要坚持"因己制宜"的原则，不能一味追求宏大与新奇，要考虑自身的条件能否驾驭这一选题，选择自己熟悉的领域，以便最终取得理想的成果。

　　其次，研究者自身的思维习惯。选题分为很多种，有单纯的论证型、也有争鸣型，这是我们在前面的选题分类当中提到的内容，我们可以明显地看出，单纯的论证型研究要求的是较为细腻的思考，以及尽可能全面的理论支撑，而争鸣型选题要求的则是较强的思辨性与逻辑能力。因此，在决定选题类型与写作风格之时，作者应当尽可能按照自己的思维习惯来进行抉择，日常喜欢多看文献，并且能够彻底消化所学知识的人就会倾向于选择论证型的题目，而喜欢思考与质疑，并且经常能够提出问题的人则乐于做争鸣型的题目。因此，作者本身的思维习惯对后期的论文选题与写作都有着较强的影响，这种惯有的方式对其做学术研究产生的影响是潜移默化的，研究者应当掌握好自己的此类特质，在做选题的时候应当予以恰当的结合，能够以自己的方式展开研究势必可以减少很多的阻力，从而能够把更多的精力投入到理论思考当中。

## 二、确定选题的路径

以上我们对于影响选题最终确定的各个环节与各种要素都进行了分别论证，接下来在本章的最后一部分，我们将集中对确定选题的各个步骤进行有条理的呈现。当然，中间的内容可能与前面的某些部分稍有重合，但是此处是为了更加紧凑全面地呈现选题的过程，因此也是可以理解的。

首先，确定题目。我们这里讲的"确定题目"与前面提到的"选题"在内涵上是一致的，都是指的确定一个大概的研究方向，并不是指代最终的"文章题目"，一般情况下，题目都是经过认真措辞与用心打磨的，此处不展开论述。我们要注意的是，这个大概的研究方向必须要有明确的核心理念，否则并不利于我们有效地展开工作。

其次，提炼观点。在确定了研究方向以后，提炼出一个核心观点，并且用较为简练的一句话对其进行概述，然后再依照这一概述展开相关的资料搜集。提炼观点并不是一项容易的工作，有时候我们也会接触到一些文章，在全文都完结的时候甚至还没有核心观点摆出来，这就是在研究当中慌乱毫无头绪的一种表现。因此，提炼观点是每一个研究者在正式开展工作之前都要做到心中有数的一点。

第三，选择方法。在本书的前面几个章节当中有专门论证研究方法的部分，当中涉及来自各个学科以及领域研究方法。学科有明确的属性，但是方法是工具性的，是没有严格的归属界限的，而我们在研究之初应当对自己有可能用到的方法进行罗列。比如我们要做案例分析，那就很有可能要用到调查研究法、自然观察法或者是民族志等研究方法；如果我们要做的是调研性的、规律总结性的研究，倾向于采用数据来说明问题的，那就势必要涉及问卷调查、数据统计等较为简单明了的方式。由此，选定研究方法也并不是一个独立的环节，我们应当结合自己的选题性质进行抉择。

第四，文献综述。在确定了基本要素之后，就应当对前面所搜集的资料进行一个回顾式的总结，当然也可以说是对本研究领域现有资料的彻底的梳理，在寻找对自己有帮助的内容之时也可以对其有较为全面的掌握。通常情况下，我们在做较为严格的学术论文之时，都要在开篇附上文献综述，只有做了充分的文献综述才证明你对该领域有了全面了解，由此也可以侧面表示你所做的研究是有理论支撑的、有价值的。但是，在做小型的学术文章之时，文献综述也是非常必要的，它最终可以是文字型的，也可以只是一个思维过程或者是简单的笔记摘录，总之，类似的环节必须要有，没有对选题相关内容的有效勘察，又如何写得出有说服力的文章呢？所以，文献综述是一篇学术文章的强有力支撑，也是读者判定其研究基础是否扎实的重要参照。

# 第十四章　学术道德与学术规范

　　本书的主要内容是关于传媒研究的相关方法的分析，旨在为我们日常的研究工作提供思路与方法上的借鉴，但不可忽视的是，当下的学术研究领域在非常活跃的态势中日渐成熟，选题与研究成果的重复率逐渐提高，这就对后续的研究提出了更高的要求。除了要注重选题与内容外，还要在学术道德与规范方面进行严格的把关，从而保证研究的真实性与原创性，在内容与结构上都能达到较高的水平。在查阅相关资料的同时，我们可以看到"学术道德"和"学术规范"这两个概念经常是放在一起进行总括性叙述的，但是从本章的写作安排来看，有必要对这两个概念分开进行界定和论述。因此，本章写作的出发点主要有两个：一是对学术研究在诚信方面应当注意的问题进行整理，二是对具体的写作过程中应当注意的版式细节进行概述，在学术研究蓬勃发展的当下，研究成果在注重"量"的同时更应当注重"质"。

## 第一节　学术道德

　　在学术研究的过程中，能够遵循学术道德的各项内容对自己进行严格要求，是确保研究成果真实、有效的重要前提，学术道德的相关条款是对单项研究进行定性考察的重要依据。在本章中，我们将学术道德定义为在道德层面对研究者个人修养的考察，其中自然包含了学者对他人已经取得的研究成果的尊重，同时也涉及其在研究过程中对业已发表的研究内容的合理引用，当然还有部分内容是关于研究者正确发表自身研究成果方面的。

### 一、学术道德的内涵

　　从字面意思来看，这一词组的核心在"道德"二字上，作为礼仪之邦，中华民族在历史上就一直对个人的道德修养有着非常高的要求，作为读书人更是要把这些名言警句作为自己的座右铭，时刻保证能够在德行上严格要求自己。当下我们的很多高校都选择将这些凝练的语句作为校训，以此加深学生的印象，督促他们将其作为自己的行为准则。"十年树木，百年树人"已经为我们揭示了培养优秀人才的道路是何其漫长，从某种意义上来说，培养人才的最理想结果是个人发展能够与社会进步同步，从而促使个体的成长符合大环境的需求，最终实现个人与国家的双赢，最终达到个体价值的最大化。因此，知识分子更应当在道德上用高标准鞭策自己，确保自己的智慧和所掌握的知识能够真正为国家和社会服务，否则这把"双刃剑"不仅不能创造价值，反而也会带来巨大的危害。如果不具备高尚的品德，所掌握的知识和技术都可能成为谋取非法利益的工具。因此，要做学问先要学会做人，这是我们强调学术道德的最基本前提，也是保证学术研究能够在正常轨道上运行的重要手段，更是确保研究者个人稳步前行的基本准则。

### （一）学术道德的定义

虽然学术道德这一概念经常被提及，但是我们并没有找到一个被大众所普遍接受的定义，因为在很多场合下它都和传统道德一样被提升到一个较高的精神高度，如果要展开具体的细化分析还确实不是很容易。这是一个可大可小的概念，它可以上升到一定的高度；也可以很有深度，但同时它又可以具体到学术研究的基本层面，所以这是一个有明确的层级分化的概念。

在字典中，对"学术"的释义为："指有系统的、专门的学问，如学术界、学术团体、学术性刊物。"对"道德"的释义为："以善恶评价为标准，依靠社会舆论、传统习俗和人的内心信念的力量来调整人们之间相互关系的行为规范的总和。贯穿于社会生活的各个方面，如社会公德、婚姻家庭道德、职业道德等。它通过确立一定的善恶标准和行为准则，来约束人们的相互关系和个人行为，调节社会关系，并与法一起对社会生活的正常秩序起保障作用。有时专指道德品质或道德行为。"如果简单地让二者定义相加，可得出学术道德的基本定义为："学术界（学者）在从事学术研究的过程中依靠社会舆论、传统习俗和人的内心信念来处理各项要素的总和，通过确立一定的行为准则来约束人的个人行为和相互关系，以保证学术领域的正常运行。"当然，用这样的方法得出的定义是非常简陋的，它只是为我们描绘了学术道德的大致轮廓，在进一步搜索资料时我们发现了一条与此类似但更加恰当的定义。

在知网中以"学术道德"为主题进行文献搜索会出现 6753 条文献记录，如果细化搜索范围，我们会发现在博硕士论文中有 268 篇关于学术道德的研究生毕业论文。我们都知道，关于学术道德的文章大都是以几百至几千字不等的小篇幅出现在学生手册或者是学术规范手册中的，有时候甚至仅仅是一篇简短的投稿须知，如今能够在知网中发现有这么多的规范性文章对其进行解读，并且还有毕业论文关注这一领域，确实让人颇感意外与欣慰。当然，这些论文的学科背景都与"学术研究""思想道德"等领域关联性较强，如思想政治教育专业、伦理学——道德建设专业、教育学等。在《研究生学术道德评价及提升对策研究》一文中，作者将学术道德广义地理解为：学术道德是指从事学术研究的工作人员，在学术创新活动中所应遵守的道德规范。它依靠社会舆论、内心信念及传统习惯来维系，调节学术研究者与研究对象、研究者与其他研究者之间的关系，并以善恶、荣辱作为评价准则的道德素质。它包括学术道德行为及从事学术道德活动的道德主体的道德意志、道德判断、道德情感、道德信念和道德修养等内容。[①] 作者在对学术道德进行了简单的定义之后，还对其赖以生存的各项要素及相应的关系网进行了举例，由此得出，学术道德依靠的是外部环境的舆论监督及研究者的自我约束，同时它的最终落脚点是"学术道德活动的主体"，也就是人。在各类学术不端事件频繁出现的情形下，我们也看到主管教育的部门开始运用相关的制度进行规约以及惩戒，所以，依靠舆论与自觉并不能够完全保证道德的被尊崇与遵守，一些人在现实与利益面前常常会经不起诱惑，运用制度来进行辅助性规约才能达到更好的效果，这也与我们前面在词典中查到的"道德与法一起对社会生活的正常秩序起保障作用"遥相呼应，社会不能完全依靠自觉而有序运行，学术界也是一样的。

### （二）学术道德的基本内容

上面对学术道德的定义进行了基本的阐释，同时也引出了一系列相关的问题：学术道德到底包含哪些内容呢？它的内部分层又是怎样的呢？在具体的学术研究过程中又需要注意哪些基本要素呢？这是我们接下来要主要探讨的内容。

#### 1. 对前人研究成果的态度

其实经过上面的分析我们基本可以看出，学术道德归根结底还是一个态度问题，如果能够对前人所取得的研究成果存有敬畏之心，能够真正尊重他人的劳动成果，基本上可以从根源上减少一大部分学术不端事件的发生。在当下的学术研究中都面临这样一个问题，特定学科的研究成果极大丰富，想要找出空白点或创新点非常不容易，但是已有成果的水平也都相对较高，想要推陈出新也不是易事，这在很大程度上造成了后来的研究者很难走出拾人牙慧的尴尬境地。而传播学的相关研究正是处于这样一种情形之中，不仅已有的传播理念和传播现象被研究得较为透彻，甚至最新出现的传播案例也都会被迅速加以解读分析，科学技术发展带来的传播平台更新极大地刺激了传播理念的变革，同时也拓宽了传播学研究的领域，还大大增加了传播学领域的活跃度。就拿当下比较活跃的微博、微信、弹幕以及大数据等关键词来说，都是诞生时间相对较短的事物，但是如果我们在知网上搜索就会发现，关于微博的研究有 32458 条记录，关于微信的研究有 9565 条，关于弹幕的研究有 453 条，关于大数据的研究有 19445 条，当中的弹幕可能相对更小众一点，而且主要的使用群体集中在青少年，但是它强调互动参与、注重收视体验与分享的理念是非常先进的。总的来说，以上几个题目的研究成果都不算少，而且很有可能知网还没有收录完全，关于新型传媒平台的研究都如此繁盛，更不用说那些早已被我们所熟知的传媒工具了。

在大量研究成果的包围下，新的研究者无论是要在已有成果上更进一步还是要

---

① 李祎：《研究生学术道德评价及提升对策研究》，东北林业大学硕士学位论文，2014 年 3 月。

发出属于自己的声音，都不可避免地要以当下的研究为基础。按照学术道德的基本要求，研究者应当对研究对象进行较为彻底的资料搜集，进行文献综述，然后再将对自己有用的观点进行引用，并且在引用时必须注明出处，尽量做到不抄袭、不雷同。事实上，在当下的学术环境中出现抄袭等情况是比较幼稚的行为。首先，得益于传媒、出版、互联网以及移动媒体的兴盛，学术成果的传播率及到达率大大提升，读者们的关注度也非常高，抄袭等情况是非常有可能被发现及举报的。其次，当前的部分书籍及毕业论文等大部头成果都会有检测的环节，一旦出现抄袭的情况是不可能顺利毕业的，这事关研究者的基本素质。因此，无论是从大的方面还是单纯从毕业等实际利益出发考量，合理的解读与引用才是最明智的选择。

## 2. 对自己研究成果的合理发表

一成不变的事物是不存在的，伴随着学术环境的变化，学术道德也增添了一些新的内容，随着各类学术杂志、期刊以及各种学术交流平台的不断增多，个人研究成果的发表渠道逐渐丰富起来，很多关乎实质性利益的规则也由此而诞生。发表研究成果的首要目的是传递研究理念、散播个人思想，在大环境中与他人展开思想上的碰撞、互通有无，在这一过程中是自己的成果得到检验。除此之外，诸如毕业、评职称、课题申请等，都是要以科研成果作为重要考核标准的。因此，成果的数量和质量具有同等重要的效力，这就要求研究者在发表成果时确保同一内容发表的独一性，从反面来说就是不要一稿多投。

首先，一稿多投会极大地浪费学术期刊的版面。在大量的学术成果当中有不少都是非常有参考价值的，在正规学术刊物上发表是确保其被尽可能多的读者接触到的重要途径，所以，同样的研究成果只发表一次就完全可以达到有效传播。然而，在当下的成果发表过程中，迫于毕业或者其他方面的压力，有的研究者可能会将内容几乎别无二致的文章进行多次发表，即使不用学术道德来对此种现象进行评判，我们也可以得出这其实在无形中减少了其他优秀成果面世的机会。当然，我们也并不是说所有的多次发表现象都是恶意的一稿多投，因为有时候研究者和出版社之间在稿件发表时间上的协调可能会出现误差，从而造成几家期刊都为其排版发表的结果。再加上当下的学术期刊从收稿、审稿再到修改、出版都要经历一个较长的周期，而且有很多稿件几经修改都不能被发表，所以研究者从有效安排时间的角度来说会同时向几家期刊投稿，这并不能被定义为投机行为，但是重要的是，在稿件被收到之后，如果有多家期刊都非常认可并愿意出版的话，研究者应当主动进行取舍，只在一家刊物上进行发表，这是较为妥当的做法，在保证给他人留有机会的同时也可以确保自身行走在正确的学术道路上。

其次，一稿多投会滋生研究者的惰性。一稿多投也不是完全的照抄照搬，有时候会对标题进行一点修改，但是从整体上来说，整篇文章与之前的在中心思想上没有太大的变化，也就更不要谈创新与更深入的研究了。由此可以看出，一稿多投会在根源上培养不良的学术习惯，对突破创新失去激情与兴趣，因为修修补补就可以再出一个新的成果，何必又大费周章去思考新的内容呢？不求创新、不求进步才是危害学术发展的蛀虫。

### 3. 如何处理已发表成果与毕业论文的关系

之所以要特别谈到这个话题，是因为在毕业季会经常遇到此类问题，毕业生在申请学位之前都需要发表特定数量与级别的文章，有时候这些文章的发表是与毕业论文写作同步的，也有的是通过毕业论文的某些章节修改的，因此，这里就要涉及一个重复率的问题。一般情况下，一篇文章大概 5000 字到 8000 字不等，有的质量更高的文章有将近一万字，如果单纯地把这些文字粘贴进毕业论文当中，就会有大面积的重复，那么，有效的控制复制比是保证论文能够安全通过的关键。

各高校对毕业论文的字数要求有一定差异，但是同一学历阶段的毕业论文大体还是处于一个水平线上的，比如硕士论文一般在 3 万到 6 万之间，博士论文一般至少 10 万，但是也有部分高校要求至少 15 万或者 20 万不等，当然这也和学科之间的差异有关系。一般情况下文科类专业字数要求相对较高，理工科类专业对数据等要求较高。我们前面列举的硕博论文字数只是常规情况，不乏超额完成任务并形成自己的著作的情况。在文科类的博士论文当中会较常出现部分内容被发表的情况，而且"引用自己已发表成果算不算抄袭"的讨论网上有很多。在这个问题上，个体的分歧还是比较大的，有的人认为毕业论文其实是整个研究工作的综合陈述，这当中有已发表的成果是非常正常的，何况都是自己的成果，不存在恶意抄袭。而另一种观点则认为，如果要用自己的成果，首先要保证没有原封不动地照抄，因为这违背了创新精神，可以采用综述的形式，但是务必要注明刊物名称及时间，按照一般的引用格式来进行，否则有可能被认定为抄袭。综合以上的观点我们认为，研究者在撰写毕业论文的时候可以引用之前的成果，但是要避免全文大段粘贴，可以用转述的方式写作。此外，所引用文字在整篇文章中所占比例要有所控制，当然这也要看各高校和学院的具体要求，各机构对自我引用的比例都有自己的规定，申请学位的同时应当重视这一问题。

## 二、学术道德体系的建构与维护

前面我们谈过了学术道德的含义和基本内容，事实上，学术道德不是一个单独存在的概念，它不仅与整个学术圈子的发展情况及风气有联系，同时也和整个社会息息相关。将学术道德放在孤立的状态下只能简单地了解其表面信息，将其置入特定的生长环境中才能形成较为全面的认识，也可以更好地模拟学术道德的体系分为哪些层面，从而得出更具建设性的发展与维护的方法。单纯强调研究者个人提高学术素养，而不考虑其在大环境中成长所要面临的困境也是不科学的，运用联系的观点看待学术道德的发展才能够形成全面的认识。

学术道德建设应包含三个层次的工作：一是理顺学术行为主体的各种社会关系，建设合理的学术体制；二是道德体系本身的构建，包括能被整个社会和学术共同体所认可的道德理念的重塑和道德原则的构建，以及切实可行的规范体系的建立和完善；三是培养可执行道德原则和道德规范的学术行为主体①。这是在资料搜索过程中获得的一条关于学术道德建设工作的词条解释，这一解读方式较为全面地呈现了学术道德在发展过程中所要面对的各种关系，同时也揭示了支持学术道德长远发展的基本要素，学术道德不是单纯靠喊口号就能维持的，人作为践行学术道德的主体，应该是被关注的首要对象，只有关注研究者的切身利益才能够保证学术道德被有效实施。

## （一）学术体制的改革

人是社会性动物，每个人的特质不同，个体所从事的行业也是千差万别，但是职业身份只是其众多角色当中的一个，并不能够完全概括其人格特点。做学术也是一样的，学者身份只是其一部分内在因子的彰显，除此之外学者也和普通大众一样，需要维持生活、需要承担起家庭的责任。所以，"学者"并不是无欲无求、不食人间烟火的代名词。想要更好地建构学术道德体系，就应当以更具有人文关怀的心态来对当下的学术体制进行改革。广义上的学者主要是指在高校从事学术研究以及授课任务的大学教师，我们都知道，院校与学科的差异决定了学者之间的收入有着较大的差距，一般情形下理工科类的课题项目获得的劳动回报相对较高，而且其研究成果具有更广泛的应用价值，可以在市场中得到更多体现。而文科类的相比之下则收入甚微。但是，学者作为社会大众中的一部分，他们面对的社会压力并没有减少，在求学、成家、抚养子女方面要投入的金钱也是一样多的，而且我们还不排除有些进入高校不久，还并不能称之为学者的青年人，他们的收入状况可能更加拮据一些。

近年来，有不少的学术圈内或圈外人评价学术圈也开始逐渐变得浮躁，追逐名利的现象不断增加，新闻也曝光了一些为了追求利益而铤而走险、违规操作课题的情况，因此，我们也可以更明显地看出，学术圈中人的生存发展与当今社会的前进趋势有着非常直接的联系。当前，世界局势和平稳定、科学技术不断攀登高峰、资本运营呈现出一派繁荣景象，这极大地带动了市场的高速运转。学术行业的收入与某些行业的收入确实存在着较大的差距，但是有人肯定会质疑："想要赚钱还为什么要来搞学术呢？学术是神圣的，必定不能成为谋取利益的工具。"物质是推动社会不断进步的杠杆，但是精神内涵的追求才是确保人类社会长久安稳的"定海神针"，人的特质就在于有思想、有追求，所以，在物质极大丰富的当今社会关注学者的生存状况是非常有必要的。此外，学术研究本来就需要一个相对较为安稳的生活，否则又怎能静下心来思考研究？在看书写作的同时还要担忧柴米油盐，毫无疑问会影响到基本的创作质量。事实上，大部分选择了走学术道路的人并没有太强的

---

① 资料来源：http://baike.baidu.com/link?url=yaJlC_Qes5Inb1Scbr19UC9j。

金钱欲望，安稳的生活及和谐的社会关系就是他们的追求，只是在这个消费相对较高的社会中，需求安稳已经不是一件简单的事情，有时候甚至成为一种奢望。由此可以看出，学术体制改革是确保学者能够坚定自身追求的重要基础，同时也是更好地促进学术发展，保障学术圈内部健康运行的制度支持。

## （二）道德体系的建构

前面我们在对"学术道德"词条进行解读的时候就是以"道德"一词为基础展开的，道德是广义上的社会心理规范和规约，而学术道德是它里面的一个分支，是学术界当中的规范。二者的共同点在于，都要对关乎大环境发展秩序的基本要素进行综合定义，最后得出一个为大家所共同接受的基本公约，并在此基础上进一步延伸。比如说道德，我们首先想到的是"善"，但是在"善"的基础上又可以发散出很多内容：对家人的善、对长辈的善、对朋友的善、对社会的善，而对于学术道德我们首先想到的是"不抄袭"，这是做学术最基本的要求，无论篇幅长短，擅自采用别人的内容而不加以解释这就是不道德的行为。因此，要想建构和维护良好的学术道德体系，必须以健全的社会道德为大前提，如果整个社会都没有是非观念，又何谈学术界的对与错呢？

中华文化源远流长，礼仪之邦的美誉并非空谈，但是社会发展到今天，涌现出了非常多的新生事物，古代社会的单一性决定了当时的道德体系只是针对特定对象的产物，而眼下的社会有了太多新的内容需要被规范，这就涉及一个社会道德与时俱进的问题。农业社会的竞争远不如商业社会激烈，从商的人只是社会当中的一小部分，而且当时奉行重农轻商的理念，所以那时也谈不上"正当竞争与不正当竞争"，大部分人都是自给自足的方式生活。古代的学术团体百花齐放、百家争鸣，各家各派的学术观点都非常鲜明，侧重有所不同，所以"抄袭盗用"的现象也较为少见，而且真正的文人学士都颇有风骨，都以抄袭效仿为耻，由此可见，简单的社会结构也决定了当时对道德公约的破坏因素相对较少。而今天的社会纷繁复杂，不稳定因素也多，相对应的道德准则也要进行升级，目前来说，能作为参考依据的就是社会主义核心价值观，其主要内容有："富强、民主、文明、和谐，自由、平等、公正、法治，爱国、敬业、诚信、友善"，分别从国家、社会、个人三个方面对于当今社会发展应当遵守要素进行了高度概括，虽然只有短短 24 字，但是已经全面涵盖了多个层面、多种情形下的道德发展要求。如果以上的准则能够顺利实现，那时才是建构学术道德的有利时机，当社会有公认的基本规范之时才有对其进行更进一步细化的必要，否则也是徒劳。

## （三）培养高素质的学术主体

无论是社会道德还是学术道德，归根到底都是人的问题，在健全的道德体制之下，其最终的落脚点还是在"人"身上，而对于学术道德来说，则是要更加注重对高素质学术主体的培养，从而形成一种自然、自觉遵守规则的机制。在教育普及的当下，高等教育也在逐渐走向成熟，在丰富专业、深化学科特色的同时更要加强对学生学术道德意识的培养，这是保证学科质量的关键，文科类专业应当更加引起重视。

搜索近几年来的学术不端案例，被媒体大肆报道的、形成较恶劣社会影响的不乏专家教授，也有个别是已经取得博士学位的人，作为这样一个层级的人，他们难道不懂得遵守学术道德的重要性吗？他们难道不知道违背学术道德的危险性吗？一旦被揭发，毫不夸张地说就是身败名裂，今后在整个学术圈子内都很难立足，这可以说是一个终生的污点，但还是有人愿意铤而走险，一个原因是被急功近利的思想所误导，最重要的还是蔑视了公约和制度的效力，以为自己可以作为个例幸免。从根本上来说还是个人素质的缺失，而这正是今后培养学生的过程中应当加重比例的部分，这方面的教育倒不见得要有多么的深入，但是此类训诫的频率一定要非常高，需要反复强调并且形成印象，不仅要明确需要规避哪些行为，更要知道这种做法将可能带来的一系列毁灭性的打击，学术主体应当意识到违背学术道德是会使得自己前功尽弃的一种非常短视的行为。

这种浮躁的行为其实是高等教育所缺失内容的一个缩影，从目前来看我们国家在短期之内还不能改变"唯分数论成败"的现状，关于高考制度的讨论已经持续多年，这里我们就不再赘述，那么大学里是否要把缺失的德育教育再补上，这是一个值得思考的问题，因为对于大部分人来说，大学是他们学历教育的最后阶段，这个时候如果不能"补课"的话，将来就会有后遗症。此外，我们把学术抄袭者作为案例来分析的话，他们之所以抄袭的一个重要原因无非是自己无法创造出新的内容，那么学了那么多的知识为什么不能通过自己转化出新的成果呢？这同时也揭示出另一个问题——那就是对知识的实践与运用，死学已经不适合时代的要求，多的是学历高但是因为没有实践能力而被招聘单位拒之门外的例子，这也提出了培养高素质学术主体的更深层次含义：不仅要提高主体的道德素质，最重要的还是综合素质！

## 第二节　学术规范

学术道德关乎的是研究成果的性质问题，学术规范关乎的是研究成果的质量问题，如果在定性的过程中被认定违背了学术道德，那么就不用再谈其质量的高与低，只有在符合学术道德基本要求的前提下谈及学术规范才是有意义的。因为在本章开篇我们就进行过定义，此处的学术规范是狭义上的概念，也可以将其看作是写作格式的规范，这一节的内容主要是针对文章呈现出的视觉效果，以及带来的阅读感受来进行分析的。在日常的写作中，一般是以小论文居多，而大篇幅的论文写作基本都是在毕业阶段，但需要明确的是无论篇幅大小，都要用严格的学术研究标准来要求自己，尤其是在投稿发表的时候，编辑第一眼看到的文章应该是格式规范、布局严谨的，否则的话极容易被大量的稿件所湮灭。虽然说"以貌取文"是武断的，不能因为外在的格式就否定内容所具有的价值，但是学术研究本身就是一件非常严谨的事，大多数成功的学者教授都是非常注重细节的人，他们自然也会从文章的细节对作者进行简单的评估，所以，注重格式规范是保证成果能够被更多人所接受的基本前提和有效助力。由于大论文已经涵盖了小论文的写作要点，本节就以大论文写作为主要对象进行学术规范研究。

## 一、开端部分

如果将论文笼统地分为三个部分，大致可以命名为开端部分、正文部分以及结尾部分，当然，每一个部分都还包含着一些小的分支，我们在后面的分析里也只能尽量全面，因为在真正的毕业论文写作中会遇到特别多的琐碎问题。调整格式也要耗费很多精力，一是要求作者能够熟练地掌握办公软件，其次要清楚地知道毕业论文的相关要求，我们在这里只是对论文每一个部分应该达到的基本学术水平进行论述，具体的与电脑技术相关的内容这里就不再涉及。

### （一）论文摘要

关于题目的选择我们在前面已经探讨过，这里就先进入论文最前面的摘要与关键词部分。不管论文的篇幅大小，标题下面都要有摘要与关键词，这是读者在拿到论文之后第一时间想要阅读的内容，因为可以从简短的篇幅中迅速了解到文章的核心内容，从而为后面的精读留下印象。摘要，顾名思义，就是整篇文章思路、线索、主要观点以及研究方法的总述，是以最精简的语言对文章进行的高度概括，在一般的小论文中摘要在 200 字到 300 字之间，不需要太过冗长。在硕士论文中，摘要一般在 1000 字左右，博士论文的摘要则可以稍长一些，大概在 3000 字左右，根据实际情况可以在这个字数周围灵活调整，硕博论文的摘要对作者的概括能力要求更高一些，把几万字甚至几十万字的内容浓缩到几千字，还要重点突出，不能草草略过，这是对作者全局把控能力的考验。此外，摘要结尾处要有一个有力的落脚点，无论是对研究结论的提要还是在价值上对其进行升华，都应当阐发得更有深度，以此体现出文章的深刻性。

关键词主要涵盖两个部分：一是关于文章主要研究对象的，对其进行强调性的呈现；二是对与主题相关的领域进行的概括。总的来说，与摘要相比关键词是更进一步浓缩的反映全文内容与主旨的部分，关键词的个数与论文篇幅没有太大的关联，一般都是 3 到 5 个。但即使文章篇幅较长、涉及的关键词较多，也需要有主次之分。即使不是鸿篇巨制，能把 5 个关键词及它们之间的关系阐述清楚也并非易事。所以要选择有限个数之内的有效词组作为关键词，不要一味堆砌，只要能讲清楚，哪怕只有两个关键词也是可以的，切记不要为了看起来多而增加词组，如果不能较好地进行阐述，关键词反而会成为容易被挑出漏洞的弱点。

在版式上，"摘要"与"关键词"这两个词组都要空两格书写，一般采用小四号黑体，并且要加粗，摘要和关键词的内容部分都采用小四号宋体字。而且值得注意的是，摘要只需要文字表达即可，尽量不使用图表以及图形。当然，在大论文中，有时不会写"摘要"二字，而是在学生姓名和指导老师下面空一行，直接展开内容，摘要叙述完毕之后紧随其后的就是关键词。

### （二）目录

在毕业论文的写作中会涉及目录的编排，"目录"二字居中，然后是左对齐顶格的"绪论"，此处要注意，绪论是不纳入章节当中的，不需要排序。然后是绪论当中包含的内容，如课题的研究现状与文献综述、研究方法等二级标题要列出来。绪论的全部内容罗列完之后，就是各章节，此处和绪论一样，只有"章"是需要顶满格并加粗字体的，其余的二三级标题都是按正常字体排版的，并且要缩进，以显示出层次。章节完结之后是结论、参考文献、在读期间研究成果、声明及致谢，其实整个目录的结构安排也为我们呈现出了一本毕业论文应当具备的基本要素，大致的顺序也是如此。

### （三）绪论

前面我们已经强调过，绪论部分是不算入章节的，一般情形下绪论可能会涉及以下内容：研究缘起、研究现状及文献综述、研究的意义与创新点以及研究思路与研究方法。当然，依照每个作者不同的写作习惯，这四条也不一定会同时出现，因为有的内容可以合并在一个标题下进行书写，但总的来说绪论要有这几个方面的相关内容。而且，在毕业论文中要控制好绪论部分所占的比例，一般情况下，在博士毕业论文中，绪论的字数尽量不要超过一万五千字，如果太过冗长就会让人觉得铺垫太长，而且也会觉得作者不能够很好地把控谋篇布局的技巧，毕竟绪论是一个引子，并不是正文。一般情况下需要提前说明、特别阐释的要点，与后面的章节展开有直接关系的内容可以选择在绪论中进行界定。

#### 1. 研究缘起

这是一个比较好理解的内容，因为我们在确定要做一个题目的时候，必定有一个或几个非常重要的原因促使我们做出选择，正如我们在前面所写的寻找选题，最终落实到哪一个其实都是有原因的。这里的选题缘由主要就是在阐述这个内容，但这个部分与作者的个人经历有着非常直接的关系，可能会有以下原因：作者的学术爱好决定了自己长期以来都在关注该领域，并且有较为独特的心得体会；在查阅资料的过程中发现了空白点、创新点或者是值得深挖的内容；与导师的指引和教导有关；发现了亟待解决的问题，并且想要查明缘由给出有意义的解决方案……这部分内容可以将主客观原因进行有效结合，虽然说学术研究需要理性分析，但是情感也是重要的内在驱动力。

#### 2. 研究现状及文献综述

这是展开一项研究必不可少的内容，只有在充分了解了已有成果的基础上才能够全面地把握现状，并且有效地进行自己更深入的研究。如果对现状了解得不够全面与清楚，很有可能会发现自己努力已久的课题是已经被别人攻克的，这就不仅是关系到创新的问题了，这样的选题不仅没有创新精神，对于学术发展来说也是没有意义的重复劳动，只能是白白耗费了精力。做研究综述的过程是非常有意义的，它可以帮助研究者对本研究领域进行地毯式的资料搜索，在有了这样充足的准备工作之后才能更有底气的展开研究。此外，在综述当中必定要对文献进行概括，这里需要注意的是一定要引用权威的、被学术界普遍认可的学者的成果以及观点，这样才能显示出你的研究是站在较高的起点上的。与此类似，综述时还会对文章涉及的关键词进行界定，有的研究者会尝试自己下定义，有的研究者则会引用多种定义方法，最后再进行糅合，在参考他人定义的时候也要选取较有影响力的观点，无论采用哪种定义方法，最终还是要形成自己的观点，而不是一直隐藏在借用的背后。对于有些选题来说，光搜索国内的研究成果是不够的，要拓宽视野将国内外的研究成果都吸纳进来，特别是一些当下的热点话题，相信"走出国门"会有不一样的收获，而且这种跨国的资料搜集是非常有必要的，至少可以保障自己的研究不会显得视野狭窄、观点陈旧落后。

### 3. 研究的意义与创新点

意义与创新点是支撑一篇论文存活下来的重要指标，直白地说：没有意义的选题还需要再投入精力吗？答案是否定的，我们无论做什么样的选题，都要建立在它本身是有意义的基础上，否则又怎么说服自己进行下去呢。此外，创新是学术精神的重要内容之一，正如我们前面所提到的，抄袭之所以被纳入违背学术道德的范畴，还有一个原因就是它完全没有经过思考与加工，完全没有产生出新的东西。在陈述创新点的时候，可以从选题的新颖性出发，可以从研究方法的独特性出发，可以从论证结构的巧妙性出发，也可以从结论的重要性和独创性出发，总之要善于发现研究内容的优势所在，善于为自己的研究找好立足点。

### 4. 研究思路与方法

绪论当中要对文章的主要思路与框架进行较为详细的阐述，因为在后面的正文写作中不会再花如此大的篇幅来解释自己的创作思路，也没有这样的机会再进行说明。所以，这里对论文思路的解释其实也是在为后面的写作作好铺垫，同时也可以帮助读者更好地理解自己的写作主旨。对研究方法进行介绍是绪论当中必不可少的部分，也是确定要展开一项研究应当做的基本工作，有基本的方法支撑才能确保研究工作的顺利进行，如果没有主要的研究方法作为基础，研究过程中难免东一榔头西一棒槌，不能将力量集中到一个点上，从而也会影响研究的效率。这其实也是我们写作本书的出发点。做学术研究掌握知识非常重要，但是想要将所掌握的内容进行有效输出，最终形成自己的成果就要掌握方法。在进行研究方法陈述的时候，最好选取特定的一种或两种作为主打，其他涉及较少的可以选择略过，因为我们在罗列方法的时候不是越多越好，只需要列举出自己真正运用到的即可。在知网上搜索已经通过答辩的博士论文，我们看到很多篇幅不小的论文也都至多采用两三种研究方法，如果为了贪多而增加研究方法的数量，就很可能会有读者发现有的方法并不能在文中真正发挥作用，这样无形之中也给自己的文章留下了软肋。至于如何选取恰当的研究方法，我们前面的章节对每一种方法都有较为详细的论证，此处不再赘述。

## 二、正文部分

进入正文部分的写作，涉及的就是比较常规的写作注意事项，在这一部分当中我们将主要关注三个方面：一是文中各级标题的正确划分，二是文中引用的格式问题，三是对图表以及图片的运用。

### （一）各级标题的划分

正文的篇幅一般都比较长，所以要注意有效地安排章节，做到条理清晰、符合逻辑，不可以长篇大论、无中心、无重点。因此，各级标题的有效划分可以使文章更有层次感，显得主次分明。一般情况下，各级标题由大到小的顺序依次为一、（一）、1、（1）、①，按照这样的顺序有效地安排次序，将写作内容逐步细化，在理顺文章内容的同时也可以帮助我们自身不断地理清思路。还需要注意的一点是，在章与节之间、节与"一"之间，都需要有简短的论述与引言，不要干巴巴的将数字标题紧紧挨在一起，中间没有任何过渡，这样首先是显得内容有些突兀，其次就是文章的布局不够合理，段落之间没有承接关系，都是直来直去地表达本段的意思，这样就显得连续性差。

### （二）文中引用的格式

在正文的写作中，经常涉及引用的问题，上标与脚注的格式也需要进行规范，这样做首先是为了尊重原作者的劳动成果，保护其知识产权，其次是可以帮助读者快速找到有参考价值的书籍。因为文中引用有转述也有碎片化的段落出现，虽然可以有效地论证自己的观点，但是如果想要全面了解原作者的观点的话，还是要去查找原作中的相关内容，脚注的一个重要功能就在于此。因此，脚注要遵循的一个基本原则就是要尽可能准确地描述引文的来源，并且最好能找出最原始的资料出处，因为现在的学术引证非常频繁，有的文章引用的源头已经是经过加工的部分，这样其实并不能够确保完全尊崇了原作的意思，所以，引用原始文献是最好的处理办法。

另外，在引用的过程中也需要注意脚注的格式问题，一般情况下引用专著的话要注明作者、书名、出版单位、出版年份、版次、页码，引用文章的话则要标明作者、文章名、报刊名、年份期数、页码。当然，我们以上列举的只是日常写作中会涉及的基本情况，具体的内容每个院校和单位都会有更加细致的规定或者特殊的要求，最终还应当以具体的要求为准。值得注意的是，现在网络发达为写作也提供了很多的便利，但同时也应当注意遵守网络版权，比如图片、新闻、数据等内容均需有确切的出处，网址等都需要在脚注里标出。关于脚注排序的问题，一般不采用论文通篇整体排序的方式，大部分的论文都是采取每页重新排序的方法，并且要检查上标的字体，通常脚注可以采用楷体五号字体。

### （三）对图表和图片的运用

学术论文的写作主要依靠文字解析来完成谋篇布局，但是很多数据资料也可以通过图表进行展示，这样显得更直观也更具有可看性。在我们的印象里理工科类的论文会涉及较多的数据、图表以及表格，因为他们在统计实验数据的时候需要运用这些方法来更好地呈现趋势。但事实上文科写作也可能涉及实验以及问卷调查，这都需要进行最后的统计和分析，因此，运用图表是一个捷径，而且图表可以减轻大篇幅文字阅读带来的枯燥与疲乏，整体上看来可以丰富文章的形式与内涵。尤其是在"大数据"盛行的今天，论文写作也应当与时俱进，采用数据来进行写作，以此来增强文章的说服力。

图片是最能引起视觉冲击的内容，在大篇幅的论文中，诸多文字累积，如果能在恰当的时机配以图片进行说明，则可以在较大程度上帮助读者理解文字方面的内容。尤其是在文科类论文的写作中，有很多的图片材料可以加以运用，通篇看下来就会增添很多趣味，而且现在网络也非常发达，可以在网上寻找截图，无形之中也增添了大量可利用的素材。

## 三、结尾部分

在较大篇幅论文的写作过程中，结尾并不只是收尾那么简单，试想十几万字的论文最后结尾却潦潦草草，难免让人有虎头蛇尾之感。因此我们既要重视开头又不能忽视结尾，论文的写作也应当有始有终。

首先，论文的结语应当以高屋建瓴的方式总括全文，包括全文的逻辑、框架、章节基本内容以及核心观点等，在结尾处都要有一个大致汇总，让人在阅读到最后还能够清晰地回忆起文章的主要内容。此外，结语除了要小结这些内容，还应当提出问题，这里的问题包括两个，一是在研究的过程中，针对本课题发现了哪些新的问题、存疑的内容以及后续应当更加深入研究的领域；二是本文在写作过程中遇到了哪些问题、还存在哪些不足，需要在今后的研究过程中不断跟进的。从这两个方面，通过问题式的反思全文进行总结，不仅可以较好地收尾，同时也可以留有余韵，让人继续思考。

其次，关于论文的致谢。在毕业论文以及很多出版物中，我们都经常见到致谢部分，做学术研究是一个孤独而漫长的过程，这当中离不开老师、同学、家人，以及朋友的多种帮助和支持。所以，在文章的结尾应当以充满感情的文笔对这段学习过程进行整理，这也算是一种富有人情味的告别方式，理性的文章和感性的回顾充分结合在一起，才是一部充实的著作。

　　再次，关于论文的参考文献。在论文的结语和致谢之后，就是全文的参考文献，参考文献可以分为中文文献和外文文献两类。中文文献下分为中文论著、期刊论文、学位论文等项目，如果还有其他情况也可以再增加。外文文献分为外文译著和原版文献。条理清晰的参考文献可以为读者提供内容翔实的资料库，同时也能将自己所查阅过的资料进行彻底的清理，形成随时可以翻阅的笔记，这对于将来的科研工作会有很大的辅助作用。

# 参考文献

[1] [德] 约恩·吕森. 历史思考的新途径 [M]. 綦甲福，来炯，译. 上海：上海世纪出版集团，2005.

[2] [法] 安托万·普罗斯特. 历史学十二讲 [M]. 王春华，译. 北京：北京大学出版社，2012.

[3] [美] J. 希利斯·米勒. 土著与数码冲浪者——米勒中国演讲集 [M]. 易晓明，译. 长春：吉林人民出版社，2004.

[4] [美] 巴比. 社会研究方法（第十一版）[M]. 邱泽奇，译. 北京：华夏出版社，2009.

[5] [美] 大卫·阿什德. 传播生态学——控制的文化范式 [M]. 邵志择，译. 北京：华夏出版社，2003.

[6] [美] 戴维·波普诺. 社会学 [M]. 李强，等，译. 北京：中国人民大学出版社，1999.

[7] [美] 道格拉斯·诺斯. 制度、制度变迁与经济绩效 [M]. 刘守英，译. 上海：上海三联书店，1994.

[8] [美] 弗里德里克·杰姆逊. 后现代主义与文化理论 [M]. 唐小兵，译. 北京：北京大学出版社，1997.

[9] [美] 赫伯特·马尔库塞. 单向度的人——发达工业社会意识形态研究 [M]. 刘继，译. 上海：上海译文出版社，2008.

[10] [美] 杰拉德·普林斯. 叙事学：叙事的形式与功能 [M]. 徐强，译. 北京：中国人民大学出版社，2013.

[11] [美] 罗伯特·克莱门茨. 比较文学的渊源和定义 [J]. 黄源深，译. 文艺理论研究，1981 (4).

[12] [美] 牛顿 P. 斯特克尼克特，罗波特 S. 布鲁姆鲍格. 欧洲哲学起源——前苏格拉底思辨 [J]. 刘晓英，译. 理论探讨，1995 (1).

[13] [美] 萨默·雷石东. 世界传媒业的过去、现在和未来 [EB/OL]. 中国网，http：//www. china. com. cn/chinese/2002/Jul/181124. htm.

[14] [美] 约翰·C. 雷纳德. 传播研究方法导论（第3版）[M]. 李本乾，等，译. 北京：中国人民大学出版社，2008.

[15] ［美］约翰·费斯克. 理解大众文化 ［M］. 王晓珏，宋伟杰，译. 北京：中央编译出版社，2001.

[16] ［英］奥利弗·博伊德－巴雷特，克里斯·纽博尔德. 媒介研究的进路 ［M］. 汪凯，刘晓红，译. 北京：新华出版社，2004.

[17] ［英］戴维·巴特勒. 媒介社会学 ［M］. 赵伯英，孟春，译. 北京：社会科学文献出版社，1989.

[18] ［英］戴维·钱尼. 文化转向——当代文化史概览 ［M］. 戴从容，译. 南京：江苏人民出版社，2004.

[19] ［英］丹尼斯·麦奎尔. 麦奎尔大众传播学理论（第四版）［M］. 崔保国，李琨，译. 北京：清华大学出版社，2006.

[20] ［英］罗伯特·霍奇，冈瑟·克雷斯. 社会符号学 ［M］. 周劲松，张碧，译. 成都：四川教育出版社，2012.

[21] ［英］乔纳森·比格内尔. 传媒符号学 ［M］. 白冰，黄立，译. 成都：四川教育出版社，2012.

[22] ［英］约翰·B. 汤普森. 意识形态与现代文化 ［M］. 高铦，译. 南京：译林出版社，2005.

[23] ［英］约翰·内维尔·凯恩斯. 政治经济学的范围与方法 ［M］. 党国英，刘惠，译. 北京：华夏出版社，2001.

[24] ［英］詹姆斯·库兰，［美］米切尔·古尔维奇. 大众媒介与社会 ［M］. 杨击，译. 北京：华夏出版社，2006.

[25] Andrew Heywood. Political Ideologies：An Introduction（Second edition）［M］. Macmillan Press LTD，1998.

[26] Carey J W. Communication as Culture：Essays on Media and Society. New York and London：Routledge，2008.

[27] Franz Schumann. Ideology and Organization in Communist China ［M］. University of California Press，1973.

[28] H. T. Gams. The Message Behind News ［J］. Columbia Journalism Review，1979 (1).

[29] Meyromitz J. No Sense of Place：The Impact of Electronic Media on Social Behavior ［M］. New York：Oxford University Press.

[30] Watson, James and Anne Hill. A Dictionary of Communication and Media Studies ［M］. London：Arnold，1997.

[31] 艾红红. 建议将广播电视学列为一级学科——"广播电视学学科体系建设研究"课题论证会综述 ［J］. 现代传播，2010 (11).

[32] 白菁. 意识形态分析下的大众传播媒介 ［J］. 今传媒，2013 (5).

[33] 卞地诗，李兆友. 我国新时期传媒政策范式转移研究 ［J］. 社会科学战线，

2012 (11).

[34] 薄立伟. 用户视域下新媒体深度新闻特点探析 [J]. 中国报业, 2015 (4).

[35] 卜卫. 传播学思辨研究论 [J]. 国际新闻界, 1996 (5).

[36] 蔡海龙. 参与观察法的特征及其在新闻传媒研究中的运用 [J]. 新闻界, 2009 (5).

[37] 蔡骐, 谢莹. 英国文化研究学派与受众研究 [J]. 新闻大学, 2004 (2).

[38] 蔡雯. "融合新闻": 应用新闻学研究的新视野 [J]. 淮海工学院学报 (社会科学版), 2007 (9).

[39] 蔡雯. 大汇流下的 "融合新闻" [J]. 传媒观察, 2006 (10).

[40] 曹廷华. 文学概论 (第三版) [M]. 北京: 高等教育出版社, 2010.

[41] 柴葳. 新闻学研究变化规律浅析 [J]. 新闻传播, 2002 (9).

[42] 常安庆. 数字化时代主流媒体对历史新闻资料信息使用的思考 [J]. 新闻知识, 2012 (8).

[43] 陈春江. 博客传播侵权法律责任刍议 [J]. 编辑之友, 2011 (6).

[44] 陈飞鲸. 网络语言的特殊性 [J]. 东南传播, 2006 (1).

[45] 陈国雄. 传媒文学批评的功能探析 [J]. 理论与创作, 2009 (2).

[46] 陈红. 大众传媒的社会角色 [J]. 新闻爱好者, 2006 (6).

[47] 陈沛芹. 美国的新闻社会学及其对新闻生产的研究 [J]. 新闻界, 2008 (4).

[48] 陈向明. 质的研究方法与社会科学研究 [M]. 北京: 教育科学出版社, 2000.

[49] 陈新, 陈恒. 二十一世纪的史学理论 [M]. 上海: 上海三联书店, 2013.

[50] 陈亦骏. 国内新闻学研究的现状与学科体系构建 [J]. 高校社科情报, 1994 (4).

[51] 陈中原. 传媒经济学研究的简要回顾 [J]. 新闻大学, 2005 (1).

[52] 崔保国. 传媒经济学研究的理论范式 [J]. 新闻与传播研究, 2012 (4).

[53] 邓炘炘. 动力与困窘: 中国广播体制改革研究 [M]. 北京: 中国经济出版社, 2006.

[54] 刁生虎.《周易》: 中国传统美学思维的源头 [J]. 周易研究, 2006 (3).

[55] 丁和根. 传媒管理创新的内涵与功能 [J]. 新闻大学, 2004 (4).

[56] 董媛媛. 新闻实务研究的创新点——2006 年应用新闻学研究综述 [J]. 新闻爱好者, 2007 (5).

[57] 杜淦焱. 主流价值观的创新传播方式——浅析娱乐节目在传播主流价值观中的作用 [J]. 新闻界, 2011 (5).

[58] 杜维运. 史学方法论 [M]. 北京: 北京大学出版社, 2006.

[59] 段京肃. 传播学基础研究和学科生命力 [J]. 国际新闻界, 2009 (1).

[60] 风笑天, 邓希泉. 大众媒介在社会变迁中的功能分析及其模型 [J]. 株洲工

学院学报，2002（2）.

[61] 傅修延. 叙事丛刊（第二辑）[M]. 北京：中国社会科学出版社，2009.

[62] 傅正科. 基于技术维度阐释"媒介安全模型"中的媒介话语变量 [J]. 东南传播，2013（2）.

[63] 高钢. 怎样为网络媒体写新闻 [J]. 新闻战线，2004（4）.

[64] 高良谋，高静美. 管理学的价值型困境：回顾、争鸣与评论 [J]. 管理世界，2011（1）.

[65] 耿成义. 传媒管理学建构：整合与实践原则 [J]. 山东社会科学，2004（8）.

[66] 郭婕. 基于信息传播与控制视角的高校人才管理效能探析 [J]. 中国报业，2012（2）.

[67] 郭青春. 论新闻传播受众心理研究的意义 [J]. 电视研究，2003（4）.

[68] 郭庆光. 传播学教程 [M]. 北京：中国人民大学出版社，2011.

[69] 郭韶明. 当代中国媒介市场的结构失衡 [J]. 当代传播，2004（5）.

[70] 国家广播电影电视总局发展研究中心课题组. 发达国家：广播影视管理体制和管理手段研究 [M]. 北京：中国传媒大学出版社，2007.

[71] 国家广播电影电视总局发展研究中心课题组. 国外广播影视体制比较研究 [M]. 北京：中国国际广播出版社，2007.

[72] 韩建中. 我国电视媒介市场格局演变趋势——基于电视媒介经济特征的分析 [J]. 山西财经大学学报，2008（4）.

[73] 韩运荣，冯梦兰. 中美媒体对罢工事件报道的比较研究 [J]. 国际新闻界，2012（9）.

[74] 杭敏，[瑞典] 罗伯特·皮卡特. 传媒经济学研究的历史、方法与范例 [J]. 现代传播，2005（4）.

[75] 何纯. 试论新闻的教育性 [J]. 中国广播电视学刊，1999（4）.

[76] 何勤华. 外国人与中国近代法学 [J]. 中外法学，2004（4）.

[77] 何镇飚. 从 FCC 看美国的媒介安全及其启示 [J]. 中国广播电视学刊，2008（7）.

[78] 何镇飚. 关于媒介安全的思考 [J]. 当代传播，2008（1）.

[79] 侯亚丁. 媒介产业的价值生态 [J]. 出版科学，2015（1）.

[80] 胡国栋，孙立群. 管理学的意义虚无、境界考察及价值反思 [J]. 云南财经大学学报，2014（5）.

[81] 胡亚敏. 文学批评与文化批判 [M]. 武汉：华中师范大学出版社，2007.

[82] 胡颖. 传播学调查研究方法 [M]. 北京：中国传媒大学出版社，2010.

[83] 胡智锋，刘俊. 何谓传媒艺术 [J]. 现代传播，2014（1）.

[84] 胡智锋，吴炜华. 传媒艺术的历史演进、研究路径及学科回应：一种跨学科的文化视野 [J]. 现代传播，2013（12）.

［85］胡忠青. 传媒风险传播的理论困境分析［J］. 新闻界，2008（3）.

［86］胡祖军. 全媒体时代广播电视的新闻内容生产［J］. 中国广播电视学刊，2015（8）.

［87］黄广顺. 大众传媒与意识形态［J］. 齐齐哈尔大学学报（哲学社会科学版），2009（11）.

［88］黄海澄. 艺术美学［M］. 北京：中国轻工业出版社，2006.

［89］黄月琴. 风险传播、政治沟通与公共决策的变迁［J］. 当代传播，2011（6）.

［90］季宗绍. 大众媒介品牌的竞争力［J］. 当代传播，2004（3）.

［91］蒋晓丽，颜春龙. 媒介广告效果的多视角研究——基于媒体、受众情感、受众性别、年龄之维度［J］. 西南民族大学学报（人文社科版），2010（10）.

［92］解永照，王彬. 论解释学的重心转移与范式转换——兼论解释学对法律解释研究的意义［J］. 齐鲁学刊，2010（5）.

［93］金永成，金晓春. 数字媒体时代的媒介产业融合：产业经济学视角的分析［J］. 新闻界，2010（6）.

［94］荆学民，李彦冰. 全球化背景下中国政治传播主体意识研究［J］. 现代传播，2010（4）.

［95］柯惠新，王锡苓，王宁. 传播研究方法［M］. 北京：中国传媒大学出版社，2010.

［96］李丹林. 传媒法学学科建设刍议［J］. 现代传播，2005（1）.

［97］李丹林. 论传媒法的宪法属性［J］. 南京社会科学，2011（3）.

［98］李丹林. 媒介融合背景下我国传媒政策与法律研究论纲［J］. 南京社会科学，2014（2）.

［99］李继东，胡正荣. 中国政治意识形态与传媒改革：关系与影响［J］. 新闻大学，2013（4）.

［100］李涓. 传媒管理初探［J］. 当代传播，2003（4）.

［101］李立景. 传媒法学的体系初论［J］. 新闻界，2005（1）.

［102］李明宇. 传统媒体与新媒体的新闻信息传播比较［J］. 中国广播电视学刊，2014（9）.

［103］李世同. 关于新闻党性与人民性的辩证关系［J］. 贵阳师专学报，1990（3）.

［104］李羲珍，楚雪，胡辰. 传播之“路”上的媒介技术进化与媒介形态演变［J］. 新闻与传播研究，2012（1）.

［105］李羲珍. 理解麦克卢汉——当代西方媒介技术哲学研究［M］. 北京：人民出版社，2014.

［106］李小健. 电视传媒经营思路探析［J］. 当代电视，2009（8）.

［107］李永平. 文学传播学论纲［J］. 当代传播，2010（5）.

[108] 李煜. 新闻学与传播学全球化的研究、教育与实践 [M]. 北京：中国传媒大学出版社，2009.

[109] 练育强. 从组织法的视角看我国国务院国有资产监督管理委员会的法律地位 [J]. 法学杂志，2011（5）.

[110] 梁启超. 中国历史研究法 [M]. 北京：中华书局，2009.

[111] 梁栩凌. 基于胜任特征的传媒人才管理模式研究 [J]. 当代传播，2014（5）.

[112] 林晖. 中国主流媒体与主流价值观之构建 [J]. 新闻与传播研究，2008（2）.

[113] 林敏. 新闻价值评价标准与新闻价值的实现 [J]. 重庆职业技术学院学报，2005（3）.

[114] 凌继尧. 艺术学：诞生与形成 [J]. 江苏社会科学，1998（4）.

[115] 刘保全. 新闻精品是这样采写成的 [M]. 北京：新华出版社，2009.

[116] 刘道广. 艺术学：莫后退——论艺术学研究的学科构架 [J]. 东南大学学报（哲学社会科学版），2007（1）.

[117] 刘辉. 情感类电视节目的社会学解析 [J]. 现代传播，2011（9）.

[118] 刘俊. 论传媒艺术的科技性 [J]. 现代传播，2015（1）.

[119] 刘利群. 社会性别视野下的媒介研究 [M]. 北京：中国传媒大学出版社，2013.

[120] 刘少杰. 新形势下意识形态传播方式的变迁 [J]. 吉林大学社会科学学报，2011（5）.

[121] 刘水平. 媒介社会与意识形态变迁 [J]. 贵州社会科学，2007（3）.

[122] 刘玮，王戒非. 多元传播环境下的媒介化社会风险 [J]. 现代传播，2014（7）.

[123] 刘霞，向良云. 从管理学到公共管理学——历史角度的考量 [J]. 管理科学，2006（6）.

[124] 刘晓伟. 媒体的话语统治与传播效益 [J]. 当代传播，2003（6）.

[125] 刘妤. 论大众传媒在我国公众参与立法中的作用 [J]. 中国报业，2011（18）.

[126] 鲁健. 受众心理与节目策略——以中央电视台《今日关注》为例 [J]. 现代传播，2009（3）.

[127] 陆高峰. 中国新闻人从业生态研究 [M]. 北京：知识产权出版社，2013.

[128] 马克思恩格斯选集（第1卷）[M]. 北京：人民出版社，1995.

[129] 马凌，蒋蕾. 媒介化社会与当代中国 [M]. 上海：复旦大学出版社，2011.

[130] 毛崇杰. 美学：边界与超越 [J]. 郑州大学学报（哲学社会科学版），2009（6）.

[131] 孟建，赵元珂. 媒介融合：粘聚并造就新型的媒介化社会 [J]. 国际新闻界，2006 (7).

[132] 欧阳开宇，王安中. 媒介安全体系的价值认知与实现路径 [J]. 现代传播，2008 (6).

[133] 潘懋元. 高等教育研究方法 [M]. 北京：高等教育出版社，2008.

[134] 彭荣础. 思辨研究方法：历史、困境与前景 [J]. 大学教育科学，2011 (5).

[135] 乔保平，冼致远，邹细林. 再论媒介融合时代广播电视舆论引导能力的提升 [J]. 现代传播，2014 (1).

[136] 秦恒. 媒介品牌建构研究 [J]. 中南民族大学学报（人文社会科学版），2005 (3).

[137] 冉华，梅明丽. 中国传媒产业发展的现实困境——兼论文化体制改革背景下的传媒体制改革 [J]. 武汉大学学报（人文科学版），2007 (11).

[138] 商建辉. 传媒经济学的理论体系架构研究 [J]. 新闻界，2010 (5).

[139] 邵培仁，展宁. 探索文明的进路——西方媒介社会学的历史、现状与趋势 [J]. 广州大学学报（社会科学版），2013 (5).

[140] 邵培仁. 论媒介生态的五大观念 [J]. 新闻大学，2001 (5).

[141] 石长顺，柴巧霞. 广播电视学：作为学科的内涵与知识体系 [J]. 现代传播，2013 (7).

[142] 时臻善，唐烨. 建立与完善传媒业长效激励机制之探析 [J]. 广西师范学院学报（哲学社会科学版），2013 (4).

[143] 宋建武. 未来 10 年，震荡重组的 10 年——站在 2010 时间节点上的媒体回顾与展望 [J]. 新闻与写作，2010 (1).

[144] 谭明方. 社会学“基本问题”范畴初论 [J]. 社会科学研究，1996 (5).

[145] 陶喜红. 中国传媒产业市场结构演变的趋势 [J]. 中州学刊，2014 (2).

[146] 万书元. 艺术美学 [M]. 北京：高等教育出版社，2006.

[147] 王宝弛. 摄影艺术在审美领域内的独特诉求 [J]. 艺术科技，2014 (3).

[148] 王灿. 传播技术对广播的影响浅析 [J]. 中国科技信息，2013 (17).

[149] 王长潇. 新时期传媒业的社会角色与人才机制 [J]. 新闻界，2007 (5).

[150] 王国华，钟声扬，杨腾飞，等. 新媒体与政策研究的现状与展望——以 SSCI 数据库为样本 [J]. 情报杂志，2013 (10).

[151] 王淑兰. 从“东方卫视”看中国媒介品牌形象建设 [J]. 中国电视，2009 (10).

[152] 王思斌. 社会学教程 [M]. 北京：北京大学出版社，2003.

[153] 王先林. 论市场管理法的几个基本理论问题 [J]. 中国法学，1998 (2).

[154] 王贤卿. 国外意识形态传播新路径探析——基于后现代编码/解码理论的视

角 [J]. 毛泽东邓小平理论研究，2014 (9).

[155] 王晓乐. 双重力量作用下的财经媒体激变——兼谈中国财经媒体发展的四个历史阶段 [J]. 中国出版，2010 (3).

[156] 王一川. 批评理论与实践教程 [M]. 北京：高等教育出版社，2005.

[157] 韦路，鲍立泉，吴廷俊. 媒介技术演化与传播理论的范式转移 [J]. 当代传播，2010 (1).

[158] 魏永征. 从"新闻侵权"到"媒介侵权"[J]. 新闻与传播研究，2014 (2).

[159] 文春英，顾远萍. 当代中国大众传媒研究 [M]. 北京：中国传媒大学出版社，2013.

[160] 吴为民，陈德棉. 媒介产业特征分析 [J]. 宁夏社会科学，2007 (3).

[161] 吴晓明. 数字化新闻的写作形态论 [J]. 新闻与传播，2006 (1).

[162] 吴志文，张茧. 传播生态与新闻范式 [J]. 韶关学院学报，2006 (4).

[163] 现代汉语词典 [M]. 北京：商务印书馆，2002.

[164] 谢鼎新. 新闻学研究演变的路径探析 [J]. 浙江传媒学院学报，2008 (2).

[165] 谢进川. 对传媒社会风险的认知 [J]. 理论界，2008 (5).

[166] 徐海波，王萍. 论"消费社会"中大众传媒的意识形态功能 [J]. 深圳大学学报（人文社会科学版），2009 (2).

[167] 徐卫华，简婷. 基于多元属性的结构重建——我国传媒体制改革刍议 [J]. 新闻大学，2008 (2).

[168] 许洪祥. 关于现代传媒管理的思考 [J]. 南京大学学报（哲学·人文科学·社会科学），2002 (2).

[169] 许正林，李芸. 马克思主义新闻观研究的当代维度与未来取向 [J]. 当代视听，2011 (4).

[170] 薛富兴. 情与理：作为西方文化原型的柏拉图美学 [J]. 思想战线，1999 (1).

[171] 杨明娜. 探讨"三网融合"时代下的媒介经营与管理 [J]. 中国报业，2013 (8).

[172] 姚庆. 新闻传媒论：新闻学研究的新视野 [M]. 北京：新华出版社，2013.

[173] 阴军莉，陈东霞. 受众与媒介人物准社会关系的研究进展——我国受众心理研究新视阈 [J]. 新闻界，2011 (8).

[174] 殷鼎. 理解的命运 [M]. 上海：生活·读书·新知三联书店，1988.

[175] 尹辉. 大众传播时代关于中国主导意识形态的审思 [J]. 兰州大学学报，2015 (3).

[176] 于凤静. 大卫·阿什德传播生态理论的当下解读 [J]. 河北大学学报（哲学社会科学版），2013 (5).

[177] 于艳平. 网络语言的语体特征及语用功能探析 [J]. 郑州航空工业管理学院

学报（社会科学版），2006（2）.

[178] 袁方. 社会研究方法教程 [M]. 北京：北京大学出版社，2013.

[179] 曾来海. 大众传媒风险传播的失误与防范 [J]. 新闻知识，2012（3）.

[180] 张岱年. 中国哲学大辞典（修订本）[M]. 上海：上海辞书出版社，2001.

[181] 张道一. 关于中国艺术学的建立问题 [J]. 文艺研究，1997（4）.

[182] 张峰. 浅论中国社会变迁中公共领域的构建 [J]. 华东师范大学学报（哲学社会科学版），2009（1）.

[183] 张国良. 社会转型与媒介生态实证研究 [M]. 上海：上海交通大学出版社，2012.

[184] 张进，高红霞. 新历史主义与解释学 [J]. 兰州大学学报（社会科学版），2004（1）.

[185] 张磊. 网络新闻业务流程的重新划分 [J]. 新闻爱好者，2006（2）.

[186] 张利. 论历史比较研究法的意义和作用 [J]. 许昌师专学报（社会科学版），1996（4）.

[187] 张宁. 媒介社会学：信息化时代媒介现象的社会学解读 [M]. 广州：中山大学出版社，2010.

[188] 张秋夫. 论电影的艺术本质 [J]. 戏剧文学，2003（3）.

[189] 张荣翼，张译丹. 在文学传媒角度看文学批评 [J]. 广东社会科学，2012（6）.

[190] 张晓频. 从媒介融合看融合新闻 [J]. 媒介观察，2008（3）.

[191] 张学波，刘兢，林秀瑜. 传播学研究方法与实践 [M]. 北京：北京大学出版社，2009.

[192] 张艳红，谢丹. 近代媒体舆论推促司法公正个案分析——以《申报》"杨乃武与小白菜案"报道为例 [J]. 当代传播，2008（3）.

[193] 张玉能. 中国的艺术学发展 [J]. 云南艺术学院学报，2009（3）.

[194] 张则幸. 论推理研究的不同视角 [J]. 杭州大学学报（哲学社会科学版），1991（4）.

[195] 赵文龙. 浅析马克思的社会变迁理论 [J]. 西安电子科技大学学报（社会科学版），1999（2）.

[196] 赵毅衡. 符号学——原理与推演 [M]. 南京：南京大学出版社，2011.

[197] 赵毅衡. 广义叙述学 [M]. 成都：四川大学出版社，2013.

[198] 赵玉明. 谈谈广播电视研究和广播电视学学科建设 [J]. 现代传播，2007（4）.

[199] 赵正阳. 对广播电视艺术本质问题的再思考 [J]. 当代电视，2013（8）.

[200] 哲学小辞典 [M]. 上海：上海人民出版社，1975.

[201] 郑素侠. 论农民工利益表达中传媒的作为 [J]. 郑州大学学报（哲学社会科

学版），2010（6）.

［202］郑也夫. 在人生观提供者大转换的时代：反省快乐批判消费［J］. 博览群书，2004（3）.

［203］郑勇华. 新媒体环境下媒介经营管理的转型方向［J］. 新闻界，2012（6）.

［204］支庭荣. 传媒管理与经营关系刍议——兼评《媒介经营管理学》［J］. 新闻大学，1999（4）.

［205］周鸿铎，夏陈安. 电视频道经营实务［M］. 北京：经济管理出版社，2005.

［206］周建青. 新媒体影像传播主体的行为特征与社会伦理责任探析［J］. 中国出版，2013（3）.

［207］周平. 网络时代马克思主义新闻观的继承与发展［J］. 新闻世界，2013（11）.

［208］朱本源. 历史学理论与方法［M］. 北京：人民出版社，2012.

［209］朱剑飞. 中国传媒改革启示录［M］. 广州：世界图书出版广东有限公司，2013.

［210］朱增朴. 传播与现代化［M］. 北京：中国新闻出版社，1989.

［211］邹声文. 网络新闻传播主体多样化及其影响初探［D］. 北京：中国社会科学院研究生院，2000.

［212］邹欣媛. "融合新闻"研究的现状与趋势［J］. 新闻世界，2010（4）.

# 后　　记

　　传媒研究是 20 世纪以来人文社会科学研究领域的重要内容。它起步于 20 世纪初对报刊新闻活动及其业务发展的研究和批判，后逐渐从传播学、社会学、文化学等学科视野切入，充实了传媒研究的理论土壤，开辟了多向度的研究进路。经过百余年的探索，传媒研究在史学研究、基础理论研究和应用研究上不断深入和完善，在跨学科交叉研究方面也如鱼得水，硕果累累。一方面，不同学科的研究方法被借鉴和应用到传媒研究中，丰富了传媒研究的思路和模式，提供了多样化的研究手段和技巧；但另一方面，各学科研究方法在传媒研究中的汇聚和转移，使得传媒研究方法难免呈现出纷繁芜杂的局面，迫切需要对其进行逻辑关系的梳理和规律性的把握。传媒研究是一个宽泛的概念，它包括与传媒相关的各学科，如新闻学、传播学、广播电视学、传媒史学、传媒经济学、传媒文化学、传媒管理学、报刊学、广告学、广播电视文艺学、广播电视艺术学等等，以及由此延伸的二、三级学科。

　　"传媒研究方法研究"应该像"文学研究方法研究"一样，成为该学科专业博士生的一门重要课程。作为传媒专业的博士生，对于自己可能终身从事的事业应该了解甚至有所研究。基于这样的认识，2004 年，我为"文艺与传媒""广播影视文艺学"及以后的"新闻传播学"博士生开设《传媒研究方法研究》课程。这门专业课，因为涉及许多新的知识领域，笔者讲授的时间占课程时间的 60% 以上，要求学生系统梳理传媒研究的发展历史，研究传媒研究的不同思维路径，深入分析多元化的研究视角，认识和掌握不同研究方法的特点、规则和程序，帮助他们提高发现问题、分析问题和解决问题的能力。经过十余年教学积累、经验总结和深入探索，2014 年，我认为对传媒研究方法的研究已趋于成熟，于是决定将其系统化、理论化。经过两年多时间的努力，在 2016 年的秋天，在枫红叶黄的收获季节，著作终于付梓。

　　在这部著作的完善过程中，笔者的博士生张雯雯、戴蔚、姜海、陈丽丹、郝飞婷参与了此书的部分撰写工作。其中，张雯雯负责了课题理论框架完善等前期协调，戴蔚负责中后期组织及统稿，并担任该书执行主编工作。本书出版得到了四川大学出版社的大力支持，在此表示衷心的感谢！

欧阳宏生

2016 年 7 月于川大花园